*Der Romantiker vom Bodensee*

Jochen Hieber

# Martin Walser

*Der Romantiker vom Bodensee*

wbg THEISS

Die Deutsche Nationalbibliothek verzeichnet diese Publikation
in der Deutschen Nationalbibliografie;
detaillierte bibliografische Daten sind im Internet über
http://dnb.d-nb.de abrufbar.



wbg Theiss ist ein Imprint der wbg.

Die Herausgabe des Werkes wurde durch die Vereinsmitglieder der wbg ermöglicht.
Lektorat: Christina Kruschwitz, Berlin
Satz: Arnold & Domnick, Leipzig
Gedruckt auf säurefreiem und alterungsbeständigem Papier
Printed in Europe

Besuchen Sie uns im Internet: www.wbg-wissenverbindet.de

ISBN 978-3-8062-4355-0

Elektronisch sind folgende Ausgaben erhältlich:
eBook (PDF): ISBN 978-3-8062-4374-1
eBook (epub): ISBN 978-3-8062-4375-8

# Inhaltsübersicht

*Für Dr. Cor*

# Vorwort

Von Anfang an ist er da und dabei. Am 23. Mai 1949 wird in Bonn das Grundgesetz verkündet, von nun an gibt es die Bundesrepublik. Am 7. Oktober des Jahres wird in Ost-Berlin eine sozialistische Verfassung proklamiert, von nun an gibt es die DDR. Und es gibt den Schriftsteller Martin Walser, zweiundzwanzig Jahre alt: Am 29. September und am 22. Oktober 1949 erscheinen in der »Frankfurter Rundschau« und der »Mainzer Allgemeinen« seine ersten literarischen Texte. 1950 erwirtschaften die beiden Staaten des geteilten Deutschlands zusammen ein Bruttoinlandsprodukt von – auf heutige Währung evaluiert – knapp fünfzig Milliarden Euro. 1950 kommen Walsers bis dahin veröffentlichte Kurzgeschichten, die seit dem Vorjahr entstandenen Radiobeiträge im Süddeutschen Rundfunk sowie die noch unfertigen oder nichtpublizierten Arbeiten auf einen Umfang, der ungefähr zweihundert Buchseiten entsprechen dürfte.

2020, sieben Jahrzehnte später, liegt das Bruttoinlandsprodukt des seit 1990 wiedervereinten Landes bei gut dreitausenddreihundert Milliarden oder knapp dreieinhalb Billionen Euro: ein Anstieg um das Sechsundsechzigfache. 2017, zum neunzigsten Geburtstag des Autors, veröffentlicht die Edition Tenschert eine fünfundzwanzigbändige Gesamtausgabe mit rund 11 450 Seiten, rechnet man die seit 2005 publizierten Tage- und Notizbücher der Jahre 1951 bis 1981 sowie die seit 2017 neu erschienenen Werke hinzu, kommt man auf etwa 14 000 Seiten, was einer Steigerung um das Siebzigfache entspricht. *Von den Deutschen gilt,* notiert Golo Mann, *sie arbeiteten wirtschaftlich nie erfolgreicher als nach Ihren Kriegen und bei weitem am erfolgreichsten nach Hitlers Krieg.* Auch in diesem Sinn ist Walser ein Nachkriegsautor.

Schon rein statistisch sind das geteilte Deutschland, die vereinte Bundesrepublik und der Schriftsteller Martin Walser annähernd eins, physisch wie metaphysisch sind sie es ohnehin: das gemeinsame Beginnen, die mittlere bis lange bis sehr lange Dauer, der ungebrochene Fleiß und das trotz manchen Wellentals auch stete Vermehren, das enorme Wachstum. Dabei hätte es die Parallele nicht gegeben, wäre der oberschwäbische Alemanne 1927 nicht im bayerischen Wasserburg am Bodensee geboren, sondern am gegenüberliegenden Schweizer Ufer, zum Beispiel im fünfzehn Kilometer Seelinie entfernten Rorschach. Deutschland hätte dann, wie für Friedrich Dürrenmatt oder Max Frisch, vielleicht Stoff für poetische Parabeln geboten, nicht aber eine derart enge existentielle Verwobenheit in Geschichte und Gegenwart. Nun hat Walser, im Gegensatz übrigens zu Dürrenmatt, nie an die schiere Fatalität, sondern stets an das Fatum des Zufalls geglaubt. Noch 1992, da ist er fünfundsechzig, leidet er an der Schicksalssymbiose zwischen dem Land und ihm: *Ich bin umstellt von nicht erträglicher Vergangenheit, die mich nur belagert, weil ich zu diesem Dreck dazugehöre,* sagt er damals in einem Interview und fügt, sich quantitativ nur wenig, qualitativ aber gewaltig irrend, hinzu: *Wäre ich nur zehn Kilometer weiter südlich geboren, könnte mir das alles egal sein.*

Zehn Kilometer südlich von Wasserburg beginnt freilich nicht die Schweiz, sondern Österreich, das 1938, da ist er elf, für sieben von geplanten tausend Jahren an Deutschland angeschlossen wird. Weshalb für Walsers Wasserburger Herkunftszufall gilt, was der Fall ist und bleibt: Lebensthema Deutschland. Die literarische, kulturelle und politische Öffentlichkeit antwortet ihm Zeit seines Autorenlebens ambivalent: mit Zuspruch wie Abwehr, mit Dankbarkeit wie Misstrauen, mit Verehrung wie Verwerfung. Konkret heißt das: mit dem Reden, Debattieren, Reflektieren, Senden und Schreiben über ihn, mit dem Kauf seiner Bücher, dem Besuch seiner Lesungen, Vorträge, Reden, Podiumsauftritte, Seminare, Signierstunden. So reizvoll es wäre, so wenig ist statistisch zu erfassen, was das rein quantitativ bedeutet. Nur ganz grob schätzen lässt sich die Walser-Ökonomie. Bei etwa hundert öffentlichen Auftritten pro Berufsjahr erst als Mitarbeiter des Süddeutschen Rundfunks, dann als freier Schriftsteller kommen seit 1949 an die siebentausend publike Momente zusammen. Den etwa 14 000 Seiten, die er selbst zu Papier bringt – Briefe und Interviews gar nicht gerechnet – entspricht ein veritables Universum an Texten, das über ihn in Zeitungen, Magazinen und

Rundfunkanstalten, an Schulen und Universitäten und in Verlagen entstanden ist. Seit dem Urknall von 1949 dehnt es sich permanent.

Am 24. März 2022 ist sein 95. Geburtstag. Es ist an uns, den Autor und sein Lebenswerk zu würdigen, nicht nur an diesem Tag. Allerdings steht zu befürchten, dass dies nicht geschieht, jedenfalls nicht im verdienten Maß. Zu gespalten ist die Gesellschaft mittlerweile, zu unversöhnlich gegenüber dem einmal Beiseitegeschobenen. Für nicht wenige ist Walser ein *poète maudit*, ein verfemter Dichter. Unverdientermaßen. Aber so ist es. Über den 1936 in Hamburg geborenen, von 1960 an in Ost-Berlin zum Dichter und Sänger reifenden Wolf Biermann sagt man mit einigem Recht, seine Ausweisung aus der DDR im Jahr 1976 habe deren Untergang zumindest mitbewirkt. Vom oberschwäbischen Alemannen Martin Walser darf man mit mindestens gleichem Recht behaupten, sein Eintreten für ein geeintes Deutschland, singulär in der literarischen Sphäre der alten Bundesrepublik wie der DDR, habe der tatsächlichen Vereinigung von 1990 eine wesentliche geistige Bühne bereitet. Allein dies ist mehr als Grund genug für den Respekt der Republik. Angemessen wäre auch, wenn seine Gegner und Feinde zumal in den Medien wie auch in der Wissenschaft den intellektuell unsinnigen und menschlich zutiefst ehrverletzten Vorwurf revidierten, Martin Walser hege antisemitische Ressentiments. Auch dies wird wohl nicht geschehen. Dabei ist er so wenig Antisemit wie Wasserburg eine Metropole.

Seinem nationalen Gewicht korrespondiert das internationale nicht, schon lange nicht mehr. Gerade in der englischsprachigen Welt sind die Romane, Novellen und Erzählungen, so sie denn überhaupt übersetzt wurden, im Vergleich etwa zur »Blechtrommel« von Günter Grass, zur »Deutschstunde« von Siegfried Lenz oder zum Weltbestseller »Das Parfüm« von Patrick Süskind Randerscheinungen geblieben, auch das erfolgreichste Buch, »Ein fliehendes Pferd« (»Runaway Horse«) von 1978, ändert die Bilanz nur wenig. Im Überblicksartikel über die deutschsprachige Literatur von 1945 bis zur Jahrtausendwende erwähnt ihn die Encyclopædia Britannica mit keinem Wort – was grotesk, beschämend und ja: ein Skandal ist: für die Enzyklopädie, für Judith Ryan, die Harvard-Germanistin und Verfasserin des Überblicks. Walser hat eine Fülle nationaler Ehrungen erfahren, darunter 1981 den Georg-Büchner-Preis, 1992 die Aufnahme in den Orden Pour le Mérite für Wissenschaften und Künste sowie 1998 den Friedenspreis des Deutschen Buchhandels. International wurde er mit Ausnahme der Ehrendoktorate der Katholischen Universität Brüssel (1998), die inzwischen nicht mehr existiert, und der griechischen Universität Thessalien (2013) sowie des chinesischen Weishanhu-Preises von 2009 substantiell nie ausgezeichnet, erst recht nicht in Großbritannien oder den Vereinigten Staaten, die dank einer Reihe von Gastprofessuren an Ost- wie Westküste so etwas wie Wunsch- und Wahlheimat sind.

Vom Literatur-Nobelpreis nicht zu reden, auch wenn Walser, etwa in den Achtzigern, bisweilen als Kandidat gehandelt wurde. Ende der 1970er Jahre hat man ihn um die Einleitung zu einem exklusiven, im Buchhandel gar nicht erhältlichen Prachtband unter der Schirmherrschaft der Nobelstiftung und der Schwedischen Akademie Stockholm gebeten: Im Aufsatz »Nobel und die Nobelpreisträger« hat er dabei die literarische Ehrung als *eine Art Weltmeisterschaft im Schreiben* bezeichnet. Nach der Friedenspreis-Rede in der Frankfurter Paulskirche vom Oktober 1998 ist er wegen des (nicht nur) in Stockholm als unkorrekt geltenden Zugangs zur deutschen Vergangenheit endgültig aus dem Kandidaten-Karussell gefallen. Was unberechtigt erscheint, wenn man es mit der bleibend skandalösen Haltung Peter Handkes zu den Jugoslawienkriegen vergleicht. Gewiss, Handkes Werk zumal der 1970er und 1980er Jahre ist große Literatur. Während für Weltmeister des Sports die pure Leistung genügt, so sie fair erbracht wurde, gehört zur *Weltmeisterschaft im Schreiben* ein Geistes-Ethos, dem Handke nicht entspricht. Aber das ist nicht Thema dieses Buches.

*Der Tod ist ein Meister aus Deutschland*, lautet der zentrale Refrain des Gedichts »Todesfuge«. Die Verszeile ist die berühmteste des deutsch-jüdischen Dichters Paul Celan und der deutschsprachigen Literatur seit 1945. Auf emphatische Weise darf, mehr noch: muss man Martin Walser in diesem Zusammenhang nennen. Nach dem für immer Unvorstellbaren und Unvergleichlichen des Holocausts ist er zum

Gegenbild des Celan-Refrains geworden: zum deutschen Schreibmeister eines streitbaren Friedens. Die Essays »Unser Auschwitz« (1965), »Auschwitz und kein Ende« (1979) und »Das Prinzip Genauigkeit. Über Victor Klemperer« (1995) gehören zur geistig-humanen Substanz unserer Gegenwart. Als deutscher Schreibmeister ist Walser ein literarisches wie mediales, damit gesamtgesellschaftliches Phänomen, das im Folgenden beleuchtet werden soll. Zur Phänomenologie gehören, von »Ehen in Philippsburg« (1957) bis »Gar alles oder Briefe an eine unbekannte Geliebte« (2018), sechsundzwanzig Romane, eine Vielzahl von Erzählungen und Novellen, »Ein fliehendes Pferd« zumal. Zur Phänomenologie gehört auch, dass sich der realistische Erzähler wie der literarische und republikanische Essayist dabei als Nachkomme der deutschen Romantik entpuppt – politisch, poetisch, intellektuell. Zugleich charakterisiert ihn das stupende Produktionskontinuum über siebzig Jahre hinweg. Natürlich hat man ihn deshalb mit dem Volkswagen verglichen, dem Bevölkerungsbeweger schlechthin.

Das schiere und enorme Vermehren des eigenen Werks ist aber keineswegs nur quantitativ von Bedeutung, sondern eine Qualität in sich. Innere Entwicklung kennt dieses Werk sehr wohl, Brüche nie, Abbruch, und sei es temporär, ohnehin nicht. Dem Walser'schen Procedere diametral entgegengesetzt ist ein Autor wie Wolfgang Koeppen, der zu Anfang der 1950er Jahre in rascher Folge »Tauben im Gras«, »Das Treibhaus« und »Der Tod in Rom« schreibt, um Publikum wie Kritik danach mehr als vier Jahrzehnte lang mit dem Warten auf einen nächsten Roman zu beschäftigen, der nie kommt. Auch in Sachen Verlässlichkeit ist Walsers Werdegang ein Spiegel der allgemeinen Entwicklung, kennzeichnet die Bundesrepublik bis 1989 und Deutschland seither doch ebenfalls das Immer-Weiter als ein Immer-Mehr. Die Grenzen des Wachstums werden zwar wieder und wieder beschworen, in der aktuellen Klimadebatte mehr denn je: Gesellschaftliche Realität sind sie bis heute so wenig geworden wie Schreibpausen, gar Schaffenskrisen in Walsers Werkstatt.

Gegen das kapitalistische Wirtschaften hat auch er, wie viele andere, in den 1960er und 1970er Jahren heftig opponiert, 1964 etwa im Appell

»Sozialisieren wir die Gruppe 47!«, 1968 in der Polemik »Berichte aus der Klassengesellschaft«, 1970 im Essay »Kapitalismus und Demokratie«, 1972 im Roman »Die Gallistl'sche Krankheit« – bis hin zum Aufruf »An Uferbesitzer und Politiker« von 1971, in dem er nicht nur die Parole ausgibt: *Wir, die Seeuferbesitzer, sollten von den Parlamenten das Gesetz zur Sozialisierung des Seeufers verlangen,* sondern aus Gründen der politischen Moral auch ernsthaft in Erwägung zieht, das ein paar Jahre zuvor erworbene Uferanwesen in Nußdorf bei Überlingen, die lebensbeste Investition, mitsamt der Familie wieder zu verlassen. Zum Glück ist nichts daraus geworden. Die eigene Text-Produktion jedoch verläuft stets, also auch in jener nach außen linksradikalen, in Wahrheit frühromantischen Zeit, nach rein kapitalistischen Prinzipien: Geldverdienen müssen und wollen, als scheinbar freier Autor abhängig, also ausgebeutet zu sein und sich selbst auszubeuten, den Konkurrenzkampf mit wie den Konkurrenzneid gegenüber anderen Autoren bestehen und ertragen. Einziges Produktionsmittel ist das Schreiben von Hand, Tag ein, Tag aus, Monat um Monat, Jahr für Jahr. Entwickelt hat sich darüber von den frühen 1950er Jahren an eine innerhäusliche Manufaktur, bei der Käthe Walser, die Ehefrau, für die Herstellung druckfähigen Materials – sprich: die Umwandlung von Manuskript in getippte Seiten – zuständig bleibt, bis ihr vor gut einem Jahrfünft die digitale Spracherkennung einen Teil der Arbeit abnimmt. Zwei der vier Töchter, Johanna und Alissa Walser, haben neben ihren eigenen literarischen Arbeiten mit dem Vater gemeinsam fremdsprachige Autoren übersetzt, Alissa hat durch die Umschlagentwürfe für die späteren Vaterbücher wesentlich zur deren Schönheit beigetragen. Zusammen mit der Schauspielerin Franziska und der Dramatikerin Theresia Walser bildet die Familie eine Art Kulturdynastie, die allerdings locker gefügt ist und auf der Eigenständigkeit jedes Einzelnen beruht.

Dies ist die eine Walserseite, der sich dieses Buch widmen wird, wobei die achtundvierzig Produktionsjahre bis zum siebzigsten Geburtstag zwar behandelt werden, mit Bedacht aber in eher summarischer Weise. Vor allem zwei Monographien sind es, die ein nochmaliges Buchstabieren von Beginn an zur unnötigen Wiederholung gemacht hätten: die außerordentlich geglückte, Nähe und Distanz klug ausbalancierende Walser-Biographie von Jörg Magenau, die in der 2008 publizierten erweiterten Neuausgabe lebens- wie werkgeschichtlich bis zum Gedichtband »Das geschundene Tier« von 2007 reicht, und die so kompakte wie profunde Studie des deutsch-amerikanischen Germanisten Gerald A. Fetz in der Sammlung Metzler, die das genuin literarische Werk, Prosa wie Drama, bis 1997 kartographiert. Das Schwergewicht dieses Buches liegt also auf dem späteren und späten Erzählen, in dessen Zentrum die zwölf Romane von »Ein springender Brunnen« (1998) bis zu »Gar alles oder Briefe an eine unbekannte Geliebte« (2018) stehen, sowie auf der Debatte um die Friedenspreis-Rede von 1998 und den Skandal um den Anti-Reich-Ranicki-Roman »Tod eines Kritikers«.

Die andere, die zweite Walserseite, um die es geht, behandelt den Autor nicht als Individuum, sondern als Quasi-Kollektivgestalt. Sie setzt sich zusammen naturgemäß aus ihm selbst, manifest aber auch aus uns, den Lesern und Kritikern seiner Werke, den Kommentatoren seiner Reden und öffentlichen Auftritte, den Befürwortern wie Gegnern, den Bewunderern wie Feinden des Autors. Walser-Rezeption lässt sich das nennen. Genauer ist: Es geht um die Dynamik der Interaktion zwischen ihm und uns, der Öffentlichkeit. Sie ist ein bundesrepublikanisches Wirklichkeitselement. Beinhalten muss dieses Mit-, Neben- und Gegeneinander selbstverständlich die medialen Aspekte von Walser-Vita und Walser-Werk. Aus dem Nachlass des 2019 gestorbenen Hamburger Historikers Axel Schildt haben dessen Mitstreiter Gabriele Kandzora und Detlef Siegfried 2020 das gewaltige, gleichwohl Fragment gebliebene Forschungsvorhaben über »Medien-Intellektuelle in der Bundesrepublik« ediert und publiziert. Schildts unabgeschlossene 800-Seiten-Studie endet mit dem Kapitel über »die langen 60er Jahre«. Walser spielt schon darin eine nicht geringe Rolle, die hohe Zeit als Zentralakteur öffentlicher Debatten aber steht noch bevor. Ohne Anspruch auf Vollständigkeit wollen wir sie empirisch beleuchten. Martin Walser erscheint dabei sowohl als Treibender wie Getriebener, als medial Geächteter wie als Medienliebling, seinerseits ist er ein Medienverächter ebenso wie Medienafficionado, kurzum: in einer notwendig widersprüchlichen Rolle, die ebenfalls typisch und, vor allem, exemplarisch für die Bundesrepublik ist. Walser ist ein Medionaut, ein Medienautor aus eigenem Antrieb und wider Willen zugleich.

Die Rezension der Kindheits- und Jugenderinnerungen, die der lediglich zwei Jahre und sieben Monate jüngere Hans Magnus Enzensberger unter dem Untertreibungstitel »Eine Handvoll Anekdoten, auch Opus incertum« versammelt hat, beginnt Iris Radisch in der »Zeit« vom 25. Oktober 2018 mit dem Satz: *Das deutsche Nachkriegsliteraturwunder ist nicht zu Ende, solange Hans Magnus Enzensberger (88) und Martin Walser (91) noch schreiben*. Enzensberger (jetzt 91) hat jüngst neben einigem anderen den Gedichtband »Wirrwarr« (2020) veröffentlicht, Walser (94) im Frühjahr 2021 die Gedankenlyrik »Sprachlaub oder: Wahr ist, was schön ist«. Das Literaturwunder ist nicht zu Ende. Im Abendlicht, aber ohne Nostalgie, schauen wir es noch einmal an. Dabei interessiert überhaupt nicht, ob Martin Walsers Werk nach wie vor als aktuell gelten kann, ebenso wenig, ob es und was an ihm von Dauer ist und bleibt. Das mag erörtern, wer mag. Kein Kanon entscheidet das, weder Hymnen noch Verdikte bestimmen es, sondern einzig die Leserinnen und Leser, die gegenwärtigen wie die künftigen. In einem Werkganzen ist immer alles Gegenwart. Deshalb nimmt dieses Buch den Fall Martin Walser auch als ein Spezifikum für etwas, was ich die Ewigkeits-Präsenz der Literatur nenne – und was weit über den Begriff der »unsterblichen Werke« hinausgeht, auch über die beliebte Frage: »Was bleibt?«. Ewigkeits-Präsenz ist mediales Zuhandensein von Schrift, Ton und Bild, aber auch von deren unmittelbarer wie fortdauernder Rezeption. Weshalb, wo immer es möglich ist, dieses Buch im Präsens geschrieben ist. Martin Walser hat uns beschenkt und bereichert, indem wir nicht zuletzt an und mit seinem Werk als Öffentlichkeit gewachsen sind. Er ist, alles in allem, als deutscher Schreibmeister ein bundesrepublikanisches Monument. Darüber hinaus ist er ein Weltverworter, wie es wenige gibt.

# Erstes Kapitel

*Vom Dorf in die Stadt, von Kafka zu Beumann.*
*Deutschland, einig Kleinbürgerland.*
*In Harvard werden Leuchttürme errichtet.*
*Für Nachkriegskinder ist die »Gruppe 47« ein Segen.*
*Realismus wird Seelensprache. Rolls-Royce und Opel Kadett.*
*Immer schon weiter gewesen.*
*Warum es bei Martin Walser weder ein Alters- noch ein Hauptwerk gibt.*

Der allererste Held heißt *Urleus* und erinnert nicht von ungefähr an Odysseus, wahlweise Ulysses. Er steht, was er noch nicht wissen kann, am Beginn einer langen, langen Such-, Schönheits- und Schreckensfahrt. Seinen Auftritt hat der junge Mann am 29. September 1949 in der »Frankfurter Rundschau«, die bereits am 1. August 1945, keine drei Monate nach Kriegsende, als erste deutsche Zeitung der amerikanischen Zone eine Lizenz erhält. Walsers Werkchronist Andreas Meier nennt den kleinen Text eine *groteske Erzählung*, der vierzehnte Band der Tenschert-Ausgabe, die zum neunzigsten Geburtstag erscheint, ist der einzige Ort jenseits des »Rundschau«-Archivs, an dem sie zu finden ist. Titel: »Kleine Verwirrung«. Die ersten je veröffentlichten Walser-Sätze lauten: *Urleus war noch nicht lange in der Stadt. Er kam mit der Stadt auch gar nicht zurecht. Er selbst merkte das allerdings nicht.* Vertrauen flößt ihm der Verkehrspolizist ein, der ihn über die Straße winkt. Die Leute, denen er begegnet, lächelt er zur Vorsicht an. Der Hauptteil der kurzen Geschichte spielt in einer Tanzbar. Nein, Urleus hält sich *nicht für einen herausragenden Tänzer*. Aber *die Dame*, die er anspricht, tanzt tatsächlich mit ihm, sitzt mit ihm an der Bar. Wieder auf der Tanzfläche, verliert er sie nach und nach aus den Augen, dreht sich mehr und mehr um sich selbst – es ist, als tanze er um sein Leben. Er merkt nicht, dass sich *die Menge* der anderen *Tanzlustigen* ebenso gegen ihn verschwört wie die *Kapelle*. Plötzlich ist der Polizist von der Kreuzung wieder bei ihm – *und dann waren sie auf der Straße*. Dass er über Nacht in Polizeigewahrsam genommen wird, dass es dabei *fast brutal* zugeht, missdeutet er als freundschaftliche Geste, denn *nur ganz gute Freunde*, das kennt er vom Dorf, dürfen unter- und miteinander so grob verfahren wie jetzt der Polizist mit ihm. Die »kleine Verwirrung«, in die Urleus gerät, ist eine zumindest mittlere Fatalität.

Ein Zentralthema des frühen Walser ist der undurchsichtige, verworrene, unaufrichtige, verlogene Gang der Dinge. Grundmuster: Leute vom Land wollen aufbrechen, sich im Urbanen zurechtfinden, machen sich Illusionen, kommen aber nie wirklich an. Die Zentralfigur des frühen Lesens und Schreibens ist Franz Kafka. 1955 das erste Buch: »Ein Flugzeug über dem Haus und andere Geschichten«. Bereits im Klappentext weist der Verlag *auf den starken Kafka-Bezug dieses jungen Autors* hin, die ersten Kritiken nennen ihn wahlweise *Kafka-Schüler* oder *Kafka-Epigone*. Die »Kleine Verwirrung« hat es erst gar nicht in den Debüt-Band geschafft, aber immerhin ist Urleus die früheste Figur im Kafka-Bann – und die namenlose Stadt, in der er sich bewegt, einigen realistischen Momenten zum Trotz, ein abstrakter Raum. Wie Walser vom Gleichniserfinder Kafka'scher Provenienz zum realistischen Erzähler eigener Prägung wird, schauen wir uns im fünften, dem »Werkstatt«-Kapitel an. Jedenfalls ist Hans Beumann, der erste Romanheld, bereits höchst konkret geschildert und situiert: »Ehen in Philippsburg« erscheint 1957, zwei Jahre vor der »Blechtrommel« von Günter Grass – und acht Jahre nach der »Kleinen Verwirrung« des jungen Urleus. Wie Urleus stammt Beumann, *ein Vierundzwanzigjähriger*, vom Dorf, genau: aus dem wie ein Sinnbild des Geducktseins wirkenden Flecken *Kümmertshausen* – im realen Kümmertsweiler am Bodensee ist Walsers Mutter Augusta an der Wende zum zwanzigsten Jahrhundert geboren und aufgewachsen.

Hans hat bäuerliche Wurzeln, ist *das uneheliche Kind* einer Schankkellnerin und Bedienerin, nun aber ein *studierter Mann*, ausgebildet am *Zeitungswissenschaftlichen Institut der Landesuniversität*, bereit und begierig, *an den Verfeinerungen des gesellschaftlichen Lebens* teilzuhaben, teilzunehmen. Dabei ist er, wie Urleus, nach wie vor ganz unsicher und nicht selten verzagt: *Am besten wäre es,* sagt der Erzähler des Romans, *er würde heimfahren nach Kümmertshausen zu seiner Mutter, würde ihr eingestehen, daß die Studiengelder umsonst ausgegeben waren, daß der Sprung von Kümmertshausen nach Philippsburg zu groß war, um innerhalb einer Generation bewältigt zu werden.* Beumann wird in der Großstadt bleiben – und er wird Karriere machen, allerdings um den Preis des Sich-Verbiegens, der beruflichen Anpassung und der seelischen Deformation. Seine soziale Lage aber wird stabil bleiben und dabei der seines Autors bis aufs Haar gleichen: Es ist die Situation, in der sich viele junge Leute des sogenannten unteren Mittelstandes in der Nachkriegszeit befinden. Beumann und *ein paar Studienfreunde*, heißt es, seien *Kleinbürgersöhne und Proletarier …, hungrige Lesewölfe, die ihr Studium selbst hatten finanzieren oder fünfmal im Jahr um Stipendien bitten müssen*, während die *Stipendiengewährer mit Nadelaugen* auf sie herabschauen.

Proletarier ist der Wasserburger Gastwirtssohn Walser nicht. Der Kleinbürger freilich wird der soziologische Schlüssel schlechthin sein – für ihn selbst, aber auch für die aufstrebende Bundesrepublik, die sich zum erfolgreichen Kleinbürgerstaat entwickelt, nicht zuletzt auch für die bald stagnierende DDR, in der sich die Herrschenden Kommunisten nennen und als Proletarier geben, aber wie Kleinbürger wirken und es meist auch sind. 1984, in einem substantiellen Gespräch mit dem Berkeley-Germanisten Anton Kaes, erzählt Walser anekdotisch, wie ihn die SED- und DKP-Funktionäre abkanzeln: *Ich wurde dort auch immer als der störrische Kleinbürger geführt, der nichts lernen will beim proletarischen Internationalismus.* Dass Kleinbürger keine Kleinbürger sein wollen, dafür andere Kleinbürger als Kleinbürger beschimpfen, ist eine Konstante, der wir wiederholt begegnen werden – damit auch eine Konstante in und für Walsers Vita.

Noch als Großschriftsteller, der er von Mitte der 1960er Jahre an zu werden beginnt, versteht sich Walser als Angehöriger des Kleinbürgertums. Nicht anders als der Danziger Altersgenosse Günter Grass, mit dem ihn bis zu dessen Tod im Jahr 2015 ein Konkurrenz- und

Antipodenverhältnis, temporär auch Freundschaft verbindet. Gleiches gilt für den zwei Jahre jüngeren Hans Magnus Enzensberger, den im Allgäu geborenen Sohn eines Nürnberger Postbeamten und stets die Komplementär- wie die Kontrastfigur zu Walser. 1965 gründet Enzensberger die Zeitschrift »Kursbuch«. Jahrzehntelang prägt sie den intellektuellen Zeitgeist, bringt ihn als jeweils neue Modelinie auf den Laufsteg, reflektiert ihn im Geist einer alt-neuen Aufklärung jedoch auch kritisch und selbstironisch. 1976 erhält des Gründers merkwürdige Sozialschicht ein eigenes Heft mit zwölf Beiträgen: »Wir Kleinbürger«, seltsamerweise – es muss zwischen beiden wieder einmal Funkstille geherrscht haben – keinen von Walser. Enzensberger selbst eröffnet mit dem fulminanten Essay »Von der Unaufhaltsamkeit des Kleinbürgertums«, der nichts weniger ist als die Mental-Vermessung der alten Bundesrepublik. *Der Kleinbürger will alles, nur nicht Kleinbürger sein*, ist, wie zu erwarten, eine der Schlüsselsentenzen, schon um den Lesern die Sorge zu nehmen, auch auf sie könne das verächtliche Synonym *Spießer* zutreffen. Für Enzensberger schrumpft *die eigentlich herrschende Klasse*, das Großbürgertum, mehr und mehr, die Proletarier wollen sich verbürgerlichen, womit das nach wie vor ökonomisch weitgehend machtlose Kleinbürgertum nicht nur quantitativ gewinnt, sondern auch die neue Gesellschaftshierarchie dominiert, indem es der herrschenden Klasse das herrschende Denken entwindet. Die analytische Kernpassage über die modernen Angestellten-, Beamten-, Manager-, Freiberufler- und Akademikerschichten kann also resümieren: *Das Kleinbürgertum verfügt in allen hochindustrialisierten Gesellschaften heute über die kulturelle Hegemonie. Es ist zur vorbildlichen Klasse geworden.* Es erfinde Ideologien, Wissenschaften und Technologien, diktiere, was Moral bedeute, erzeuge Kunst, Mode, Philosophie, Architektur, Kritik und Design.

Wie stabil die Sozialverortung ist, zeigt ein Gespräch, das Günter Grass und Martin Walser gemeinsam im Sommer 2007, mehr als dreißig Jahre nach dem Kleinbürger-»Kursbuch«, mit Iris Radisch und Christof Siemes führen, den Feuilletonredakteuren der Wochenzeitung »Die Zeit«. *Sie, Herr Walser*, stellen die »Zeit«-Redakteure fest, *sind der Autor des deutschen Kleinbürgertums, das sich rühmt, immer auf dem Teppich geblieben zu sein.* Noch bevor Walser antworten kann, interveniert Grass enthusiastisch: *Mit dem Wort Kleinbürger haben wir beide zu tun … Für mich ist meine kleinbürgerliche Herkunft eine dauernde Quelle der Inspiration und des Einfallsreichtums. Ich halte diese Internationale der Kleinbürger für die einzig funktionierende.* Worauf Walser anfügt: *Ja, ja, ja. Die haben auch das 19. Jahrhundert gemacht. Kleinbürger ist der, der sich selbst ausbeutet.* Das dreifache Ja, das Walser beisteuert, klingt allerdings kaum euphorisch, eher erpresst. Das hat Gründe. Wir kommen gleich darauf zurück.

Grass, Enzensberger und Walser, überdies den um ein Jahrzehnt älteren und 1985 gestorbenen Heinrich Böll, Sohn eines Kölner Schreiners, nennt der Harvard-Historiker David Blackbourn sehr zu Recht die *towering figures* der deutschen Nachkriegsliteratur. 2011 geschieht das, als Walser in Boston über »Kritik oder Zustimmung oder Geistesgegenwart« spricht. Die Harvard-Germanisten, notabene, halten sich auch dabei von Walser fern – wie weit das geht und wie skandalös dies bei der Harvard-Germanistin Judith Ryan ist, haben wir im Vorwort gezeigt. In unserem Kontext wichtig: Dass sich die Turmfiguren der deutschen Literatur allesamt zur kleinen Bourgeoisie bekennen, ist historisch ein Novum. Goethe und Schiller werden zu Adelsbürgern, Heinrich von Kleist ist ein Uradliger, Heinrich Heine kommt aus dem assimilationsaffinen jüdischen Großbürgertum, Gotthold Ephraim Lessing, die Schlegel-Brüder, Hermann Hesse und Gottfried Benn sind Pfarrerssöhne ohne Kleinbürgeridentität, Thomas und Heinrich Mann Patrizier, Bertolt Brecht wird Wahlproletarier. 2002 benennt Walser eine große Ausnahme vom ausgehenden achtzehnten und beginnenden neunzehnten Jahrhundert: *Nehmen Sie den größten Gesellschaftsspezialisten der deutschen Belletristik, Jean Paul: Was er im Roman ›Hesperus‹ über Aufstieg, Ehrgeiz und Maske schrieb, wie der Kleinbürger am Hof ironisch werden muss, um seine Demütigung zu kompensieren, das ist akut bis heute.* Der soziologische Befund ist auch sozialpsychologisch spannend. Die *towering figures* sind Symbole eines enormen Prestigeerfolgs, eines Aufstiegs-, ja Nobilitierungsphänomens – und zwar durch eine nonkonforme, unangepasste Leistung. Es sagt viel aus über eine Gesellschaft, wenn in ihr solche Karrieren, solch meritokratische Steilflüge von Kleinbürgern möglich sind. Geboren in den späten zwanziger und frühen dreißiger Jahren des zwanzigsten Jahrhunderts, haben Walser & Co. den Nationalsozialismus und den Zweiten Weltkrieg als Kinder und Jugendliche sehr bewusst erlebt und sind in der letzten Phase des Kriegs oft selbst noch Soldaten gewesen – ein Umstand, der vor allem Günter Grass, der 1999 den Literatur-Nobelpreis erhält, im achten Lebensjahrzehnt um einen Teil seiner moralischen Glaubwürdigkeit bringt, hat er doch die kurzzeitige Zugehörigkeit zu einer SS-Panzerdivision in den letzten Kriegswochen zwar in wenigen privaten Gesprächen erzählt, öffentlich aber bis 2006, als sein Erinnerungsbuch »Vom Häuten der Zwiebel« erscheint, absichtsvoll unerwähnt gelassen.

Wie Günter Grass, Spross eines Lebensmittelhändlers, ist der Gastwirtssohn Martin Walser bei Kriegsende achtzehn Jahre alt, Enzensberger noch keine sechzehn. Ein Jahrzehnt später gehören sie zu den tonangebenden Mitgliedern der »Gruppe 47«, der von Hans Werner Richter gegründeten und in der Geschichte der deutschen Literatur einzigartigen Dichtervereinigung. Der signifikant ältere Heinrich Böll, ebenfalls zur »Gruppe 47« zählend, steigt zum »Gewissen der Nation« auf. Ihr Prestige erwerben sich die Autoren durch die intellektuelle Opposition gegen den Muff und Mief der Adenauerära und die tendenzielle Restauration nationalsozialistischer Strukturen, die sich vor allem in der personalen Kontinuität führender Institutionen von Wirtschaft, Gesellschaft und Politik zeigt. Der Jurist Hans Globke, der die »Nürnberger Rassegesetze« von 1935 mitverfasst und den Konrad Adenauer 1953 zum Chef des Bundeskanzleramtes macht, wird zum Sinnbild solchen Überdauerns. Dass die junge literarische Elite zu einer ganz wesentlichen Kraft der neuen, demokratischen Kultur werden kann, ist ein Signum jedenfalls für die westliche Seite des 1949 scheinbar endgültig geteilten Landes. Dass es ihrer Herkunft und ihrem Wesen nach vor allem kleinbürgerliche Autoren sind, die der jungen Bundesrepublik den nötigen geistigen Vitalitätsschub bescheren, spiegelt die fortschreitende Durchlässigkeit und Nivellierung der Gesellschaft. Das westliche Deutschland setzt ökonomisch auf den Kapitalismus und zähmt ihn durch Ludwig Erhards Wirtschaftspolitik sozial.

Vereinfachend gesagt, in der Zuspitzung aber nicht unwahr: Die Bundesrepublik ist Soziale Marktwirtschaft plus »Gruppe 47«. Nie zuvor hat die Literatur einen derart herausgehobenen Stellenwert wie in den Jahren zwischen 1945 und etwa 1970 – sie büßt ihn danach rasch wieder ein. Wer, wie ich und meinesgleichen, im ersten Nachkriegsjahrzehnt zur Welt kommt, macht um die Mitte, spätestens zum Ende der 1960er Jahre die ersten Erfahrungen mit zeitgenössischer Literatur. Für uns, die wir ins Wirtschaftswunder hineinwachsen, werden die um eine bis anderthalb Generationen älteren deutschsprachigen Autoren zu elementaren Vorbildern für das eigene Weltempfinden. Unsere Heldenliste in etwa: mit und neben Blackbourns *towering figures* die Schweizer Giganten Max Frisch und Friedrich Dürrenmatt, die Poesie-Königinnen Ilse Aichinger, Ingeborg Bachmann und Friederike Mayröcker, der singuläre Paul Celan, die Sprachgewaltigen Ernst Jandl und Thomas Bernhard, der bis zur Selbstqual genaue Wolfgang Koeppen, der programmatische Außenseiter Arno Schmidt, der Schwarze-Tinten-Heros H. C. Artmann, der Sensibilist Wolfgang Hildesheimer, der deutsch-deutsche Subtilist Uwe Johnson, der gestrenge Alfred Andersch, der freundliche Siegfried Lenz, die DDR-Säulen Christa Wolf, Peter Hacks und Franz Fühmann, die Dokumentaristen Heinar Kipphardt, Rolf Hochhuth und Peter Weiss.

Naturgemäß lesen wir nicht alle und schon gar nicht alles von ihnen. Wie auch? Aber ob ihr zugehörig oder nicht: Diese Autoren eint für uns junge Leser auf eine objektiv naturgemäß falsche, subjektiv aber enthusiasmierende Weise das symbolische Band der »Gruppe 47« und setzt sie damit von Gegenwartsklassikern wie Rilke, Benn, Anna Seghers oder den Brüdern Mann ab. Es gibt eine höchst bemerkenswerte Passage im Tagebuch des Gruppengründers Hans Werner Richter, in der diese Wirkung so anschaulich wie präzise beschrieben wird. Am 17. Januar 1967 notiert Richter, er habe einen *Vortrag in Bielefeld vor sechshundert Oberschülern* gehalten, und zwar *im Haus der*

›*Neuen Gesellschaft*‹, einer der SPD nahestehenden Kulturzeitschrift: Adenauers CDU konnte weiland mit progressiven Literaten nichts anfangen. Richters literaturfernes Thema lautet: *Die Sowjetunion, die sozialistischen Staaten und die Politik.* Seine Zuhörer charakterisiert er: *Die jungen Leute, siebzehn, achtzehn, neunzehn Jahre alt; skeptisch, zum Widerspruch neigend, provokatorisch diskutierend, doch ohne jede Ideologie. Sie sind schwer zu gewinnen. Ihr Widerstand: individuelle Selbständigkeit. Erst als ich zugebe, daß ich dies und jenes selbst nicht weiß, tauen sie auf, wird die Diskussion wärmer, toleranter, verlieren ihre Fragen den Charakter der Provokation.* Ihren Höhepunkt findet die Veranstaltung allerdings erst, als Richter die Sowjetunion und ihre Satellitenstaaten hinter sich lässt und mit den Schülern frei debattiert: *Zum Schluß Fragen nach der Gruppe 47, die sie mehr interessiert als alles andere, und hier, in dieser letzten Diskussion, erfahre ich, was mehr als beruhigend ist: für sie, für diese Jugendlichen, ist die Gruppe 47 die neue Welt, die Welt von heute. Der Leiter der ›Neuen Gesellschaft‹ zu mir: ›Hätten Sie über die Gruppe 47 gesprochen, so wären tausend junge Leute gekommen. Das interessiert sie mehr als alles andere.‹* Richter fragt sich: *Wie ist das möglich?* Es ist nicht nur möglich, es ist ganz real – damals sechzehn, wäre ich gewiss unter den Zuhörern gewesen, hätte sich Richter statt in den Teutoburger Wald auf die Schwäbische Alb begeben. Grass ist bei uns gewesen, selbst auf der Alb hat er für die *Es-Pe-De* und Willy Brandt getrommelt.

Logisch ist demnach, dass Blackbourn aus der amerikanischen Perspektive von 2011 den Leuchttürmen des deutschen Nachkriegs auch den Status von *public intellectuals* zumisst. Neu ist, dass man sie im existentialistischen Geist Jean-Paul Sartres von den 1950er Jahren an *engagierte Autoren* nennt, was ihnen zu Beginn durchaus, bald jedoch nur noch wenig behagt, weil es umgehend zum Klischee, vor allem zu einer Erwartungshaltung gerinnt. Wichtig aber bleibt: die gewollte, die bewusste Engführung von Literatur, Politik und Gesellschaft. Es ist diese Verbindung, die den Schriftstellern ihre enorme Wirkung verleiht. Natürlich verdankt sich die Aufmerksamkeit, die ihnen zuteil wird, auch einer noch relativ spärlichen Medienkonkurrenz. Für uns

Jungleser von damals gibt es neben Grass, Walser & Co als Verlockung vor allem die Popmusik, die ihren Siegeszug annähernd zeitparallel zur »Gruppe 47« antritt. Bob Dylan, Joan Baez, Jimi Hendrix, Janis Joplin, die Beatles und die Rolling Stones sind freilich nur geringfügig älter als wir. Auch sie werden umgehend zu Vorbildern – aber eben exklusiv als Popstars, nicht als geistige und moralische Leuchttürme wie die weitaus älteren Dichterinnen und Dichter der Kriegsgeneration. Im Übrigen haben wir nicht den geringsten Gegensatz zwischen dem Rhythmus eines Bachmann-Gedichts – *Es kommen härtere Tage./Die auf Widerruf gestundete Zeit/wird sichtbar am Horizont* – und dem Riff von *(I Can't Get No) Satisfaction* gespürt. Das ist so geblieben.

Zurück zur Chronologie: Unter den drei jüngeren Solisten, die mit Böll das Harvard-Literatur-Quartett bilden, ist Walser der erste, der mit verstreuten Veröffentlichungen auf sich aufmerksam macht. Das Premierenbuch, die Sammlung »Ein Flugzeug über dem Haus und andere Geschichten« (1955), erscheint ein Jahr vor dem Grass-Debüt, dem Lyrikband »Die Vorzüge der Windhühner«, und zwei Jahre, bevor Enzensberger mit der »Verteidigung der Wölfe« auf die Dichterbühne tritt. Lauter markante erste Sätze und Verse sind zu lesen. *Als mich damals die Lust überkam, mich auf mein Bett zu legen*, beginnt Walser die »Flugzeug«-Geschichte »Gefahrenvoller Aufenthalt«, *wußte ich wirklich nicht, wohin das führen würde*. Grass gibt im »Vogelflug« der »Windhühner« schon 1956 die ganze Richtung vor: *Über meiner linken Braue/liegt Start und Ziel/für immer begründet*. Und Enzensberger schreibt »Ins Lesebuch für die Oberstufe« die Zeile des Jahrzehnts: *Lies keine Oden, Sohn, lies die Fahrpläne:/sie sind genauer*. Einmal und als Erster da, ist Walser immer geblieben – als inzwischen Letzter zusammen mit Enzensberger, von dem jüngst der Gedichtband »Wirrwarr« erschienen ist. Walsers bis dato vorletzte Publikation stammt vom 9. Mai 2020 – ein autobiographisches Aperçu im »Spiegel« über die Befindlichkeit in Zeiten der Pandemie. *Und jetzt*, heißt es, *hat ein Virus alles, was wir waren oder zu sein glaubten, entwertet*. Die Neugier des Dreiundneunzigjährigen ist ungebrochen: *Ich höre jetzt täglich, wo auch immer ich aufmerksam bin, nur noch Corona.*

*Corona-Neuigkeiten. Ich habe noch nie so oft den Apparat eingeschaltet, weil ich süchtig war, das Neueste über Corona zu erfahren.* Er ist sich sicher: *Das Virus wird besiegt werden, ausgelöscht, zum Verschwinden gebracht.* Und fügt hinzu: *Je öfter ich mich genötigt sehe, das Neueste über Corona zu erfahren, umso deutlicher erfahre ich, wie fest gegründet in mir die Sprache der Seele ist.*

In Seelensprache geschrieben ist auch das aktuell jüngste Buch, im März 2021 zum 94. Geburtstag erschienen: »Sprachlaub oder Wahr ist, was schön ist«. Dabei hält Walser inne bei der Gattung, die er stets als Mitte und Ziel des Literarischen empfunden hat: der Lyrik. Vierzeiler, Sechszeiler, Achtzeiler, ein längeres, herbes Erzählgedicht, einige Verse auf Alemannisch, stets konzentrierte Kontemplation. Der Band beginnt: *Der Himmel glüht, allwissend schweigen die Bäume, / wer's jetzt noch eilig hat, ist ein Narr. / Existenz pur schwebt mir vor, / Weltmeister will ich sein / durch nichts / als Einbildungskraft.* Er endet: *Stich mich nicht in die Hüfte, Freund, / zapf mich nicht an, ich wehre mich / nicht, ich bin bedacht und will / bis zum letzten Abend* ***leben***. Naturmeditationen über Bäume, den Regentag, den Fluss, den Mond, den leeren Himmel. Einverstanden sein. Dazwischen aber und plötzlich ein Aufbegehren, fast ein Aufschreien: *Ich bin überhaupt kein Deutscher / und gehöre dazu, ausgespuckt / von den Tälern in ein Reich. / Selber wankend, hat die Geschichte / uns mitgerissen.* Alissa Walsers Aquarelle illustrieren die Gedichte nicht, harmonieren als eigenständige Form aber mit ihnen. Sie durchziehen das Buch mit Linien, Schwüngen, Kurven, Bögen – breit, schmal, Großflächiges aber scheuend. Zurückgenommene Farben, Braun, Blau, Gelb, Grün, kein Rot. Seelensprachenfarben eben. 2017 veröffentlicht Martin Walser gemeinsam mit seinem Sohn Jakob Augstein das Gesprächsbuch »Das Leben wortwörtlich«. Gegen Ende kommt er auf drei seiner Lebensautoren zu sprechen, auf Friedrich Hölderlin, Franz Kafka und den Namensvetter Robert Walser: *Hölderlins Hymnen sind nichts als schön. Kafkas ›Prozess‹ und ›Schloss‹ – nichts als schön. Robert Walsers Prosa ist voller Schönheitsbeispiele.* Alle drei Dichter seien im bürgerlichen Sinn Gestalten *der erlebten, äußersten Verlassenheit. Und auf diese Verlassenheit haben sie* *als Dichter geantwortet, sie haben die menschliche Existenz verklärt.* Gegen die Bedrohung durch Corona hisst Walser im »Spiegel« denn auch Hölderlins Verse aus der »Patmos«-Hymne wie eine Fahne: *Wo aber Gefahr ist, wächst / Das Rettende auch.*

Von 1949 an ist der Kleinbürger Walser fünf Jahrzehnte lang den Weg des realistischen Erzählens wie des engagierten Redens und Reflektierens gegangen. Vom achten Lebensjahrzehnt an sucht er mehr und mehr einen Pfad der säkularen Transzendenz, will das Nichts-als-Schöne und damit so etwas wie ein innerweltliches Beseeltsein. Am 24. März 2007, zum achtzigsten Geburtstag, erscheint in der »Frankfurter Rundschau« ein Interview. Er möchte über das Schöne und die Schönheit reden, die Zeitung beharrt auf der »Kleinbürger«-Frage. Sie ist ihm inzwischen lästig, also antwortet er wegwerfend: *Mir fiel auf, dass eine Zeitlang alle möglichen Leute, die nichts anderes waren als Kleinbürger, alles sein wollten, nur keine Kleinbürger. Da habe ich mich in die Brust geworfen und gesagt: Ich bin ein Kleinbürger! Kleinbürger sind die, die sich selbst ausbeuten. Bürger sind die, die andere ausbeuten. Es ist natürlich lächerlich. Aber damals hatte man halt diese soziologischen Klischees. Und ich habe sie mutwillig bedient. Dafür darf man bestraft werden.* Wenn man so will: Die Strafe folgt auf dem Fuß. Drei Monate später, im bereits zitierten »Zeit«-Gespräch mit Grass, muss er – mehr der Not des Augenblicks gehorchend als dem eigenen Trieb zur Transzendenz – dessen nach wie vor stabiles Bekenntnis zum Kleinbürgertum teilen. So hartnäckig ist Grass, so hartnäckig ist die Soziologie.

Auch wir können vom Thema noch nicht ganz lassen. Aus zwei Gründen nicht – einem zeitgeschichtlichen, den Nationalsozialismus betreffend, und einem, der Walser persönlich wie beruflich trifft. Beginnen wir mit Letzterem. 2009 erscheint bei Suhrkamp, Walsers Verlag bis 2004, der Briefwechsel zwischen Siegfried Unseld und Thomas Bernhard. Siegfried Unseld, 2002 gestorben, ist seit den Tübinger Studienzeiten des frühen Nachkriegs Walsers Lebensfreund, bald auch sein Verleger gewesen. Thomas Bernhard, 1931 geboren und 1989 einem chronischen Lungenleiden erlegen, gehört, wie Walser, zu den literarischen Säulen, ja: Säulenheiligen von Suhrkamp. Bernhards Brief an den Verleger, um den es jetzt geht, datiert vom 26. November 1985 und bezieht sich auf den eigenen, im zurückliegenden Frühjahr erschienenen Roman »Alte Meister« und den zeitparallel publizierten Walser-Roman »Die Brandung«. Bernhard an Unseld: *Wenn ich bedenke, mit was für einem gigantischen Werbeaufwand Sie sich über drei Monate lang für Herrn Walsers Buch ins Zeug legen, während Sie für meine ›Alten Meister‹ fast nichts getan haben, ... könnte mir die Lust an einer Zusammenarbeit mit dem Verlag schon vergehen.* Es gibt zu diesem Brief einige weitere, nie abgeschickte Entwürfe, die der Briefband jedoch wiedergibt, die also seit 2009 ebenfalls öffentlich sind. In einem Entwurf spricht Bernhard von *dem absoluten Kleinbürgerschmarren von Martin Walser* und fügt dann, die beiden Romane bildlich vergleichend, hinzu: *Sie haben in meinen Rolls-Royce nur einen Liter Normalbenzin gegossen und ihn stehen lassen, während Sie in den Opel-Kadett Ihres Freundes vier bis fünf Zusatztanks haben einbauen und mit Superbenzin haben anfüllen lassen.*

Im Frühherbst 2012, drei Jahre nach der Publikation des Briefwechsels, ist Walser im Berliner Ensemble mit dem damals neuen Buch, dem Briefroman »Das dreizehnte Kapitel« – dazu mehr im achten Kapitel. Die »Welt« berichtet am 7. September von der Lesung, zunächst aber von einem *Hass-Stalker,* der vor dem Theater ein *Flugblatt* verteilt: als *Dichter des Mobs* und *Kleinbürger-Herrenmensch* wird Walser darauf beschimpft sowie, Thomas Bernhard zitierend, als *Opel Kadett der deutschen Literatur.* Zusammengefasst: Ein Kleinbürger (Bernhard) schimpft den anderen Kleinbürger (Walser) einen Kleinbürger, zudem dessen Roman als einen *absoluten Kleinbürgerschmarren* und *Opel-Kadett* der Literatur, was ein *Hass-Stalker* wiederum auf sein Flugblatt schreibt. Auch eine Art Wirkungsgeschichte. Für uns von Bedeutung sind nicht die einstigen Interna aus dem Hause Suhrkamp – welcher Werbeetat für wen und wie viele Buchverkäufe mehr oder weniger deshalb, zudem ein wieder einmal beleidigter, sich zurückgesetzt fühlender Autor. Es geht vielmehr darum, dass eine soziologische Kategorie dazu dient, ein Kunstwerk ästhetisch zu diffamieren. Der Gegensatz zum Kleinbürgerschmarren kann im Grunde ja nur das Signum Groß- oder Weltliteratur *(Rolls-Royce)* sein, das Bernhard implizit für sich in Anspruch nimmt.

Ich habe beide Bücher unlängst aufs Neue gelesen. Sagen lässt sich: Wohl der Literatur, der in einer Saison zwei solche Romane entspringen. Grundverschiedener könnten sie nicht sein, aber das nimmt nicht weiter Wunder. »Die Brandung«: ein Zeitbild der mittachtziger Jahre, ein in Kalifornien spielender Campus-Roman, ein Buch übers Älterwerden, die Tragikomödie einer Liebe und einer Ehe. In der Summe wie in den Details bis heute fabelhaft zu lesen: Ein typischer Walser am oberen Rand seiner Könnerschaft. »Alte Meister«: ein typischer Bernhardblick in die menschliche Nichtigkeit, eine typische Bernhardbeschimpfung Österreichs, der katholischen Kirche wie der Justiz, der Museumskultur im Allgemeinen wie der Kunsthistoriker im Besonderen. Durch die Situierung der wie stets höchst überschaubaren Handlung im Kunsthistorischen Museum Wien, im immer neuen Umkreisen der »Alten Meister«, im Speziellen des »Weißbärtigen Manns« von Tintoretto, eben nicht nur ein typischer Bernhard, sondern einer am oberen Rand seines Könnens. Wo ist das Problem? Das Ganze zeigt, wie viel Sprengkraft im Begriff wie im Wesen des Kleinbürgerlichen liegt.

Auf ganz andere Weise, aber nicht minder brisant, zeigt sich das Problem im Entwurf des persönlichen Nachworts, das der eingangs erwähnte Historiker Axel Schildt wenige Wochen vor seinem Tod für seine Studie über die »Medien-Intellektuellen in der Bundesrepublik« noch zu Papier bringt. Kurz resümiert er, selbst Jahrgang 1951, die Geschichte seiner groß- und bildungsbürgerlichen Herkunft. Als Wissenschaftler *Texten in der Ich-Form* eigentlich abhold, scheint sie ihm jetzt unumgänglich. Warum? *Weil die NS-Belastung von Teilen der intellektuellen Elite ein alles begleitendes Thema darstellt* – wohlgemerkt: Er meint die Elite der Bundesrepublik. Schildts Vater, zwischen 1933 und 1945 in der Ölindustrie tätig, hält sich von den Nazis so gut wie möglich fern, die Mutter, Violinistin von Beruf, kommt mit ihnen nur peripher in Berührung. NS-Belastung: keine. In den 1960er Jahren, der Zeit der Studentenbewegung, will der heranwachsende Sohn und angehende Wissenschaftler gleichwohl Auskunft von den Eltern. Er resümiert: *Über den Nationalsozialismus wurde nicht viel gesprochen, und wenn, dann mit einer gewissen Verachtung gegenüber dessen kleinbürgerlicher Kulturlosigkeit.* So ist es vielfach gewesen. Nach dem Zweiten Weltkrieg distanzieren sich nicht wenige Angehörige des Groß- und Kulturbürgertums vom untergegangenen Hitlerstaat, indem sie ihn als eine Kleinbürger-Verirrung, als Kleinbürger-Wahn abtun. Dass dies weder historisch noch soziologisch haltbar ist, wissen wir längst. Aber dass in der Bundesrepublik nun junge Autoren, zumal jene der »Gruppe 47«, dass die *towering figures* rasch zu Repräsentanten werden und sich dabei selbst als Kleinbürger identifizieren, ist weit mehr als eine beiläufige Pointe der Gesellschaftsgeschichte seit 1945.

## Atmen, Schreiben und ein bisschen Statistik

Immer da, immer geblieben, ist Walser auch schon immer weiter. Es gibt, seine Autorschaft betreffend, eine Art Magie des Quantitativen. Andreas Meiers Werkverzeichnis endet am 24. März 2009, Walsers zweiundachtzigstem Geburtstag. Bis dahin bibliographiert er zwanzig Romane, fünf eigenständig publizierte und neun Sammelbände mit Erzählungen, Kurzprosa und Novellen, zwölf unveröffentlichte, mit Walsers gesamtem Vorlass im Marbacher Literaturarchiv befindliche Kurzgeschichten, sechzehn Dramen, vier Stücke-Sammlungen und dreiundzwanzig Sammel- wie Einzelbände mit Reden, Aufsätzen und Essays. Genannt sind damit lediglich die zentralen Genres. Auf gut vierhundert Seiten verzeichnet Meier überdies Hörspiele, Gedichte, Interviews, wissenschaftliche Beiträge, Reiseberichte, Übersetzungen, Arbeiten für Hörfunk und Fernsehen aus damals sechzig Schriftstellerjahren. 1997, zum siebzigsten Geburtstag, ist die zwölfbändige Werkausgabe des Heidelberger Germanisten Helmuth Kiesel erschienen, die dreizehn Romane enthält. Bis zu Meiers Register sind also sieben Romane hinzugekommen, natürlich haben auch alle anderen Gattungen Zuwachs erfahren. 2017, zum neunzigsten Geburtstag, veröffentlicht Walsers Freund Heribert Tenschert die »Gesamtausgabe letzter Hand« in fünfundzwanzig Bänden. Sie umfasst einen Band und fünfhundert Seiten mehr als die jüngste Grass-Edition von 2020 und enthält *alles, was Martin Walser in der Überschau seines Werks aus 65 Jahren gedruckt sehen möchte*. Jetzt sind es vierundzwanzig Romane geworden, sonstige Erweiterungen beiseitegelassen. Aber auch *die letzte Hand* hat den Autor keineswegs gehindert, weiterhin Neues zu publizieren, weshalb sich sagen lässt, er habe den durchaus sportlichen Ehrgeiz, alle Gesamtausgaben und Werkregister durch schieres Weitermachen und Hinzufügen wieder und wieder zu übertreffen.

Immer da, immer dageblieben, immer schon weiter gewesen: So hat er geschrieben und geschrieben und geschrieben. Und so ist die Metapher vom *Volkswagen der deutschen Literatur* entstanden: als stupende Unermüdlichkeitsmarke. Seine Laufbahn kennt zwei große Skandale und viele Kontroversen. Was ihn nie anficht, ist eine nennenswerte Schreibkrise. Im Band »Spätdienst« von 2018 findet sich, undatiert und titellos, der Sechszeiler: *Jeder produziert so viele Autos, Bücher, Hemden, / Herde, wie er kann, damit alle anderen / aufhören müssen, Autos, Bücher, Hemden, Herde / zu produzieren. Aber alle anderen produzieren / auch Autos, Bücher, Hemden, Herde / auf Teufel komm raus*. Die lakonisch polemisierenden Zeilen des Gedichts konstatieren den bewussten Verdrängungs-, ja Vernichtungswettbewerb durch Massenproduktion. *Bücher*, damit das eigene Gewerbe, bezieht Walser explizit ein, die metaökonomische Aura der hehren Ware Buch interessiert ihn für den Moment nicht. Kann sein, dass die lyrische Attacke auf marktmächtige Konzernverlage wie Bertelsmann / Random House zielt oder auf Holtzbrinck, zu dessen Bücher- und Medienreich auch der Rowohlt Verlag zählt, der Walsers Texte seit 2004 verlegt. Rein quantitativ betrachtet, ist er als Autor allerdings selbst ein Massenproduzent, ein Hersteller enormer Textmengen. Als Leuchtturm-Figur steht er in Dauerkonkurrenz nicht nur mit den anderen Mitgliedern von Blackbourns Exzellenz-Quartett, sondern auch mit dem gesamten Autoren-Ensemble der zeitgenössischen Literatur, das mit ihm auf den Buchmarkt und dort auf die Bestsellerliste drängt.

Exemplarisch lässt sich das im Tagebuch von 1966 miterleben. Im Spätsommer des Jahres erscheint »Das Einhorn«, der dritte Roman, der zweite mit der Hauptfigur Anselm Kristlein. Woche für Woche notiert der Diarist jetzt hartnäckig die Platzierung auf der Bestsellerliste. *12.9.1966: Seit heute mit dem Roman auf der Sellerliste im ›Spiegel‹. Das haben sie* (gemeint: die Kritiker) *nicht verhindern können. Platz 10, na ja.* Von unterwegs am *19.9.1966: Lesung in Luzern. Immer noch Platz 10.* Jetzt in München: *26. bis 29.9.1966 … Rede zur Eröffnung der Vietnam-Ausstellung … Von 10 auf 6 vorgeschoben.* Wieder mal zu Hause: *3.10.1966: Jetzt auf Platz 1.* Vom 3. Oktober bis 5. November eine neue Lesereise, dieses Mal durch sechsundzwanzig Städte. Unterwegs am *10.10.1966: Immer noch Platz 1. Aber Böll kommt näher.* Es geht um Bölls Erzählung »Ende einer Dienstfahrt«, eine Satire auf die Bundeswehr. *17.10.1966: Platz 2, Böll hat überholt.* Unterwegs gibt es Fingerübungen für *eine Paraphrase* zu Becketts »Endspiel«, dann *24.10.1966: Platz 2, hinter Böll.* Keinerlei Tagebuchnotizen bis *14.11.1966: Hinter Böll.* Zu Hause Notate zu *AK III*, dem nächsten Kristlein-Roman. *21.11.1966: Jetzt Platz 3.* Nächste Lesereise, dieses Mal durch sechs Städte. *28.11.1966: Wieder auf Platz 2.* Weitere Ideen für den dritten Kristlein bis zum *5.12.1966: Wieder auf Platz 2.* In Frankfurt am Main Teilnahme an einer Diskussion, dann *12.12.1966: Zurückgeschoben auf Platz 4.* Danach verliert er die Lust – oder »Das Einhorn« fällt aus der Liste. Gleich zu Beginn des folgenden Jahres, am 2. Januar, der Einfall zu einer neuen Geschichte, die kurz skizziert wird, aber unausgeführt bleibt: *Beschäftigung mit der Ichkrankheit.*

Konkurrenzneid und Konkurrenzangst gehören zum Alltag des Literaturbetriebs. Auch Günter Grass leidet darunter. Er hat schon früh, im Jahr 1959, den bis heute bedeutendsten wie berühmtesten Roman der deutschen Literatur seit 1945 vorgelegt: »Die Blechtrommel«. Das ist fortan auch eine Last. Buchsaison für Buchsaison könnte ja von fremder Hand ein neues Werk erscheinen, das den eigenen Welterfolg einholt, gar übertrifft. Walsers Biograph Jörg Magenau, der zwischen Emphatie und Distanz fast immer das rechte Maß findet, erzählt dazu mit Blick auf den Band »Begegnungen mit Zeitgenossen« des 2015 gestorbenen Kritikers Hellmuth Karasek eine kleine Anekdote. Kaum ist Walsers »Einhorn« erschienen, fragt Grass: *Und? Wie ist er?* Als Karasek eher zurückhaltend reagiert, bringt Grass *den aufblitzenden Triumph in seiner Miene nur mühsam unter Kontrolle*, ehe er scheinmitleidig erklärt: *Wenn ich Sie recht verstehe, kein ganz großer Wurf.* Grass wie Walser haben sehr, sehr viel geschrieben, Enzensberger ein wenig weniger, er verfasst ja auch keine oder kaum Romane. Das Schmähetikett vom Vielschreiber verbietet sich bei allen jedoch wie der *Spießer* im Zusammenhang mit der kleinen Bourgeoisie in der deutschen Literatur. Schließlich ist Schreiben der Beruf. Auch die Vorgänger sind Viel- und Vieles-Schreibende, emphatische Prosaautoren des neunzehnten Jahrhunderts wie Fontane, Gustav Freytag oder Wilhelm Raabe ebenso wie jene von der Jahrhundertwende bis 1945: Hermann Hesse, Alfred Döblin oder Stefan Zweig, nicht zuletzt Heinrich wie Thomas Mann. Von Letzterem stammt das längst zum Klischee gegen die Vielschreiberei geronnene Aperçu, Schriftsteller sei, wem das Schreiben schwerfalle. Tatsächlich lautet der Satz: *Für einen, dessen bürgerlicher Beruf das Schreiben ist, kam er jämmerlich langsam von der Stelle, und wer ihn sah, musste zu der Anschauung gelangen, dass ein Schriftsteller ein Mann ist, dem das Schreiben schwerer fällt als allen anderen Leuten.*

Der Satz ist freilich gemünzt auf die Karikatur eines Autors, auf Detlev Spinell, die Hauptfigur der Novelle »Tristan« von 1903, dessen einzige Publikation ein schmaler Roman ist, *gedruckt auf einer Art von Kaffeesiebpapier mit Buchstaben, von denen jeder aussah wie eine gotische Kathedrale.* In einem Brief von 1946 hat sich Thomas Mann zum Spinell-Gen in jedem Autor geäußert und für sich in Anspruch genommen: *Das Schreiben wurde mir immer schwerer als anderen, alle Leichtigkeit ist da Schein.* Selbst wenn man von den hohen Seelen-Kosten, die jedes leere Blatt von ihm fordert, einen Teilbetrag an Eigenstilisierung subtrahiert, ist die Bilanz keineswegs, Vielschreiben sei Frevel und Wenigschreiben das Ziel. »Die Große kommentierte Frankfurter Ausgabe (GKFA)« seiner Werke und Briefe, die seit 2001 in Arbeit ist, soll bei Editionsende 38 Bände umfassen, neunzehn sind, Stand Frühherbst 2021, erschienen. Martin Walser hat die meisten der bis dato sechsundzwanzig Romane, die Ulrich Greiner in der »Zeit« (15.11.18) gefühlt wie *50 oder 60* erschienen, über Jahre hinweg geplant und in den Tagebüchern skizzenhaft erprobt, die in vielerlei Hinsicht solitäre Prosa »Ein springender Brunnen« (Kapitel sechs) gar jahrzehntelang. Nicht schreiben kann er nicht. Aber: *So leicht, wie ich könnte, will ich nicht,* heißt es im frühen Tagebuch. Es entstünde eine umfangreiche Anthologie, sammelte man alle Autor- und Figurensätze zum und übers Schreiben. Die frühen Romane betreffend, ist das bereits geschehen. In der Summe jedoch ergibt sich eine so einfache wie emphatische Formel: Schreiben ist Atmen, also wird erst der Tod das Schreiben enden. Auf die Formel führt das undatierte Gelegenheitsgedicht »Beim Schreiben« zu: *Schwarze Stirnen stehen / vor dem Fenster, neigen / sich und schauen mir / mit Gesichtern schwarz ge- / neigt beim Schreiben zu. / Nur bei Punkten können / sie sich nicht beherrschen. / Mach ich einen Punkt / lächeln sie.*

Bei den *Schwarzen Stirnen* und den *Gesichtern schwarz ge- / neigt* handelt es um Anspielungen auf das Schleppen und Zustellen von Kohlen und Briketts, die zu Walsers Pflichten während der Wasserburger Kindheit und Jugend gehören. Im Sommer 1965 haben die neugierig durchs Schreibfenster Schauenden allerdings keinen Anlass zu lächeln. Denn Walser macht schlicht keinen Punkt, was lebensbedrohlich wird. Damals, berichtet Magenau, ist »Das Einhorn« an einer Stelle angelangt, an der Anselm Kristlein, die Hauptfigur, im Zelt am Strand auf die Traumfrau Orli wartet, *die aus dem Wasser des Bodensees steigt, im nichts als knappen Bikini auf ihn zukommt und ihr Haar löst: Urbild des Weiblichen, göttliches Wasserwesen, Urerlebnis des Begehrens.* Die Szene kommt uns bekannt vor. 1962, zwei Jahre, bevor Walser »Das Einhorn« zu schreiben beginnt, kommt »James Bond – 007 jagt Dr. No« in die Kinos, die erste, noch recht nah an Ian Flemings Roman »James Bond – Doctor No« (1958) angelehnte Adaption in der Regie von Terrence Young. »Dr. No« entwirft eine Reihe szenischer Muster und Urbilder, die in den weiteren Bonds variiert wiedererscheinen: zuvorderst den Auftritt des Bond-Girls. Mag die betörend schöne, völlig unemanzipierte, auf männlichen Schutz angewiesene Agentengespielin heutigen Korrektheitsstandards nicht mehr entsprechen: Das Auftauchen des ersten, von Ursula Andress gespielten Bond-Girls Honey Ryder ist ein mythischer Moment – im weißen Bikini, am weißen Gürtel ein schwarzes Messer, in jeder Hand eine kostbare Muschel, entsteigt sie den Wellen am jamaikanischen Paradiesstrand.

Walser scheut Gewöhnlichkeitswonnen nicht. In den Romanen und Erzählungen wird nicht nur Klavier gespielt, über Erbrechtsfragen philosophiert und das alte Rom adoriert, in den Essays nicht nur über Nietzsche nachgedacht, der Maler Werner Tübke bestaunt und theologienahe Karl-Barth-Exegese betrieben, überall wird auch Ski gefahren, Tennis gespielt, gesegelt, geschwommen oder kalifornische Leichtigkeit erprobt. Das umfassende Verworten der Welt: Darum geht es in Walsers Œuvre. Ganz Spiegel der Epoche zwischen 1950 und 2020, überschreitet es spielend und spielerisch die Grenze zwischen dem Erhabenen und der Trivialität, dem Klassischen, dem Populären und dem Kitsch, Letzterer fast immer durch Ironie gezähmt. Lediglich die Formen und Figuren der populären Musik sind Walser etwas fremd. Ganz selten Jazz (etwa am Ende der »Ehen in Philippsburg«), nahezu Fehlanzeige bei Bob Dylan: In der »Allgemeinen Jüdischen Wochenzeitung« vom 25. Mai 2001 beschuldigt man ihn, ein früheres Zitat von Günter Amendt kolportierend, er habe Dylan einen *herumzigeunernden Israeliten* genannt – es stimmt nicht. Fehlanzeige jedoch bei den Rolling Stones oder Jimi Hendrix, Metallica oder Kraftwerk. Vom IT-Kontinent kennt er einige Landmarken, besitzt Laptop und iPhone, arbeitet mit digitaler Spracherkennung und lässt seine Figuren in späteren Romanen E-Mails und Textnachrichten verschicken. Eine Webseite hat er nicht, im Gegensatz zu *Handkeonline* wird auch keine für ihn gepflegt. Aber das Kino. Ein Paradies und zugleich der beste Ort, um selber unsichtbar zu werden: Alfred Dorn, die Hauptfigur des Romans »Die Verteidigung der Kindheit« (1991), entzieht sich dem Alltag, indem er in Westberlins Filmhöhlen abtaucht. Warum also nicht eine Bond-Szene in einem Walser-Roman?

Erprobt wird dabei das atemlose Schreiben. Im »Einhorn« ist Orlis Erscheinen vor Kristlein eine einzige, über drei Buchseiten hinweg lediglich von Kommas und einigen Strichpunkten gegliederte Satzsuada. Gewiss eine Verbeugung vor Molly Blooms über siebzig Seiten zugleich gedehntes wie verdichtetes Selbstgespräch, dem ominösen inneren Monolog am Schluss des »Ulysses« von James Joyce. Mit dem Unterschied, dass Anselm Kristlein als Ich- wie Er-Erzähler nicht für sich und in sich hineinspricht, sondern den Außenadressaten, *den lieben Verwandten und Bekannten*, das ungeheure, ihn überwältigende Geschehen nahebringen, begreiflich machen will. Kurz nach dem Erscheinen des »Einhorns« – und ganz zweifellos, ohne das Buch zu kennen – hat Walsers Jahrgangsgenosse Gabriel García Márquez am kolumbianischen Ende der Welt mit der Arbeit am Diktatorenroman »Der Herbst des Patriarchen« begonnen, der auf Deutsch dann 1978 erschien. Auch hier ein Experiment mit dem Endlos-Satz, nun ins überbordend Phantastische gesteigert.

Bei Walser: Campingplatz am Bodensee, Auftritt Orli. Das Wort *Bikini* kommt nicht vor, dessen Details, die Träger des Ober- und die Schlaufe des Unterteils, allerdings manifest: *blaßrot-lodernde Banderolen.* Wir hören zu: *Anselm, seht ihr, sieht die zwei blaßrot-lodernden Banderolen naß kleben, naß und aus Hemdenstoff, naß auf der walnußbraunen Haut, sieht sie, vor Nässe durchsichtig, vor Nässe die Haut selbst, und vom oberen Rand der unteren Banderole zielt er mit der sich verjüngenden Haarspur auf den Nabel hin, schaut doch, liebe Leute …, die rotnaß mit Hemdenstoff beklebten Brüste, die aufgingen mit den steigenden Armen, beiße hinein, wer's vermag, in die zu Wörtern gewordenen Größen eines Mädchens, das erschien um 11 Uhr 59, das nicht aufhörte, die Hände zu heben, bis die den Zenit und ihren Nacken erreichten, dann lösten sich dort Haare, dann stürzte der Kopf mit allen Haaren vorwärts, ein schwarzer Vorfall.* Das schreibt er am 25. August 1965, wobei das Zitierte nur ein kleiner Teil der Passage ist. Seine Methode, im Text vorwärtszukommen, ist so obsessiv wie fatal: *Walser hatte die Angewohnheit*, so Magenau, *beim Schreiben bis zum Ende des Satzes den Atem anzuhalten.* Unmöglich bei einem Text, der über drei Buchseiten geht. Der Autor verausgabt sich bei dieser Szene derart, dass der Kreislauf kollabiert. Drei Monate verbringt er in Kliniken und

Sanatorien. Als Konsequenz bilanziert der Biograph, *übte er sich darin, kürzere Sätze zu bilden, aus Angst,* es könnte *ihm wieder die Luft ausgehen.* Daran hält er sich fortan, mehr oder weniger.

1998, er ist einundsiebzig, veröffentlicht er den Roman über seine Kindheit und Jugend im Nationalsozialismus: »Ein springender Brunnen«. Die Kritiker merken sofort, dass hier etwas Neues geschieht. *Walsers Romane enthielten nie die Geschichte ihres Autors, sondern immer die kollektive Autobiographie seiner Leser. In diesem Buch, vor dem Walser lange gezögert zu haben scheint, ist alles anders,* notiert Lothar Müller, der den »Springenden Brunnen« in der F.A.Z. als neuen Fortsetzungsroman vorstellt (12.6.98). Müllers Kollege Thomas Steinfeld urteilt drei Monate danach (F.A.Z. vom 26.9.) über das inzwischen auf Bestsellerhöhen gelangte Werk: *Je weiter man in der Lektüre des Buches kommt, desto mehr sortiert sich das Werk dieses Autors: Auf der einen Seite liegen alle anderen Romane, Novellen, Erzählungen und Dramen Martin Walsers, auf der anderen liegt dieses Buch. Auf der einen Seite finden sich die literarischen Konstruktionen, Allegorien, Kombinationen von erdachten Figuren. Auf der anderen trifft man auf die Kindheit und Jugend des Johann, der erkennbar die Züge Martin Walsers trägt.* Heute, fast ein Vierteljahrhundert danach, wissen wir, dass das rein autobiographische Erzählen ebenso Ausnahme bleibt wie die Jahre zwischen 1933 und 1945 als erzählte Zeit eines Walser-Werks.

Es gibt im Grunde also nur zwei Phasen und einen Solitär im genuin literarischen Œuvre: Die vier Jahrzehnte vom Erzähldebüt »Kleine Verwirrung« bis zum Wiesbaden-Roman »Finks Krieg« (1996), dann den »Springenden Brunnen« selbst und seither, beginnend mit »Der Lebenslauf der Liebe« (2001), elf weitere Romane, die sich, die Erzählstoffe betreffend, naturgemäß von den früheren unterscheiden, erzähltechnisch wie bei der erzählten Zeit – jeweils die unmittelbare Gegenwart der Hauptfigur – aber kaum. »Der springende Brunnen«, der fünfzehnte Roman, ist und bleibt die Werk-Ausnahme. Da Walser auch andere Genres fortführt, neue Theaterstücke schreibt, neue Essays, Reden und kurze Prosa, da überdies die Schreibfrequenz, damit das jährliche Schreibquantum eher zu- als abnimmt, lautet der gar nicht so ungefähre statistische Befund: Gut ein Drittel der etwa 14 000 Seiten des Gesamtwerks ist seit dem siebzigsten Geburtstag am 24. März 1997 entstanden. Von »Spätwerk« oder »Alterswerk« zu sprechen, verbietet sich. Dazu ist Walsers Schreiben zu vital, sind dessen Themen zu gegenwärtig. Als Beginn eines Spätwerks im traditionellen Sinn kann allenfalls der Roman »Ein sterbender Mann« von 2016 gelten, da ist der Autor neunundachtzig. Am Tag des siebzigsten Geburtstags aber, am 24. März 1997, steht Walser *auf dem Höhepunkt der öffentlichen Anerkennung als Dichter des neuen Deutschlands.* Der Biograph Jörg Magenau kann ein schönes Seefest schildern. Wo aber ist der alles überragende Roman, der Jahrhundertwurf? Bereits im September 1964 schreibt Max Frisch an den damals siebunddreißigjährigen Walser: *Ich bin äußerst gespannt, wie Sie weiterarbeiten. Sie sind (das wissen Sie) ein großer Schriftsteller, und ich möchte Ihr Hauptwerk, Ihre Meisterschaft, deren Möglichkeit aufgezeigt ist, so daß nicht daran zu zweifeln ist, noch erleben. Es muß ganz nah sein, grad um die Ecke.* Magenau, der den Brief zitiert hat, kommentiert im Anschluss: *Ohne es zu wollen, berührte Frisch damit einen wunden Punkt. Das Hauptwerk war eben nicht in Sicht. Bei Grass mit der ›Blechtrommel‹, bei Döblin mit ›Berlin Alexanderplatz‹, bei Thomas Mann mit den ›Buddenbrooks‹ und bei Johnson mit den ›Jahrestagen‹ kann man sich rasch auf einen Titel einigen, den jeder kennt, ohne sonst etwas vom Autor zu wissen. Bei Walser gibt es dieses Hauptwerk eben nicht.*

Martin Walser unterscheidet von all den Genannten, von Grass, Döblin, Thomas Mann, Uwe Johnson, dass er ein genuin romantischer Autor ist, dessen Hauptwerk deshalb der unendliche Progress des Schreibens selbst ist. Susanne Klingenstein zitiert ihn mit dem Satz: *Ich schreibe nur einen Roman.* Im 89. »Athenaeum«-Fragment notiert der Erzromantiker Friedrich Schlegel: *Offenbar gehören nicht selten alle Romane eines Autors zusammen, und sind gewissermaßen nur ein Roman.* Und im 47.: *Wer etwas Unendliches will, der weiß nicht was er will. Aber umkehren läßt sich dieser Satz nicht.* Im übernächsten Kapitel wird sich weisen, was das heißt.

# Zweites Kapitel

*Mein Walser. Dachboden, Auschwitz, Vietnam:*
*Urtexte eines Vorbilds.*
*Das produktive Poesieparadox oder*
*Die Überlegenheit der Literatur entsteht beim Lesen.*
*Von James Baldwins »Giovannis Zimmer«*
*zu Friedrich Hölderlins »Heimkunft«.*
*Enzensbergers »Kursbuch« und der kleinbürgerliche*
*Großheld Xaver Zürn gehören zusammen.*

1965 ist das erste Walser-Jahr. Ende 1964 hat mir Frau Gebhard, eine Bekannte des Vaters, angeboten, einmal in der Woche nachmittags in ihrer Buchhandlung auszuhelfen. In der hinteren Ladenstube packe ich Bücher für die Mitglieder von Bertelsmanns Lesering, der noch keine eigenen Filialen betreibt. Mir öffnet der Schülerjob – ich bin dreizehn, als er beginnt, und siebzehn, als er endet – die Bücherwelt. Zwar ist der Kleinbürgerhaushalt im schwäbischen Aalen, in dem ich aufwachse, nicht bücherlos, aber von der Bibel über den »Kleinen Brockhaus« bis zu den »Barrings«, einer Familiensaga über den ostpreußischen Landadel, passen alle Bände in die verglaste obere Hälfte des Wohnzimmer-Eckschranks – unten lagert, hinter einer festen Tür, das Festtagsgeschirr. Glühend gelesen habe ich bis zum Eintritt in Frau Gebhardts Reich Karl Mays »Winnetou«- und »Kara Ben Nemsi«-Bände in der »ungekürzten Volksausgabe« des Ueberreuter-Verlags, Stevensons »Schatzinsel«, die auch als Hörspiel mit Hans Clarin als Jim Hawkins großartig ist, und den »Robinson Crusoe« in der alten Ausgabe des Vaters, an der auch die Illustrationen von Walter Paget faszinieren. Seit dem zehnten Geburtstag und bis heute ein Lieblingsbuch ist »Uwe Seeler und seine goldenen Tore« von Herbert Becker, in dem als Lesezeichen das Autogrammfoto des Hamburger Mittelstürmers liegt, signiert am 26. November 1960.

Natürlich gibt es Ehrgeiz wie Verlangen nach dem, was wir Siebt- und Achtklässler *richtig erwachsene Literatur* nennen. Gemeint sind Romane, Kurzgeschichten und Gedichte der unmittelbaren Gegenwart. Heinrich Böll, Max Frisch und Friedrich Dürrenmatt werden zu Leitfiguren, auch wenn wir die wenigen Texte, die der Deutschunterricht der gymnasialen Mittelstufe immerhin behandelt, zunächst nur annähernd verstehen. So einfach wie erheiternd zu verstehen ist Bölls Wirtschaftswunder-Satire »Es wird etwas geschehen« (1956), die es bereits ins Lesebuch geschafft hat, während der erste außerschulische Versuch mit Frischs Roman »Stiller« (1954) noch scheitert. Über den anderen Gegenwartsautoren thronen zunächst Ingeborg Bachmann und Günter Grass. Bachmanns Vierzeiler »Im Gewitter der Rosen« schreibe ich aus einem Taschenbuch ab, setze ihn mit der »Kleinen Druckerei«, dem Lieblingsbaukasten, in große Lettern, ziehe ihn feierlich ab und hänge ihn unter das »Bravo«-Poster der Rolling Stones an die Wand: *Wohin wir uns wenden im Gewitter der Rosen, / ist die Nacht von Dornen erhellt, und der Donner / des Laubs, das so leise war in den Büschen, / folgt uns jetzt auf dem Fuß.*

Nicht den Blechtrommler Oskar Matzerath, dem ich später begegne, sondern Joachim Mahlke, der wegen des überdimensionierten Adamsapfels bizarre, auch deshalb enorme Held der Grass-Novelle »Katz und Maus« (1961), ist die erste literarische Figur, die mich so sehr beschäftigt, dass ich nachts von ihr und deshalb vom Ertrinken träume. In der Novelle ist es Pilenz, der Ich-Erzähler, der dem aus der Wehrmacht desertierten Freund empfiehlt, sich in der knapp aus dem Wasser ragenden Funkerkabine eines abgesoffenen Minensuchers zu verstecken. Aber Pilenz ist ein falscher Freund, ein verkappter Verräter. Er hat Mahlke auf dem Gewissen. Ich habe ihn dafür gehasst.

Zum zweiten der frühen Literaturhelden wird Dürrenmatts namenloser junger Mann – *ein Vierundzwanzigjähriger, fett* –, der in der Erzählung »Der Tunnel« (1952) auf der Suche nach Gewissheit verstört durch den Nachmittagszug von Bern nach Zürich irrt, um samt seinen Mitreisenden alsbald dem Nichts entgegenzurasen, im Nichts zu verschwinden: *›Was sollen wir tun?‹ schrie der Zugführer noch einmal ..., worauf der Vierundzwanzigjährige, ohne sein Gesicht vom Schauspiel* *abzuwenden, … mit einer gespenstischen Heiterkeit antwortete: ›Nichts.‹* Dürrenmatts doppeltes Nichts – unwiderstehlicher Sog, unmöglicher Widerstand – ist nicht weniger bedrohlich als das zutiefst Undurchdringliche der Danziger Bucht bei Grass. Mahlkes fatal-finaler Tauchgang zum prekären Versteck, spüre ich, hat auch sonst etwas mit dem nicht endenden Schweizer Tunnel zu tun. Dieses Etwas werde ich später für die singuläre Kraft der Literatur halten, für eine Fähigkeit, die keine der anderen Künste, keine Wissenschaft und keine Philosophie zu erreichen vermag: Lesend lässt sich erleben, wie sich Finsternis, in die man abtaucht oder hineinrast, in existentielle Helligkeit verwandelt, obwohl sie selbst finster bleibt, immer finsterer wird. In Ingeborg Bachmanns Rosengewitter wird *die Nacht von Dornen erhellt.* Dornen, die im Dunkeln leuchten? Auf dem Papier schon, im Lesenden auch.

Das ist und so verfährt das produktive Poesieparadox: Es privilegiert das literarische Lesen gegenüber allen anderen Rezeptionsweisen. Im Gegensatz zum Musikhören und Filmeschauen, zum Betrachten von Bildern oder zur Lektüre von Sach- und Wissenschaftsbüchern erzeugt es eine Art nach-, damit selbstschöpferischer Aktivität, ja: es fordert sie nachgerade ein. Martin Walser hat diese einzigartige Qualität besonders anschaulich mit Bezug auf Marcel Proust beschrieben: *Bei Proust,* so Walser, *las ich, ein Leser sei, wenn er liest, ›ein Leser seiner selbst‹. Das Werk des Schriftstellers sei ›dabei lediglich eine Art von optischem Instrument, das der Autor dem Leser reicht, damit er erkennen möge, was er in sich selbst vielleicht sonst nicht hätte erschauen können‹.* Robert Musils Jahrhundertroman »Der Mann ohne Eigenschaften« (1930/32) bringt dieses zugleich identifikatorische wie dynamisierende Lesen im 114. Kapitel des ersten Teils auf die Formel: *Lassen Sie uns etwa an große Schriftsteller denken. Man kann sein Leben nach ihnen richten, aber man kann nicht Leben aus ihnen keltern.* Ein fabelhaftes Bild. Die Schriftsteller, damit die Literatur: wie eine Traubenlese. Keltern muss der Leser selbst.

Mein erster Walser hat mit dem vorderhand noch vagen Gespür für literarische Singularität sehr viel zu tun. Den Großteil des kleinen Verdiensts fürs Bücherpacken investiere ich in den Kauf eigener Bücher, zudem gibt es Freiexemplare von Neuerscheinungen, für die sich weder Frau Gebhard noch Marianne Ehrhardt, die junge Buchhändlerin, interessieren oder die sie mir leihweise überlassen. Im Frühjahr '65 erscheint als 109. Band der »edition suhrkamp« eine Sammlung von Walser-Aufsätzen unter dem Titel »Erfahrungen und Leseerfahrungen«. Drei Mark kostet der Band, abzüglich Buchhändlerrabatt: 2,40 DM, pauschal sieben Mark bekomme ich für den Nachmittag, der oft bis in den Abend hinein dauert. Natürlich habe ich noch keine Ahnung, dass die bereits renommierte Taschenbuchreihe drei Jahre zuvor, im Juni 1962, im Garten des Schlosshotels auf der Wasserburger Halbinsel, unweit von Walsers Elternhaus, aus der Taufe gehoben wurde, Walser selbst zu den Geburtshelfern zählt, zudem der *Quartiermeister* für Siegfried Unselds Gründertruppe ist, zu der auch Hans Magnus Enzensberger, Uwe Johnson und, als Verlagslektoren, Walter Boehlich und Karl Markus Michel gehören. Beim Blättern in meiner Neuerwerbung *(es 109)* bin ich unversehens selbst in Wasserburg, dieses Mal im Hochsommer 1942, als der fünfzehnjährige Oberschüler Martin Johannes Walser in einer alten Kiste auf *ein Bündel zerfledderter Blätter* stößt.

Der Aufsatz, in dem er das 1965 schildert, elektrisiert mich sofort: »Hölderlin auf dem Dachboden«. Der Dachboden, in meinem Ostalb-Schwäbisch wie in Walsers Schwäbisch-Alemannischem nach den Heuschobern der Bauern »Bühne« genannt, bleibt, obwohl Hunderte Male betreten, stets der magische Ort auch meines Elternhauses. Vom zweiten Stock aus nur über die steile Stiege zu erreichen, muss ich ganz oben eine schwere Luke hochstemmen und festklemmen, um dann in eine auch tagsüber düstere, nur von schwächlichen Glühbirnen beleuchtete Welt zu gelangen – die Höhle in der Höhe. So ähnlich, stelle ich mir sofort vor, muss es auch beim jungen Walser gewesen sein. Es fällt dann leicht, diesem einst fast Gleichaltrigen beim Blättern in seinem Stoß von Gedichten aus der »Cotta'schen Handbibliothek« seines Vaters über die Schultern zu schauen. Und mitzulesen, was er dreiundzwanzig Jahre zuvor seinerseits gelesen hat: *Drin in den Alpen ists noch helle Nacht und die Wolke, / Freudiges dichtend, sie deckt drinnen das gähnende Tal.* Seltsam gefügte Wörter, aber so anziehend geheimnisvoll wie der Dachboden, auf dem wir beide, der Autor und sein Leser, nun gemeinsam sind. Walser erzählt, er habe als Heranwachsender vom Wasserburger Dachfenster aus genau das sehen können, was Hölderlins Elegie »Heimkunft« beschreibt, besingt, beschwört: die *Alpen*, den *Ruderer* und *die Segel* auf dem nahen *See*, das *glückselige Lindau* und die *Ebnen des Rheins.* In der Rückschau vermutet er, das sei *wahrscheinlich die Wirkung gewesen: das Gedicht als Baedeker, um die Landschaft am Bodensee kennenzulernen.* Noch wichtiger aber – mit dem Reiseführer *zurück in die Vergangenheit und irgendwohin, wo man lediglich mit Ahnungen tasten kann, und heute weiß, daß es die Zukunft war.*

Auf Walsers Dachboden entdecke ich Hölderlin, von dem ich gerade den Namen weiß, zum ersten Mal. Von Walsers Dachboden aus wird das Recht proklamiert, *Literatur mit Haut und Haaren einfach zu konsumieren, ohne daran zu denken, was daraus wird.* So viel mehr wisse er inzwischen über den Dichter, notiert Walser, fürchte aber, *daß man ihm vor lauter Achtung und Einsicht nie mehr so nahe kommt wie damals, als man ihn von morgens bis abends in jeden Atemzug hineinmünzte, rücksichtslos, wie einer, der Hunger hat, der mit den Fingern nach dem Essen greift, weil er nicht versteht, wozu das Besteck gut sein soll.* »Hölderlin auf dem Dachboden« ist ein triumphales Manifest für das Unmittelbare des poetischen Erlebens. *Manchmal,* so endet es, *wird dann aus einem Gedicht eine Lebens- und Zeitlandschaft, und wenn man es wieder liest, ist man wieder dort, wo man auf keinem anderen Weg mehr hinkommen könnte, und jetzt, beim Wiederlesen, ist man vielleicht noch mehr dort als damals, man weiß jetzt ein bißchen besser, warum einem das Gedicht damals so gut in den eigenen Kram paßte, obwohl man es damals sozusagen nicht begriff.* Hölderlins Poesie: Für mich ist diese Lebens- und Zeitlandschaft für immer verbunden mit Walsers weckendem Essay und Frau Gebhards wunderbarer Buchhandlung, die es seit mehr als vier Jahrzehnten nicht mehr gibt. Von den vielen Lese-Erweckungen, die ich ihr danke, ist der Wasserburger Dachboden eine der allerersten.

Mein persönlicher Bücher-Baedeker ist die vier, fünf Jahre ältere Marianne Ehrhardt. Eines Nachmittags schiebt sie mir einen schmalen Band zu mit dem Bemerk, das sei *heiße Ware*. Es handelt sich um den Roman »Giovannis Zimmer« von James Baldwin, der so – noch vor Hemingway – zum ersten fremdsprachigen Autor wird, der mich begeistert – und irritiert. *Ich stehe am Fenster dieses großen Hauses in Südfrankreich, während draußen die Nacht anbricht, die Nacht, die mich dem schrecklichsten Morgen meines Lebens entgegenführt*: So beginnt »Giovannis Zimmer«. Für den jungen Amerikaner David, den Ich-Erzähler, wird dieses Zimmer an der Place de la Nation – *weit draußen*, sagt Giovanni, *fast nicht mehr in Paris* – zum Offenbarungs- und Bekenntnisort seines homosexuellen Begehrens: *Während alles in mir nein schrie, seufzte mein wahres Ich ja.* Im südfranzösischen Appartement des Anfangs blickt David am Ende des Romans auf die Liebe zu Giovanni zurück, der an diesem *schrecklichsten Morgen* wegen des Mordes am Inhaber einer Pariser Schwulenbar hingerichtet wird. David weiß: Er hätte diesen Mord verhindern können, hätte er Giovanni nicht feige verlassen.

Aber er weiß auch, dass sein eigenes Schwulsein Fluch und Segen zugleich ist, und dass beide, Fluch wie Segen, aufgehoben sind in *der großen Gnade Gottes*. David, der Amerikaner in Paris – den Topos kenne ich noch nicht –, fasziniert mich ungemein, nicht minder die Atmosphäre der aus schwäbischer Provinz sehr fernen Metropole, das Nachtleben in den Bars und Restaurants, die Szenen in Les Halles, die Taxifahrten vom Zentrum an die Place de la Nation. Natürlich faszinieren auch die Emphasen und Fährnisse der diversen Liebesgeschichten, wobei mir, so heftig wie hoffnungsfern verliebt in Ute B., die Geige spielende Arzttochter aus meiner Klasse, unverständlich bleibt, weshalb David erst den Pariser Barkeeper Giovanni und später einen namenlosen Matrosen in Nizza seiner schönen Verlobten Hella oder der blonden Sue aus Philadelphia vorzieht. Aber das pathetische Beschwören der *Gnade Gottes*, in der David sein Begehren geborgen weiß, ist enorm. Ich erfahre etwas Fremdes als nah, rechtens und richtig – legitimiert durch Gott selbst, an den ich kurz vor der Konfirmation noch fest glaube. »Giovannis Zimmer« ist ein Lieblingsbuch geblieben, Gott ist verlorengegangen. Heute berührt mich besonders, was ich einst überhaupt nicht bemerke: James Baldwin, der große Autor des schwarzen Amerika, lässt seine Hauptfigur zwar schwul werden, aber keineswegs schwarz sein – beides zusammen ist Mitte der 1950er Jahre, als der Roman im Amerika der McCarthy-Ära erscheint, noch entschieden zu viel. Selbst bei und für Baldwin.

Im Juli 1965, kurz vor den Sommerferien, weist Marianne auf eine Neuerscheinung hin, über die *in der Branche*, wie sie sagt, viel *gemunkelt* werde: Hans Magnus Enzensberger gäbe jetzt eine eigene Zeitschrift heraus, schlicht »Kursbuch« genannt. Das leuchtet sofort ein. *Lies keine Oden, mein Sohn, lies die Fahrpläne: / sie sind genauer*: Was er »Ins Lesebuch für die Oberstufe« geschrieben wissen will, kennen auch wir Siebtklässler schon. Gespannt nehme ich das Heft – blassrosa Einband, weiße Titelei im tiefschwarzen Inhaltsrahmen – mit nach Haus. Die ersten Beiträge überblättere ich. Samuel Becketts Prosa lässt mich kalt (und ist mir, konträr zu den Stücken, fremd geblieben), die folgenden Gedichte etwa von Jürgen Becker oder Tadeusz Rósewicz haben nicht die Magie von Bachmanns »Gewitter der Rosen«, und der Essay von Karl Markus Michel über »Die sprachlose Intelligenz« ist mir schlicht zu hoch. Das folgende *Dossier* – ein noch neues, aufregendes Wort – mit Texten von und über Jean-Paul Sartre nehme ich mir für die Ferien vor, denn diesen Dichterphilosophen will ich unbedingt lesen – Marianne hat jüngst begeistert von der Stuttgarter Aufführung seines Stücks »Geschlossene Gesellschaft« erzählt, Lore S., Fabrikantentochter und die Beste unserer Klasse, kennt bereits »Die Zeit der Reife«, den ersten Band der Romantetralogie »Die Wege der Freiheit«. Seit kurzem tragen viele von uns, auch ich, schwarze Rollkragenpullover, weil wir in unserer Kleinstadt wenigstens ein bisschen das Flair von Pariser Existentialismus verbreiten wollen.

Das zweite Dossier – »Aufzeichnungen von einem Prozess« – lese ich sofort. Warum? Wegen Walser. Sein Aufsatz heißt »Unser Auschwitz« und beschließt das erste »Kursbuch«. Mit diesem Dossier, mit diesem Aufsatz ändert sich alles. Gewiss, auch unsere Lokalzeitung, die »Schwäbische Post«, hat wiederholt über den ersten Frankfurter Auschwitzprozess berichtet, der sich im Frühsommer 1965 der Urteilsverkündung nähert. Aber die Artikel darüber stehen im politischen Teil, den ich im Grunde erst ein, zwei Jahre später zur Kenntnis nehme, als der Vietnamkrieg wirklich ins Bewusstsein dringt. Noch verharre ich im Windschatten der Welt, in dem sich Kindheit und frühe Jugend abspielen. Als Kinder haben wir während der Kubakrise vom Herbst 1962 und nach Kennedys Ermordung im November 1963 die gedrückte Stimmung der Erwachsenen durchaus wahrgenommen, ebenso die Kleinstadtangst vor dem »Dritten Weltkrieg« oder der »Atombombe«. Mehr als ein vages Gespür für etwas numinos Bedrohliches entsteht daraus nicht. Über den inzwischen zwei Jahrzehnte zurückliegenden Weltkrieg und den Nationalsozialismus wird privat wie öffentlich so gut wie nicht geredet. Meine Familie unterscheidet sich beim *kommunikativen Beschweigen* nicht von den meisten anderen. Auch der Auschwitzprozess ist kein Thema.

Das Prozess-Dossier beginnt mit Protokoll-Auszügen mehrerer Verhandlungstage. Sie sind wie Gedichte gesetzt, *Vorarbeiten*, wie es erläuternd heißt, zum Theaterstück »Die Ermittlung. Oratorium in 11 Gesängen« von Peter Weiss, das am 19. Oktober 1965 zeitparallel an fünfzehn west- und ostdeutschen Bühnen sowie von der Londoner Royal Shakespeare Company uraufgeführt wird. Die erste Passage, die mich festhält und nie wieder loslässt, steht auf der dritten Seite der »Frankfurter Auszüge« und gibt eine Aussage über die ermordete Lili Tofler wieder. Zeuge: *Es war ein hübsches Mädchen / im Alter von zwanzig oder einundzwanzig Jahren / Da war irgendetwas mit einem Brief / aber ich weiß nicht ob es ein Brief war der an sie gerichtet war / oder ein Brief den sie geschrieben hatte / Das Mädchen mußte sich nackt zur Wand stellen / viele Male im Lauf der Vernehmungen / und es wurde getan als wollte man sie erschießen / man gab die Kommandos zum Schein / Sie flehte zum Schluß auf den Knien / man möge sie erschießen / So wurde sie denn schließlich erschossen / wegen dieses Papiers.* Auch fünfeinhalb Jahrzehnte danach ist das Unfassbare des Augenblicks geblieben – in der Tat sind die Notate von Peter Weiss die erste wirkliche, ungefilterte Erfahrung mit dem, wofür es bald danach Begriffe gibt: Judenmord, Holocaust, später Shoa. Etwas mehr als dreißig

Seiten nimmt die Protokoll-Collage im ersten »Kursbuch« ein, darunter Rechtfertigungen der Angeklagten: *Ich sehe in der Strafverfolgung nur einen Racheakt.* Jetzt aber, im Juni 1965, sind weder Begriffe da, noch habe ich irgendwelche Kenntnisse, um das gerade Gelesene in einen Zusammenhang zu rücken. Jetzt, im Sommer 1965, ist es Martin Walsers Essay, der mir überhaupt ermöglicht und dabei hilft, die Prozess-Passagen des Peter Weiss nicht nur dem Wortlaut nach zu verstehen, sondern sie, was schwer ist und bleibt, auch in den Alltag, ins weitere Leben hineinzunehmen. Weil das so ist, ist »Unser Auschwitz« ein elementarer Text meiner Biographie.

Wie »Hölderlin auf dem Dachboden« wenige Wochen zuvor, holt er mich aus dem Windschatten der Kleinstadt. Nur ist es dieses Mal ein Heraustreten in die entgegengesetzte Richtung – statt ins Licht der Literatur ins Dunkel des singulären Verbrechens. Wobei Walser genau hier ansetzt: bei der Unzulänglichkeit der Auschwitz-Metaphorik. Deshalb betreibt er in einem der miteinander verwobenen Teile des Aufsatzes Medienanalyse und Medienkritik. Er schaut in die Zeitungsberichte zum Prozess, sammelt einige jener *schrecklichen Zitate* von Zeugen wie Angeklagten, zitiert Überschriften wie *Frauen lebend ins Feuer getrieben* oder *In Auschwitz floß der Alkohol.* Er warnt davor, Täter wie Oswald Kaduk und Wilhelm Boger als *Teufel* und *Bestien* zu dämonisieren oder von *dantesken Szenen*, von *Inferno* zu reden. Warum? Weil dieses Furchtbare stets auch eine *Faszination* enthalte, *die das Grauenhafte auf uns ausübt* – und weil es *unsere Distanz zu Auschwitz* fördere, wüssten wir doch: *mit diesen Scheußlichkeiten haben wir nichts zu tun.* In einer etwas kürzeren Fassung erscheint »Unser Auschwitz« zum ersten Mal in der Frankfurter »Abendpost«, einem Boulevardblatt, auf vollen zwei Zeitungsseiten in der Wochenendausgabe vom 13./14. März 1965. Als hätte die Redaktion Walsers Medienkritik nicht gelesen, trägt der Artikel die Überschrift: *›Teufel von Auschwitz‹ sind eher arme Teufel.*

Aus Walsers Sprachkritik geht der zweite Teil des Essays hervor: Haben *wir Deutschen* hier und jetzt, also 1965 und in absehbarer Zukunft, mit Auschwitz noch etwas zu tun? *Oder*, zugespitzt, *geht mich*

*Auschwitz überhaupt nichts an?* Erste Walser-Antwort: *Ich verspüre meinen Anteil an Auschwitz nicht, das ist ganz sicher. Also dort, wo das Schamgefühl sich regen, wo Gewissen sich melden müßte, bin ich nicht betroffen.* Konsequenz daraus: *Für uns aber wird Auschwitz keine Folgen haben.* Zugleich die Gewissheit: *Natürlich wird sich Auschwitz nie wiederholen.* Worauf die zweite Antwort zu den *Scheußlichkeiten* zurückblendet: *Wir haben von 33 bis 45 sozusagen in einem anderen Staat gelebt als die Angeklagten … Ganz ohne Zweifel ist auch, daß wir Deutschen von diesen Brutalitäten keine Ahnung hatten. Auch das ist ein Effekt dieses Prozesses. Wir kommen als Mitwisser nicht mehr in Frage.* Entlastet Walser damit die Deutschen? In der Tat: Bildeten diese Sätze die Quintessenz des Essays, wäre es so. Sie haben allerdings eine komplett konträre Funktion. Sie nehmen rhetorisch die Advocatus-Diaboli-Position ein, um damit ein ganz anderes Paradigma herzuleiten und zu begründen. Natürlich hätte ich es vor fünfundfünfzig Jahren, als ich »Unser Auschwitz« ein erstes Mal lese, so nicht ausgedrückt.

Nimmt man jedoch das Umfeld wahr, in dem die Sätze stehen, wird ihre Bedeutung auch ohne jeden Grundkurs in Rhetorik offenkundig. Für den Mittelstufenschüler des schwäbischen Gymnasiums ergeben sich jedenfalls keine Verstehensprobleme. Der Reihe nach. *Wir Deutschen*, das ist, so Walser, *das Kollektiv*. Weder als juristisches noch moralisches Kriterium kommt *Kollektivschuld* für ihn in Betracht. *Kollektiv-Ursache* allerdings sehr wohl, *darüber aber sprechen wir lieber nicht*. Spricht man darüber, *dann ist in diesem Kollektiv die Ursache für alles zu suchen*, dann findet jeder den *Anteil*, den er nicht zu haben meint, genau dort: *Dann ist Auschwitz eine großdeutsche Sache. Dann gehört jeder zu irgendeinem Teil zu der Ursache von Auschwitz. Dann wäre es eines jeden Sache, diesen Anteil aufzufinden. Es muß einer doch nicht in der SS gewesen sein.*

Der Reihe nach weiter: die Nicht-Wiederholbarkeit von Auschwitz und die Folgenlosigkeit für uns. *Unser Asoziales*, heißt es, halte sich *momentan* zwar *geheim*, aber *es kann mobilisiert werden*: aufs Neue, also wieder, als Potentialis jederzeit. Was Walser 1965 in den Begriff des *Asozialen* fasst, wird der Historiker Dan Diner mehr als zwei Jahrzehnte danach differenzierter und zugleich umfassender *Zivilisationsbruch* nennen. Nicht-Wiederholbarkeit von Auschwitz schließt bei Walser so präzis wie prophetisch das variierende Gegenteil ein: *Der nächste Triumph des Asozialen wird sich anders ausstaffieren.* Bleibt die angebliche Unschuld der Nicht- und Von-nichts-Wissenden. *Wir vergessen*, heißt es dazu, *daß wir zumindest geduldige Zeugen waren, als sich von 1933 bis 1945 ein Schritt nach dem anderen sichtbar vor uns vollzog.* Er zählt auf: Von der »Verordnung zum Schutz von Volk und Staat« (1933) bis zur »13. Verordnung zum Reichsbürgergesetz (anno 43)«. In zynischer Verve wird resümiert: *Sollten wir noch ein Gefühl dafür gehabt haben, daß wir dieser Entwicklung zu geduldig zugeschaut haben, dann sagen wir uns jetzt ganz heftig: wir haben nichts gewußt.*

»Unser Auschwitz« hat einen dritten Teil. Er handelt von den Opfern, ihren Leiden, ihrem Leid. Walser macht dabei einen Umweg. Noch einmal auf die oft schrille Pressesprache zum Prozess zurückkommend, hält er nüchtern fest: *Nun war aber Auschwitz nicht die Hölle, sondern ein deutsches Konzentrationslager. Und die ›Häftlinge‹ waren keine Verdammten oder Halbverdammten eines christlichen Kosmos, sondern unschuldige Juden, Kommunisten und so weiter. Und die Folterer waren keine phantastischen Teufel, sondern Menschen wie du und ich. Deutsche, oder solche, die es werden wollten.* Auschwitz, fasst er zusammen, sei gerade deshalb überhaupt nichts Phantastisches, sondern eine Anstalt, die der deutsche Staat mit großer Folgerichtigkeit entwickelte zur Ausbeutung und Vernichtung von Menschen … *Selektion an der Rampe, Transport in die Kammern, Zyklon B, Verbrennungsöfen. Und: wer nicht ermordet wird, arbeitet bei Krupp, bei der I. G., bis er daran stirbt oder auch ermordet wird. Das ist das Betriebssystem.* Lili Tofler ist Jüdin und besitzt einen Brief. Beides duldet das Betriebssystem nicht. Also wird es brutal, gemein, barbarisch, widerwärtig, böse. Aber es bleibt System.

Walser hat den Frankfurter Auschwitzprozess Ende Februar 1964 mehrere Tage lang im Gerichtssaal verfolgt. Im Tagebuchband, der die Jahre 1963 bis 1973 umfasst, hat er, der Methode von Peter Weiss nicht unähnlich, über mehrere Seiten hinweg die Aussagen von Opfern und

Tätern als Gedächtnisprotokoll festgehalten. Es ist die unmittelbare Anschauung, es sind das distanzlose Sehen und Hören, die ihn beim reflektierenden Schreiben zur Überzeugung bringen, dass den Erfahrungen der Opfer etwas für jeden Außenstehenden Inkommensurables anhaftet. Töricht – und intellektuell unverantwortlich – wäre es, dieses Unermessliche zu relativieren. Deshalb kulminiert »Unser Auschwitz« in einer Satzfolge, die den Opfern genau zumisst, was deren einstiger Realität entspricht: Singularität. *Wer dem Prozeß zusieht*, heißt es, *kann ohne weiteres feststellen, daß Auschwitz nur noch für die ›Häftlinge‹, die überlebten, etwas Wirkliches ist.* Weiter: *Die Situation dieser absoluten Rechtlosigkeit ist uns einfach nicht vorstellbar. Weil wir uns nicht hineindenken können in die Lage der ›Häftlinge‹, weil das Maß ihres Leidens über jeden bisherigen Begriff geht.* Und schließlich als Essenz: *Was Auschwitz war, wissen nur die ›Häftlinge‹. Niemand sonst.*

Walsers Aufsatz hat mich, den Vierzehnjährigen, beim ersten Lesen keineswegs überfordert. Er hat mich, im Gegenteil, vor dem Bodenlosen bewahrt, in das ich angesichts der Protokoll-Collage von Peter Weiss starre. Leichter, erträglicher ist danach nichts, etwas tragbarer schon. Zum ersten Mal begegne ich, noch unbewusst, auch einer Kernqualität des Walser-Stils: der keineswegs eitlen, im Fortgang des Werks überdies wohldosiert eingesetzten Selbstbezüglichkeit. »Unser Auschwitz«: Das ist eben nicht die Usurpation von Opfer-Schicksal, keine Besitzanzeige, gar Inbesitznahme, sondern das Betonen der ganz individuellen, auch der kollektiven Teilhabe. In objektivierende Distanz gerückt, verlöre das Skandalon seine Fürchterlichkeit. Wenn Walser Possessivpronomina wählt, dann als Beglaubigungsinstanz von Dabeisein, Authentizität, Nähe. »Unsere historische Schuldigkeit« heißt ein Text, den er 1978 erstmals in der Zeitschrift »Konkret« publiziert, »Mein Schiller« nennt er 1980 den Versuch über einen scheinbar fernen Klassiker. Noch im Jahr 1965, als »Unser Auschwitz« entsteht, schreibt er für das sozialistische Jugendmagazin »elan« einen politischen Appell, in dem er direkt fragt: »Wie hältst du's mit Vietnam?« Ich will jetzt alles von Walser lesen. Damals aber entgeht mir der »elan«-Traktat schlicht deshalb, weil derartige Postillen in Frau Gebhards schwäbischer Buchhandlung nicht geführt werden.

Bis ich im »Kursbuch« ein weiteres Mal auf Martin Walser stoße, gehen zwei Jahre ins Land. Gleich zwei Texte aber im »Kursbuch 9« vom Juni 1967: »Praktiker, Weltfremde und Vietnam« und »Auskunft über den Protest«. Der Vietnamkrieg und die Proteste dagegen sind mittlerweile auch in der schwäbischen Provinz angekommen. Fast sechzehn bin ich jetzt und arbeite in der SMV des Gymnasiums mit, 1968 bin ich Schülersprecher, gravitätisch *Schulsprecher* genannt. SMV: Das heißt immer noch »Schüler-Mitverwaltung«, obwohl wir dafür eintreten, sowohl beim Direktor des Gymnasiums, dem jovial-statuarischen Lateinlehrer Dr. Säzler, als auch im Stuttgarter Kultusministerium – es heißt ganz offiziell: *Kultministerium* –, zur »Schüler-Mitverantwortung« aufgewertet zu werden. Die Proteste gegen den Krieg erreichen uns indirekt. In der »Schwäbischen Post« lese ich Berichte über die Demonstrationen in den Großstädten, sogar im siebzig Kilometer entfernten Stuttgart gibt es welche. Die »Tagesschau« zeigt Szenen, bei denen *Ho, Ho, Ho Tschi Minh* skandiert wird.

In der großen Pause diskutieren wir über Martin Luther King, im Unterricht – ja: im Unterricht – über die amerikanische Politik. »Gemeinschaftskunde« heißt das Fach, das der Studienrat Dr. Wolfgang Hegele, ein Jahr jünger als Walser, trotz (oder gerade wegen) seiner Zugehörigkeit zur CDU im radikalliberalen Geist eines Ralf Dahrendorf unterrichtet – Hegele, der später ein vielbeachtetes Buch über den »Literaturunterricht in Deutschland« schreiben wird, ist ein Vorbild an intellektueller Offenheit, streitbarer Toleranz und deshalb der Held (nicht nur) meiner Gymnasialzeit. Vieles an Hegele erinnert an Martin Walsers Sillenbucher Studienrat Helmut Halm, die Hauptfigur im »Fliehenden Pferd« (1978) und in der »Brandung« (1985), allerdings ist der grundenergische, dabei konziliante Hegele (bis heute) von Halms zaudernden Selbstzweifeln ziemlich frei, eine Differenz, die keinem der beiden schadet. *Für Sie immer noch Herr Doktor*, sagt Hegele, als ich ihn in einer Lehrerkonferenz störe. *Dafür hat die Revolution jetzt keine Zeit*, erhält er zur Antwort.

Jenseits des Gymnasiums macht der Protestsong Epoche, seine Protagonisten sind unsere Idole: neben Bob Dylan, Joan Baez, Pete Seeger auch die Folkgruppe »Peter, Paul and Mary«, deren Versionen von Seegers »If I Had a Hammer« und Dylans »Blowin' in the Wind« die Popularität der Originale übertreffen. Das Porträt-Poster von Che Guevara findet sich in schwäbischen Jugendzimmern, jetzt *Buden* genannt, die »Ostermärsche für Frieden und Abrüstung« bleiben weitgehend in der Kontrolle des Quasi-Establishments von SPD und DGB, während die APO, die Außerparlamentarische Opposition, in Rudi Dutschke ihr Charisma und damit unser staunendes Bewundern findet. Gleichwohl sind wir, die Ende der 1940er, Anfang der 1950er Jahre Geborenen, auf merkwürdige Weise eine Teil-Generation im Windschatten. Als wir Mitte der 1960er wirklich zu lesen beginnen, sind die meisten großen Romane, Theaterstücke und Gedichtbände der Nachkriegsliteratur längst erschienen. Paul Celans »Mohn und Gedächtnis« (1952), Bachmanns »Die Gestundete Zeit« (1953), Bölls »Und sagte kein einziges Wort« (1953), Koeppens Trilogie »Tauben im Gras«, »Das Treibhaus« und der »Der Tod in Rom« (1951 bis 1954), Frischs »Stiller« (1954), Dürrenmatts »Der Besuch der alten Dame« (1956), Walsers »Ehen in Philippsburg« (1957), Enzensbergers »verteidigung der wölfe« (1957), schließlich »Die Blechtrommel« (1959), selbst noch Christa Wolfs »Der geteilte Himmel« (1962): Diese Bücher sind fast schon Gegenwartsklassiker, als sie uns und wir sie erreichen und entdecken.

Ähnliches gilt für das Politische. Als wir zu Anfang der 1970er Jahre an die Universitäten kommen, hat sich der SDS schon wieder aufgelöst. Die Kaufhaus-Brandstiftungen, die erste RAF: All dies haben wir, meinesgleichen und ich, noch aus der beengenden wie schützenden Distanz des Gymnasiums und des Elternhauses heraus erlebt. Der Publizist Reinhard Mohr hat diese Erfahrung im Titel eines Essays sehr gut erfasst: Wir sind »Zaungäste«, wir sind »Die Generation, die nach der Revolte kam«. Alles in allem: eine merkwürdige, aber keineswegs schlechte Position. Sie hat nicht wenige von uns vor gefährlichen Radikalisierungen bewahrt.

Das intellektuelle Zentrum der Zeit ist ohne Zweifel Enzensbergers frühes »Kursbuch«. Im sechsten Heft (Juli 1966) fragt der (im Frühjahr 2021 mit fast 102 Jahren gestorbene) amerikanische Beat-Poet Lawrence Ferlinghetti: »Where is Vietnam?«, ein Dossier informiert über die »amerikanische Opposition gegen den Krieg«, Enzensberger selbst und Peter Weiss streiten über den richtigen Weg zu Protest, Revolte und Revolution. Im siebten Heft (September 1966) lässt Heinrich Böll seinem »Brief an einen jungen Katholiken« von 1958 nun programmatisch den »Brief an einen jungen Nicht-Katholiken« folgen und adressiert ihn an den weiland vierundzwanzigjährigen Günter Wallraff, der gerade mit den ersten seiner Industriereportagen für Furore sorgt: »Wir brauchen dich. Als Arbeiter in deutschen Industriebetrieben«. »Kursbuch 8« (März 1967) zeigt Enzensberger als fernhintreffenden Herausgeber und Blattmacher: Er springt aus den tagesaktuellen Debatten heraus und setzt eine ganz andere Aktualität auf die Agenda: »Neue Mathematik, Grundlagenforschung, Theorie der Automaten« bietet Beiträge des Logikers Bertrand Russell, des Philosophen Ludwig Wittgenstein, des Enigma-Dechiffrierers Alan Turing und des Anthropologen Claude Lévi-Strauss – es dürfte das allererste Mal sein, dass in einer deutschen Zeitschrift von »Künstlicher Intelligenz« und *machine learning* die Rede ist. Das mythisch-berüchtigte »Kursbuch 15« (November 1968), angeblich den Tod der Literatur propagierend, dabei randvoll mit neuen Gedichten und Erzählungen, lassen wir für den Moment beiseite.

Martin Walser ist seit »Hölderlin auf dem Dachboden« und »Unser Auschwitz« mein großes Vorbild. Die beiden Vietnam-Texte im neunten Kursbuch haben auf mich allerdings nicht die Wirkung der früheren Essays. Das hat nichts mit ihrer Haltung zu tun – der Vietnamkrieg ist schrecklich, Walsers Sätze (etwa: *Ein Verbrechen ein Verbrechen zu nennen, kann nicht sinnlos sein*) bestärken Aversion wie Abscheu. Allerdings hat sich Walsers ungemein klare, auch eminent suggestive Sprache, das ist sofort bemerkbar, nun fast völlig dem Kämpferischen übereignet. Die Rhetorik ist etwas schrill, wenn sie etwa den *Widerwillen* gegen das amerikanische Führungstrio *McNamara-Johnson-Rusk* bekundet.

Das ist nicht der Walser-Ton, den ich bewundere. Zudem gehen mir die Attacken gegen die SPD und ihre *Vorweg-Anpassung* an Washington gegen den Strich. Willy Brandts Name fällt in beiden »Kursbuch«-Texten nicht, aber es ist offenkundig, dass Walsers Polemik implizit gerade ihm gilt. Willy Brandt indes ist für mich der Hoffnungspolitiker schlechthin, der von Walser ersatzweise attackierte *Es-Pe-De*-Trommler Günter Grass deshalb der überzeugendere Gewährsmann. Wegen Herbert Wehners enormer Parlamentsreden, in erster Linie wegen Brandts Aura trete ich der SPD, sprich: den Jusos, bei.

Gleichwohl spielt Walser beim einzigen großen Konflikt, den ich mit meinem Vater habe, eine jedenfalls indirekte Rolle. Am Ende von »Praktiker, Weltfremde und Vietnam« proklamiert er ein *Büro für Vietnam*. Er will, das imponiert sehr, nicht nur schreiben und reden, sondern Konkretes tun, also handeln. Heruntergebrochen auf die Kleinstadtwelt heißt das: Im Frühjahr 1968 organisiert die SMV des Gymnasiums einen Vietnam-Abend im Evangelischen Gemeindehaus. Im Bericht darüber bezeichnet die »Schwäbische Post« den Schulsprecher, also mich, als treibende Kraft. Was nicht falsch ist. Mein Vater, Jahrgang 1899 – also annähernd so alt wie Walsers Mutter Augusta, die 1967 stirbt –, ist vollkommen entsetzt. Ich habe ihm nichts von der Veranstaltung erzählt, geschweige denn sein Einverständnis eingeholt. Am Mittagstisch in der Küche stellt er mich zur Rede. Dabei geht es rasch auch um den Eintritt in die SPD. *Man soll* überhaupt *in keine Partei gehen, und schon gar nicht zu den Sozis*, sagt er. *Und du warst nie in einer?*, frage ich. *Nein*, sagt er. Achtzehn Jahre später, ein paar Wochen nach seinem Tod, finde ich die Mitgliedskarte der NSDAP – im Schrank auf dem Dachboden.

Martin Walser ist die große Ausnahme meines Leselebens. Als einzigem unter den zeitgenössischen Autoren begegne ich ihm zunächst und emphatisch in seinen Essays, danach erst in den Romanen und Erzählungen. Der erste Roman, den ich lese, ist »Das Einhorn« von 1966. Bis zu Walsers siebzigstem Geburtstag sind meine literarischen Lieblingsbücher in aufsteigender Reihe: »Ein fliehendes Pferd« (1978), »Brandung« (1985) und »Ohne einander« (1993), ganz eindeutig ganz oben aber »Seelenarbeit« von 1979, das große Heldenepos des größten unter allen Kleinbürgern, des Chauffeurs Xaver Zürn, der beinahe einmal deutscher Meister im Kleinkaliberschießen geworden ist und sich auch wegen all seiner finalen Niederlagen als Walsers vortrefflichster Fast-Romantiker erweist. Im Epilog des Buchs wird er uns noch einmal begegnen.

# Drittes Kapitel

*Das Romantische an Walser. Doch, die Aufklärung hat gesiegt.*
*Von Ich-Philosophen und Ironie.*
*Das Seelen-Testament eines Oberregierungsrats.*
*Friedrich Schlegel, Hermann Hesse,*
*auch das Gegenteil von allem.*
*Blaue Blume: ja, Traumdeutung: nein.*
*Mit Habermas und Reich-Ranicki durch die Nacht.*
*Am Ende siegt das Geschichtsgefühl.*

Walser in die Tradition romantischer Reflexion und Empfindung zu stellen, mag auf den ersten Blick befremdlich erscheinen. Als sein Metier gelten das realistische Erzählen, das satirische wie parabelhafte Theaterstück, der literarische Essay, die politische Rede, das gesellschaftliche Engagement, kurzum: das Schreib- und Öffentlichkeitsprogramm eines aufgeklärt kritischen Autors der Nachkriegsmoderne, für den sowohl Jean-Paul Sartres »Was ist Literatur?« (1947) und Albert Camus' »Der Mythos von Sisyphos« (1942) als auch Horkheimers und Adornos »Dialektik der Aufklärung« (1944) Grundtexte der Selbstorientierung sind. Sartre und Camus weist Walser bereits zu Beginn der 1950er Jahre im Literaturverzeichnis der Dissertation über Franz Kafka aus, Horkheimer und Adorno wohl nur deshalb nicht, weil beim konservativen Hölderlin-Forscher Friedrich Beißner, seinem Tübinger Doktorvater, mit der Kritischen Theorie der Frankfurter Schule kein Blumentopf zu gewinnen war. Schon der zweite Blick freilich zeigt, dass es sich beim Wasserburger Gastwirtssohn auch um einen Nachkömmling der deutschen Romantik handelt. Allein das permanente Notieren, das ununterbrochene Schreiben und unentwegte Publizieren über die Jahrzehnte hinweg weisen auf eine genuin romantische Natur, das heißt: auf einen ruhelos Reflektierenden, dessen eigentliches Lebenselixier der unendliche Text und dessen Lebensvollzug die möglichst umgehende, vor allem jedoch unaufhörliche Verwandlung von Erlebtem und Erfahrenem in Literatur – romantisch gesprochen: in Poesie – darstellt. Im Folgenden soll gezeigt werden, dass Walser nicht Romantiker ist, weil er ein Gegner der Aufklärung, gar ein Gegenaufklärer wäre. Im Gegenteil: Walser ist jedenfalls partiell zum Romantiker geworden, weil er die philosophische wie historische Aufgabe der Aufklärung für eingelöst erachtet und davon überzeugt ist, dass die unmittelbare Gegenwart darüber hinausgehende Antworten und Suchbilder verlangt: literarisch wie politisch. Ziel des Kapitels ist also der Nachweis, dass und warum Martin Walser mit ganzer Seele ein zumindest halber Romantiker ist.

Das wichtigste Dokument, in dem er seine Position entfaltet und erläutert, ist ein knapp einstündiges Radiogespräch mit dem Literaturredakteur Ekkehart Rudolph, das der Süddeutsche Rundfunk zum Jahresende 1986 sendet. Gedruckt worden ist es nicht, aber es gehört zu der umfangreichen Hörbuch-Edition, die einunddreißig Interviews und Vorträge zwischen 1969 und 2009 enthält und 2012, zu Walsers Fünfundachtzigstem, erschienen ist. »Nichts ist ohne sein Gegenteil wahr« hat er das fünfzehnstündige Hörbuch betitelt – eine Formel, die er seit den 1980er Jahren so häufig verwendet, dass sie rasch zu einer Art erkenntnistheoretischem Glaubensbekenntnis wird. Was es damit auf sich hat, werden wir im Lauf dieses Kapitels erfahren. Im Radiogespräch von 1986 geht es jedenfalls um Größe und Grenzen der Aufklärung als Epoche wie als Geisteshaltung – es wirkt auch fünfunddreißig Jahre nach der Erstausstrahlung stupend aktuell. Ins Studio mitgebracht hat Walser damals ein Zitat aus Immanuel Kants Abhandlung »Über den Gemeinspruch: Das mag in der Theorie richtig sein, taugt aber nicht für die Praxis« von 1793, das er zu Beginn vorliest: *Niemand kann mich zwingen,* so Kant, *auf seine Art (wie er sich das Wohlsein anderer Menschen denkt) glücklich zu sein, sondern ein jeder darf seine Glückseligkeit auf dem Wege suchen, welcher ihm selbst gut dünkt, wenn er nur der Freiheit anderer, einem ähnlichen Zwecke nachzustreben, … nicht Abbruch tut.* Kurz verweist Walser auf das Umfeld der Französischen Revolution, die Unabhängigkeitserklärung der Vereinigten Staaten von 1776 und die dort verankerten Menschenrechte, zu denen auch *das Streben nach Glück* gehört. Das Recht, auf eigene Art glückselig sein oder werden zu dürfen, folgert er daraus, existiere *in unseren Verfassungen bis zum heutigen Tag. Ein paar Grund-Errungenschaften des achtzehnten Jahrhunderts sind zweifellos nicht wieder verlorengegangen, sind nicht durch Anti-Aufklärung abgeschafft worden.* Also habe sich die Aufklärung in den Verfassungen *politisch etabliert* und auf diese Weise *ihre Pflicht und Schuldigkeit in der Menschheits- und Geistesgeschichte getan.*

Im Gespräch wird mehrfach auf drei unmittelbar zeitgenössische Ereignisse Bezug genommen: Auf die *geistig-moralische Wende*, die Helmut Kohl, Bundeskanzler seit 1982, vor allem zu Beginn seiner Amtszeit als neokonservative Parole gegen die Kultur der Achtundsechziger propagiert, auf Günter Grass' Berliner Ansprache »Der Traum der Vernunft« vom Juni 1984, mit der er die von ihm initiierte Veranstaltungsreihe »Vom Elend der Aufklärung« in der Akademie der Künste Berlin eröffnet, und auf Max Frischs sogenannte »Solothurner Rede« vom 15. Mai 1986 unter dem programmatischen Titel »Am Ende der Aufklärung steht das Goldene Kalb«. Walser hält dagegen: Die Klage darüber, dass die Aufklärung gescheitert sei, nehme seit einiger Zeit zu. Wer ein *gewisses linkes Selbstbewusstsein* pflege und stolz darauf sei, habe Schlagworte wie jenes von Kohls *Wende* polemisch nachgesprochen und daraus den Schluss gezogen, *jetzt seien wir in einer Epoche der Gegenaufklärung.* Grass habe aus diesem Menetekel gleich eine ganze Veranstaltungsreihe gemacht, auch Max Frisch habe in Solothurn kräftig in dieses Horn gestoßen. Er, Walser, aber müsse sagen – *und ich weiß, dass man das fast gar nicht sagen darf: Ich glaube das alles nicht. Ich glaube nicht an eine ›Wende‹, ich glaube nicht an eine Gegenaufklärung.* Wenn Frisch behaupte, am Ende der Aufklärung stehe das Goldene Kalb und nicht der mündige Mensch, sei das denn wahr? *Ich bestreite das vollkommen.*

Wahr sei vielmehr, dass die Aufgabe der Aufklärung *historisch erfüllt* und *politisch realisiert*, ihre Philosophie deshalb *zu Ende gereizt* sei, *da ist nichts mehr drin.* Walsers Formel dafür: *die Ausgeschöpftheit der rationalen philosophiegeschichtlichen Entwicklungskarte.* Auch die Idee einer zeitlichen Ab- und Aufeinanderfolge – erst der wilde »Sturm und Drang«, danach die Rationalität der »Aufklärung«, schließlich die entgrenzende »Romantik« – stimme so nicht: *Bitte seien wir uns darüber klar: Kant hatte seine Hauptwerke noch nicht geschrieben, da ist schon Goethes ›Werther‹ erschienen. Das ist doch, wenn es halbwegs gutgeht, nie so, dass das eine auf das andere folgt, sondern dass die einander bedingen. Dass zu der höchst wünschenswerten Rationalisierung gesellschaftlich-historischer Prozesse gleichzeitig einer kommt, der auf einem völlig anderen Weg ungetaufte Gefühle in die Welt setzt und öffentlich behauptet, dass er diese Gefühle habe und leben dürfe, ungetaufte Gefühle, von keiner Kirche taufbar, das ist die ›Werther‹-Mode des ausgehenden achtzehnten Jahrhunderts.* Für Walsers vermittelnde Position charakteristisch ist die Formulierung: *wenn es halbwegs gutgeht* – eine Volte gegen die sich wechselseitig ausschließende, gar in eine Katastrophe mündende Entwicklung geistiger und geschichtlicher Prozesse. Beides, das Ende mit Schrecken und der Schrecken ohne Ende, hält er für unerträglich. Er will sich damit nicht abfinden, gerade weil er vor beidem nicht die Augen verschließt. Wir werden seiner Weigerung, Weltgeschehen als Katastrophe enden zu lassen, in den Reden und Aufsätzen über Deutschland ebenso wiederbegegnen wie in den verschiedenen Essays zum Jahrtausendverbrechen Holocaust. Charakteristisch im momentanen Zusammenhang ist überdies, dass er, der aufgeklärt-romantische Katholik, für das »Werther«-Gefühl das Attribut *ungetauft* verwendet, das in Goethes Jugendroman gar nicht vorkommt. Gefühle gibt es in den »Leiden des jungen Werthers« in Hülle und Fülle, *herrlichste, edelste, unerwartete, unbekannte* sind unter ihnen, natürlich auch Gefühle *ohnegleichen.* Eine genuine Walser-Erfindung aber ist *ungetauft*, sie entspricht seinem gleichermaßen säkularen wie metaphysischen Empfinden recht genau.

Beim allmählichen Annähern ans Romantische spielen im Radiogespräch nun die um eine halbe Generation jüngeren Autoren Botho Strauß und Peter Handke eine Rolle. Strauß hat gerade eben, 1985, das Langgedicht »Diese Erinnerung an einen, der nur einen Tag zu Gast war« veröffentlicht und darin der mythischen Erfahrung des Alltags poetischen Raum erobert. 1982 wird in Salzburg Handkes Theaterstück »Über die Dörfer« uraufgeführt und in der Folge an vielen Bühnen nachgespielt: Hilde Spiel, die Kritikerin der F.A.Z., bemängelt, das Stück öffne *dem Leerlauf, der falschen Tiefe und hochtrabenden Mystifikation* Tür und Tor. Ohne Strauß und Handke direkt beim Namen zu nennen, lässt Günter Grass im Juni 1985 der Rede vom »Traum der Vernunft« die kurze Polemik »Ist das noch Aufklärung?« folgen, in der er neben den beiden jüngeren Kollegen gleich die ganze Postmoderne derb abkanzelt: *Schon wieder geben sich Dichter als Seher aus. Namhafter Architekten anheimelnde Fassadenkunst blüht. Museumsbauten werden wie Tempel geweiht. Während die Moderne von gestern irritiert schweigt, bleibt der Postmoderne, in aller Unverbindlichkeit, alles und das Gegenteil all dessen erlaubt. Jeder Scheißhaufen wird Mythos genannt. Ichbefindlichkeit ist im Schwange.*

Walser will das so nicht stehen lassen. Hat er 1970, mitten in der eigenen antikapitalistischen Hochphase, im »Kursbuch«-Aufsatz »Über die Neueste Stimmung im Westen« zumal dem Sprachspieler Peter Handke vorgeworfen, mit jeder *neuen Stufe der Verinnerlichung*, die dessen Texte erreichten, an der *Erträglichmachung des Unerträglichen*, also am kapitalistischen Verblendungszusammenhang, mitzuwirken, verteidigt er nun, sechzehn Jahre danach, diese *Innerlichkeitsentwickung* vehement – gerade auch gegen Grass. Es sei fahrlässig, sagt er 1986, *jede Bewusstseinsregung, die sich nicht auf rationale Weise ableiten* lasse, gleich *mit allen möglichen Verdächten* zu belegen. Jeder Autor habe das Recht, *sich mit seiner Seele in das noch trübe Lebenswasser* zu werfen und einfach loszuschwimmen, auch wenn er noch nicht wisse, wohin. Es sei *seriöse Arbeit mit der Phantasie, mit der Innerlichkeit, mit der Seele*, die auf solche Weise geleistet werde: *Das kann nicht einfach mit dem Scheitern der Aufkl*ärung abgetan werden.

Explizit auseinandergesetzt mit Horkheimer und Adornos »Dialektik der Aufklärung« hat sich Walser nie, implizit treten deren Prämissen aber ins Zentrum des Radiogesprächs. Es geht dabei um das fatale Erbe der europäischen Faschismen, insbesondere des Nationalsozialismus. Horkheimer und Adorno, heißt es im ausgezeichneten Wikipedia-Artikel zur »Dialektik der Aufklärung« mit Recht, reagierten mit ihrer Schrift auf die *rätselhafte Bereitschaft der technologisch erzogenen Massen*, sich dem Despotismus der totalitären Ideologien und Herrschaftsformen auszuliefern. Sie werteten dieses Verhalten als *Zusammenbruch der bürgerlichen Zivilisation* und als ein Versinken in eine *neue Art der Barbarei*. Der Eintrag zitiert auch die Einschätzung des Philosophen Albrecht Wellmer, die »Dialektik der Aufklärung« sei die *Theorie einer endgültig verfinsterten Moderne, aus deren Teufelskreis … es keinen Ausweg mehr zu geben* scheine. Kein Ausweg mehr, also ein Schrecken ohne Ende: Das, wir haben es bereits gesehen, akzeptiert Walser nie. Wann immer man den Mangel an Aufklärung oder deren Scheitern beklage, argumentiert er, werde sofort *eine Warntafel hochgehoben: Dann steht immer ein neues 1933 bevor oder wird als möglich angesehen*. Ob bei den Notstandgesetzen von 1968, ob beim Extremistenbeschluss von 1972 oder bei Kohls *Wende*-Parole: *Ich habe schon viele Male an etwas prekären Punkten unserer bundesrepublikanischen Entwicklung immer wieder erlebt, dass man dann '33 beschworen hat … Es stimmte nicht ein einziges Mal*. Gewiss, es gäbe neokonservative Strömungen, die auch mal *ekelerregend oder politisch degoutant* sein könnten: *Aber dann lese ich sofort in einer Schweizer Zeitung, dass wir wieder ›die Neigung zum Germanenspielen‹ zeigten. Das ist ärgerlich, das ist nicht wahr*. Gewiss, in jeder mitteleuropäischen Gesellschaft gäbe es *atavistische Seiten*, in jeder Gesellschaft werde eine Potenz mitgeführt, *die von der wirklichen Aufklärung des achtzehnten Jahrhunderts unberührt geblieben ist*, in jeder Gesellschaft gäbe es *eine barbarische Tendenz, eine Tendenz zur Unmenschlichkeit*: All dies aber sei *nicht spezifisch deutsch. Natürlich haben wir die schlimmste Hypothek auf diesem Konto. Trotzdem ist es für mich falsch gedacht, überhaupt '33 als Gefahr ins Spiel zu bringen. Halte ich für unerlaubt*.

Der abschließende Gesprächsteil handelt von den Konsequenzen, die Walsers These vom Gelingen der Aufklärung für die Literatur und das eigene Schreiben zeitigt. Da Herrschafts- und Machtausübung durch die Verfassungswirklichkeit gezügelt und eingehegt seien, meint er, sei es für den Schriftsteller obsolet geworden, sich mit Mitteln zur Wehr zu setzen, *die irgendwie noch zu binden wären an die alte aufklärerische Tradition.* Er kenne, Stand 1986, lediglich einen deutschsprachigen Autor, der dies noch mit Erfolg praktiziere: *Günter Wallraff,* dessen Industriereportagen seit 1970 enormes Aufsehen erregen und der auch mit dem 1985 erschienenen Bestseller »Ganz unten – Beschreibung des Schicksals von illegal eingeschleusten Arbeitern« mit Recht von sich behaupten könne, *absichtlich im Dunkeln* gehaltene Missstände durch sein aufklärerisches Licht zu erhellen. Das belletristische Schreiben, damit das Schreiben von Romanen, aber lasse es nicht mehr zu, eine bestimmte *Absicht zu haben, die man souverän verfolgen und zu einem gedachten oder vorgestellten Ende führen kann.* Stattdessen sei *eine ungeheure Innenarbeit zu leisten. So empfinde ich den Roman. Als Konzentration auf die Gefahren des Lebens in Freiheit. Das auszuarbeiten: Was für Entsetzlichkeiten gibt es eben immer noch.* In zwei Sätzen resümiert Walser, was man seine Dialektik der Aufklärung nennen darf.

Der erste: *Es wäre eine peinliche Einengung unserer Ausdrucksbedürfnisse, also auch unserer geistigen Lebensbedürfnisse, wenn wir uns an ein Gefährt binden wollten mit diesem Namen Aufklärung.* Der zweite: *Ich möchte meine Geisteskraft abenteuerlich ausfahren lassen dürfen.* Wir dürfen festhalten: Walser hat im Radiogespräch von 1986 die intellektuell herrschenden Positionen über das Ende, zumindest aber das Elend der Aufklärung ihrerseits einer intellektuellen Realitätsprüfung unterzogen. Er lässt sich dabei nicht blenden – weder vom dem, was er *linkes Selbstbewusstsein* nennt, noch von Helmut Kohls neokonservativer *Wende.* Er beruft sich auf nichts anderes als auf die konkrete Wahrnehmung als Zeitgenosse und Seismograph der bundesrepublikanischen Gesellschaft. Es ist eine diskursoffene Position, zu der er dabei gelangt. Welche Folgen sie zeitigt, schauen wir uns jetzt an. Um es vorwegzunehmen: Es ist die Phänomenologie eines Halbromantikers, zu der wir dabei gelangen.

## Romantik I: Fichtes Ich, Schlegels Ironie

Mit der Romantik als Epoche hat sich Walser systematisch nur ein einziges Mal beschäftigt: im Vorfeld und während der Frankfurter Poetikvorlesungen, die er im Wintersemester 1980 / 81 unter dem Titel »Selbstbewußtsein und Ironie« hält. Epochen-Analyse freilich ist dabei das Entscheidende nicht. Es geht vielmehr darum, Ironie als Stilmittel wie als Existenzhaltung zu umkreisen und jenen Spuren nachzugehen, die für die postromantische Literatur wie für das eigene Schreiben von Belang sind und bleiben. Ins Zentrum der ersten Vorlesung rückt er Johann Gottlieb Fichte, den Philosophen des Ichs als fundamentaler Erkenntnisinstanz, sowie den genialen Ideenjongleur Friedrich Schlegel, der ihm als Gewährsmann fürs romantische Ironisieren unverzichtbar ist. Walsers bis zur Identifikation gesteigerte Sympathie gehört allerdings Fichte. Dessen Aufstieg vom sächsischen Kleinbürgersohn zum Jenaer Intellektuellenstar am Ende des achtzehnten Jahrhunderts fasziniert ihn ungemein, verdankt er sich doch einem Umstand, den er selbst wieder und wieder zur Grundessenz des eigenen Schreibens promoviert hat: dem existentiellen Mangel.

*Fichte*, heißt es deshalb, *mußte im heroischen Alleingang eine Freiheit deduzieren, die nirgends einen Grund hatte als in seinem Erlebnis des Mangels*. Begeistert zitiert Walser aus Fichtes »Wissenschaftslehre« die Sentenz: *Man kann gar nichts denken, ohne sein Ich, als sich seiner selbst bewußt, mit hinzu zu denken; man kann von seinem Selbstbewußtsein nie abstrahieren*. Einmal in Fahrt, zögert Walser nicht, Fichte, den Leinwebersohn aus der Oberlausitz, auf eine Stufe mit Sokrates, dem Geistesvater des Abendlands, zu stellen. Wie Sokrates im fünften vorchristlichen Jahrhundert *dem Dogmatismus seiner Zeit ..., der auf objektivistische Orakel- und Götterwelt gegründeten Staatsreligion*, entgegengetreten sei, so habe sich Fichte mehr als zweitausend Jahre danach dem Herrschaftssystem des Spätabsolutismus widersetzt. Beide, Sokrates wie Fichte, seien *Ich-Philosophen*, gemeinsam sei ihnen deshalb: *Die Radikalität der Rückkehr ins eigene Ich, die Entwertung alles vorher geglaubten, angebeteten, für wahr gehaltenen Äußeren, Realen,*

*Objektiven, der radikale Angriff auf das Ding an sich, sei es Gott oder Staat oder Universum, die kopernikanische Wendung weg von allem und zu nichts als sich selbst, und das um der Moral willen.*

Fichte also ist: Revolution aus dem Geist des Kleinbürgertums. Friedrich Schlegel hingegen, dem gesellschaftlich etablierten protestantischen Pfarrhaus entstammend, sieht Walser aus weit größerer Distanz. *Dieser die Revolution ins Ästhetische verschiebende, sich selbst als kritischer Diktator projizierende Bürger-Jüngling*: So charakterisiert er ihn. Gewiss, Schlegel sei geworden, was schon Hegel in ihm gesehen habe: *der Vater der Ironie*. Aber Walser präzisiert: *Der Vater der neueren Ironie. Der Vater der bürgerlichen Variante der neueren Ironie.* Wie ist sie beschaffen? Sie ist Ausdruck einer *Relativierungsvirtuosität*, sie ist *ein Geisteszustand, der keine Verpflichtung mehr zuläßt, ein Bewußtsein, das sich ›über alles Bedingte unendlich erhebt, auch über eigne Kunst, Tugend oder Genialität‹*. Ihr zentrales Tätigkeitswort, in der Druckfassung der Vorlesung mit Bedacht in Versalien geschrieben, sei nicht umsonst: *SCHWEBEN*. Walser kommentiert: *Schlegel gibt sich gewissermaßen konsumierend zufrieden, indem er den ›Widerstreit des Unbedingten und des Bedingten‹ unauflöslich nennt, aus der Spannung beider die Ironie kommen läßt, die dann über dem festen Gegensatz schwebt und so zum Namen wird für eine Haltung, in der alles von einem Gefühl des Genießens begleitet werden kann.* Letztlich gehe es nicht um die Verbesserung der Gesellschaft, sondern allein um *die Poetisierung des Lebens*. Weshalb zu konstatieren sei: *Schlegel: Das ist ein Fichte, aus dem alle Luft, alle Spannung herausgelassen wurde*, kurzum: *Plattfußfichte*. Und weiter: *Man darf wohl sagen, die Sorte Ironie, die Schlegel und seine Nachfolger in die Welt setzten, sei das Gegenteil von dem, was Fichte beabsichtigte. An die Stelle der ununterbrochenen Ich-Tätigkeit tritt Ruhe in sich selbst.* Kurzum: eine Über-allem-Position: Auch Adam Müller, sieben Jahre jünger als Friedrich Schlegel und dessen Verehrer, habe die Ironie in seinen Vorlesungen über die »Dramatische Poesie« von 1806/07 als *das ganze Geheimnis des künstlerischen Lebens in seiner wahrhaften ursprünglichen Gestalt* definiert und hinzugefügt: *Verlangen Sie eine deutsche Übersetzung des Worts, so weiß ich Ihnen keine beßre zu geben als: Offenbarung der Freiheit des Künstlers oder des Menschen.* Der Vorlesung über Schlegel und Fichte hat Walser einen ideologiekritischen Titel gegeben: »Romantische Ironie in Wirklichkeit«. Um Ideologiekritik geht es deshalb auch im Resümee: Die Freiheit des Künstlers wie des Menschen gäbe es *zwar nicht in Wirklichkeit, aber als Lebensprojekt gibt es sie, als Ideal.* In Wirklichkeit, fügt er mit Blick auf Friedrich Schlegels Wiener Diplomatendienst für das Haus Habsburg und dessen autokratischen Staatskanzler sarkastisch hinzu, *in Wirklichkeit arbeitet man für Metternich.* Wir werden sehen, dass die ideologiekritische Perspektive von 1980/81 nicht der einzige Blickwinkel bleibt, mit dem Walser auf die romantische Ironie schaut – auch das überwiegend negative Bild, das er zu Beginn der 1980er Jahre von Friedrich Schlegel zeichnet, wird positiver und heller im Lauf der Zeit.

À propos Freiheit des Künstlers: Im Bildteil von Magenaus Biographie gibt es ein Foto, das Walser vor Beginn einer Vorlesung im Gespräch mit dem Verlegerfreund Siegfried Unseld und dem damaligen Frankfurter Kulturstadtrat Hilmar Hoffmann zeigt. Wie ein romantischer Künstler wirkt er selbst da keineswegs. Auch sonst tritt er in den 1980er Jahren eher bürgerlich-leger auf, mal mit, mal ohne Krawatte. In ganz jungen wie in den Jahren nach dem siebzigsten Geburtstag legt er deutlich mehr Wert darauf, auch äußerlich als Artist und Ästhet zu erscheinen. Hauptrequisit des älteren Walser ist der Fedorahut, beliebte Pose das lässige Lehnen an eine Mauer oder eine Wand, dazu der ins Ferne schweifende, im Geiste Hölderlins *fernhinsinnende* Blick. Um den achtzigsten Geburtstag herum inszeniert Frank Röth, Redaktionsfotograf der F.A.Z., in Nußdorf eine Porträtserie an See und Ufer, die mit der erzromantischen Bildmotivik Caspar David Friedrichs spielt, selbst einige Aufnahmen sind dabei, bei denen sich Walser wie einst der »Wanderer über dem Nebelmeer« kontemplierend vom Betrachter abwendet. Von August Wilhelm Schlegel, Friedrichs älterem Bruder, gibt es ein Tischbein-Gemälde aus dem Jahr 1800, das den gut dreißigjährigen Gelehrten mit kunstvoll drapiertem weißem Schal zeigt. Es erinnert durchaus an die Schilderung des Stuttgarter Jungjournalisten

Walser, die wir Alice Schmidt, der Frau des Dichters Arno Schmidt, verdanken. Im August 1952 notiert sie im Tagebuch über den Fünfundzwanzigjährigen, er sei *ein Mann, dessen außerordentliche Kleidung ich zuerst betrachtete: über hellgrauen Sommerhosen eine Art weiter hellblauer Pullover, aber aus Stoff und darunter ein lose geschlungener buntkarierter Seidenshawl. Also ganz auffällig als Künstler gekleidet.* Auf äußere Inszenierung setzt der bekennende Kleinbürger Walser im Ganzen eher peripher – das Auftreten im romantisch-postromantischen Dichterdekor mit *Shawl* und Fedora ist aber zumindest eine seiner temporären Stilisierungen.

So singulär im essayistischen Werk die Romantik als Epoche bleibt, so essentiell ist das Romantische als Geisteshaltung und Empfindungsweise, aber auch als Grundmuster des politischen Engagements. Worum es dabei geht, schauen wir uns nun der Reihe nach an. Besonders markant ist der im Rahmen des Deutschland-Diskurses 1988 erstmals erscheinende Begriff des *Geschichtsgefühls*, den Walser 2002 bei einer gemeinsamen Veranstaltung mit dem damaligen Bundeskanzler Gerhard Schröder im Vortrag »Über ein Geschichtsgefühl« auf eine für ihn abschließende Weise definiert – antiaufklärerisch und revisionistisch, wie ihm seine Gegner vorwerfen, im Dienst einer *höheren Idee* von Aufklärung, die er, auf Hegels, Hölderlins und Schellings »Ältestes Systemprogramm des deutschen Idealismus« (1797) rekurrierend, für sich in Anspruch nimmt. Das in sich eigenständige Derivat der Deutschland-Thesen sind die programmatischen Vorreden zu den drei Teilen von »Ein springender Brunnen«, die unter dem Titel »Vergangenheit als Gegenwart« seinen Zugang zur Zeitgeschichte innerhalb eines Romanganzen begründen – und auf retrospektive Unmittelbarkeit als historiographischen Grundpfeiler setzen. In anarchischer Weise romantisch ist sein Verhältnis zum Traum und zum Träumenden – anarchisch, weil er in Zuspitzung der Romantik, die sich sehr für die *Symbolik des Traumes,* also für dessen Dechiffrierung interessiert, radikal auf dessen Nicht-Interpretierbarkeit besteht: Ein Umstand, der ihn auch zum entschiedenen Polemiker gegen Sigmund Freuds »Traumdeutung« macht. Schließlich – und damit beginnen wir – kommt man auf dem Romantik-Weg einem zentralen Walser-Motiv näher. *Nichts ist ohne sein Gegenteil wahr,* lautet es. Was, oberflächlich betrachtet, auf die Relativität aller Erkenntnis zielt und damit einer gewissen küchendialektischen Banalität nicht entbehrt, hat im Kern einiges mit Schlegels schwebenden Konzepten von *Universalpoesie* und *romantischer Ironie* zu tun – freilich auch mit Hermann Hesse, der in der Erzählung »Siddhartha. Eine indische Dichtung« (1922) die deutsche Romantik in ein buddhistisches Phantasialand exportiert. Bei beiden, bei Schlegel wie Hesse, geht es auf je eigene Weise um die Erfahrung des Unendlichen in der Unmittelbarkeit des aktuellen Existenzmoments.

## Romantik II: Von allem auch das Gegenteil

2018 hat Walser den bisher letzten, vielleicht seinen allerletzten Roman veröffentlicht: »Gar alles oder Briefe an eine unbekannte Geliebte«. Gegen Ende des Buchs, datiert auf den *8. Mai 2017*, legt dessen Hauptfigur, der Oberregierungsrat a.D. Justus Mall, ein emphatisches Bekenntnis ab. Es kommt einem Seelen-Testament gleich. Gewiss, es ist eine fiktive Figur, die sich hier, in der viertletzten Epistel, der schönen Unbekannten offenbart. Aber es ist müßig, Justus Mall dabei vom Autor zu unterscheiden. Evident ist: Weil sie eins sind, sind sie sich einig. Ohne Prädikat, reihend, dringlich hebt das Bekenntnis an: *Um mich herum oder sogar in mir alle Grammatiken der Welt. Sogar alle Wörter. Anwesenheit. Gegenwart. Fülle. Reichtum. Überfluss. Pracht.* Zwei Figuren aus der Wasserburger Kindheit des Autors tauchen auf, die Sänger Anton Grübel und Karl Erb. Ihre überirdisch schönen Stimmen, einst in der Dorfkirche gehört, sind dem inneren Ohr wieder ganz präsent. Dann heißt es: *Jetzt ist alles da. Und falls nicht alles da ist, weiß ich es nicht, weil nichts fehlt. Gott ist nicht da. Aber er fehlt nicht. Man kann über ihn alles sagen, weil es ihn als Wort gibt. Genauso die Engel. Die Gegenwärtigkeit von allem. Kein Vorher, kein Nachher. Alles zugleich. Ein Andrang, ohne dass etwas näher käme als etwas anderes. Von allem auch das Gegenteil. Ein Zugleich von gar allem. Ein Rieseln über das Dasein. Ein Universalismus des Sinnlichen. Eine einzige Spürbarkeit. Eine einzige Inbrunst. Das himmlische Dasein. Hören und Sehen ist eins. Empfinden und Sagen ist eins.*

Mehr Romantik geht nicht. Justus Malls Rede von der erfüllten Allgegenwart als Moment, mehr noch: als Zustand wahrhaftigster Empfindung zeugt von großer Ergriffenheit. Sie ist darüber hinaus das Echo zweier Urdefintionen des Romantischen, von Friedrich Schlegels 116. »Athenaeum«-Fragment über die *progressive Universalpoesie* und von Novalis' Reflexion darüber, *dem Gemeinen einen hohen Sinn, dem Endlichen einen unendlichen Schein* zu geben, sie also zu *romantisieren*. Sowohl Malls Rede als auch Schlegels Fragment zielen dabei zunächst auf Poetologisches. Mall spürt in sich eine ungeheure Ausdruckskraft, verfügt er doch in diesem Augenblick über *alle Grammatiken der Welt* und *alle Wörter* dazu. Schlegel spricht davon, *alle getrennten Gattungen der Poesie wieder zu vereinigen und die Poesie mit der Philosophie und Rhetorik in Berührung zu setzen*. Für beide ist die Vereinigungs-Poetologie zugleich die Wegmarke hin zu innerweltlicher, also säkularer Offenbarung. Dem *Zugleich von gar allem* des Briefromans entspricht Schlegels Impuls, *Kunstpoesie und Naturpoesie bald* (zu) *mischen, bald* (zu) *verschmelzen*, um so *die Poesie lebendig und gesellig und das Leben und die Gesellschaft poetisch* (zu) *machen*. Schlegels *progressive Universalpoesie* ist der Vorklang auf Walsers *Universalismus des Sinnlichen*. Und wenn er seinen Justus Mall vom *Rieseln über das Dasein* frohlocken lässt, hat er *dem Gemeinen* nicht nur *einen hohen Sinn* gegeben, er hat es, im Nachklang zu Novalis, auch auf seine Weise romantisiert.

Es gibt weitere Bezüge. Dass Justus Mall seine Offenbarungs-Zeilen auf einen *8. Mai* datiert, damit auf den Jahrestag der bedingungslosen Kapitulation der Wehrmacht und des Endes des Zweiten Weltkriegs, kann kein Zufall sein. Im Kontext des Seelen-Testaments, das dieser Brief ist, signalisiert das schiere Datum nicht mehr, aber auch nicht weniger als ein Eingedenken, damit ein Zeichen dafür, dass gerade dieser Geschichtsmoment zur *Gegenwärtigkeit von allem* gehört. Für den neunzig Jahre alten Autor, der seinen vielleicht letzten Roman schreibt, gibt es, welch eine Entschiedenheit, *Kein Vorher, kein Nachher.* Was nichts mit dem Wegwischen, gar Eliminieren von Vergangenheit oder Zukunft zu tun hat. Walsers *Alles zugleich* ist eine Hommage an die Präsenz-Ewigkeit von Literatur, ganz gleich, wann sie entstand oder wo sie spielt – und im Konkreten wohl ein Verneigen vor dem ersten, wahrhaft universalpoetischen Satz von Günter Grass' Erzählung »Das Treffen in Telgte« (1979): *Gestern wird sein, was morgen gewesen ist.* Bleiben von Malls und Walsers Bekenntnis noch *Gott,* der *nicht da,* als *Wort* aber anwesend ist, und *die Engel,* für die das Nämliche gilt – und es bleibt das Axiom *Von allem auch das Gegenteil,* das sich als leitmotivische Formel *Nichts ist ohne sein Gegenteil wahr* durch Walsers Werk seit den 1980er Jahren zieht. Oft scheint diese Formel eine etwas wohlfeile Rest- oder Notverteidigung des Autors, wenn seinen Argumenten die Luft auszugehen droht. Der Rückzug auf die fundamentale Relativität von Erkenntnis, Überzeugung und Ansicht bietet sich als intellektuelle Hilfsstrategie jedenfalls bereitwillig an. Sie macht Walser im Letzten nicht belangbar, mehr noch: Er dispensiert sich damit selbst von der Letzt-Verantwortung für etwas von ihm Gesagtes oder Geschriebenes. *Ein spätes Echo auf frühere Hegel-Lektüre* nennt er sein Lieblingsaxiom. Das ist eine falsche Fährte: Hegel denkt in Gegensätzen, die sich am Ende aufheben, das *Gegenteil* als philosophischer Begriff ist hingegen nicht satisfaktionsfähig.

Im Licht von Justus Malls spätem Romanbrief wird jedenfalls viel deutlicher, worum es sich beim Rekurs auf *das Gegenteil von allem,* aber auch auf den abwesend-anwesenden *Gott* samt *Engeln* im Grunde handelt: um romantische Ironie. In den Frankfurter Poetik-Vorlesungen hat Walser viel Energie darauf verwandt, seinen Hörern das Schwebende von Friedrich Schlegels Ironie-Begriff aufzufächern und zu erläutern. Deutlich wird dabei, dass romantische Ironie für ihn die Vorform jener großbürgerlichen Lebenshaltung ist, für die Thomas Mann, damals Walsers Lieblingsgegner, wie kein zweiter steht: Ironiker ist demnach, wer aus erhabener Position das weit unter ihm Stehende dabei beobachtet, wie es an sich selbst scheitert. Wenn also Frau Stöhr aus Cannstatt im Refektorium des »Zauberbergs« ein uns andere

Mal mit falsch ausgesprochenen oder im falschen Kontext gebrauchten Fremdwörtern um sich wirft – *Agonje* sagt sie, wenn sie *Agonie* meint. *Thomas Mann*, notiert Walser am 19. Februar 1977 im Tagebuch, *das ist vor allem die Möglichkeit, sich über andere lustig zu machen auf eine mitleidfreie Art.*

Viel näher steht Martin Walser der Namensvetter Robert Walser. Aus dessen Roman »Jakob von Gunten« (1909), er spielt um die Wende zum zwanzigsten Jahrhundert in einer Berliner Schule für angehende Hausdiener, zitiert die Vorlesung Jakobs trotzige Unterwürfigkeit: *Man muß mich nackt auf die kalte Straße werfen, dann fühle ich mich vielleicht als der allesumfassende Herrgott.* So drücke sich, heißt es, Jakobs *unteraffirmierte Identität* aus, die nach dem Motto verfahre: *Je schlimmer, desto besser.* Erst diese Art *der durchgeführten Selbstverneinung* provoziere dann *den ironischen Stil.* Schlegels Konzept wiederum lässt sich als vorweggenommene Synthese aus der Robert-Walser-Ironie von unten und der Thomas-Mann-Ironie von oben lesen, entsteht romantische Ironie doch, so Schlegel, durch den *steten Wechsel aus Selbstschöpfung und Selbstvernichtung* – eine Formel übrigens, die der ideologiekritische Walser in der Romantik-Vorlesung vom Herbst 1980 noch völlig übergeht. Selbstschöpfung: Das ist, bezogen auf Justus Mall in »Gar alles …«, das Aufheben der Zeit im Zustand der sich offenbarenden Gegenwärtigkeit. Selbstvernichtung ist dann *das Gegenteil* davon, also tatsächlich das Nichts, also der Tod. Es spricht für die Kohärenz von Martin Walsers Altersstil, dass bereits in »Meßmers Reisen«, also im Jahr 2003, Justus Malls Selbst-Apotheose von 2017 vorweggenommen wird – vorweggenommen als ein möglicher Vorschein auf den allerletzten Moment. *Das Ende könnte so sein,* heißt es in »Meßmers Reisen«: *Ein Andrang von allem und sofort. Eine Fülle zum Schluß. Wie nie zuvor.* Es ist der Tod, der den permanenten Prozess aus Selbstschöpfung und Selbstvernichtung endet, erst mit ihm versiegt die romantische Ironie als Quelle unausgesetzter Produktivität. Bis dahin aber ist sie, mit Nietzsches »Zarathustra« und Walsers aus dem »Zarathustra« geborgtem Titel des Kindheits- und Jugendromans, eben *ein springender Brunnen.*

Womit wir, die Provenienz des *Gegenteils* betreffend, zurück am Geburts- und Prägeort Wasserburg sind. Walsers Vater, von dem Martin, der zweitälteste Sohn, übrigens auch den Vornamen erhalten hat, passt nach der Rückkehr aus dem Ersten Weltkrieg kaum noch ins überkommene Bauern-, Winzer- und Fischerdorf. Zu viel Grauenhaftes hat er an der Front erlebt. Die Gegenwehr des kriegsversehrten, permanent kränkelnden Mannes besteht in der Zuflucht zu Theosophie und Mystik, auch zu den Weisheitslehren Indiens. Ob er »Siddhartha«, Hermann Hesses »indische Dichtung« von 1922, gelesen und dem Sohn davon erzählt hat – auf ähnliche Weise, wie er dem gerade Zehnjährigen Nietzsche nahebringt? Durchaus möglich, wenngleich Hesses Name in Walsers autobiographischem Roman »Ein springender Brunnen« nicht fällt. Schon merkwürdig jedenfalls, dass Walser außer einigen wenigen Beiläufigkeitsbemerkungen nie auf den schwäbischen Innerlichkeitsdichter zu sprechen kommt. Gründe dafür hätte es gegeben. Siegfried Unseld, Walsers Tübinger Studien- und späterer Frankfurter Verlegerfreund, hat über Hesse promoviert und dessen Werk zeitlebens die Treue gehalten. Der Suhrkamp Verlag, den Unseld von 1959 an mehr als vier Jahrzehnte lang leitet und der in all dieser Zeit auch Walsers Publikationsheimat ist, profitiert bis heute von den Erträgen aus Hesses Werk. Schließlich ist die allererste Auszeichnung, die Walser erhält, der Karlsruher Hermann-Hesse-Literaturpreis: 1957 für das noch unveröffentlichte Manuskript der »Ehen in Philippsburg«.

*Nichts ist ohne sein Gegenteil wahr*: Wir haben gesehen, dass Walser mit dem *späten Echo auf frühere Hegel-Lektüre* eine falsche Spur zu seinem Lebens- und Denkmotto gelegt hat, auch die Schlegel-Spur erwähnt er nicht. Die »Siddhartha«-Spur hat er schlicht verheimlicht. Am Ende der Erzählung, also auch am Ende seines Wegs zu Weisheit und Erleuchtung, begegnet der titelgebende Brahmane und temporäre Bettelmönch aufs Neue dem Jugendfreund Govinda, der immer noch auf der Suche nach Wahrheit und Vollendung ist. *Ich habe*, erzählt Siddhartha, *einen Gedanken gefunden, Govinda, den du wieder für Scherz oder für Narrheit halten wirst, der aber mein bester Gedanke ist.* Da der Freund stumm bleibt, fährt Siddhartha fort: *Er heißt: Von jeder Wahrheit ist das Gegenteil ebenso wahr!* Die Schlusspassage, die nun folgt, dient über zehn Seiten hinweg der Auslegung dieses Satzes. *Eine Wahrheit*, beginnt sie, *läßt sich immer nur aussprechen und in Worte hüllen, wenn sie einseitig ist. Einseitig ist alles, was mit Gedanken gedacht und mit Worten gesagt werden kann, alles einseitig, alles halb, alles entbehrt der Ganzheit, des Runden, der Einheit … Die Welt selbst aber, das Seiende um uns her und in uns innen, ist nie einseitig.* Zu konstatieren ist: Walsers Credo ist Hesses Erzählung emphatisch verpflichtet. Sollte, was man bei ihm nicht wissen kann, »Gar alles oder Briefe an eine unbekannte Geliebte« sein letzter Roman bleiben, wäre das Seelen-Testament des Justus Mall zugleich das letzte Wort zum Lebensprojekt des Autors Walser: zum realistischen Roman. Dieses letzte Wort diente dann in einem Akt der Selbstvernichtung – denn Worte, so Siddhartha, so Justus Mall, bedeuten letztlich nur Einseitiges, mithin nichts – auch ein letztes Mal der Selbstschöpfung, deren eigentliches Ziel, so Schlegel, die *Selbstbeschränkung* ist. Es kann demnach sein, dass Walsers mehr als sieben Jahrzehnte währende Weltverwortung in romantische Ironie mündet – und sich in ihr erfüllt.

## Romantik III: Der ungedeutete Traum

Mit dem Ur-Traum der deutschen Romantik, dem Suchen und Finden der blauen Blume, beginnt Novalis' Roman »Heinrich von Ofterdingen« von 1802. Es ist ein Traum mit Anlauf. Vor »Die Erwartung«, den ersten Romanteil, hat Novalis ein Doppelsonett als »Zueignung« gesetzt. Ein lyrisches Ich huldigt darin in einem ruhig fließenden, regelmäßig reimenden Rhythmus dem namenslosen *Urbild zartgesinnter Frauen*, das *des Jünglings Herz* in *ewigen Verwandlungen* zu sich emporhebt, erst *Geliebte*, dann *Muse* ist und als *stiller Schutzgeist meiner Dichtung* wirkt. Im zweiten Teilsonett die finale Metamorphose. Aus der Muse, sie ist *des Gesangs geheime Macht*, wird die mütterliche Lehrmeisterin des Lebens, die den jungen Mann *an ihrem vollen Bu-*

*sen* nährt. Dessen *allerhöchster Sinn* aber liegt noch unerweckt in tiefem Schlummer, was die bisherigen Verse rückwirkend als einen ersten Traum erscheinen lässt. Es bedarf einer letzten Verwandlung des Urbilds, hin zum *Engel*, um den jungen Dichter auf den Schwingen der Poesie davon-, genauer: emporzutragen: *Noch schlummerte mein allerhöchster Sinn; / Da sah ich sie als Engel zu mir schweben / Und flog, erwacht, in ihrem Arm dahin.*

Das erste Kapitel der »Erwartung«, nun in Prosa, führt ins Innere eines Bürgerhauses. Die Eltern schlafen schon, die regelmäßig schlagende Wanduhr und die im Wind klappernden Fenster sorgen für ein behagliches, vom Mond mal schwächer, mal heller erleuchtetes Ambiente. Der Sohn, es ist der zwanzigjährige Heinrich, liegt noch wach und sinnt dem Besuch eines geheimnisvollen Fremden nach, der die Familie tagsüber mit seinen Erzählungen von fernen Schätzen in Bann geschlagen hat. Heinrich hat es vor allem *die blaue Blume* angetan, die der Fremde ein ums andere Mal erwähnte. Faszinierend auch, was er *aus alten Zeiten* zum Besten gab, Zeiten, in denen *die Tiere und Bäume und Felsen* noch mit den Menschen gesprochen haben. Übers Nachsinnen schläft Heinrich ein – wir folgen ihm in seinen ersten Traum, der für uns, nach der »Zueignung«, schon der zweite ist. Alles geht hier durcheinander, Meer und Land, Berg und Tal, Lärm und Stille, Leidenschaft und Not, Gewinn und Verlust einer Geliebten, Krieg und Frieden, Leben und Tod. Erst als es schon gegen Morgen geht, lässt Novalis seinen Helden ruhigeren Schlaf finden. Der Traum wird klarer. Wald, Felsenschlucht, Wiese am Berghang, Höhlengang, Höhlenhalle – ins Weltinnere geht der Weg. In der Höhle ein *Springquell*, herrlich aufsteigend und dabei glänzend wie *entzündetes Gold*, dann herabfallend und sich sammelnd in einem *großen Becken*. Heinrich legt die Kleider ab, steigt hinein, erlebt eine Entrückung in *unbeschreibliche Begebenheiten*, nimmt *niegesehene Bilder* wahr, erfährt, wie das lyrische Ich der »Zueignung«, eine Metamorphose, dieses Mal ins betont Erotische: Das flutende Wasser, heißt es, *schien eine Auflösung reizender Mädchen, die dem Jünglinge sich augenblicklich verkörperten.* Auf einer Wiese direkt am Rand einer Quelle ruht er sich von all den Entzückungen einen

Moment lang aus – und dann sieht er sie vor sich: *die blaue Blume*, die er lange und *mit unnennbarer Zärtlichkeit* betrachtet. Aufs Neue eine Verwandlung: Inmitten der Blüte taucht *ein zartes Gesicht* auf, wohl das einer jungen Frau.

In diesem Moment weckt ihn die Mutter. Er sähe ganz wunderlich aus, sagt sie, jetzt solle er erst einmal tüchtig frühstücken. Dem schlafenden Sohn zuliebe hat der Vater, ein wackerer Handwerker, bisher keinen Lärm gemacht, statt mit dem Hammer hat er nur ein wenig mit der Feile gearbeitet. Während Mutter und er *wachen und arbeiten*, grummelt er etwas ungehalten, habe der Sohn wohl im Schlaf *die großen Werke der weisen Vorfahren* studiert. Sofort aber lenkt er ein: Er wisse schon, dass *ein tüchtiger Gelehrter* wohl eben auch die Nächte nutzen müsse. Worauf sich zwischen Vater und Sohn ein Disput über Sinn und Unsinn des Träumens, aber auch über Nutzen und Nachteil der Traumdeutung entspannt. *Träume sind Schäume*, sagt der Vater, *mögen auch die hochgelahrten Herren davon denken, was sie wollen, und du tust wohl, wenn du dein Gemüt von dergleichen unnützen und schädlichen Betrachtungen abwendest.* Ganz im Geist der Aufklärung fügt er entschieden hinzu: *Die Zeiten sind nicht mehr, wo zu den Träumen göttliche Gesichte sich gesellten ... In dem Alter der Welt, wo wir leben, findet der unmittelbare Verkehr mit dem Himmel nicht mehr statt.*

Heinrichs Antworten erlauben uns nicht weniger, als der deutschen Romantik beim Entstehen zuzuhören. Zunächst räumt er ein, dass auch er nicht (mehr) an die *göttliche Schickung* der Träume glaube. Aber, fügt er hinzu, es seien deren *seltsame Verwandlungen und leichte zarte Natur*, die *das Nachdenken* über sie *gewißlich rege machen müssen.* Auch ohne göttliche Lizenz sei für ihn *jeder, auch der verworrenste Traum, eine sonderliche Erscheinung, ... ein bedeutsamer Riß in den geheimnisvollen Vorhang, der mit tausend Falten in unser Inneres hereinfällt.* Es folgt das Hauptargument: *Mich*, so Heinrich, *dünkt der Traum eine Schutzwehr gegen die Regelmäßigkeit und Gewöhnlichkeit des Lebens, eine freie Erholung der gebundenen Phantasie.* Endgültig die Waffen strecken wird der Vater nach des Sohnes nachgeschobener

Überzeugung: *Ohne die Träume würden wir gewiß früher alt.* Die blaue Blume wird nicht nur im Traum gefunden, sie hat sich auch fürs tätige Leben als vorteilhaft erwiesen: Sie hält länger jung.

*Träume sind unser Größtes. Unser Unausschöpfbares,* sagt Martin Walser im Juli 2004 in einem Gespräch mit seinem Biographen Jörg Magenau. Es ist stupend, wie sehr sich seine Argumentation mit dem zweihundert Jahre zuvor erschienenen Eingangskapitel des »Ofterdingen« deckt. Die *göttliche Schickung* der Träume hat inzwischen natürlich ihrerseits eine Verwandlung erfahren. Gott heißt jetzt Sigmund Freud und dessen Offenbarung »Die Traumdeutung« von 1900. Wie einst Heinrichs Vater rebelliert Walser gegen die autoritäre Vorgabe. Wobei signifikant hinzukommt, dass sich die Rebellion gleich auch gegen die aktuelle Aufklärungsinstanz schlechthin richtet, also gegen den Philosophen Jürgen Habermas, früher ein enger Freund, mittlerweile Walsers entschiedener Gegner. *Ich habe sogar am heiligen Freud keine Freude gehabt,* legt Walser im Magenau-Gespräch los und erzählt dann: *Ich weiß noch, wie ich meinen ersten Zwist mit Habermas hatte. Es war nach einer Lesung von mir, etwa 1980, da sind wir auf Freuds ›Traumdeutung‹ gekommen. Als ich sagte, ich hätte Freud instinktiv abgelehnt, konnte Habermas nur breitseitenhaft polemisch reagieren. Instinktiv?! Um Gottes Willen!* Gegen Habermas jedenfalls, Freuds Statthalter im Jetzt, muss der Autoritätsbann gebrochen werden. Walser fährt fort: Er habe damals noch wenig Erfahrung im Umgang mit Traummaterial gehabt, *inzwischen habe ich das und kann nur sagen, wie richtig ich meine instinktive Abwehr dieses technischen, instrumentalisierenden, pseudosprachlichen Umgangs mit Träumen finde. Ich bin gegen das Übersetzen von Träumen. Ich glaube nicht an die Traumarbeit, wo etwas übersetzt werden muss.*

Der Traum-Romantiker Walser kann jetzt die Fronten wechseln. Wie Heinrichs Vater hat er zunächst die übergeordnete Instanz erledigt, die unsere Träume interpretiert: kein Gott, kein Freud. Jetzt übernimmt er die Position des Sohnes, knüpft an dessen Vorstellung an, jeder Traum sei *ein bedeutsamer Riß in den geheimnisvollen Vorhang, der mit tausend Falten in unser Inneres hereinfällt.* Auf diesen Riss legt er größten Wert. Für Walser ist er identisch mit jener *wilden Schnittfolge von kreuz und quer flutenden Bildern,* die der Traum erzeuge. Unser *Tagesbewusstsein* neige dazu, dieses Wilde *verständlicher zu machen,* als es sei: *Und dann lässt man weg, was man nicht unterkriegt, und schon hat man eine verständliche Geschichte. Ich glaube, dass die Leute an ihren Träumen sündigen. Die Szenen, die Scheußlichkeiten, die Großartigkeiten sind durchflutet von Wirklichkeitskommandos und Erfahrung. Der Traum geht wüst um mit diesen Wirklichkeitskommandos und bringt sie zu einer allerhöchsten Deutlichkeit, die keiner Deutung bedarf. Das ist für mich das Wichtigste.* Halten wir fest: Walser will den Traum in dessen Unmittelbarkeit belassen, er will, wie es der alte Ofterdingen formuliert, den *unmittelbaren Verkehr* mit ihnen, aber er will diesen Verkehr ohne jede regulierende Instanz. Es ist übrigens kein ganz neuer Zugang, den er im Gespräch mit Magenau formuliert. Bereits 1972 war er im Nachwort zum Band »Traumprotokolle« des Lyrikers Wolfgang Bächler heftig gegen Freuds »Traumdeutung« zu Feld gezogen, hatte etwa deren Anmerkungen zur *Traumsymbolik* als ärmlichste von allen Errungenschaften der psychoanalytischen Be*schäftigung* gescholten und sich vehement geweigert, *Träume in kognitives Kleingeld zu wechseln.*

In den Romanen und Erzählungen bis zum siebzigsten Geburtstag spielen Träume nur eine geringe Rolle, vom »Springenden Brunnen« (1998) an wird sie größer. Oft und zu Recht wurde darüber gehandelt, dass Walsers Helden erst gar nicht ins Bett, es dann im Grunde aber nicht mehr verlassen wollen. Bloß nicht wach werden jedenfalls, bloß nicht aufstehen, denn dann beginnt er wieder, der tägliche Kampf ums Mithalten mit den anderen, ums Konkurrieren mit ihnen, ums leidige Geldverdienen, die verzweifelte Suche nach Anerkennung. *So schwer mir das Aufwachen fiel, so schwer fiel mir das Einschlafen. Ich war noch nicht fertig mit dem Tag, wenn die Nacht übergriff. Ich war noch nicht fertig mit der Nacht, wenn der Tag aufkam,* beginnt »Halbzeit« von 1960, der erste Anselm-Kristlein-Roman. *Ich liege. Ja. Ich liege,* seufzt Kristlein, noch ganz erschöpft von der Nacht, 1966 im »Einhorn«. *Als Franz Horn aufwachte, waren seine Zähne aufeinandergebissen,* hebt »Jenseits der Liebe« (1976) an. *Xaver griff nach dem leisen, unerträglichen Weckergeräusch und stellte es ab*: »Seelenarbeit« (1979). *Als Gottlieb Zürn aufwachte, hatte er das Gefühl, er stehe auf dem Kopf*: »Das Schwanenhaus« (1980). Es scheint, als verharrten alle Hauptfiguren im Bann eines der berühmtesten Anfangssätze der Weltliteratur, jenem aus Franz Kafkas »Die Verwandlung«: *Als Gregor Samsa eines Morgens aus unruhigen Träumen erwachte, fand er sich in seinem Bett zu einem ungeheueren Ungeziefer verwandelt.* Ganz gewiss auch unruhige Träume haben Kristlein, Horn, Xaver und Gottlieb Zürn hinter sich und deshalb alle Mühe, sich aus ihrem, wie es Kristlein nennt, *Traumfilz* herauszuschälen. Im Gegensatz zu Samsa aber verbleiben sie wenigstens bei und in ihrem beschädigten Selbst – schließlich sind sie realistische Figuren, keine Parabelgestalten. Tatsächlich geträumt wird lediglich am Beginn der »Jagd« von 1988: *Gottlieb Zürn träumte, er liege in einer Wiege und diese Wiege stehe mitten im Rheinfall und über die Wiege beuge sich eine Frau und die Frau singe, aber man hörte sie nicht, das Getöse des herabstürzenden Wassers war zu laut.* Immerhin treibt ihn dieser Traum beim Erwachen *leichter aus dem Bett als sonst.*

Am Auftakt der »Jagd« wird deutlich, dass der Roman für die *wilde Schnittfolge* des Traums und dessen *kreuz und quer flutende Bilder* nicht eigens nach einer extraordinären Sprach-Entsprechung sucht. Die Syntax ist weder expressionistisch noch impressionistisch forciert, sie tendiert auch nicht ins Surreale. So entschieden Walser auf der Unmittelbarkeit des Kreuz-und-Quer besteht, so wenig versucht er, sie stilistisch nachzubilden. Er überträgt sie vielmehr in Kurz- oder Kürzestgeschichten, die sich von seinem sonstigen Sprachduktus nicht unterscheiden. Gut nachvollziehen lässt sich das auch in seinen Tage- und Notizbüchern, von denen bisher die Eintragungen zwischen 1951 und 1981 erschienen sind. Von den 1960er Jahren an nehmen Traumeinträge kontinuierlich zu, innerhalb der drei Jahrzehnte kommen, obenhin geschätzt, um die vierzig, fünfzig Traumgeschichten zusammen. Sie kreisen um den Kindheitsort Wasserburg, um die eigene Familie, naturgemäß um ihn, den Träumenden, selbst – und, ebenso naheliegend, um das literarische und kulturelle Milieu, in dem er sich bewegt. So notiert er Mitte

März 1979 aus der zurückliegenden Nacht, Papst Johannes Paul II., gerade ein halbes Jahr lang im Amt, lese im Petersdom einige Passagen aus der »Blechtrommel« vor, nicht ohne hinzuzufügen: *Ich beneide Günter Grass*. Im August 1981 kommt es zu einem Traumgespräch mit Sigmund Freud, das darin besteht, dass Freud immer schon im Voraus weiß, was Walser gleich sagen wird. Freud bedauert das ausdrücklich: *Aber*, heißt es weiter, *es war deutlich, dass er nur so tat, als leide er darunter. Man wusste, dass er einen mehr oder weniger verachtete, weil man diese Art Person war, die man sofort durch und durch kennt, dass es sich nicht mehr lohnt, noch ein Gespräch zu führen.*

Zwei weitere Kulturbetriebsträume seien besichtigt. Der erste stammt von Anfang September 1976 und handelt von einem Verfolgungsrennen, bei dem der Kritiker Marcel Reich-Ranicki den Autor Martin Walser unbedingt einholen will, weil er mit ihm zu reden hat. Der träumende Walser weiß, dass sein Verfolger nicht zu ihm aufschließen kann. Er will das auch nicht, denn das Gespräch, das der Kritiker sucht, liefe auf das übliche *intellektuelle Hin und Her* hinaus. *Alles, was er mir getan hat*, würde dabei bloß verniedlichend zerredet. Verspürt der Träumer zunächst *eine große Annehmlichkeit*, den Verfolger *so leiden zu lassen*, identifiziert er sich bald mehr und mehr mit ihm. Dieses Empfinden wird so stark, *dass ich plötzlich das Gefühl habe, der, der da hinter mir herrennt, ist gar nicht R-R, das bin ich. Ich bin ganz bei dem, der hinter mir herrennt. Ich spüre nur noch, was er empfindet. Ich empfinde nicht mehr den Genuss, ihn nicht herankommen zu lassen. Ich bin der, der hinterherrennt.* Der zweite Traum datiert vom 13. Februar 1979. Jürgen Habermas und Walser werden von einer Explosion in Walsers Elternhaus in den Nachthimmel hinausgeschleudert und wissen sofort, dass der gleich folgende Rücksturz in die Tiefe tödlich sein kann: *Wir klammern uns an einander, umarmen einander. Habermas hat mehr Angst als ich. Ich hoffe irgendwie auf Bäume und Zweige, an denen wir uns beim Sturz nach unten halten können. Lang fallen wir, aber dann kommen die Äste und Zweige, der Fall wird gedämpft, wir sind erschüttert, aber heil auf dem Boden. Wir umarmen einander noch fester.*

Nein, wir deuten den Traum nicht. Immerhin kann man Helen von Kahn zitieren, die Traumexpertin des Romans »Angstblüte« von 2006 – wir kommen in Kürze auf ihn zu sprechen –, die über ihren Ehemann, den Finanzmakler Karl von Kahn, einmal sagt, *seine Träume seien immer so deutlich. Wenn Freud solche Träume gehabt hätte, hätte er sich seine Traumtheorie sparen können.* Unerlässlich ist es im Zusammenhang mit dem Reich-Ranicki- wie mit dem Habermas-Traum jedoch, auf die unmittelbare Realität zu verweisen, in der sie stattfinden. Am 27. März 1976, kein halbes Jahr vor Walsers nächtlicher Identifikation mit dem Verfolger, publiziert Reich-Ranicki in der F.A.Z. einen der heftigsten Verrisse seiner Kritikerlaufbahn. Er handelt von Walsers gerade erschienenem Roman »Jenseits der Liebe«. Unter dem Titel »Jenseits der Literatur« hebt die Besprechung an: *Ein belangloser, ein schlechter, ein miserabler Roman. Es lohnt sich nicht, auch nur ein Kapitel, auch nur eine einzige Seite dieses Buches zu lesen.*

Im Oktober 1979, acht Monate nach dem wundersam überlebten, die Freundschaft aufs Neue festigenden Himmelssturz von Habermas und Walser, erscheint als Nummer 1000 der »edition suhrkamp« der von Habermas herausgegebene Doppelband »Stichworte zur ›Geistigen Situation der Zeit‹«. Ein gutes Jahr zuvor, Mitte 1978, hatte Habermas *etwa fünfzig Kritiker, Schriftsteller und Sozialwissenschaftler* zur Mitarbeit an der Sammlung eingeladen. Sein Kriterium: Er zählt sie alle *zur intellektuellen Linken, die das kulturelle Milieu* der alten Bundesrepublik *mit einer gewissen Selbstverständlichkeit prägen konnte.* Walser wird die »Stichworte« zwar mit dem Aufsatz »Händedruck mit Gespenstern« eröffnen, der Text aber ist zugleich sein Abschied aus der Habermas-Welt – und der Anfang vom Ende einer Freundschaft. Unter dem *8.8.1977* hatte Walser noch notiert: *Ich finde außer Jürgen Habermas keinen mehr ganz erträglich. Mit Habermas in Amerika, das wär's.* Zwischen dem Traum vom Februar und dem Erscheinen der »Stichworte« im Oktober wird im Juni 1979 Habermas' fünfzigster Geburtstag gefeiert. Vor Publikum kritisiert der Jubilar Walsers Beitrag dabei als *einen schlechten und ungeheuer nationalistischen Aufsatz,* was den Gescholtenen im Tagebuch vermerken lässt: *seit ich die deutsche Teilung öffentlich unerträglich nenne, nennt mich jeder Linke nationalistisch.* Mit Habermas' Verdikt beginnt eine neue, in toto fatale Phase der Walser-Kritik. Ihr geht es primär nicht mehr darum, wie dessen Texte gearbeitet sind, warum und wo sie glücken oder gegebenenfalls scheitern. Ihr geht es von nun an immer auch – und nur zu oft vorrangig – um die Frage, ob diesem Autor weltanschaulich überhaupt noch zu trauen sei: Walser-Philologie ist seither Verdachts-Philologie. Dieses Thema wird uns fortan dauerhaft begleiten.

Indem Walser Träume aufschreibt, sei's fürs Tagebuch, sei's im Roman, übersetzt er *die wilde Schnittfolge,* wie gesehen, ins Nacheinander seines realistischen Stils. Weniger romantisch werden sie dadurch nicht, gilt doch die Schritt für Schritt progredierende Traumentfaltung bereits für Novalis' Roman und Heinrichs nach Innen strebenden Gang zur blauen Blume. Träume als Verjüngungsmedium, Heinrichs Argument zur Besänftigung des Vaters: Es ist wohl kein bloßer Zufall, dass sie in Walsers Romanen seit dem siebzigsten Geburtstag häufiger als früher erscheinen, ist doch das gesamte spätere Erzählwerk ein Ausweis altersresistenter Schreibdynamik. Wir werden uns, die Träume seit 1998 betreffend, pars pro toto auf »Angstblüte« beschränken, denn hier begeben sich Autor und Erzähler besonders frequent auf die nächtliche Kopf- und Seelenbühne. Die Hauptfigur Karl von Kahn, ein Genie der Geldvermehrung durch Spekulation, träumt etwa im siebten Kapitel des ersten Romanteils von einem schlimmen Autounfall, in den er mit der Tochter Fanny und Diego, einem Freund, verwickelt ist: *ein entsetzlicher Anblick.*

Wenig später erhält er den postumen Abschieds- und Bekenntnisbrief des Bruders Erewein, der sich in der Nacht auf den achtzigsten Geburtstag das Leben genommen hat. *Die Utopie aller Utopien*, schreibt er: *Von uns sollte nichts bleiben als was wir träumten. Ungedeutet.* Einer der Träume, die Erewein für Karl notiert, enthält die Wunschliste großer Geister für das prospektive Geburtstagsfest, das dann in der Realität nicht mehr stattfindet: *Dostojewskij, Hölderlin, Bruckner, Karl May, Nietzsche, Bismarck, Franz Kafka und Sylvia Plath* – eine Auswahl aus Walsers Hausheiligen. Ein weiterer Erewein-Traum verarbeitet, inhaltlich in der Tat kreuz und quer, des Bruders späte Liebe zu der russischen Ärztin Márfa, in die sich auch das Lebenstrauma mischt: Am Ende der Zweiten Weltkriegs hat Erewein als blutjunger Wehrmachtssoldat russische Partisanen in Panik hingerichtet. Auch von Karl selbst gibt es Nachtprotokolle, wovon das letzte, schon gegen Ende des Romans, an einem traumadäquat bizarren Ort spielt: *im Gepäcknetz eines Zugwaggons, aber im Freien.* All diese Sequenzen werden, charakteristisch für Walsers Erzähldramaturgie, der sonstigen Handlung einfach hinzugefügt. Sie beanspruchen keinerlei zusätzliche Bedeutung, wollen lediglich geschehen und beschrieben sein. Sie sind also, wie bei Novalis, nicht mehr, aber auch nicht weniger als *eine Schutzwehr gegen die Regelmäßigkeit und Gewöhnlichkeit des Lebens* sowie *eine freie Erholung der gebundenen Phantasie.*

Mit Karl von Kahns Ehefrau Helen allerdings bietet sich die Möglichkeit, des Autors Zugänge zum Traumgeschehen aufs Neue grundsätzlich zu erörtern. Helen ist Paartherapeutin und Eheberaterin von Beruf, für einen Fachkongress arbeitet sie an einem Vortrag unter dem Titel *Warum darf der Traum Klartext der Ehe genannt werden?* Wenig Wunder nimmt, dass sie Walsers Anti-Freud-Attitüde teilt. Aber sie fügt den Positionen im Magenau-Gespräch einige ambitionierte Facetten hinzu – und illustriert ein weiteres Mal Walsers Fähigkeit, seinen Romanhelden, denen stets eine mal unmittelbare, mal komplex vermittelte Nähe zum Autor zu eigen ist, die also lauter andere Ichs sind, Nebenfiguren zur Seite zu stellen, die allgemeine Gesellschaftsthemen personalisieren und thematisieren: Weshalb Helen von Kahn zum Beispiel einige Thesen der ungemein erfolgreichen Paartherapiebücher etwa von Wolfgang Schmidbauer (»Die hilflosen Helfer« von 1977 oder »Du verstehst mich nicht. Die Semantik der Geschlechter« von 1991) in Romanhandlung verwandelt. So steht für Helen fest, der nächtliche Schlaf sei *das Heilende schlechthin.* Was ihn störe und beschädige, sei *eine Stimmung des Nichtgenügens.* Wer also tagsüber mit sich selbst in Unfrieden verharre, werde auch des Nachts *gemartert … von Traumsequenzen des Ungenügens.* Da andererseits aber niemand dem Leiden an sich selbst entgehen könne, komme alles darauf an, ihm nicht *hörig* zu werden. Gelinge dies, sorgten die Träume *für höchste Gerechtigkeit,* denn dann, aber auch nur dann, *gleichen* sie *alles aus.* Helens Axiom: Patienten sind und bleiben wir, *aber der erfolgreiche Patient sorgt dafür, daß er leidet, ohne krank zu sein.* Schlaf und Traum sind die besten Therapien dafür.

Und was ist mit dem *Klartext der Ehe*? Dabei geht es um die Preisgabe oder das Verheimlichen des Geträumten am nächsten Tag. Helen entwickelt dafür, durchaus originell, eine Art von hermeneutischem Traumzirkel. Träume sagen das, was wir wachend noch nicht oder nicht mehr sagen können: Damit beginnt es. Sodann: Wenn wir dem Partner, der Partnerin tagsüber etwas verschweigen, liegt dieses Verschwiegene auch allem zugrunde, was wir ihm oder ihr mitteilen. Kommt hinzu: Je länger wir das Verschwiegene für uns behalten, desto unmöglicher wird, es noch zu sagen. Das besorgt nun der Traum. Wenn auch dieser Traum dem Gegenüber verschwiegen wird, *ist die Ehe in allergrößter Gefahr.* Erster Therapieschritt: *den Traum dem Therapeuten, der Therapeutin zu erzählen,* beim Erzählen aber strikt vermeiden, was wir selbst *für die Bedeutung des Geträumten halten.* Zweiter Schritt: d*en Traum vor dem dann dazugeladenen Partner zu erzählen.* In ihrer eigenen Ehe wird es dahin erst gar nicht kommen. Hier gelingt es Helen nur einmal, Karl zum Schildern eines Traums zu bewegen. Die kleine Szene ist ein Höhepunkt romantischer Ironie, aufs Neue in Schlegels Sinn von *Selbstschöpfung und Selbstvernichtung.* Schöpfung: Karl erzählt bis ins kleinste Detail, wie bedrohlich er im Traum Helens Augen wahrnahm, wie er sich von ihnen angestarrt fühlte und schließlich wegrannte, weil er es nicht mehr aushielt. Vernichtung: Er verschweigt Helen weiterhin das dem Traum Zugrundeliegende: seine Affäre mit der fast vier Jahrzehnte jüngeren Schauspielerin Joni Jetter, die er für seine große Liebe hält. Karls verlogene, weil lückenhafte Traumwahrheit beim häuslichen Frühstück ist – eine kompositorische Raffinesse – zugleich die letzte gemeinsame Szene des Ehepaars von Kahn. Sie findet bereits hundertfünfzig Seiten vor dem Romanende statt: Die Ehe ist am Traum gescheitert.

Der Traum, lässt sich zusammenfassend sagen, ist für Walser auf eine romantische Weise existentiell, tangiert das realistische Erzählen aber nur marginal. Halbromantiker eben. Walser-Träume sind immer Nachtszenarien, Tagträume kommen nicht vor. Zentral ist, dass das Geträumte ungedeutet bleibt: Ein gedeuteter Traum ist ein zerstörter Traum. Man nimmt ihn entgegen als etwas Willensfernes, Ungesteuertes, Unkontrolliertes, eben als *unser Unausschöpfbares.* Diametral unterscheiden sich Walsers Traumbegegnungen etwa von jenen des Altersgenossen und genuinen Aufklärers Hans Magnus Enzensberger. Eines der ersten Kapitel in Enzensbergers Kindheit- und Jugendkaleidoskop »Eine Handvoll Anekdoten, auch Opus incertum« von 2018 lautet programmatisch »Traumabwehr« und beginnt mit dem wegwerfenden Satz: *Mit seinen Träumen wollte M. nichts zu tun haben.* Enzensberger, der über sich in der dritten Person erzählt und seine Vornamen zu *M.* verkürzt, polemisiert gegen das überraschungslose, *hartnäckig an ein festes Repertoire* gekettete Traumgeschehen: *Ach, da sind sie ja schon wieder, die roten Ameisen! … Auch von langweiligeren und banaleren Träumen wird M. geplagt, die von versäumten Zügen, verlorenen Schlüsseln oder nie bestandenen Prüfungen handeln.* Dagegen hilft nur der Entschluss, *in Zukunft nicht mehr zu träumen.* Es klappt: *Er trainiert eine Gegenwehr, die, wie er später hört, in der Wissenschaft ›Traumzensur‹ genannt wird. Am Morgen weiß er nicht mehr, welchen Müll das Unbewußte ihm im Schlaf herbeigeschleppt hat.* In einem freilich sind sich der Aufklärer Enzensberger und der Romantiker Walser einig: Von Traumdeutung wollen sie nichts wissen. Walser, weil er das Geträumte durch Analyse nicht verkleinern, also nicht *in kognitives Kleingeld* wechseln will, Enzensberger, weil er es umgehend wieder loswerden möchte: *Jeder Deutung,* heißt es von M., *zieht er die Verdrängung vor.*

Als Enzensberger seine frühe »Traumabwehr« beschreibt und begründet, ist er selbst nahezu neunzig. 1980, fast vierzig Jahre zuvor, veröffentlicht der intellektuelle Traumverächter im Band »Die Furie des Verschwindens« das Gedicht »Ein Traum«. Ununterscheidbar fügen sich in den Versen Traum, Kunst und Realität ineinander. *Ich bin auf der Flucht. Ich habe meine Schuhe verloren,* lautet die Eingangszeile. Erschöpft schläft der Fliehende ein. Träumend sieht er *einen alten Mann*, der die verlorenen Schuhe, *die beiden Stiefelchen*, auf eine Leinwand malt. Für den Träumenden sind sie fürs Erste ganz und gar wirklich: *Ich rieche das Leder.* Aber er ruft sich zur Ordnung: *Außer im Kopf des Malers / und auf seinem Bild sind keine Schuhe da.* Traumtatsache ist, dass die Verfolger näher kommen: *Hundegebell. Lärm. War das nicht ein Schuß?* Der verzweifelten Frage gegenüber – *Hast du kein Leder?* – stellt sich der Alte taub, *zuckt die Achseln und geht.* Am Ende des Gedichts aber stehen, *wie zwei schlafende Hasen*, des Flüchtlings *Stiefelchen* wieder *im Gras.* Das Märchenhaft-Romantische der lyrischen Allegorie ist evident: Kein Ausweg ist je ganz versperrt, so verriegelt die Realität auch scheint. Die Flucht kann fortgesetzt werden. Diesen Enzensberger-Traum hätte auch Walser träumen können. In seiner Traumwelt aber sind die romantischen Hasen so erwünscht wie willkommen. *Den Wert des Geträumten empfunden*, beginnt eine Miniatur in »Meßmers Reisen«: *Wie durch eine Abschirmung wirksam die Ahnung, daß der Traum einen höheren, innigeren Wert hatte als das jetzt bestimmende Wachsein. Im Traum wie in einem Schach-Endkampf nur wesentliche Figuren von großer Entschiedenheit, Helle, Deutlichkeit. Jetzt nur Diffuses. Wo man hingreift, schwimmt etwas weg.*

## Romantik IV: Geschichtsgefühl und Traumhausbau

Haben wir das Romantische bei und an Walser bisher literarisch und existentiell betrachtet, muss es nun um politische Romantik gehen. Wer sich damit befasst, stößt nach wie vor auf eine frühe Schrift des damals einunddreißig Jahre alten Bohemiens Carl Schmitt, später *Kronjurist des Dritten Reiches*, fanatischer Antisemit und bis heute so berüchtigt wie berühmt etwa für seinen Freund-Feind-Antagonismus als Grundform des Politischen. Unter dem Doppelnamen Carl Schmitt-Dorotic – 1915 heiratet er die angebliche kroatische Adlige Pawla Dorotić, in Wahrheit eine Hochstaplerin – veröffentlicht er 1919 die Abhandlung »Politische Romantik«, deren Argumentation beeindruckt und auf die sich auch Rüdiger Safranski in seinem Standardwerk »Romantik. Eine deutsche Affäre« von 2007 beruft. Carl Schmitt, so Safranski, werfe den Romantikern nicht ohne Grund vor, *sie seien ›Occasionalisten‹, also Leute, die virtuos Themen und Motive, poetische, philosophische und politische, zum Anlaß für ihre geistvollen Spiele nehmen.* Eine prägnante, für unsere Zwecke kompatible Zusammenfassung von Schmitts Romantik-Perspektive bietet Thomas Thiel 2014 im Artikel »Vom Nutzen und Nachteil der Leidenschaften für die Politik«: *Politische Romantik*, heißt es da, *ist zunächst eine prekäre Wortverbindung, weil der unbedingte Impuls der Romantik im Konflikt steht zum Vermitteln und Aushandeln demokratischer Politik. Carl Schmitt hat das schärfste Urteil über sie gesprochen, als er sie eine Hybris des Subjekts auf Kosten des Allgemeinen nannte. Der politische Romantiker, so Schmitt, flieht aus der Wirklichkeit in die Ekstasen stimmungsmäßigen Erlebens. In seinen hochfliegenden Phantasien sucht er nur sich selbst, haltlos und ohne Sicherungen, und deshalb immer anfällig für Verirrungen: in Religion, in Staat, in Volk, in Ideologie. Dieses Urteil fällte Schmitt im Jahr 1919. Nicht viel später erlag er mit seiner Parteinahme für den NS-Staat selbst der romantischen Versuchung.* Treffen Schmitts analytische Kriterien auch auf Walser zu? Ist auch er ein bloßer *Occasionalist*? Oder hat er durch Argumente und Engagement romantische Politik in demokratische Energie verwandelt? Über das, was er romantisierend *Geschichtsgefühl* nennt, kommt man den Antworten näher.

*Geschichtsgefühl:* Weder bei den Schlegels noch bei Fichte oder Novalis findet sich das Wort. Aber den Romantikern kann es nicht unvertraut gewesen sein. Einer, der ihnen nahesteht, der Schriftsteller und Diplomat Karl August Varnhagen von Ense (1785 bis 1858), verwendet es, um Goethe zu charakterisieren. Erstmals in Weimar besucht hat er den *herrlichen Mann* im November 1817. *Bis Mitternacht* habe man über alles gesprochen, notiert er danach, auch über Themen, die Goethe sonst gern unerörtert lasse, also etwa über den Geist und die Richtung der Entwickelung der Gegenwart, über die Gestalten der nächsten Vergangenheit, Napoleon, Franzosen, Deutschland, Preußen. Besonders erfreulich sei gewesen, dass sich dabei *unsres vaterländischen Dichters Vaterlandstreue* bestätigt habe: *Wie gerecht, einsichtig und unschuldig waren seine Äußerungen in dieser Hinsicht, von wahrem Geschichtsgefühl, so des Augenblicks, wie der Jahrhunderte beseelt!* Varnhagens Goethehymnus zum Trotz ist das Wort allerdings nicht zum Begriff geworden. Im »Deutschen Wörterbuch« der Brüder Grimm findet es sich so wenig wie in »Meyers Konversations-Lexikon«, das von 1840 an ein breites Publikum mit dem Wissen der Zeit nährt. Auch eine wissenschaftliche Karriere bleibt ihm auf Dauer versagt. Selbst in den jüngsten, von Stefan Jordan herausgegebenen »Grundbegriffen der Geschichtswissenschaft« aus dem Jahr 2019, in denen von der »Alltagsgeschichte« bis zur »Zyklentheorie« ein großzügiges Aufnahmeverfahren waltet, fehlt es ganz im Gegensatz zum »Geschichtsbewusstsein«, von dem es heißt, der Begriff habe *seit den 1970er Jahren … eine atemberaubende Karriere erlebt*, sei er doch *zur zentralen Kategorie des Geschichtslernens, zugleich zu dessen Gegenstand und Ziel* erklärt worden. Will sagen: Durch Geschichtsunterricht entsteht Geschichtsbewusstsein und genau dies ist sein Ziel.

Andererseits ist in den vergangenen gut zwei Jahrzehnten das *Geschichtsgefühl* zu Walsers öffentlichkeitsträchtigstem Wort aufgestiegen, ja: es ist zu einer Art Markenzeichen geworden, das man weitgehend mit ihm identifiziert. Als Patrick Bahners im Sommer 1992 für das F.A.Z.-Feuilleton eine Ausstellung mit Zeichnungen und Aquarellen von Werner Tübke bespricht, dem Maler des »Bauernkriegspanoramas« in Bad Frankenhausen, kommt es erstmals zur Gleichsetzung: *Geschichtsgefühl (Walser)* heißt es im Artikel. Im Februar 2005 formuliert Christian Esch in der »Berliner Zeitung« besitzanzeigend: *Das ›Geschichtsgefühl‹, um mit Martin Walser zu sprechen.* Dessen Premierengebrauch datiert vom 30. Oktober 1988, als er im Rahmen der Reihe »Reden über unser Land« in den Münchner Kammerspielen einen, so nennt er es, »Bericht« mit dem Titel »Über Deutschland reden« erstattet. Dort tritt das *Geschichtsgefühl* erst zu Beginn des vorletzten Absatzes der relativ langen Rede auf, nachdem zuvor eine Reflexion über die *Nation* zum Ergebnis gelangt, diese sei zwar *im Menschenmaß das mächtigste geschichtliche Vorkommen, bis jetzt*, werde sich sicher aber *auflösen irgendwann*. Auflösen: ja – *Aber doch nicht durch eine*

*Teilung*, was selbstredend Deutschlands Spaltung in einen Ost- und einen Westteil meint. Direkt zur Begründung folgt:

*So das zum Beweisen unkräftige, aber trotzdem unabweisbare Gefühl. Falls so was überhaupt sein darf, ein Geschichtsgefühl. Man kann am Ende damit nicht viel mehr anfangen, als zu bezeugen, dass es existiert. Aber das kann man. Ein Gefühl ist auch nicht vorschreibbar. Man hat es oder hat es nicht. Aber wenn man es hat, kann man ja zugeben, dass man es hat: das Geschichtsgefühl. Ich will es hiermit zugegeben haben.* Gut, er hat es. Aber woher? Im unmittelbaren Vorfeld der Münchner Rede stößt man auf zwei mögliche Provenienzen. 1986 veröffentlicht der Historiker Golo Mann den Memoirenband »Erinnerungen und Gedanken. Eine Jugend in Deutschland«. Er erzählt darin auch von seiner frühen Freundschaft mit der Dichterin Ricarda Huch (1864 bis 1947). Ende der 1920er Jahre lernt er sie in Berlin persönlich kennen, ihre historischen Romane, vor allem »Der große Krieg in Deutschland« von 1912/14, hat er da längst mit Begeisterung gelesen: Sie zeugen, so Golo Mann, von *Geschichtsgefühl und Gestaltungkraft.* Wobei, nicht zuletzt für Walsers Wortgebrauch, signifikant ist, dass Mann diese Qualitäten ex negativo definiert: Es seien eben nicht Philosophie oder Theorie, die Ricarda Huch auszeichneten, sondern *eine wunderbar unmittelbare Beziehung … zur Vergangenheit*, die es ihr ermögliche, *das Fatum zu ergreifen*. Eine zweite mögliche Quelle datiert von 1987. Am 23. Mai publiziert Botho Strauß in der Wochenendbeilage der F.A.Z. unter dem Titel »Die Distanz ertragen« einen Essay über die Sprachmacht und das Vergangenheitsverständnis des deutsch-jüdischen Dichters Rudolf Borchardt (1877 bis 1945): *von den Wurzeln her universalpoetisch im Geist Herders und Friedrich Schlegels*, so Strauß, spreche Borchardt stets aus einem *tiefgeordneten Geschichtsgefühl* mit dem Ziel: *Wiederherstellung, nichts anderes.* Bei den potentiellen Gewährsleuten, bei Golo Mann wie Botho Strauß, bei Ricarda Huch wie Rudolf Borchardt, zielt *Geschichtsgefühl* also auf das unmittelbare Vergegenwärtigen des Historischen – ein Verfahren, zu dem sich Walser in der Münchner Rede explizit bekennt: *Historiker, die so vorgehen würden wie ich, rechnet man, glaube ich, zum Historismus.*

Wenige Zeilen nach dem *Geschichtsgefühl* fällt auch ein anderes, seinerseits kontaminiertes Wort. *Das Volk!* ruft der Deutschland-Redner aus, um sich ironisch gleich selbst zur Ordnung zu rufen. *Populist wird man geschimpft, wenn man meint, die Deutschland-Frage könne nur vom Volk beantwortet werden.* Genau dies jedoch propagiert er sogleich als Utopie: *Eine Abstimmung in der DDR, eine bei uns. International überwacht ... So einfach wäre das.* Ein Jahr danach, womit 1988 wirklich niemand rechnet, ist die Mauer tatsächlich gefallen, wenngleich nicht als Folge eines Plebiszits. Der richtige Zeitpunkt für den Geschichtssieger Walser – siehe Kapitel eins –, seinen Gegnern auf entschiedene, aber untriumphale Weise ein paar Lektionen zu erteilen.

In »Deutsche Sorgen I«, erstveröffentlicht in der F.A.Z. vom 5. Dezember 1989 unter dem Titel »Vom Stand der deutschen Dinge«, bezieht er sich, ohne die Namen zu nennen, auf *drei aufklärerisch auftretende Intellektuelle*, über die es heißt: *Als sie meine Unfähigkeit, die deutsche Teilung anzuerkennen, zu tadeln hatten, wiesen* (sie) ... *heftig darauf hin, daß ich doch vom Bodensee stamme und dort jetzt auch noch wohne. Das hieß deutlich: Und so einer kümmert sich um die deutsche Einheit!* Die drei Intellektuellen sind leicht zu identifizieren. Es handelt sich um den Schriftsteller Jurek Becker (1937 bis 1997), dessen Holocaust-Roman »Jakob der Lügner (1969) ein Höhepunkt (nicht nur) der DDR-Literatur ist, um den SPD-Politiker und Kommunikationswissenschaftler Peter Glotz (1939 bis 2005) und den 1950 geborenen Essener Politologen Claus Leggewie. In der Zeitschrift »Kommune« (Heft 1, 1989), einer Gründung des »Kommunistischen Bundes Westdeutschlands (KBW)«, die Ende der 1980er Jahre dem »Realo«-Flügel der Grünen um Joschka Fischer nahesteht, hat Leggewie die Münchner Rede total verrissen – der Untertitel des Artikels, »Eine Polemik gegen Martin Walsers Deutschtümelei«, sagt zur Genüge, worum es geht. Differenzierter argumentierend, im Urteil aber noch härter, kanzelt Jurek Becker in der »Zeit« vom 18. November 1988 unter dem Titel »Gedächtnis verloren – Verstand verloren« Walsers *Wunsch nach Einstaatlichkeit* als *gefühlsbetont und argumentearm* ab. Indirekt auf die eigene Ghetto- und KZ-Erfahrung anspielend, notiert Becker: *Ich habe nicht so kuschelige Kindheitserinnerungen wie Walser* und fragt rhetorisch: *Sollte das der Grund sein, warum Deutschland eher seinesgleichen gehört als meinesgleichen?* Hier wird der Konnex von Holocaust und Deutschland-Frage in der Debatte um Walser zum ersten Mal manifest – und er wird sofort zum persönlichen Vorwurf gegenüber einem Autor, der seit Mitte der 1960er Jahre wie kaum ein zweiter den nationalsozialistischen Mord an Europas Juden zu seinem Thema gemacht hat. Für Jurek Becker erhöht das dessen Glaubwürdigkeit nicht. Im Gegenteil: *Nationalistisches Geschwafel wird ja nicht dadurch erträglicher, daß der Redner zuvor ein paar schöne Bücher geschrieben hat. Umgekehrt: Ich muß mich dagegen wehren, daß mir diese Bücher nicht plötzlich in einem neuen Licht erscheinen.*

Zwei Wochen nach Jurek Becker, am 2. Dezember 1988, druckt die »Zeit«, die einen Monat zuvor übrigens auch die Münchner Rede erstpubliziert hat, die Reaktion von Peter Glotz. *Martin Walser*, so beginnt sie, *hat ein ›Geschichtsgefühl‹. Das ist sein gutes Recht.* Auch er, Glotz, kenne dieses Gefühl, bei ihm allerdings beziehe es sich *auf Eger im Sudetenland*, wo er geboren sei, sogar *auf Prag, wo meine Eltern eine Wohnung hatten*, zudem liebe er das von seinem deutschsprachigen *Hinterland abgeschnittene Triest*, im Ganzen sei sein Geschichtsempfinden also *mitteleuropäisch.* An Walser wundere ihn, *wieso ein Schwabe, ein Alemanne … so ganz und gar norddeutsch-evangelisch und preußisch fühlt. Aber Gefühl ist Gefühl.* Allem Verständnis zum Trotz aber fällt auch Glotz' Resümee am Ende höchst negativ aus: *Der aufklärerische Schriftsteller Martin Walser leidet an nationalem Mystizismus. Am deutlichsten wird dieser Mystizismus in einem geradezu monströsen Satz. Er lautet ›Die Nation ist im Menschenmaß das mächtigste geschichtliche Vorkommen‹. Donnerscheiß: ›im Menschenmaß‹. Das ist sozusagen eine Art nationales Naturrecht; der Drang der Menschen zu einer Einheit von Staat und Nation, heißt das ja wohl, sei der mächtigste Trieb überhaupt.*

Halten wir noch einmal die zeitliche Folge fest. Auf die Münchner Rede vom Ende Oktober 1988 folgt unmittelbar eine Reihe kritischer bis polemischer Kommentare, von denen Walser besonders die drei eben erwähnten und zusammenfassend referierten im Gedächtnis behält. Sie haben ihn offenbar so geschmerzt und beleidigt, dass er ein ganzes Jahr danach und trotz des zwischenzeitlichen Mauerfalls noch einmal auf sie zu sprechen kommt. Walser Replik auf die Repliken erscheint am 5. Dezember 1989 im Rahmen eines Essays zur aktuellen deutschen Lage. Die F.A.Z. kündigt den Aufsatz auf der ersten Seite der Zeitung in einer kleinen Meldung zusammenfassend an: *Der Schriftsteller Martin Walser hält die deutsch-deutsche Grenze für ›eine verrückte, blödsinnige, künstliche Linie‹ und für ›die mieseste Grenze der Welt‹. In einem Essay für die Literaturbeilage dieser Zeitung schreibt er, die Mauer sei ›ebenso ein Produkt des kalten Krieges wie des Zweiten Weltkriegs‹. Jetzt sei es an der Zeit, ›das Selbstverständliche selbstverständlich‹ zu machen und den Gedanken an ein geeintes, konföderatives Deutschland in einem gemeinsamen europäischen Haus nicht länger zu verdrängen.* Um die Dynamik der Zeit zu vergegenwärtigen, sei auch daran erinnert: Gerade eine Woche ist es her, dass Kanzler Kohl im Bonner Bundestag das »Zehn-Punkte-Programm« zur Neuregelung der deutsch-deutschen Beziehungen und zur Lösung der deutschen Frage vorgelegt hat. Am 3. Dezember, also zwei Tage vor Walsers »Deutsche Sorgen I«, sind in Ost-Berlin das Politbüro und das Zentralkomitee der SED geschlossen zurückgetreten, was Ernst-Otto Maetzke, den Leitartikler der F.A.Z., gleichwohl zu Vorsicht und Geduld raten lässt: *Der sozialistische ›Staat der Arbeiter und Bauern‹ ist noch lange nicht aus den Angeln gehoben.*

In dieser Situation also kehrt Walser zum Vorwurf zurück, er, obwohl vom Bodensee stammend, kümmere sich um die deutsche Einheit. *Mir kommt*, sagt er rückblickend, *dieser Hohn nicht so aufklärerisch vor, wie er gemeint war, weil er sich von einem verwitterten Klischee nährt, das die Blut- und Bodeningredienzien nicht verbirgt.* Was er selbst an dieser Stelle mit Bezug auf die nationalsozialistische Blut- und Boden-Ideologie unternimmt, ist, seinen Gegnern gegenüber, nicht weniger als *die Instrumentalisierung unserer Schande zu gegenwärtigen Zwecken*, also genau das, was er neun Jahre später in der Paulskirchenrede zu Recht beklagen wird. Zitiert wird die Stelle nicht, um Walser im Nachhinein ins Unrecht zu setzen, zitiert wird sie, um zu zeigen, wie leicht und ubiquitär die Nazi-Parallele in den politischen wie gesellschaftlichen Debatten zur Hand ist – bis heute und selbst bei jenen, die sie, wie Walser, als rhetorische Waffe grundsätzlich ablehnen. Wir kommen, wenn von den Großskandalen um die Friedenspreisrede und den Roman »Tod eines Kritikers« zu handeln ist, zwangsläufig auf das Problem zurück. Jetzt, in »Deutsche Sorgen I«, rekurriert er auch auf den Gegensatz zwischen Bewusstsein und Gefühl. *Das Wort ›Geschichtsgefühl‹*, heißt es, *reizt bei Intellektuellen offenbar die Hohndrüse. Unter ›Bewußtsein‹ tun sie's nicht.* Er selbst erachte sich zwar auch für einen Intellektuellen, meine aber, *›Geschichtsbewußtsein‹ sei kein bißchen weniger metaphorischer Sprachgebrauch als ›Geschichtsgefühl‹. ›Geschichtsbewußtsein‹ hält sich vielleicht nur deshalb für zuverlässiger, weil es als Wort den, der mit ihm umgeht, in eine Wolke der Rationalität einlullt.* Ausdrücklich verweist er in Sachen Geschichts-Metaphorik auf die »Wissenschaftslehre« des kleinbürgerlich-revolutionären Romantikers Johann Gottlieb Fichte, durch die er sich bestätigt fühlt.

Sicher ist: Walsers *Geschichtsgefühl* romantisiert deutsche Realität ganz in Novalis' *hohem Sinn*, auch im Geist Heinrich Heines, dessen Bekenntnis – *meine Brust ist ein Archiv deutschen Gefühls* – er 1981 in der Dankrede zur Düsseldorfer Heine-Plakette zitiert. Zugleich ist das Wort ein zentraler, vielleicht sogar der wichtigste Indikator dafür, dass er mit der Romantisierung sein angestammtes Milieu endgültig verlässt. Obwohl noch bis 2004 Autor des Suhrkamp Verlags, ist Walser schrittweise von 1980 an, spätestens aber mit der Münchner Rede nicht mehr Teil der durch George Steiners Formel im »Times Literary Supplement« von 1973 rasch sprichwörtlich gewordenen »Suhrkamp-Kultur«, also jenes linksintellektuellen Universums, dessen Zusammenhang wie Zusammenhalt Jürgen Habermas in der Einleitung zur Anthologie »Stichworte zur ›Geistigen Situation der Zeit‹« (1979) noch einmal beschreibt und beschwört. Die Münchner Rede wird, wie gesehen, besonders heftig kritisiert von Jurek Becker, dessen Bücher ebenfalls bei Suhrkamp erscheinen. Walser seinerseits attackiert mit Thomas Bernhard (für den Satz: *Die Deutschen sind alle*

*Nazis)*, Herbert Achternbusch (wegen Bernhard-Nähe) und Franz Xaver Kroetz (*Mir ist die DDR so fremd wie die Mongolei*) gleich drei Verlagskollegen. Besonders ungehalten polemisiert er gegen das Wort »Verfassungspatriotismus«, dem er in München attestiert, es rieche genau *nach dem Abfindungslabor, aus dem es stammt.* Er lokalisiert es bei Egon Bahr, in den 1970er Jahren Architekt von Willy Brandts Ostpolitik, in den 1980ern der entschiedene Verfechter einer völkerrechtlichen Anerkennung der DDR, damit des Aufgebens der Einheit. Wen Walser, das verabscheute Labor betreffend, verschweigt, sind der Ex-Freund Habermas und dessen These: *Der einzige Patriotismus, der uns dem Westen nicht entfremdet, ist ein Verfassungspatriotismus* (Die Zeit, 11. Juli 1986).

Wir springen von 1988/89 ins Jahr 2002. Zum 8. Mai, dem 57. Jahrestag der bedingungslosen Kapitulation der Wehrmacht, hat Gerhard Schröder, Bundeskanzler und SPD-Vorsitzender, Walser zur Veranstaltung »Wir in Deutschland« ins Berliner Willy-Brandt-Haus eingeladen. Zwischen der Münchner und jener Rede, die er dort hält und »Über ein Geschichtsgefühl« nennt, liegen nicht nur knapp eineinhalb Jahrzehnte, sondern auch die deutsche Vereinigung von 1990 und die Großdebatte um die Dankansprache zum Friedenspreis des Deutschen Buchhandels von 1998 – der Großskandal um den Roman »Tod eines Kritikers«, von dem am 8. Mai 2002 noch niemand etwas ahnt, wird nur noch drei Wochen lang auf sich warten lassen (siehe siebtes Kapitel). Erheblich verändert in dieser Zeit hat sich Walsers öffentliche Wahrnehmung. Verläuft der Disput um seine Deutschland-Thesen vor wie nach dem Mauerfall noch weitgehend innerhalb der literarischen und kulturellen Milieus – selbst die Attacken, denen er in der Fernseh-Talkshow »Freitagnacht« vom Februar 1990 ausgesetzt ist, erreichen kein Millionenpublikum –, ist er seit Herbst 1998 das, was man »umstritten« nennt. Einerseits einer, den inzwischen fast jeder Taxifahrer kennt – Reich-Ranickis Maßstab für Höchstberühmtheit – andererseits einer, der das Publikum polarisiert wie Carl Schmitt die Politik: Freund oder Feind. Dass es bei Lesungen und Podiumsdebatten zu Protesten gegen ihn kommt, ist seit den ersten Auftritten nach der Paulskirche gang und gäbe. Am Willy-Brandt-Haus haben sich am 8. Mai 2002 also aufs Neue Demonstranten versammelt: *Vielleicht hundert Leute sind da, und die Hälfte, den Eindruck gewinnt man, sind Medienvertreter*, so Johan Schloemann in der F.A.Z.. Mitglieder und Sympathisanten des »Berliner Bündnisses gegen Antisemitismus und Antizionismus« oder der »Antifaschistischen Aktion Berlin« haben mit Schröder und Walser gleich *zwei Prototypen des gesunden deutschen Volksempfindens* im Protestvisier, aus einem Megaphon dröhnt: *Wir demonstrieren hier gegen den schlechtesten Schriftsteller Deutschlands. Es ist ein alter Mann mit grauen Haaren.*

Drinnen im Willy-Brandt-Haus definiert Walser derweil *die Zugehörigkeit zu einem Geschichtlichen* aufs Neue *als Empfindung, als Gefühl*. Noch einmal stellt er fest: *Mein Geschichtsgefühl, Deutschland betreffend, ist der Bestand aller Erfahrungen, die ich mit Deutschland gemacht habe. Mit dieser Nation.* Weitaus konkreter als in der Münchner Rede wird jetzt seine Vorstellung über das Transitorische des Nationalen: *Europa ist überhaupt die Lösung der deutschen Frage, die es ernsthaft seit dem 9. 11. 89 schon nicht mehr gibt.* Daraus leitet er als vorderhand bleibende, mehr noch: *als allererste nationale Aufgabe* etwas ab, das heute noch aktueller erscheint als vor zwanzig Jahren: *die Heilung der Teilungsschäden.* Auch über deren Dauer macht er sich keine Illusion. *Ich fürchte*, sagt er 2001 im Gespräch mit dem Magazin »Focus«, *das dauert so lange, wie die Teilung währte: Vierzig Jahre.* Erst unlängst, Ende Mai 2021, äußert der CDU-Abgeordnete Marco Wanderwitz, geboren 1975 in Karl-Marx-Stadt, seit 2020 Ostbeauftragter der Bundesregierung, über die neuen Bundesländer: *Wir haben es mit Menschen zu tun, die teilweise in einer Form diktatursozialisiert sind, dass sie auch nach dreißig Jahren nicht in der Demokratie angekommen sind. Man kann darum nur auf die nächste Generation hoffen.* Das klingt nicht zuletzt wie ein spätes Walser-Echo.

Wieder einmal nimmt er sich in Berlin *wortführende Intellektuelle* vor: Die Anonymisierung seiner Gegner ist ein Dauerproblem des Redners Walser, das, wie wir sehen werden, gerade in Folge der

Friedenspreisrede zu erheblichen, auch grotesken Missverständnissen führt. Dieses Mal ist insbesondere der nicht genannte Günter Grass gemeint, der in der »Kurzen Rede eines vaterlandslosen Gesellen« vom Februar 1990 in die bereits laufenden Vereinigungs-Verhandlungen hinein programmatisch dekretiert: *Wer gegenwärtig über Deutschland nachdenkt und Antworten auf die deutsche Frage sucht, muß Auschwitz mitdenken. Der Ort des Schreckens als Beispiel genannt für das bleibende Trauma, schließt einen zukünftigen deutschen Einheitsstaat aus.* Grass hat das wieder und wieder repetiert, ja: mit der Fontane-Fabel »Ein weites Feld« (1995) im Grunde einen ganzen, sehr umfangreichen Roman über diesen einen Satz geschrieben. Walsers Geschichtsgefühl antwortet darauf sehr pragmatisch und realpolitisch, die Formulierung *so oder so*, die seine Replik enthält, bezieht sich auf Grass' Doppelargument: Teilung als Strafe für Auschwitz, Teilung als Bollwerk gegen mögliche Auschwitz-Wiederholung. *Auschwitz,* setzt Walser dagegen, *ist entstanden aus historischen Bedingungen; diese Bedingungen können sich niemals wiederholen. Wer die deutsche Teilung so oder so zu einem geschichtlich Vernünftigen machen wollte, der hat übersehen, daß diese Teilung keine Kriegsfolge war, in keiner Weise mit Auschwitz zu tun hatte, sondern ganz und gar eine Folge des Kalten Kriegs.*

Die Schlacht mit Grass ist geschlagen – und im Grunde gewonnen. Für den kritischen Nachhall wird dieses Mal eine andere Passage sorgen. Ausgehend von Golo Mann, der den Ersten Weltkrieg *die Mutterkatastrophe des Jahrhunderts* genannt habe, leitet der Berliner Redner folgende Kausalitäten ab: *Ohne diesen Krieg kein Versailles, ohne Versailles kein Hitler, ohne Hitler kein Weltkrieg zwei, ohne Weltkrieg zwei nichts von dem, was jetzt unser Bewußtsein oder unser Gefühl bestimmt, wenn wir an Deutschland denken.* Zwei Präzisierungen folgen. Erstens: *Das wichtigste Glied in der Kette bleibt: ohne Versailles kein Hitler.* Zweitens: *Versailles ist nicht die einzige Ursache für 1933, Versailles entschuldigt nichts, aber erklärt einiges.* Widersprechen sich die beiden Argumente nicht? Ist der Friedensvertrag von Versailles, der am 28. Juli 1919 von der deutschen Delegation unter Protest unterzeichnet wird und dessen Bedingungen am 10. Januar 1920 in Kraft treten, letztlich die Vorbedingung, sind also die ausländischen Vertragsmächte für den Holocaust verantwortlich? Darum dreht sich die Debatte, die sofort nach dem Auftritt beim Kanzler beginnt. Es gibt, wie üblich bei Walser, kaum ein Medium, das sich daran nicht beteiligt, was rein empirisch aufs Neue für seine nationale Großwirkung spricht. Wir greifen aus der Fülle der Reaktionen zwei heraus: Die Repliken der Historiker Heinrich August Winkler, Jahrgang 1938, und Hans Mommsen (1930 bis 2015), beide fachlich überaus renommiert, beide Mitglieder der SPD, in deren Parteizentrale der Abend mit Schröder stattgefunden hat.

Im Berliner »Tagesspiegel« vom 12. Mai 2002 beginnt Winkler seinen Artikel »Die Fallstricke der nationalen Apologie« mit einer Belehrung: *Es war nicht der deutsche Historiker Golo Mann, sondern der amerikanische Diplomat und Historiker George F. Kennan, auf den dieses Verdikt zurückgeht. Und Kennan nannte den Ersten Weltkrieg auch nicht die ›Mutterkatastrophe‹, sondern die ›Urkatastrophe dieses Jahrhunderts‹ (›the great seminal catastrophe of this century‹).* Deutscher Professor eben. Es stimmt trotzdem nicht, was er sagt. Golo Mann hat am 30. Oktober 1954 in der Zeitschrift »Volksbote« einen Essay über 1914/18 mit dem Titel »Die Mutterkatastrophe des 20. Jahrhunderts« publiziert, im Beitrag »Schuld und Recht« zur Festschrift für den Lehrer Karl Jaspers von 1953 heißt es: *1914. – Das ist des Jahrhunderts Mutterkatastrophe.* Es ist überdies nicht ohne Infamie, dass Winkler der unstimmigen Belehrung noch den Seitenhieb über den irakischen Diktator vor Beginn des Zweiten Golfkriegs im Januar 1991 folgen lässt: *Sollte Walser da an Saddam Husseins ›Mutter aller Schlachten‹ gedacht haben*? Dem polemischen Auftakt folgen einige Passagen, die eines von Winklers Spezialgebieten, die Geschichte der Weimarer Republik, mit Rekurs auf Versailles in Kurzform rekapitulieren. Dann der nächste Hieb: *Der Zweite Weltkrieg und der Holocaust als Folge des Ersten Weltkriegs, dessen Ursachen im Dunkeln bleiben: Walsers ›Geschichtsgefühl‹ führt ihn dorthin, wo man an deutschen Biertischen und Schulen schon in den fünfziger Jahren war. In der Zwischenzeit hat es ein paar historische Erkenntnisse und öffentliche Debatten gegeben, die an diesem Autor aber offenbar spurlos vorübergegangen sind.* Ausdrücklich betont Winkler: *Nein, ein Verharmloser Hitlers und ein Antisemit ist Walser nicht. ... Auschwitz treibt ihn um wie vielleicht keinen anderen deutschen Schriftsteller.* Was am fatalen Resümee nichts ändert: *Doch sein ›Geschichtsgefühl‹ zieht ihn in die falsche Richtung. Er will die eigene Nation entlasten und belastet andere. Die Anderen sind jene, die für Versailles verantwortlich sind. Deutschland gehört nicht dazu. Es war vielmehr das Opfer des Friedensvertrages von 1919. Das ist der Kern der Botschaft. Sie nicht nationalapologetisch zu nennen, heißt nicht verstehen zu wollen, worum es Walser geht.*

Hans Mommsens Reaktion auf die Berliner Rede erscheint in der »Zeit« vom 16. Mai 2002, Walser repliziert darauf direkt, allerdings erst gut zwei Jahre später im Magazin »Focus« mit dem Feuilleton »Unter Unterstellern«. Die späte Resonanz hat wohl zwei Gründe. Zum einen: Walser kann, was ihn kränkt, schwer vergessen und noch schwerer auf sich beruhen lassen. *Die Empfindung war*, sagt er im August 2002 in einem Interview mit dem »Neuen Deutschland«, damals im Besitz der SED-Nachfolgepartei PDS: *Man darf sich nichts gefallen lassen. Punkt. Egal, wer da Macht über dich ausübt. Jede Macht bedeutet Verletzung: Du darfst nicht sein, wie du sein möchtest und sein musst.* Das bezieht sich unmittelbar auf den noch laufenden Skandal um den Roman »Tod eines Kritikers«, der ihn auch medial so in Anspruch nimmt, dass er – zum Zweiten – erst jetzt wieder Muße findet, zur früheren Schlacht zurückkehrt: Muße und Schlacht müssen sich ja nicht ausschließen. Setzen wir die Argumente gegeneinander. Mommsen konstatiert bei Walser *ein altväterliches Nationalgefühl* und die *Hoffnung*, jenseits des Nationalsozialismus *eine heile nationale Welt für die Deutschen bewahren zu können.* Walser: *Eine Hoffnung, die mir fremd ist.* Und gegen Ende: *Daß er mir ein Nationalgefühl andichtet, das ich nicht habe. Geschichtsgefühl, ja. Nationalgefühl, nein.* Mommsen: Aus Walsers Sicht werde unter *der Hand ein Großteil der Verantwortung den westlichen Alliierten ... zugeschrieben, die Deutschen aber werden ... indirekt ent-*

*lastet.* Walser: *Ich habe Versailles nicht schlechthin zur Ursache des Hitler-Erfolgs gemacht … Bei mir heißt das, Versailles sei EINE der Bedingungen des Hitler-Erfolges.* Zudem gibt es bei Mommsen wie Walser jeweils Betrachtungen über die wirtschaftliche Entwicklung während der Weimarer Republik – ein keineswegs langweiliger Wettbewerb um die richtigen Gewährsleute und Quellen, den wir hier nicht weiter verfolgen. Walsers Fazit: *Ich kann mir weder durch Hohn noch Herabsetzung verbieten lassen, Geschichte verstehen zu wollen.*

Seine Schlussemphase, das Geschichtsgefühl betreffend, ist der Nachruf auf Helmut Kohl. Im »Spiegel« vom 22. Juni 2017 schreibt Walser: *Weil Helmut Kohl der Inbegriff der CDU war, habe ich, der Linke, Helmut Kohl lange Zeit nicht als den wahrgenommen, der auch gegen die Verewigung der Teilung stritt. Er hat es dann wirklich vollbracht. Weil das für mein Geschichtsgefühl die wichtigste Leistung in der ganzen deutschen Geschichte ist und weil die 25 Jahre der deutschen Einheit, soweit ich sehe, die glücklichste Zeit in der deutschen Geschichte sind, ist Helmut Kohl für mich der segensreichste Politiker geworden.*

Beide romantische Großthemen, Traum und Geschichtsgefühl, finden im Roman »Ein springender Brunnen« von 1998 zueinander. Weder zuvor noch danach hat der Autor seinen Erzählbüchern Vorreden mit auf den Weg gegeben. Nun geschieht es vor jedem der drei Romanteile, jede der Vorreden ist »Vergangenheit als Gegenwart« betitelt, in jeder geht Reflexion in Handlung über, Handlung zurück in Reflexion. Man kann, rein deskriptiv, die Vorreden Erzählrechtfertigungen nennen, denn sie begründen vor dem Leser die spezielle Poetologie, die Walser dem Roman seiner Jugend mit auf den Weg gibt. Die je unmittelbare Gegenwart: Das ist die erzählte Zeit in vierundzwanzig der sechsundzwanzig Romane. Wenn der erste von ihnen, »Ehen in Philippsburg«, 1957 erscheint, spielt sich die Handlung unmittelbar davor ab, in der ersten Hälfte der 1950er Jahre. Im bisher letzten, in »Gar alles oder Briefe an eine unbekannte Geliebte« von 2018, ist die erste Liebesepistel auf den *30. Oktober 2016* datiert, die letzte auf *Hoch im Sommer 2017.* Vor dem »Springenden

Brunnen« reicht einzig »Die Verteidigung der Kindheit« von 1991 bis in die Weimarer Republik zurück: Alfred Dorn aus Dresden, die Hauptfigur, ist Jahrgang 1929, seine Geschichte wird weitgehend linear, also von der Wiege bis zur Bahre erzählt und endet im Dezember 1987. Dorn ist eine zugleich gefundene wie erfundene Figur – Walser hat sie nach realen Lebensdokumenten modelliert, die man ihm angeboten hat und die er als Stoff- und Figurenarsenal für einen Deutschland-Roman nutzt. Das Buch hat das Potential zum großen Wurf – zwei Jahre nach dem Mauerfall erschienen, besitzt es viele Handlungs- und Stilqualitäten, die es zum exemplarischen Epos prädestinieren – GGN, Great German Novel. Nicht wenige Kritiker haben es auf genau diese Weise gelesen und entsprechend gerühmt. Im »Literarischen Quartett« des ZDF vom 10. Oktober 1991 führt, ein Beispiel nur, Hellmuth Karasek drei Gründe an, die es *so bewegend und aufregend* machen. Der dritte ist der zentrale: Walser, so Karasek, habe ein *objektives großes Gemälde unserer jüngsten Vergangenheit und unserer Gegenwart* gegeben: Es sei, zusammen mit der »Blechtrommel« von Grass und der »Deutschstunde« von Siegfried Lenz *einer der ganz großen deutschen Romane.*

Bereits bei Erscheinen, beim jüngsten Wiederlesen erst recht, ist mir die Hauptfigur mächtig auf die Nerven gegangen. Dieser Alfred Dorn ist ein so vollkommenes wie hoffnungsloses Muttersöhnchen – und er will genau dies sein. Ironische Muttersöhne sind mir zwar auch etwas fern, aber oft sympathisch: Martin Walser selbst ist ein grundironischer Muttersohn. Unironische Muttersöhnchen kann ich nicht leiden, weshalb mir der Charakter des Alfred Dorn das ganze *Gemälde* verdirbt, obwohl ich dessen *objektive* Konturen nicht leugne. Mit Marcel Reich-Ranicki, mit dem ich fünfzehn Jahre lang über belletristische Bücher reden und streiten durfte (siebtes Kapitel), bin ich bei der »Verteidigung der Kindheit« einig: *Da der Held infantil ist, unmenschlich verliebt in seine Mutter – darum ist er überhaupt keine exemplarische Figur für mich*, sagt er im »Quartett«. Aber genug der Abschweifung. Im unseren Kontext ist Dorn von Bedeutung, weil Walser die erzählte Romanzeit über sechs Jahrzehnte hinweg spannt – und weil über den infantilen Helden gesagt wird: *Alfred Dorn konnte nicht genug Vergangenheit kriegen.* Im »Springenden Brunnen«, dem zweiten Roman, der die Gegenwart als erzählte Zeit verlässt, um in die Jahre 1932 bis 1945 zurückzuspringen, stellt sich für den Autor ein poetologisches Problem schon deshalb, weil er selbst die Hauptfigur des autobiographischen Erzählens ist und deshalb nun die eigene Kindheit zu verteidigen hat. Wogegen? Gegen die Zeit, in der sie stattfindet. Sie ist schlimm: Nazis, Krieg, Holocaust. Walser besteht für die Hauptfigur, die er nach seinem zweiten Vornamen Johann nennt, allerdings auf dem Recht, die Schönheit und Geborgenheit dieses Heranwachsens zu schildern, zumindest auch zu schildern, denn das entspricht der eigenen Erfahrung. So kommt es, dass er sein *Geschichtsgefühl* konkretisiert und zu einer Art Erzähltheorie unter dem Titel »Vergangenheit als Gegenwart« verdichtet.

Um mit der Quintessenz zu beginnen, die sich am Ende der dritten Vorrede findet: *Der Vergangenheit eine Anwesenheit wünschen, über die wir nicht Herr sind ... Wunschdenkens Ziel: Ein interesseloses Interesse an der Vergangenheit. Daß sie uns entgegenkäme wie von selbst.* Die Sätze stehen in einem emphatischen Optativ, eben in einer Wunsch-, nicht in einer Wirklichkeitsform. Ihr wichtigster Begriff, das *interesselose Interesse*, rekurriert auf eine Urformel der Aufklärung, auf Immanuel Kants *Das Wohlgefallen, welches das Geschmacksurteil bestimmt, ist ohne alles Interesse* aus der dritten seiner Kritiken, der »Kritik der Urteilskraft« (1790). Was Kant indikativisch formuliert, *schwebt*, Friedrich Schlegel folgend, bei Walser in den romantischen Konjunktiv. Es wird in der ersten Vorrede aber seinerseits – und mit Bezug auf den bereits zitierten universalpoetischen Eröffnungssatz von Grass' Erzählung »Das Treffen in Telgte« – indikativisch hergeleitet durch eine Art axiomatischer Setzung: *Solange etwas ist, ist es nicht das, was es gewesen sein wird. Wenn alles vorbei ist, ist man nicht mehr der, dem es passierte.* In der zweiten, der mittleren Vorrede tritt die Narration nahezu ganz vor die Reflexion: Der kleine, elf Jahre alte Johann hört beiläufig, wie ein Gast in der elterlichen Wirtschaft die Wörter *Dachau* und *die Dachauer* flüsternd raunt, klandestine Codes für das

Konzentrationslager bei München und den Terror der Nazis, weshalb die Mutter dem Sohn sofort einschärft, er dürfe *niemandem sagen*, was er gehört habe: *sonst verlören sie alle ihr Leben, der Gast, die Mutter und Johann.*

Was bezwecken die Vorreden? Sie stellen drei Kategorien in eine Reihe, zugleich in Kontrast zueinander: Unmittelbares gegen vermitteltes Erleben (Vorrede eins), realer Terror (zwei), Interesselosigkeit (drei). Das ist die Binnenspannung, in der sich der Roman von Anfang bis Ende bewegt. Wobei Walsers Stoßrichtung klar ist: Sie zielt auf *unsere Gescheitesten, Einwandfreisten, ... Besten*, damit auf die *wortführende(n) Intellektuelle(n)*, denen wir bereits begegnet sind. Deren Bestreben sei: *Eine komplett erschlossene, durchleuchtete, gereinigte, genehmigte, total gegenwartsgeeignete Vergangenheit. Ethisch, politisch durchkorrigiert.* Sozusagen: Antifaschismus pur, wenngleich post festum. Genau das will Walser nicht, er will Widersprüchlichkeit nicht nur aushalten, sondern auch widersprüchlich erzählen. Damit ist er aufs Neue beim Traum und dessen *wilder Schnittfolge von kreuz und quer flutenden Bildern.* Wie er sich den Umgang mit Träumen vorstellt, so jenen mit der Vergangenheit. Von ihr, heißt es in der ersten Vorrede, hätten wir nur das, *was sie von sich selbst preisgibt. Auch wenn sie dabei nicht deutlicher wird als ein Traum. Je mehr wir's dabei beließen, desto mehr wäre Vergangenheit auf ihre Weise gegenwärtig.* Bleibt als schlussfolgernder Selbstauftrag für den Roman »Ein springender Brunnen«: *Erzählen wie es war, ist ein Traumhausbau. Lange genug geträumt. Jetzt bau.* Was Walser dann tatsächlich baut, schauen wir uns in den nächsten Kapiteln an.

## Romantik V: Phänomenologie eines Halbromantikers

Ohne letzte Gewähr, weil die wissenschaftliche, essayistische, literaturkritische und feuilletonistische Literatur zu und über Walser mittlerweile nahezu unüberschaubar geworden ist: Der bisher einzige, der auf das Romantische aufmerksam gemacht hat, dürfte der Journalist

Eckhard Fuhr sein. Damals Feuilletonchef der »Welt«, schreibt er am 18. März 2007 unter dem Titel »Der Romantiker vom Bodensee« in der Sonntagsausgabe der Zeitung eine Würdigung zu Walsers achtzigstem Geburtstag: *Über die Nation und ihre Geschichte spricht Walser nicht anders als über die Seelennöte seiner Immobilienmakler oder Studienräte. Sie ist ihm eine private Angelegenheit, eingeschrieben in das persönliche Erinnern und Empfinden, etwas, das sich in politischer, historischer oder staatstheoretischer Terminologie nur unzureichend erschließt. Walser erfährt die Nation als ›Geschichtsgefühl‹, das dieselben Glücks- und Unglücksmöglichkeiten bereithält wie die Liebe, das selig machen kann und kränken fürs Leben. Walser spricht über Deutschland und seine Geschichte nicht als aufgeklärter Patriot, sondern als Liebender, also über sein Intimstes … Walsers Vaterlandsliebe ist eine von urromantischer Art.* Das ist richtig gesagt, das etwas Blumige inklusive. Allerdings führt es zu weit, den Roman- und Novellenautor mit dem Essayisten und Redner so ganz und gar ins eins zu setzen. Das Geschichtsgefühl hat Walser nicht *selig* gemacht, einsichtig schon. Das er Deutschland liebe: Die Formulierung gibt es bei ihm nicht. Gleichwohl stimmt Fuhrs Gespür für Walsers Gefühl.

Es stimmt auch, was Frank Schirrmacher (1959 bis 2014) in seiner Laudatio zum Friedenspreis des Deutschen Buchhandels über Poesie und Realpolitik sagt: *Walsers Politik steht auf poetischen Füßen, also auf festen. Und ehe die Politiker diese Feststellung ironisch kassieren, seien sie daran erinnert, daß Walser aus diesem Grunde zu einem der wenigen Realpolitiker der achtziger Jahre wurde. Daß er die Nation rehabilitieren, die Inflationierung des Faschismus-Vorwurfs außer Verkehr setzen, das Geschichtsgefühl wecken wollte, geschah aus künstlerischer Notwendigkeit: es geschah, weil er sonst über sich selbst hätte lügen müssen.* In seinem Dank zitiert Walser in der Paulskirche, was bei ihm selten vorkommt, Thomas Mann zustimmend mit einem Teilsatz aus der Rede »Von deutscher Republik«: *daß Demokratie, daß Republik Niveau haben, sogar das Niveau der deutschen Romantik haben kann.* Auch er hat dies gezeigt. Bleibt Carl Schmitts Verdikt. So luzide im Allgemeinen, trifft es im Besonderen das Geschichtsgefühl zur deutschen Teilung und zur deutschen Vereinigung nicht – und ausschließlich darum geht es, das Politische betreffend, an dieser Stelle. Lässt man Walsers Reden und Aufsätze zum Thema Revue passieren, wird man ihnen großen Respekt nicht versagen können, ja: man wird zumal dem Engagement vor dem Mauerfall prophetische Qualität nicht absprechen dürfen und wollen. Prophetisches hat Walser nicht intendiert, dafür demokratische Energie erzeugt. Gegen alle Widerstände. Keiner der Widersacher übrigens hat nach 1989 die Attacken gegen Walser je zurückgenommen. In der Münchner Rede von 1988 geht er auch auf Reich-Ranickis Kommentar »Deutsche Leiden« vom Dezember 1986 und dessen Zustimmung zur Invektive von Franz Xaver Kroetz ein, die DDR sei ihm, Kroetz, so fremd wie die Mongolei. Ihm hingegen, so Reich-Ranicki, stehe die DDR weit näher: *Aber ich habe Respekt vor einem Mann, der sich der hierzulande jetzt üblichen nationalen, mitunter ins Nationalistische übergehenden Heuchelei mit einer solchen Erklärung widersetzt.*

Das war vor allem auf und gegen Walser gemünzt. Als Noch-Jungredakteur der Zeitung habe ich Reich-Ranickis Kommentar gegengelesen und während des Umbruchs betreut. Meine Sympathie ist selbstverständlich bei Kroetz gewesen: Ich hatte, wie nahezu alle aus meiner bundesrepublikanisch sozialisierten Generation, keinerlei deutschdeutsches Geschichtsgefühl. Von Walsers unbeirrtem Engagement habe ich gelernt, wie man einer Überzeugung folgt, mit der man unter seinesgleichen ziemlich allein ist. Das vergisst sich nicht. *Das sollte man nie vergessen:* So endet übrigens ein Absatz in Reich-Ranickis Nachwort zu seinen gesammelten Aufsätzen über Walser aus dem Jahr 1994. Zur Begründung der bewusst pathetischen Formel heißt es: *Als die Vereinigung der beiden deutschen Staaten noch nicht in Sicht war, als niemand, auch nicht der Schreiber dieser Zeilen, an sie glaubte oder sie sich vorstellen konnte, da hat Martin Walser unermüdlich von ihr gesprochen und geschrieben.*

In der Summe ist dieser Romantiker vom Bodensee ein Halbromantiker aus dem Geist der Aufklärung, ein säkularer Epiphaniker, ein spätironischer Fichte-Jünger und ein anarchischer Träumer auf realistischem Grund. Dem Romantischen nahe, ist er der auf Narzissmus gründenden *romantischen Versuchung* ins Totalitäre nie erlegen. Er hat hingegen, wie Ricarda Huch, *das Fatum* begriffen. Am 11. November 1989, zwei Tage nach dem Mauerfall, notiert er: *Jetzt ist die Zeit, glücklich zu sein, sich zu freuen, daß Deutschland auch einmal Geschichte gelingt.*

# Viertes Kapitel

*Das Überleben der Ruth Klüger.*
*Ein fahneschwingender Junge in der Landschaft.*
*Urszene unserer Gegenwartsliteratur.*
*Metallstift und Regensburger Verse.*
*Über Polyamorie, über Kluft und Empathie.*
*Martin Walsers romantische Geschichtspolitik.*
*Tragisches Ende einer Freundschaft.*

Im Juni 1944 ist die zwölfjährige Ruth Klüger zum zweiten Mal binnen zweier Monate in einem Viehwaggon. Jetzt transportiert er eine Gruppe weiblicher Häftlinge aus dem Vernichtungslager Auschwitz-Birkenau zur Zwangsarbeit nach Niederschlesien. Ziel ist Christianstadt, ein Außenposten des Konzentrationslagers Groß-Rosen. Dass das Mädchen, im Oktober 1931 in Wien geboren, überhaupt zu den vorderhand Davongekommenen zählt, verdankt sie einem jener Zufälle, von denen sie fast ein halbes Jahrhundert später im Erinnerungsbuch »weiter leben« sagen wird, nahezu jeder Überlebende habe sie benötigt, um den Gaskammern zu entgehen. Ein zweites Mal hat sie sich in die Reihe schmuggeln können, nachdem sie bei der ersten Selektion ausgesondert, also beinahe schon sicher zur Vernichtung bestimmt worden war. Ihr Zufall sei die Einmischung einer fremden Frau gewesen, Häftlingin wie sie, von der SS zum Wachdienst befohlen. *Sag, daß du fünfzehn bist*, zischt die Frau. Also sagt es das Mädchen dem SS-Mann, der als *Herr über Leben und Tod* agiert. *Die ist aber noch sehr klein*, bemerkt er, *aber kräftig gebaut ist sie. Die hat Muskeln in den Beinen, die kann arbeiten.*

Jetzt, im Zug nach Christianstadt, dem heutigen Krzystkowice in Polens Westen, registriert die Zwölfjährige, dass die Landschaft, auf die sie schaut, in *Postkartenanmut* so friedlich daliegt, als habe die Zeit stillgestanden, während sie in Auschwitz war. Hier ist das Leben einfach weitergegangen. Ihre Lagerexistenz hat die Menschen da draußen nicht im Geringsten berührt. Vor sich hin grübelnd, ahnt die junge Ruth Klüger erstmals, wofür sie später einen Begriff findet: *das Geheimnis der Gleichzeitigkeit.* Anders als der sozialtypologisch argumentierende Ernst Bloch, auf dessen »Erbschaft dieser Zeit« (1935) die Jahrhundert-Formel von der *Gleichzeitigkeit des Ungleichzeitigen* zurückgeht, definiert Klüger die Existenzerfahrung eher tastend und metaphysisch: als etwas *Unergründliches, nicht ganz Vorstellbares, verwandt mit Unendlichkeit, Ewigkeit.* Die Ahnung wird sogleich konkret, als der Zug an einem Ferienlager vorbeifährt. *Da war ein Junge, von weither gesehen, der eine Fahne geschwungen hat, Geste der Bejahung der Lichtseite des Systems, an dessen blutverschmierter, kotiger Unterseite man uns entlangschleifte.*

An diesem Jungen erlernt, auf diesen Jungen stützt Ruth Klüger eine für sie fortan elementare Einsicht: die *Unvereinbarkeit* zeitparallelen Erlebens. Sie sieht den Jungen, der sie nicht sieht. Er hingegen kann den Zug, in dem sie ist, nur von außen wahrnehmen. Die Landschaft, durch die sie fährt und in der er fahneschwingend steht, ist objektiv dieselbe, subjektiv und *dem Gefühl nach* aber für jeden der beiden grundverschieden, damit wechselseitig unvereinbar. Dem Realhorror von Auschwitz-Birkenau folgt erkenntnistheoretisch eine Fundamental-Desillusion: Womöglich wird sie einmal sogar mitteilen können, was ihr und ihresgleichen geschehen ist, auf nachvollziehendes, empathisches Verstehen aber darf sie nicht hoffen. *Doch wenn es gar keine Brücke gibt von meinen Erinnerungen zu euren,* heißt es in einer der vielen direkten Leseranreden des Buchs, *warum schreib ich das hier überhaupt?*

Ruth Klüger wird auch die Monate in Christianstadt überstehen. Im Februar 1945 evakuieren die Nazis Groß-Rosen. Aus dem Abtransport der Häftlinge, einem der berüchtigten Todesmärsche kurz vor Kriegsende, flieht Ruth Klüger mit ihrer Mutter und dem quasiadoptierten Waisenkind Ditha. Die drei lassen sich sogar eine Weile lang vom deutschen Flüchtlingsstrom aus dem Osten aufsaugen und mitschwemmen, nun betreut, es mutet wie ein Treppenwitz an, von ihren

Feinden, den *Frauen der Nationalsozialistischen Volkswohlfahrt*. Von einem evangelischen Dorfpfarrer erhalten sie gefälschte Papiere auf den Namen Kalisch und gelangen schließlich in ein Lager für *displaced persons* bei Straubing. In Straubing macht die nunmehr Fünfzehnjährige, deren Mutter mit ihr in die Vereinigten Staaten auswandern will, 1946 eine Art Notabitur und begegnet gleich zu Beginn des Sommersemesters 1947 im Hörsaal der nach Kriegsende neugegründeten Philosophisch-Theologischen Hochschule Regensburg einem jungen Mann vom Bodensee, der ihr einen Metallstift schenkt, als er sieht, dass ihr Bleistift gebrochen ist. Der junge Mann ist Martin Walser, gut vier Jahre älter als die Kommilitonin. Dass aus dem Initialgeschenk des Schreibstifts eine Urszene unserer Gegenwartsliteratur erwachsen ist, wissen wir seit 1992, als aus der amerikanischen Germanistin Ruth Klüger mit »weiter leben« eine deutsche Autorin wird, eine sogleich berühmte obendrein, nachdem im Januar 1993 ihr Literaturdebüt von den Teilnehmern des »Literarischen Quartetts« im ZDF einhelliges Lob erfährt und sich in der Folge mehr als hunderttausend Mal verkauft. Im vorletzten Kapitel des Buchs schildert sie die Regensburger Begegnung mit dem hilfsbereiten Studenten, den sie *Christoph* nennt. Die ohnehin nur oberflächliche Camouflage hat sie in der amerikanischen Ausgabe der Erinnerungen – »Still Alive« erscheint 2001 in New York – dann ganz vermieden: Christoph ist jetzt von vornherein *Martin*.

Wie nehmen sich die beiden wechselseitig wahr? Walsers Reaktion kennen wir aus einigen ganz unmittelbaren Bemerkungen von 1947, während Ruth Klüger in »weiter leben« als sehr bewusstes poetologisches Axiom Vergangenheitserinnern mit aktueller Reflexon und retrospektivem Kommentar verbindet – durchgängig übrigens, keineswegs nur den Studienfreund betreffend. Für Walsers frühe Klüger-Passagen wiederum sind wir auf dessen Biographen Magenau verwiesen, konnte er in dessen Privatarchiv doch ungedruckte Juvenilia einsehen und auswerten. Ein Semester vor Ruth Klüger, im Herbst 1946, war Walser nach Regensburg gekommen. Der Landkreis Lindau hat ihn mit einem bescheidenen und dereinst auch rückzuzahlenden Stipendium ausgestattet, den Rest steuert fürs Erste die Mutter bei. Freiburg hat ihm einen Studienplatz geboten. Vorbedingung: sechs Wochen Arbeit beim Wiederaufbau des teilzerstörten Universitätsgebäudes. Das lehnt er ab, hat er doch von früher Jugend an im häuslichen Kohlehandel anpacken müssen und nach der Rückkehr aus dem für ihn gerade halbjährigen Krieg – Gebirgsjäger der Wehrmacht im Kufsteiner Land, sechs Wochen in amerikanischer Internierung – zusätzlich zum Büffeln fürs Abitur Zentnersack um Zentnersack in die Keller, Küchen und Wohnzimmer der Wasserburger Kundschaft gewuchtet. Der Rücken dankt es nicht. Vom *Körpertum* hat er vorläufig die Nase voll.

Keineswegs bloß von anekdotischem Belang ist die Ablehnung, die Walser in Bamberg erfährt. Auch dort hat er sich zum Studium beworben. In »Das Leben wortwörtlich«, dem Gesprächsband mit seinem Sohn Jakob Augstein von 2017, erzählt er, der damalige Rektor habe ihm im Frühjahr 1946 kategorisch erklärt, er komme für die hiesige Hochschule nicht in Betracht. Grund: Er habe während der Hitlerzeit im Heimatort Wasserburg mit seinen *HJ-Jungs den Gottesdienst gestört*. Entsetzen beim Beschuldigten. Er sei, antwortet er, *nie HJ-Führer gewesen, und ich hätte alles gestört, aber nie den Gottesdienst.* Es nutzt nichts, seinem Denunzianten wird eher geglaubt. Wer war der Denunziant? Ein etwas älterer Wasserburger, mit dem Bamberger Rektor Benedikt Kraft verwandt und bis vor kurzem Ortsgruppenleiter der NSDAP, zugleich der sogenannte *Standortälteste* der Wehrmacht für Wasserburg. Wir werden diesem *Herrn Harpf*, einem Zollbeamten mit *fränkisch-bayerischem Dialekt*, beim näheren Blick in den Kindheits- und Jugendroman »Ein springender Brunnen« bald wiederbegegnen.

Die beiläufig erscheinende Affäre ist für Walser noch – oder gerade – mit neunzig Jahren von Bedeutung. Dem Sohn Jakob Augstein versucht er im Bamberger Kontext auch zu erklären, wie es 2007 zur amtlichen Bestätigung des Koblenzer Bundesarchivs kommen konnte, er sei am 30. Januar 1944, dem elften Jahrestag von Hitlers Machtergreifung, in die NSDAP eingetreten, was die Partei wiederum am 20. April, zu Hitlers Geburtstag, offiziell vollzogen habe. Auch der Schriftstellerkollege Siegfried Lenz und der Kabarettist Dieter Hildebrandt, so hat es das Bundesarchiv dargelegt, seien damals Parteimitglieder geworden. Alle drei Genannten bestreiten das. Bis heute ist die Frage, ob man ohne Einwilligung oder eigenes Zutun in die NSDAP geraten konnte, von den Historikern nicht eindeutig beantwortet. Von einigen, darunter Götz Aly, wird dies für möglich, sogar für wahrscheinlich erachtet, andere, darunter der Politologe Jürgen W. Falter, verneinen es, da, so ihr Argument, jeder Aufnahmeantrag eigenhändig unterschrieben sein musste. Walser jedenfalls sagt dem Sohn im Jahr 2017 in Sachen Harpf: *Und ich glaube, sagen zu können, dass dieser Mann mich ohne mein Wissen in der NSDAP gemeldet hat … Ich glaube, er musste melden können, soundso viele Jugendliche für die Partei geworben zu haben. Er lebt nicht mehr. Einen Gefallen wollte er mir jedenfalls nicht tun, so viel ist sicher.*

Zurück in den Sommer 1947. Walser studiert in Regensburg Germanistik, hört auch Vorlesungen in Geschichte und Philosophie. Enthusiastisch beteiligt er sich an der studentischen Theaterbühne, für die er Georg Büchners »Leonce und Lena« bearbeitet. Mit Ruth Klüger, der er den Schreibstift in einer Geschichtsvorlesung reicht, unterhält er sich *Tag und Nacht über Literatur*. Er leiht ihr eine Ausgabe von Stefan Georges Gedichten, mit denen sie nichts anfangen kann: *zu germanisch, die melkende Urmutter, der auffliegende Aar*. Feuer und Flamme ist sie hingegen für einen Band mit Kafkas Erzählungen, *damals noch fast ein Geheimtip*. An eine Brieffreundin namens Traudel schreibt Walser aus Regensburg, die Begegnung mit Ruth sei *ein bisher nie erfahrenes Erlebnis*, ja: *eine nicht näher zu umschreibende Befreiung*. Im hohen Ton rühmt er ihren Intellekt: *Ihre Konversationsgabe ist von einer solchen Schärfe, daß mich jede Unterhaltung alle meine Zungen und Geisteskräfte kostet, um bestehen zu können*. Die Assoziation, zu der sie ihn beflügelt, führt in die romantischen Salons des neunzehnten Jahrhunderts: *So stelle ich mir die Rahel* (Varnhagen) *in Berlin oder die Karoline Schlegel-Schelling vor*.

Ist er verliebt? Schon der junge Walser ist keineswegs monogam, eher polyamor, also viel und Viele liebend. Das affektive Muster aber liegt seit 1945 fest und wird sich nie mehr ändern. Es gibt eine, mehr noch: die eine und einzige Hauptliebe, um die sich Nebenlieben sammeln. In jeder Nebenliebe kann für den je aktuellen Augenblick, nicht selten auch für eine ganze Weile die plötzliche Möglichkeit einer neuen Hauptliebe aufscheinen, aufleuchten. Dauerhafte Realität aber wird aus keiner dieser temporären Evidenzen. Als Walser an einem Junisonntag des Jahres 1945 aus der kurzen Kriegsgefangenschaft in Garmisch-Partenkirchen nach Wasserburg zurückkehrt, trifft er im Elternhaus auch die ausgebombte Gastwirtsfamilie aus dem zwanzig Kilometer entfernten Friedrichshafen wieder. In Käthe Neuner-Jehle, die Tochter der Familie, hat er sich vor dem Einrücken zu den Gebirgsjägern schon ziemlich verliebt, jetzt wird sie – im »Springenden Brunnen« heißt sie *Lena* – zur lebensewigen Hauptliebe. An Ruth Klüger, notiert er in Regensburg, habe er eine neue Art entdeckt, *wie man einen Mensch erleben, genießen und für sich besitzen* könne. Nicht weniger emphatisch fügt er hinzu, sie erst habe ihm *die Eigenart und die in ihrer Art unzerreißbare Bindung meiner Stellung zur Käthe zum Bewußtsein* gebracht. So entsteht Lebensfreundschaft. Jene mit Ruth Klüger wird fünfundfünfzig Jahre währen.

Vier Regensburger Walser-Verse an sie, verfasst *in seiner schönen, leserlichen Handschrift* und offenbar Teil eines längeren Gedichts, werden in »weiter leben« zitiert: *Sie kam wie die Sonne ihres Landes / Und schenkte meinem Dämmer einen Tag. / Ich sah nicht nach dem Saum ihres Gewandes, / Auf dem von vielen Fahrten Fremdes lag.* Das ist, schon damals, geschrieben im Geist von Walsers Schönheitssehnsucht. Nein, kein Kitsch. Töne schwingen mit, die der Student im zweiten Semester von seinen Lektüren auf dem Wasserburger Dachboden schon kennt: ein wenig Heine-Ton, etwas Rilke-Melos, etwas mehr Hofmannsthal und George, alles feinsinnig anverwandelt und empfindsam ins Eigene geborgt. Natürlich exotisieren und idealisieren die Zeilen die indirekt Angeredete, absichtslos – und wenn mit Absicht, dann in bester – aber entwirklichen sie sie auch. Die schöne Fremde kommt aus tausendundeiner Nacht, nicht aus dem realen Wien der dreißiger Jahre – und keineswegs aus Auschwitz-Birkenau.

*Er sah eben nicht nach dem Saum meines Gewandes*, kommentiert Ruth Klüger in ihren Erinnerungen. Und im Rückblick konstatiert sie:

*Später, als auch Christoph wie alle deutschen Intellektuellen unserer Jahrgänge, sein Wort zu Auschwitz gesagt hatte, nahm ich es ihm übel, daß er mich nicht vorher ausgefragt hatte.* Das zielt auf den Essay »Unser Auschwitz« aus dem ersten »Kursbuch« von 1965. Wobei Klüger außer Acht lässt, dass damals keineswegs *alle deutschen Intellektuellen unserer Jahrgänge* das Wort erheben. Im Gegenteil: Im Mai 1964 notiert Marcel Reich-Ranicki in einem Kommentar für die »Zeit«, zum Frankfurter Auschwitz-Prozess habe sich bisher *kein einziger prominenter deutscher Schriftsteller auch nur mit einem Wort* geäußert. Eine erste, etwas kürzere Fassung von Walsers »Kursbuch«-Aufsatz erscheint am 13. März 1965 in der Frankfurter »Abendpost«, von der Redaktion der damals viel gelesenen und durchaus anspruchsvollen Boulevardzeitung reißerisch betitelt: *›Teufel von Auschwitz‹ sind eher arme Teufel.* Ironisch genug, dass Walser, der im ersten Teil des Essays die schrille mediale Vermarktung des Auschwitz-Prozesses kritisiert, sich nun seinerseits marktschreierisch inszeniert sieht (vgl. Kapitel zwei).

Erinnert sei noch einmal an eine Schlüsselsequenz des Texts: *Was Auschwitz war, wissen nur die Häftlinge. Niemand sonst.* Zwei Sätze, die Klüger missfallen. In der an vielen Stellen gegenüber dem deutschen Original von ihr redigierten, partiell auch erweiterten amerikanischen Fassung erklärt sie, weshalb: *»Our Auschwitz« referred to German guilt, but also to the gulf that allegedly separated the victims from the victimizers and their countrymen. I read that essay and thought he should have consulted me beforehand and asked my opinion. Perhaps I could have helped him close the gulf. And weren't novelists supposed to transmit empathy? Of course he was famous and lived in Europe, and I was nobody and lived in America, and we kept in touch through letters only. Still, here I was, an Auschwitz survivor of his acquaintance.*

Die Schlüsselwörter sind *gulf*, also Kluft, und Empathie. Mangelt es Walsers Aufsatz an Teilnahme, Anteilnahme? In meinem Leseleben gibt es kaum einen Text, der mir empathischer erscheint, das zweite Kapitel (»Mein Walser«) nennt die Gründe dafür. Ruth Klügers in die rhetorische Frage gekleidetes Verdikt ist für mich deshalb im Übermaß idiosynkratisch. Hätte Walser sie um Meinung und Rat fragen sollen, bevor oder während er schreibt? Hätte sich *das Geheimnis der Gleichzeitigkeit* zumindest in diesem Fall gelöst, hätte es die *zwei unvereinbaren Landschaften* vereinen können, die sich ihr angesichts des fahneschwingenden Jungen beim Transport nach Christianstadt gezeigt hatten? In »weiter leben« notiert sie: *Später habe ich diesen Jungen in freier Assoziation mit meinem Freund Christoph, der mir ein Inbegriff des deutschen Nachkriegsintellektuellen werden sollte, in Verbindung gebracht.* Sie schließt an: *Sicher unfair.* Unpräzis in jedem Fall gegenüber der Intension von »Unser Auschwitz«, deutsches Menschheitsverbrechen und deutschen Völkermord eben nicht durch Pseudoidentifikation mit den Opfern von sich zu rücken, sondern – und ausschließlich dies ist Sinn wie Funktion des besitzanzeigenden Fürworts *unser* – den eigenen *Anteil* daran zu benennen. Es gibt in dieser exemplarischen Freundschaft noch manchen Nachhall zu *gulf* und *empathy*. Das Sommersemester '47 wird das einzige bleiben, das Ruth Klüger studierend an einer deutschen Hochschule verbringt. Im Frühherbst des Jahres klappt die Auswanderung – endlich. An Bord eines ausgedienten amerikanischen Kriegsschiffes fahren Mutter und Tochter nach New York. Walser zieht Anfang 1948 von Regensburg nach Tübingen weiter und schreibt sich dort beim berühmten Germanisten Friedrich Beißner ein, dem Herausgeber der Großen Stuttgarter Hölderlin-Ausgabe. Der Kontakt zu Ruth aber reißt bis in den Sommer 2002 nie ab, allen, so Klüger, *Unterbrechungen, Entfernungen, Mißstimmungen, wesentlichen Meinungsverschiedenheiten* zum Trotz. Sie wechseln Briefe, die noch nicht ediert sind. Wann immer er in den Vereinigten Staaten oder sie in Deutschland ist, besuchen sie einander, zumindest telefonieren sie.

Ein etwas bizarres, dennoch tiefgreifendes Beispiel für Entfernung und Missstimmung bietet Ende Juli 1971 Klügers Besuch bei den Walsers am Bodensee. Wieder will sie wissen, warum er sie, die Auschwitz-Überlebende, nie zu ihren Lagererfahrungen befragt habe. »Still Alive« schildert den Moment konkreter, damit genauer als »weiter leben«: *He was surprised: he hadn't known that I had been in Auschwitz-Birkenau. Theresienstadt yes, Auschwitz no. That is improbable, I said, because*

*I certainly told him when we were students in Regensburg, and even in those early years Auschwitz was a word that carried meaning. His teenage daughters chime in and agree that it's improbable. And yet it is believable, too, because our minds forget what our hearts won't remember.* Das Gespräch ist auf den ersten Blick unschwer zu dekodieren. Walser erscheint als arger Verdränger, selbst die Töchter mischen sich ein und sagen, es sei ganz unwahrscheinlich, was er da behaupte – *Theresienstadt*, also Ghetto und Durchgangslager: *ja, Auschwitz,* also Vernichtung und Gaskammer: *nein*. Die Nummer *A-3537*, die Ruth Klüger in Auschwitz auf den linken Unterarm tätowiert worden war: Sollte sie im gemeinsamen Regensburger Sommer nicht sichtbar gewesen, ihm nicht aufgefallen sein? Merkwürdig, aber – siehe: den Jungen in der Landschaft – nicht unmöglich. Die Brücke, die »Still Alive« dafür baut, gibt es im deutschen Original nicht, allerdings kommt es bei ihrem Überqueren sehr darauf an, wie man den tragenden Pfeiler ins Deutsche bringt: *won't*. Vergisst der Verstand, woran sich das Herz nicht *erinnert*, nicht erinnern *wird* – oder nicht erinnern *will?* Zu entscheiden ist das nicht, also behält die Ambivalenz das letzte Wort. Und um das letzte Wort ist es sowohl in den intellektuellen als auch in den rein persönlichen Dialogen der beiden mehr als ein halbes Jahrhundert lang gegangen: *Ich zitiere ihn*, heißt es in »weiter leben«, *um ihm das letzte Wort zu lassen – aber indem ich es mir nicht nehmen lasse, ihm das letzte Wort zu lassen, lasse ich es ihm doch nicht*. Mit souveräner Selbstironie resümiert sie: *So verschieden waren wir gar nicht.*

2008 veröffentlicht Ruth Klüger einen zweiten Band mit Erinnerungen: »unterwegs verloren«. Er schildert, aufs Neue mit Rückblicken in Kindheit und Jugend, ihr amerikanisches Leben seit der Einwanderung von 1947. Und er rekapituliert, wie »weiter leben« entsteht und publiziert wird. Inzwischen ist dieses Buch bereits ein Klassiker der deutschsprachigen Holocaust-Literatur, auf einer Stufe stehend mit Georges-Arthur Goldschmidts »Ein Garten in Deutschland« (1988), Marcel Reich-Ranickis Autobiographie »Mein Leben« (1999) oder Jean Amérys grundstürzenden Essays »Jenseits von Schuld und Sühne« (1966), weltliterarisch rangähnlich mit Robert Antelmes »Das Menschengeschlecht«, Primo Levis »Ist das ein Mensch?«, Luis Begleys »Lügen in Zeiten des Krieges«, dem »Roman eines Schicksallosen« von Imre Kertész oder Elie Wiesels »Die Nacht«. Singulär an »weiter leben«: Die Sicht der Shoa aus der Perspektive eines überlebenden Mädchens, das zur renommierten Wissenschaftlerin und zur überzeugten Feministin wird, die den Faschismus für *eine reine Männersache* hält und über die *Diskriminierung gegen Juden und gegen Frauen in einem Atemzug* spricht. Begonnen wird »weiter leben« Anfang Juni 1989 in Göttingen, wo Ruth Klüger als Direktorin des Kalifornischen Studienzentrums der Universität nun Teile des Jahres lehrt und lebt. Im November des Vorjahrs hat sie ein rüder jugendlicher Radfahrer in der Innenstadt lebensgefährlich verletzt, wochenlang liegt sie nach einer Hirnblutung in der Klinik. Das neuerliche Überleben ist der Schreibimpuls. Und Martin Walser aufs Neue ein enthusiastischer Mentor. *Sehr zögerlich* schickt sie ihm erste Teile des Manuskripts. Die Reaktion ist überwältigend. *liebeliebe Ruth, ja wie das sagen? kleiner schreiben, daß es nicht so bombastisch aussieht: was Du für eine Schriftstellerin bist ... Also so hart (= genau) und dabei so leicht (= schön) schreibt außer Dir niemand.* Walser setzt sich bei seinem Verleger, dem Suhrkamp-Chef Siegfried Unseld, für das Buch ein – vergeblich. *Nicht literarisch genug für unsere Ansprüche*, lautet der Befund.

»weiter leben« erscheint im kleinen Göttinger Wallstein Verlag. Walser schickt sofort ein Exemplar an Sigrid Löffler, die damals das Feuilleton der »Zeit« leitet und seit 1988 zusammen mit Reich-Ranicki und Hellmuth Karasek, weiland beim »Spiegel«, ständige Teilnehmerin am »Literarischen Quartett« ist. Sie empfiehlt das Buch in der Novembersendung 1992 als Weihnachtsgabe, Reich-Ranicki stellt es Mitte Januar 1993 im ZDF vor und charakterisiert es ausführlich. Stichworte: *intellektuell und hochliterarisch; spannend; ergreifend; bedeutend; unbegreiflich, daß Suhrkamp es abgelehnt hat;* ästhetische Qualität, die zur moralischen wird; *gehört in deutsche Lesebücher.* Er kommt auch auf die Rolle zu sprechen, die *Christoph* in dem Buch spielt: Für diesen Christoph, sagt er, *war Auschwitz eine große Metapher, ein großes Bild, aber das reale Leiden des Menschen, der neben ihm saß, das wollte er von sich schieben.* Klügers Buch sei aber keineswegs *gegen Walser geschrieben, überhaupt nicht.* Walser selbst hat »weiter leben« bereits Ende September 1992 im Kulturjournal des Bayerischen Rundfunks vorgestellt, seinen Text aber, wie viele andere Rezensionen, weder in die von Helmuth Kiesel editierte Werkausgabe von 1997 noch 2017 in die »Gesamtausgabe letzter Hand« aufnehmen lassen. Gedruckt ist er bisher lediglich in der Zeitschrift »Der Deutschunterricht« (Heft 6, 1995). Genauer auf die unter dem Titel »Ruth Klüger zur Begrüßung« von ihm selbst gesprochene Rezension einzugehen, ist schon deshalb dringlich, weil sie zu einem Werksegment gehört, das 1995 einen Höhepunkt findet in der postumen Laudatio auf den 1960 gestorbenen Dresdner Romanisten Victor Klemperer und dessen Tagebücher der Jahre 1933 bis 1945. Als romantisch-utopisches Ziel intendiert Walser dabei nicht weniger als die Rettung, ja die mögliche Renaissance der vielbeschworenen, während der Nazijahre brutal zerstörten deutsch-jüdischen Symbiose aus der Zeit des Kaiserreichs und der Weimarer Republik.

»Ruth Klüger zur Begrüßung« ist ein erster Baustein dazu – zugleich ein Akt des Heimholens, ein Neu- und Wieder-Beheimaten der geheimnisvoll gewandeten Fremden aus dem Regensburger Gedicht. Weshalb der zentrale Begriff in Walsers Radio-Hommage auch *Rückkehr* lautet. Vier Jahrzehnte lang habe die einst aus Wien Vertriebene nun *als Wissenschaftlerin und als Gesellschaftsmitglied in Amerika* verbracht, weshalb es ihm *wie ein Wunder* vorkomme, dass sie nun *ihre Geschichte in deutscher Sprache geschrieben* habe, genauer: *in der Wiener Version der deutschen Sprache.* Und zwar *so lebendig genau, als habe sie den siebten Bezirk nie verlassen.* Explizit spricht Walser von *ihrer Muttersprache, die zu Hause ist in Wien.* Dieses Wieder-Beheimaten ist Walsers Antwort auf Klügers *Christoph*-Charakteristik in »weiter leben«: *Was mir am meisten imponierte*, heißt es, *und mich zugleich irritierte, war, daß der seine Identität hatte. Der war beheimatet in Deutschland, verwurzelt in einer bestimmten deutschen Landschaft und wurde für mich der Inbegriff des Deutschen. Der wußte, wo und wer er war. Auch heute noch.* Auf Klügers Klage, der Aufsatz »Unser

Auschwitz« entbehre der Empathie, antwortet Walser zumindest implizit – mit dem Verweis auf die *nimmermüde Erkenntniskritik* von »weiter leben«, die sich *auch vor Auschwitz, also vor dem Furchtbarsten*, bewähre. Genau dies erzeuge die enorme Wirkung von Klügers wiendeutscher Prosa: *Die Genauigkeit dieses erinnerungskritischen Stils verhindert, daß wir uns durch Mitgefühl entlasten.* Empathie also ist für den Schreibenden, gerade wenn er vom Furchtbarsten handelt, kein Wert an sich, womöglich ist sie sogar kontraproduktiv. Mitgefühl entsteht dann, aber erst dann, wenn man lesend *von Satz zu Satz einen Dialog mit diesem Buch* führt. Am Ende, aber eben erst am Ende, ist dann das Umschlagen von Erkenntnis in Empathie legitim. Noch einmal *den erkenntniskritischen Geist dieser scharfen Schrift* betonend, erlaubt sich der Ironiker Walser Ruth Klüger gegenüber ein bewusst pathetisches Bekenntnis zur *pfingsthaften Empfindung, als ich dieser Sprache begegnete* – um die Begrüßung der Heimgekehrten dann aufs Neue zu ironisieren: *Welcome back!*

In der postumen Laudatio auf den Dresdner Deutschjuden Victor Klemperer – sie verwendet den zunächst auf Klüger gemünzten Begriff *Genauigkeit* bereits im Titel: »Das Prinzip Genauigkeit« – wird sich Walser drei Jahre nach dem Radiogruß vehement mit dem schärfsten Kritiker der deutsch-jüdischen Symbiose auseinandersetzen, mit dem 1897 in Berlin geborenen und 1982 in Jerusalem gestorbenen Religions-, Mystik- und Kabbalaforscher Gershom Scholem. *Jüdischen Selbstbetrug* hat der Zionist Scholem die Idee einer Symbiose mit der deutschen Kultur genannt. Im Aufsatz »Wider den Mythos vom deutsch-jüdischen ›Gespräch‹« aus dem Jahr 1964 polemisiert er gegen *die Illusion eines Deutschjudentums* und führt aus, wo immer sich Deutsche, von Wilhelm von Humboldt bis Stefan George, in humanem Geist mit den Juden eingelassen hätten, habe dies *auf der ausgesprochenen und unausgesprochenen Voraussetzung der Selbstaufgabe der Juden* beruht. Bitter resümiert Scholem: *Zu wem also sprachen die Juden im vielberufenen deutsch-jüdischen Gespräch? Sie sprachen zu sich selber, um nicht zu sagen: sie überschrien sich selber.* Walser lässt das nicht gelten. Mit Klemperer, der gerade während der Verfolgung durch die Nazis beharrlich daran festhält, über sein Deutschtum entscheide nicht Hitler, sondern *allein mein Gewissen*, argumentiert Walser 1995: *Wer alles als einen Weg sieht, der nur in Auschwitz enden konnte, der macht aus dem deutsch-jüdischen Verhältnis eine Schicksalskatastrophe unter gar allen Umständen. Das kommt mir absurd vor.* Ob man seine Position teilt, ist im Moment nicht von Belang. Wichtig an ihr ist dreierlei: Er zieht sich damit – nicht zuletzt von Seiten seines, wie er meint, besten Freundes Jürgen Habermas – erstmals den Vorwurf einer *Verharmlosung von Ausschwitz* zu, er selbst attackiert mit Gershom Scholem eine tragende Säule nicht nur des eigenen Verlags, sondern emphatisch auch der ganzen Suhrkamp-Kultur – und er entwickelt an Klemperers Schicksal und Werk zugleich das Paradigma einer eigenen, romantisch inspirierten Geschichtspolitik. Im 1988 erstmals öffentlich erprobten Begriff *Geschichtsgefühl* findet sie ein prägnantes Schlagwort und wird 1998 dann mit der Paulskirchenrede zur Verleihung des Friedenpreises des Deutschen Buchhandels in eine Sackgasse geraten. Dass diese *Sonntagsrede* gravierende Irritationen zeitigt, liegt weniger an ihrer Konzeption, vielmehr an einigen Walser'schen Formulierungsmalaisen, zudem an Voraussetzungserwartungen, die er für selbstverständlich hält, die sein alsbald heftigster Kritiker Ignatz Bubis aber schlichtweg nicht kennen kann. Darüber mehr im siebten Kapitel.

Ruth Klüger beendet die Freundschaft mit Martin Walser am 27. Juni 2002. In einem Offenen Brief, publiziert in der »Frankfurter Rundschau«, wirft sie ihm aus Anlass der Reich-Ranicki-Satire des Romans »Tod eines Kritikers« die *Darstellung eines Kritikers als jüdisches Scheusal* vor und wendet sich mit Ekel ab vor dem *Gift, das Dir hier aus der Feder floß*. Zum einem gemeinsamen Gespräch, gar zu einer Versöhnung ist es bis zu ihrem Tod am 6. Oktober 2020 nicht mehr gekommen. Dass diese Freundschaft zerbricht, darf, mehr noch: muss man tragisch nennen. Am 13. Februar 2005, dem sechzigsten Jahrestag der Bombardierung Dresdens durch die Alliierten, soll und will Ruth Klüger im Schauspielhaus der Stadt eine Rede halten – über den deutschjüdischen Romanisten Victor Klemperer und seine Tagebücher von 1933 bis 1945. Als ihr zu Hause im kalifornischen Irvine klar wird, dass an diesem Tag in den Straßen Dresdens aufs Neue mit einem Aufmarsch von Rechtsextremisten zu rechnen sei, sagt sie ihr Kommen ab. An den gastgebenden Intendanten des Theaters schreibt sie: *Wenn eine ehemals verfolgte Jüdin – und als solche bin ich in Deutschland vor allem bekannt – im Staatsschauspiel einen Vortrag über einen verfolgten Juden, nämlich Victor Klemperer, hält, während auf der Straße Tausende (sic!) judenfeindliche Parteianhänger demonstrieren, so wird daraus unweigerlich ein politisches Spektakel. Damit habe ich aber nicht rechnen können, und daran möchte ich nicht teilnehmen.*

Möglich, dass sich in ihrem Nachlass zumindest Notizen zur geplanten Rede finden, eventuell sogar ein ausgearbeitetes Manuskript. Veröffentlicht jedenfalls hat sie ihre Annäherung an Klemperer zu Lebzeiten nicht. Sie hätte notwendigerweise auch eine Auseinandersetzung mit Walsers Klemperer-Rede von 1995 sein müssen und damit eine Chance geboten, das verschüttete Gespräch mit dem Freund aufs Neue zu eröffnen. Dem Zerbrechen der Freundschaft zugrunde liegt ein Verstehensdesaster, das wir im siebten Kapitel genauer betrachten. Was bleibt, sind eine Urszene in Scherben und ein fahneschwingender Junge in niederschlesischer Landschaft als Allegorie finalen Scheiterns. Was ebenso bleibt, sind zwei große Werke unserer Gegenwartsliteratur: Ruth Klügers »weiter leben« und Martin Walsers »Ein springender Brunnen«. Was sie im Innersten sowohl verbindet als auch trennt, klären wir im übernächsten Kapitel. Sicher ist, dass dem deutsch-jüdischen Freundschafts-, Diskurs- und Korrespondenzpaar Klüger / Walser ein vergleichbarer Rang zukommt wie dem temporären Liebes- und emphatischen Produktionspaar Ingeborg Bachmann und Paul Celan, das sich im Mai 1948 erstmals in Wien begegnet – ein Jahr nach dem Regensburger Rencontre zwischen *Christoph* und der noch nicht einmal sechzehnjährigen Ruth Klüger.

# Fünftes Kapitel

*Walser-Werkstatt: Von »Ehen in Philippsburg«*
*zum »Springenden Brunnen«.*
*Am liebsten Lyriker. Die Roman-Maschine springt an.*
*Gastfreundschaft und Tagebücher.*
*Gegen Dürrenmatt und Kafka:*
*Entscheidung für den Max-Frisch-Weg.*
*Vierundvierzig Jahre lang zurück nach Wasserburg.*

Wie Walsers Romane entstehen, wissen wir nur vage. Zu seiner Selbstinszenierung gehört die bestenfalls annähernde Preisgabe von Ureinfällen und Schreibabläufen. Produktionsgeheimnisse bleiben tabu. Gibt es sie überhaupt? In den Hunderten von Interviews, die Walser im Lauf der Jahrzehnte gegeben hat, werden handwerkliche Fragen zwar vielfach erörtert. Über rein Pragmatisches geht es dabei jedoch selten hinaus. Zum Pragmatischen gehört, dass in der Walser-Werkstatt offenbar strenge Askese herrscht. So notorisch also der Wein (mal weiß, mal rot) zu den öffentlichen Auftritten des Autors zählt, so kategorisch fehlt er am Schreibtisch. *Ich kann nicht die geringste Spur von Alkohol vertragen, während ich schreibe.* Bewusstseinserweiterndes wie Drogen, Leistungssteigerndes, also Doping, sind verpönt, das Rauchen, früher schreibnotwendig, ist auf nahezu Null reduziert, Musik als Stimulanz, Richard Wagner und Richard Strauss an erster Stelle, gibt es nur in den Pausen. Bis ins hohe Alter dient allerlei Sport, zumal das Schwimmen im See, als Anreiz wie Ausgleich, mittlerweile ist Physiotherapie die zentrale Fitness-, damit Motivationsinstanz. Bei all dem gilt das Gebot der frühen Stunde: *Abends kann man keinen Roman anfangen.*

Geschrieben wird immer und überall. Bevorzugt mit Seeblick unterm Nußdorfer Dach, im *schönsten Arbeitszimmer der Welt.* Seit dem neunzigsten Geburtstag immer öfter in einer Nebenstube des Erdgeschosses, weil Treppensteigen beschwerlicher wird und ein Aufzug, gar ein Treppenlift bisher nicht in Frage kommen. Geschrieben wird im Zug, im Café, im Hotel, in der Münchner Zweit- oder der Schweizer Ferienwohnung, in Stipendien- wie Gastdozentendomizilen, in temporären Unterkünften, Flughafenterminals inklusive. Das schon früh zum Markenzeichen erkorene schriftstellerische Existenzmuster – *Das Ideal: Entblößung und Verbergung gleich radikal* – bringt es mit sich, dass der Autor zu jedem Buch zwar bereitwillig Anekdoten wie Interpretationen liefert, zu dessen eigentlichem Zustandekommen aber wenig beisteuert. Das geht dann über die Jahrzehnte hinweg in etwa so: Zunächst gäbe es ein Thema und einen Titel, die er sich für den Roman, die Erzählung oder die Novelle vorstellen könne – und dann einen ersten Satz. *Bei mir spielt das erste Hingeschriebene die Hauptrolle.* Allerdings auch wieder nicht. Dass der zuerst hingeschriebene Satz bleibt, ist wünschenswert, muss aber nicht sein. Präziseres gibt es nicht, schon gar nicht den exakten Bauplan, die kompositorische Skizze, ganz zu schweigen von einer Art Kursbuch mit Abfahrtszeiten, Streckenführung, Umsteigestationen, Zielankunft. *Heinrich Böll hatte immer Zeichnungen mit Kurven und Farben für seine Bücher. Meine Figuren richten sich nicht nach solchen Plänen.* Einmal begonnen, entwickelt das Buch ein Eigenleben, der Autor gibt sich einer *Stimmung* hin, die der *Stoff* erzeugt. Interviews, das wird gerade an den Auskünften über das eigene Schreiben deutlich, sind für Walser ein Anwendungsfall für seine Spielform romantischer Ironie.

Das gilt im Speziellen auch für das Verfassen von erzählender Prosa und den Beruf des Romanautors. Bei beidem handelt es sich um etwas Sekundäres – nicht im Sinn von Zweitrangigkeit, sondern von indirekter, vermittelter Kundgabe. Primär ist nur das Unmittelbare, im Verhältnis von Autor und Sprache also die Lyrik, das Gedicht. Geprägt ist dieses genieästhetisch fundierte und bildungsbürgerlich tradierte Hierarchieempfinden gegenüber den literarischen Gattungen gewiss auch von den führenden Germanisten der Nachkriegszeit wie Walsers akademischem Lehrer Friedrich Beißner oder dem Göttinger Ordinarius Wolfgang Kayser, dessen Schrift »Das sprachliche Kunstwerk« (1948)

einst weit über die Universität hinaus wirkte und nicht zuletzt das Selbstverständnis junger Schriftsteller beeinflusste. Dass er im emphatischen Sinn kein Dichter ist, obwohl er Hunderte von Gelegenheitsgedichten verfasst hat, ist Walser nur zu bewusst, gelegentlich leidet er darunter. Er kompensiert es mit konjunktivischen Verallgemeinerungen – *Lyrik, ich glaube, es gibt keinen Schriftsteller, der nicht am liebsten Lyriker wäre* – wie mit Tautologien der Vergeblichkeit: *Ich schreibe sehr viele Gedichte für mich, aber je länger ich das betreibe, desto mehr sehe ich, dass ich kein Lyriker bin.* Das Singuläre am Lyrischen? *Die Synthese aus dem größten Formwiderstand mit der größten Unmittelbarkeit. Deswegen findet sie,* die Lyrik, *auch ziemlich selten statt.*

Ein nicht geringer Reiz der späteren Walser-Romane, also des Erzählwerks seit dem siebzigsten Geburtstag im März 1997, besteht im Spiel mit lebenslang vergeblich erstrebten Synthesen. Dabei ergibt sich für den Autor Buch um Buch eine agonale Binnenspannung. Einerseits der Ehrgeiz, stets wieder neu zu beginnen, andererseits das Risiko permanenter Selbstreferenz, ja Selbstparodie. In »Ein sterbender Mann« von 2016 ist es aufs Neue die Lyrik, die in Gestalt des ewig jugendlichen Dichters Carlos Kroll Publikum wie Presse in den Bann zieht und gerade wegen ihrer dunklen Hermetik Beifallsstürme wie Interpretationsorgien provoziert. *Sie haben mich*, beschwert sich Kroll deshalb beim Laudator nach einer Preisverleihung, *bis zur Verständlichkeit heruntergeredet.* In Freundschaft verfallen ist diesem Kroll die wesentlich ältere Hauptfigur Theo Schadt, seinerseits erfolgreicher Erfinder und Inhaber der Firma *PATENTE & MEHR*. Schadt finanziert Prachtausgaben von Krolls Gedichten, Kroll selbst schwebt *ein Lyrik-Imperium à la Stefan George* vor. Natürlich lässt der Möchtegern-George seinen Gönner im Stich, als ein noch potenterer, zudem machtbewusster Mäzen die Szene betritt. Theo Schadt bleibt nur, uns, den Lesern, die Anatomie dieses Verrats zu schildern – in Prosa, versteht sich, denn Prosa kann er: Die Ratgeber und populären Sachbücher, die er seinen Erfindungen folgen lässt, werden Bestseller, während Krolls Prachtbände ganz unverkäuflich sind, den Dichterruhm aber gewaltig mehren.

»Ein sterbender Mann« veranschaulicht ganz gut, wie das Verhältnis von Stoff, Stimmung und Figur in etwa funktioniert. Allem zugrunde liegen ein Mangel oder ein Schmerz, in diesem Fall der Freundschaftsverrat. Dann folgt der Titel dafür, auf dessen Originalität Walser – im Gegensatz etwa zu Peter Handke, dessen Buchtitel, den Inhalten zunehmend konträr, unübertrefflich sind – etwas weniger Wert zu legen scheint: Gleich drei Romane, die seit 1997 erschienen sind, locken mit dem Stich- und Verkaufswort *Liebe*. Auf Thema und Titel reagiert der Autor dann zuallererst *mit Hilfe einer Figur*, fügt aber gleich hinzu, Romanfiguren finde er frei nach dem Motto: *ich weiß nicht wie*. Erst über die Figur jedenfalls geht es zu Stoff und Handlung. *Recherchieren* will Walser dafür partout *nicht*, gelegentliches *Erkundigen* schließt das nicht aus, alles Übrige kann man nicht planen: Es muss *mir zuwachsen im Lauf der Zeit*. Mit dem Zuwachsen kommt auch die *Stimmung*, mit ihr *die Tonart, mehr noch: ein Sound*.

Jedenfalls ist sie nun angesprungen – *meine Maschine: der Roman*. Am Laufen hält sie Autorenfleiß. Tag für Tag wird Seite um Seite gefüllt, *mit der Hand*, bis die Müdigkeit blockiert. Andere Schreibblockaden hat es bei Walser nie gegebenen, Verzögerungen nur während des Entwickelns eines neuen Buchs. Sein erfolgreichstes Werk, die Novelle »Ein fliehendes Pferd«, entstand binnen zwei, drei Wochen, für »Halbzeit«, den mit neunhundert Seiten umfangreichsten Roman, waren alles in allem knapp drei Jahre nötig. Beim Treibstoff für die Romanmaschine kann es zu Lieferproblemen kommen, denn funktionstüchtig gehalten wird sie neben der Energie, die direkt der Biographie des Autors entstammt, vor allem vom *unplanbaren Leben*. Also ist Vorsorge zu treffen, indem man sich Bezugsquellen erschließt und offenhält. Die wichtigste von ihnen ist die Gegend, in der Walser zu Hause ist, also Landschaft und Leute um den Bodensee, natürlich auch der See selbst.

Eine andere Quelle ist Weltteilhabe durch Mediengebrauch. Walser ist passionierter Zeitungsleser, wobei ihn der Wirtschaftsteil als Arsenal für Themen und Stoffe besonders fasziniert: An ökonomienahe Walser-Klassiker wie »Seelenarbeit«, »Brief an Lord Liszt« und »Das

Schwanenhaus« sei erinnert, auf »Angstblüte«, den späten Roman über den Finanzmakler Karl von Kahn, wird zurückzukommen sein, der Essay »López gehört ins Feuilleton« (1993) über den einstigen spanischen Opel- und VW-Manager José Ignacio López de Arriortúa ist höchst originell: ein literarisch-journalistisches Meisterstück der jüngeren Zeitgeschichte. Ein weiteres Spezifikum des Schreibbetriebs ist das Anwerben und Umwandeln von oft umfangreichem Archivmaterial in Fiktion. Die Romane »Die Verteidigung der Kindheit«, »Finks Krieg« und »Der Lebenslauf der Liebe« etwa entsprangen wie der dokumentarische Erzählessay »Der Lebensroman des Andreas Beck« den biographischen Aufzeichnungen anderer Menschen, privaten Fotosammlungen und amtlichen wie persönlichen Unterlagen aus fremdem Besitz. Solches Material nötigt man Walser bisweilen nahezu auf, andererseits macht es ihn hellhörig und neugierig, sodass er sich in den besagten Fällen verwertend darauf eingelassen hat. *Erzähler*, resümiert er, *brauchen etwas mehr Schicksal, als sie selber haben.*

Was das zentrale Quellgebiet, die eigene Biographie inklusive der Familiengeschichte, in seiner Bedeutung keineswegs schmälert. Für das Nutzen dieser Primärressource aber gilt als erste Handwerksregel, dass alles *Persönliche tonlos* bliebe, wenn und bevor es nicht *einen allgemeinen Ton* erreiche. Für sich, den Autor, hat er die Formel gefunden, er ertrage *das eigene Private* erst, nachdem er es durch die Romanmaschine habe laufen lassen, die es schließlich *als Fiktion* reproduziere. Schlicht gesagt: Es geht darum, aus Narzissmus Repräsentanz zu gewinnen. Walser dient dabei ein Verfahren, das er *organisierte Spontaneität* nennt. Spontan schreiben heißt fast immer, über sich selbst schreiben. Objektivität hingegen will organisiert sein. Beides in Balance zu bringen und zu halten, darum geht es.

Die deutschamerikanische Literaturwissenschaftlerin Susanne Klingenstein hat 2016 das kluge Buch »Wege mit Martin Walser« publiziert – klug, weil sie Reportage, Anekdote und Analyse in guter Balance hält. Gegen Ende des Buchs wirft sie einen Blick in die Nußdorfer Walserwelt. Empathisch, dabei unaufdringlich schildert Klingenstein die großherzige Gastfreundschaft, der sie dort begegnet. Vergleichbares hat Ruth Klüger erfahren, in ihren beiden Erinnerungsbüchern ist immer wieder die Rede davon. Seit den frühen 1950er Jahren, damals noch zur Miete in der Stuttgarter Reitzensteinstraße, haben Käthe und Martin Walser Besucher empfangen, verköstigt, beraten, umsorgt, behütet und nicht selten beherbergt, während sich der Haushalt auf sechs Personen vergrößert durch die Geburt und das Heranwachsen der Töchter, die ihrerseits Mitschüler und Gefährten in Fülle einladen und mitbringen. Die Walsers sind ein Mirakel an Zuwendungsbereitschaft, ein Hort für aufmerksame, offene, freudige Geselligkeit. Auch als Gastgeber ist Günter Grass von barocker Präsenz gewesen, im Vergleich zu Walser aber nahezu ein Eremit bei allerdings zugänglicher Höhle, offenem Haus- oder Hoftor. Aufzuzählen, wer aus den verschiedenen Geistes-, Literaten-, Kritiker- und Journalistenbiotopen nicht in Nußdorf war, wäre viel einfacher als die Gästeliste auch nur eines Jahres zu protokollieren. Zugespitzt lässt sich sagen, dass außer Thomas Bernhard alle dort waren und fast nie nur einmal – selbst bei Thomas Bernhard ist keineswegs sicher, ob er nicht wenigstens heimlich vorbeigeschaut hat. Das Selbstverständliche, mit dem die Walsers Fremde wie Freunde empfangen, ist jedenfalls unvergleichlich und hat naturgemäß mit ihrer Herkunft aus Friedrichshafener und Wasserburger Gastwirtschaften zu tun. Nahezu unvorstellbar, dass sie je einen Besucher, selbst einen betrunken pöbelnden, aus dem Haus geworfen hätten – vielleicht Uwe Johnson, aber der flieht meist von sich aus.

*Der Schlüssel zu Walser liegt bei Käthe,* notiert Susanne Klingenstein: *Sie ist die Kraft, die alles zusammenhält.* Im Maschinenraum der Prosa ist sie fast siebzig Jahre lang für den ersten Medientransfer zuständig. Aus seiner Handschrift wird ihr Typoskript, die Basis für weitere Textstufen auf dem Weg zur vorläufigen Endgestalt, die, aufs Neue von Käthe W. ins Reine gebracht, ans Lektorat oder, zu Siegfried Unselds Suhrkamp-, auch zu Alexander Fests Rowohlt-Zeiten, ohne Umweg an den Verleger geht. Präzis bringt es Magenaus Biographie auf den Punkt: *Der Autor schreibt, die Frau schreibt ab und festigt, der Freund liest und bekräftigt.* Susanne Klingenstein erzählt von einem Besuch im Herbst 2014, bei dem sie den Paradigmenwechsel ins Digitale erlebt. Walser hat sich eine amerikanische Software für Spracherkennung zugelegt, die das Handnotierte via Diktat direkt in Typotext transferiert, fürs Erste noch *voller bizarrer Fehler,* inzwischen aber gewiss ähnlich avanciert wie die künstlich-intelligenten Übersetzungsprogramme, die eine ganze Berufssparte zu ersetzen drohen. Der Kätheweg zur finalen Fassung ist jedenfalls Geschichte, Käthe W. als Zusammenhaltkraft aber nicht minder gefordert. Geblieben ist auch die Mystifikation des Kompositionsprozesses, den Walser, so Klingenstein, nach wie vor in eine *Aura der Inspiration* hülle, schlicht gesagt: unter der genieästhetischen Decke hält. Das Interview, auch und gerade zu Werkstattfragen, ist für sie demzufolge nichts anderes als ein *Verkaufsgespräch*, denn: *Wie Walser seine Romane baut, lässt er niemanden sehen.*

Hier mystifiziert allerdings weniger der Autor, eher die Interpretin. Das Pragmatische der Interviews liegt ja zutage und ist plausibel. Als Genre sind sie ein nicht unwesentlicher Teil der Interaktion zwischen dem Autor als Medionauten, den medialen Multiplikanten sowie dem medienaffinen Publikum. Seit Walser 2005 mit der Veröffentlichung seiner Tage- und Notizbücher begonnen hat, gibt es überdies eine weitere Quelle, die seine Arbeitsweise besser beleuchtet. Drei Jahrzehnte, von 1951 bis 1981, umfassen die bisher publizierten Diarien. Sie parallelisieren die unaufhaltsam wachsende Prosa von der Dissertation über Franz Kafka (»Beschreibungen einer Form«), den Debüterzählungen »Ein Flugzeug über dem Haus und andere Geschichten« und dem Debütroman »Ehen in Philippsburg« bis zum »Schwanenhaus«, den Frankfurter Poetikvorlesungen (»Selbstbewußtsein und Ironie«) und dem »Brief an Lord Liszt«, der zwar erst 1982 erschien, in seinen Frühformen den Tagebuchschreiber jedoch schon länger beschäftigt. Sie spiegeln in vielen Eintragungen auch das gesamte Theaterwerk wider vom »Abstecher« und der »Zimmerschlacht« bis zum Eckermann-Stück »In Goethes Hand«, denn was danach, also nach 1982, noch kommt, ist eben auch Nachspiel in einer für Walser ausgeschöpften, auch erschöpften Gattung.

Das Tagebuch dient in der Frühzeit, vor allem also für »Ehen in Philippsburg« und ganz manifest beim Entstehen von »Halbzeit«, als eminente Probebühne fürs Romanschreiben. Diese Funktion büßt es von 1960 an, nachdem »Halbzeit« publiziert ist, mehr und mehr ein, während persönliche Passagen, Projektskizzen, Reisenotizen, Klagen und Polemiken gegen die Literaturkritik und den Kulturbetrieb in den Vordergrund rücken. In unserem Zusammenhang führte es zu weit, die sich im Tagebuch von August 1958 bis in Frühjahr 1960 über zweihundert Seiten hinziehenden Selbstkommentare, Figuren- und Szenenentwürfe zur »Halbzeit« genauer zu betrachten. »Ehen in Philippsburg«, der Debütroman über die Stuttgarter, damit die bundesrepublikanische Gesellschaft der 1950er Jahre, bietet sich hingegen als gut überschaubares Exempel für Walsers Vorgehen nachgerade an.

Die Vorarbeiten stehen unter dem Arbeitstitel »Ich reise zu Herrn Berry«. Sie werden erstmals im Oktober 1954 erwähnt und scheinen bereits am Ende: *Am Romanversuch (Berry) zum zweiten Mal gescheitert. Das Ich läßt alles zu privat werden, Bemerkungen werden als solche gegeben, stehen in keinem Zusammenhang.* Aufgegeben wird trotzdem nicht. Im Gegenteil, ein halbes Jahr später, Ende April 1955, heißt es: *In den letzten drei Wochen verschiedene Tage an ›Ehen in Philippsburg‹ geschrieben. Einzelne Stränge, die noch nicht zusammengehören, aber zusammengebracht werden müssen. Vielleicht … Zeit fehlt. Immer fürs nächste arbeiten.* Das Nächste, dies nebenbei, war die redaktionelle Mitarbeit im jungen Fernsehen des Süddeutschen Rundfunks ausgerechnet am Jubiläumsfilm zum achtzigsten Geburtstag des literarischen Lieblingsfeindes Thomas Mann, der wenige Monate später, am 12. August, in Zürich stirbt. Über den eigenen Roman, nach fast einjähriger Pause Mitte März 1956: *Seit Anfang März mehrere Tage für mich, zusammenhängend, in Portionen von drei, vier Tagen, ›Philippsburg‹ ist dadurch zum ersten Mal in Fluß gekommen und rasch (zu rasch wahrscheinlich) angewachsen. Teil I auf 200 Seiten.* Am Ende des Eintrags gibt es eine exakte *›Philippsburg‹-Buchführung* mit fertigen und noch zu schreibenden Kapiteln. Zwei Monate danach fährt der gestresste Rundfunkmann, der endlich freier Autor werden will, es sich aber noch nicht leisten kann, für ein paar Wochen zur Erholung nach Bad Mergentheim – die Kurnotizen, die dabei entstehen, sind fulminant und haben mittlerweile kulturgeschichtliches Format: Menschen der wirtschaftswunderlichen Bundesrepublik, die sich ihrer Gesundheit und ihren Affären widmen.

Noch in Bad Mergentheim, gerade hat der knapp Dreißigjährige beim Blick in den Spiegel *das erste graue Haar* registriert, macht er Notizen zur *Alwin-Methode, eine Frau kennenzulernen, wenn sie verheiratet ist* – der Rechtanwalt Dr. Alwin ist die Hauptfigur des dritten Romanteils. Es ist eigentlich ganz einfach. *Sie (wehrt ab): Entschuldigen Sie, ich bin verheiratet. Er (lächelnd): Aber das trifft sich ja ausgezeichnet, ich nämlich auch, also wohin gehen wir?* Wenige Tage zuvor hat er an sich ein Grundmuster männlichen Begehrens wahrgenommen: *Die Frau, die wir lieben, ist immer ein Ersatz für eine, die wir noch nicht haben (oder nie haben werden)* – der Satz wandert wörtlich ins dritte Romankapitel. Zurück in Stuttgart, sind zwei Gallenkoliken zu überstehen, bevor es für den Sender zu den Filmfestspielen nach Karlsbad geht, das seit Kriegsende Karlovy Vary heißt und hinter dem Eisernen Vorhang liegt. Mitte August 1956 notiert er dann ins Tagebuch: *Jetzt ist auch der dritte Teil (Verlobung bei Regen) fertig. Der vierte Teil macht Schwierigkeiten, die zu überwinden ich zu träge bin. Ich umgehe sie bloß. Schwindle mich an ihnen vorbei.* Bereits am Ende des Monats, am 27.8., aber ist es fürs Erste geschafft: *Heute mit ›Ehen in Philippsburg‹ fertig geworden. Im großen und ganzen. Das Ende ist geschrieben, der Schlußpunkt gesetzt. Jetzt muß natürlich nach rückwärts, nein nach vorne gearbeitet werden.*

In einem Aufsatz für das Magazin der »Zeit« hat Florian Illies im Frühjahr 2008 erstmals darauf hingewiesen, wie wichtig das Tagebuch nicht nur als Arbeitschronologie, sondern auch als Stofflieferant, Motivkammer und Konzeptaufriss des Romans werden konnte. Am 18. November 1955 notiert Walser eine Kurzgeschichte, die, zumal für die damalige Zeit, ein ungeheures Skandalpotential birgt: Es geht um *eine Art Vergewaltigung*, eine *Schwangerschaft* und eine *Abtreibung*. Die Nahezu-Vergewaltigung und die Schwangerschaft werden nur beiläufig angedeutet, die Abtreibung aber ist minutiös geschildert. *Fast unverändert*, so Illies sei die Passage dann in den Roman übernommen worden. Das stimmt, auch wenn der Transfer etwas komplexer gerät. In der Kurzgeschichte des Tagebuchs heißt es, das namenlose Paar, das sich zur heimlichen Abtreibung, zum *kriminellen Abort*, entschließt, *könnte* aus einem *Kapellmeister* und einer *Tontechnikerin* bestehen – was zumindest konjunktivisch darauf hindeutet, dass Walser die Geschichte im Stuttgarter Funkhaus anvertraut worden ist. Frei erfunden hat er sie nicht, über die tatsächliche Quelle aber verliert er kein Wort. Im Roman sind es dann die Hauptfiguren des ersten wie des vierten Teils, der kleinbürgerliche Medienaufsteiger Hans Beumann und die Philippsburger / Stuttgarter Großbürgertochter Anne Volkmann, die sich auf eine demütigende Arztsuche begeben. Die fürchterliche Tortur, die Anne ohne jede Narkose drei Stunden lang über sich ergehen lassen muss, ihr mehrtägiger Aufenthalt in einem Vorstadthotel, um sich vom lebensbedrohlichen Eingriff zu erholen: Sie erfahren, im Gegensatz zur Kurzgeschichte, im Roman eine Art Katharsis. Erst über die gemeinsam durchgestandene Katastrophe findet das zuvor nur sehr vage verbundene Paar wirklich zueinander, am Romanende ist die baldige Hochzeit gewiss.

Beim Debüt löst Walser erstmals ein Problem, das ihn gleichwohl auf Dauer beschäftigen wird: Wie lässt sich *das beste Ende aus einem Romanschluss herausarbeiten*? Es geht dabei, schließlich ist er kein Produzent von Unterhaltungsware, durchaus nicht um ein *happy ending*. Während also Beumann, innerlich beseelt und beglückt, Annes baldigen Brautbesuch bei seiner Mutter im dörflichen Kümmertshausen imaginiert, lässt er sich im Taxi zur Wohnung von Marga, der Geliebten, fahren und legt der Abwesenden eine gerade für sie gekaufte Schallplatte aufs Bett – *Taking a Chance on Love* von Gerry Mulligan, einem Jazzgiganten der 1950er Jahre, überdies, wie Walser selbst, 1927 geboren. *Romanschlüsse*, sagt er im Interview, *sind das Schwerste, sind individuell fast nicht zu schaffen, fast nicht zu verantworten. Da lasse ich mir die Hand am liebsten führen.* Meint aufs Neue: von der Stimmung, vom Ton, von der erfundenen, gefundenen Figur. Jedenfalls ist das jeweilige Erzählfinale beides zugleich: *ein Arbeitsproblem und ein Existenzproblem*. Wobei existentiell für ihn feststeht: *Auf jeden Fall bin ich am Leben interessiert; Untergang interessiert mich nicht. Ich glaube nicht an das Wort Untergang.* Deshalb seine dauerhafte Aversion gegen die Theaterstücke von Samuel Beckett. Auch einen Roman wie Thomas Bernhards Glenn-Gould-Epos »Der Untergeher« (1983) hätte er weder schreiben können noch wollen.

Florian Illies hat recht: »Ehen in Philippsburg« ist das genaueste, anschaulichste Sittenporträt der aufstrebenden Wohlstandsrepublik in der deutschen Nachkriegsliteratur. Der Roman zeigt eine Grundqualität von Walsers Werkstatt: das sofortige Protokollieren aktueller Erfahrungen und Erlebnisse und das nahezu simultane Verwandeln in literarischen Stoff. Auch um das Studium in Tübingen unabhängig von der Mutter finanzieren zu können, beginnt er im Sommer 1949, noch bei Radio Stuttgart, dem Vorläufer des später im Jahr gegründeten Süddeutschen Rundfunks, als Mitarbeiter der Unterhaltungsabteilung und wirkt bei Sendungen wie »Klingende Wochenpost« und »Nörgelecke der Hausfrau« mit, um dann in die Redaktion »Politik und Zeitgeschehen« zu wechseln. Zugleich inszeniert er Hörspiele für das aufblühende Kulturradio und steigt 1953 sofort beim frühen Fernsehen ein. In Magenaus Biographie lässt sich das detailgenau nachlesen. Walser ist ein Medienmensch der ersten Stunde, als junger, ehrgeiziger Schriftsteller aber eben zugleich ein Seismograph für Simultaneitäten, für das literarische Potential des unmittelbar Geschehenden. Elementar für das Entstehen wie die Struktur von »Ehen in Philippsburg«: Der Roman ist eine handwerklich klug arrangierte Synthese aus vier nahezu eigenständigen Erzählungen – nicht zu Unrecht sieht Illies darin eine Art Vorwegnahme von Robert Altmans filmischem Verfahren in »Short Cuts« von 1993.

Drei gleichrangige, nacheinander auftretende Hauptfiguren gibt es in den ersten drei Kapiteln. Zunächst Hans Beumann, dessen Werdegang zwar nicht mit Walsers Biographie identisch ist, ihr aber in mancherlei Hinsicht ähnelt. Es folgen der Frauenarzt Dr. Benrath im zweiten und der Rechtsanwalt Dr. Alwin im dritten Teil, ehe Beumann in der Schlusspassage aufs Neue ins Zentrum rückt. Alle drei erzählen nicht selbst. Über sie wird erzählt, wobei die Erzählinstanz so allwissend ist wie anonym. Im ganzen Roman jedoch – und das ist zentral – bleibt unentschieden, welcher Art des Schreibens, welchem Autorentypus Walser den Vorrang gibt. Zwei Archetypen des Autorseins hat Friedrich Dürrenmatt an seinem eigenen Fall wie an jenem von Max Frisch so unübertrefflich wie genau exemplifiziert. Im Brief an Frisch vom 11. Mai 1986 schreibt er: *Als einer, der so entschlossen wie Du seinen Fall zur Welt macht, bist Du mir, der ebenso hartnäckig die Welt zu seinem Fall macht, stets als Korrektur meines Schreibens vorgekommen.* Walser macht mit Hans Beumann, dem Weg Max Frischs folgend, mehr oder weniger seinen eigenen Fall zum Weltfall, während er bei Benrath und Alwin, deren Berufe und Biographien mit ihm nichts zu tun haben, eine ihm eher fremde Welt zu seinem Fall macht: der Dürrenmatt-Pfad. »Ehen in Philippsburg« kommt im Herbst 1957 in die Buchläden, für den Autor ist die Arbeit schon Monate zuvor abgeschlossen, weshalb er am 4. Juli notiert: *Ich würde gerne wieder etwas schreiben.*

In den folgenden Monaten allerdings bleibt das Tagebuch leer und stumm. Fehlanzeige deshalb auch, was die nun eigentlich nötige romanpoetologische Weichenstellung betrifft – wie soll es nach dem Erstling weitergehen? Aufgezeichnet wird erst wieder im November aus Anlass einer Programmkonferenz der ARD in Berlin. Für die erste Jahreshälfte 1958 finden sich einige kurze, mal lyrisch, mal intellektuell gestimmte Sequenzen, die bereits anklingen lassen, was 1985 im Band »Meßmers Gedanken« erstmals gebündelt wird: stimmungshafte Kurz- und Kürzestprosa ohne äußere Handlung, philosophische und poetische Sentenzen über Ich und Welt, die Aphorismen zu nennen sich Walser stets verbeten hat: Er kann das Wort nicht leiden. Im Sommer 1958 folgt er einer ersten Einladung in die Vereinigten Staaten, drei Monate lang hält er sich als Stipendiat an der Harvard University auf. Mehr als zwölf Monate nach der Bekundung, etwas Neues schreiben zu wollen, fällt endlich, am 1. August '58, wieder das Stichwort *Roman*. Sofort wird es konkret. Erprobt wird eine Szene über die Vorteile, die eine Frau daraus zieht, wenn sie nicht rechtzeitig zu einer Verabredung erscheint. Kontinuierlich wächst *die Romanmasse* nun an. Nach der Rückkehr aus Boston gilt es in der Nähe von Nürnberg zwar noch eine Hochzeit in der weiteren Verwandtschaft zu überstehen: Von der *Schnellbratpfanne* über die *elektrische Küchenuhr* und den *Speisenwärmer* bis zum *Porzellanservice* ist die Geschenkeliste inzwischen ein kulturhistorisches Juwel, nicht weniger die Speisekarte des Menus, die von *Russischen Eiern auf Toast* über *Profiteroles-Suppe (Backerbsen)* bis zu *Rehrücken Försterinnenart, Hochzeits-Eisbombe mit Sahne* und *Kaffee mit vielen Kuchen* reicht.

Noch während der Hochzeit muss dem Autor *der neue Held* in den Sinn gekommen sein: *Anselm Kristlein* soll er heißen – *was ein hübscher Name*. Im Frühjahr 1959 steht auch der Titel fest: *Halbzeit*. Dessen Herkunft ist nicht ganz unkompliziert. In einem langen Tagebucheintrag – er datiert, ohne einzelne Tage zu benennen, pauschal von *Januar bis März 1959* – schreibt Walser die Urheberschaft am Romantitel Kristleins Ehefrau Alissa zu, die ihrerseits ein Tagebuch führt und dort über Anselm sagt: *Er bemerkt die Halbzeit nicht. Er hat nicht bemerkt, daß Halbzeit ist.* Halbzeit wovon? Ist Anselm während eines Fußballspiels eingedöst, das er am häuslichen Fernsehapparat verfolgt? Im fertigen Roman selbst bezieht sich der Titel dann auf Anselms Vertreterexistenz, also den ständigen Wechsel von langem Unterwegs- und kurzem Zuhausesein, selbstquälerisch aber auch auf Anselms notorische Fremdgeherei, wenn er auf Reisen ist: *Er ist da. Und wieder fort. Halbzeit. Aber er bemerkt es nicht. Wenn er wenigstens eine andere liebte.*

Mit der Hauptfigur Anselm Kristlein steht die Romanpoetologie fest – bis 1998 »Ein springender Brunnen« erscheint, wird sie sich substantiell nicht mehr ändern. Im Tagebuch, in Interviews oder programmatischen Essays hat sich Walser explizit nie zu den Grundsätzen der Romanarbeit geäußert. Aber er hat sich nun arbeitspraktisch ganz eindeutig gegen die Benrath- und die Alwin-Route – damit gegen den Dürrenmatt-Pfad – und für die Beumann-Linie entschieden, also für den Frisch-Weg. Das Fundament seiner Gesellschaftsromane und Novellen wird deshalb nicht von einem erzähltechnisch gleichrangigen Ensemble heterogener Charaktere gebildet, sondern jeweils von einer einzigen, wie er es nennt, *Spielfigur* aus dem Kleinbürgertum, die sich in einem stets aufs Neue variierenden Näheverhältnis zum Autor befindet: geographisch, biographisch, beruflich. Auf Hans Beumann folgt über drei Romane hinweg Anselm Kristlein, der es vom Handlungsreisenden zum Schriftsteller bringt. Kurz vor dem dritten Kristlein-Roman »Der Sturz« (1973) hat Josef Georg Gallistl, auch er ist Schriftsteller, in »Die Gallistl'sche Krankheit« einen einmaligen Auftritt. Für »Jenseits der Liebe« und »Brief an Lord Liszt« betritt in der zweiten Hälfte der 1970er Jahre der nach Aufstieg strebende und von Angst gebeutelte Angestellte Franz Horn die Bühne. Ihn beerben für »Seelenarbeit« (1979), »Schwanenhaus« (1980) und »Jagd« (1988) die Vettern Xaver und Gottlieb Zürn – Chauffeur in Chef-Abhängigkeit der eine, Immobilienmakler am Bodensee der andere. In der Novelle »Ein fliehendes Pferd« (1978) und im Campusroman »Brandung« (1985) ist Helmut Halm am Zug, der Stuttgarter Oberstudienrat für Deutsch und Geschichte. Kleinbürger sind auch die Solitäre Alfred Dorn in »Die Verteidigung der Kindheit« (1991) und Stefan Fink in »Finks Krieg« (1996), Fremdfiguren im Walserkosmos, die aber aus ihrer vom Autor adoptierten Archivmaterial- und Aktenexistenz in den Roman befreit werden. »Ohne einander« (1993) ist ein Fall für sich, der kompositorisch der Multiperspektivität von »Ehen in Philippsburg« ähnelt – dazu nochmals im siebten Kapitel.

Von Dorn und Fink abgesehen, sind Walsers Helden allesamt Ich-Varianten des Autors, dabei aber stets weit genug von dessen realer Existenz entfernt, um sich als erfundene Gestalten zu legitimieren: *das eigene Private* ist von der Erzählmaschine in *Fiktion* verwandelt. Sämtliche Romane und Novellen spielen im unmittelbaren zeitlichen Umfeld ihres Entstehens, sind also Gegenwartsbücher par excellence. Einzig in der »Verteidigung der Kindheit« erstreckt sich die erzählte Zeit über Jahrzehnte hinweg, vom Vorabend des Zweiten Weltkriegs bis in die Monate nach dem Mauerfall von 1989. Alle wiederum eint, dass ihr Autor ein Verfechter realistischen Erzählens ist – wenngleich als Folge einer *universalen Resignation*. Der Grund dafür ist Franz Kafka. Im Parabel- und Stilschatten des Vorbilds hatte Martin Walser sein erstes rein literarisches Buch verfasst, den Band »Ein Flugzeug über dem Haus und andere Geschichten« (1955). Danach war ihm klar, dass *in der Kafka-Nachfolge* nichts mehr zu gewinnen, schon gar *kein Roman mehr zu schreiben sei.* Insofern ist der realistische Roman eben auch ein Akt des Kapitulierens vor Kafkas Singularität, allerdings keine universale, sondern eine produktive Resignation.

Das Tagebuch ist Probebühne, aber schlicht auch die Lagerstätte für Erzählideen, die auf Wiedervorlage hoffen. So plant Walser zu Beginn der 1970er Jahre eine Art Fortführung von Orwells Roman »1984«, ehe der das Projekt schließlich ein für alle Mal begräbt. Ein solitäres Werkstattstück ist »Mädchenleben«, die Geschichte über *das verschwundene Kind.* Der sogleich weitläufig skizzierte Plan dazu taucht, »Halbzeit« ist bereits publiziert, erstmals im Sommer 1961 auf und zieht sich dann zwanzig Jahre lang durch die bisher zugänglichen Diarien. Ungeheure Stoffmengen und Versuchsanordnungen in großer Zahl füllen die Seiten, *Sirte,* das ist rasch gewiss, soll das geheimnisvolle Mädchen heißen – anzunehmen, dass es auch nach 1981 weiter durch Walsers noch unpublizierte Notizen geistert. Sirte freilich hat es inzwischen tatsächlich geschafft: Sie blieb nicht verschwunden. 2019, zum zweiundneunzigsten Geburtstag, veröffentlichte Walser einen für seine Verhältnisse ungemein schmalen Band mit dem Titel »Mädchenleben oder Die Heiligsprechung«, die Gattungsbezeichnung aber lautet weder Roman noch Novelle oder Erzählung, sondern »Legende« – was, wie die Heiligsprechung selbst, natürlich auf ein Metaphysisches, auf Transzendentales verweist. Am Ende des achten Kapitels werden wir darauf zurückkommen. Im Moment genügt es, das halbe Jahrhundert festzuhalten, in dem der Stoff lebendig bleibt, ohne je Fassung und Form zu finden. Legte man alle erprobten Ansätze hintereinander, käme man unschwer auf »Halbzeit«-Länge, an die tausend Seiten. Am Ende sind es neunzig geworden, luftig umbrochen.

Genau vierundvierzig Jahre benötigt »Ein springender Brunnen«, Walsers in vielerlei Hinsicht einzigartiges Fast-Hauptwerk, um aus ersten Ansätzen finale Realität zu gewinnen. Der autobiographische Roman über Kindheit und Jugend in Wasserburg am Bodensee zwischen

1932 und 1946 ist das erste Buch, das er nach seinem siebzigsten Geburtstag fertigstellt und veröffentlicht. Dieser Geburtstag, wir haben es eingangs geschildert, ist ohnehin das Schlüsseldatum seiner Autorschaft. »Ein springender Brunnen« ist auch das erste Werk, in dem die Hauptfigur, sie heißt Johann, nicht nur eine weitere der vielfach verfremdeten Ich-Varianten des Verfassers verkörpert, sondern ihn ganz unmittelbar als Heranwachsenden zeigt: Martin Walsers zweiter Vorname ist Johann. Es ist das zweite Buch, das erzählend hinter die Schwelle des Kriegsendes von 1945 zurückgreift. Das erste, der Roman »Die Verteidigung der Kindheit« von 1991, ist bei aller sonstigen Eigenständigkeit damit auch ein emphatischer Anlauf des Autors zu sich selbst. An Alfred Dorn, dessen Hauptfigur, konnte die Walser-Werkstatt ausprobieren und lernen, sich von der Gegenwart als nahezu simultan erzählter Romanzeit zu emanzipieren. An Dorn konnte sie üben, wie eine Kindheit im Nationalsozialismus zu erzählen wäre. Der Umweg über die Distanzfigur Dorn hat die Nahsicht auf den jungen Johann literarisch erst möglich gemacht. All dies hat schließlich dazu geführt, dass Ruth Klüger in »Still Alive« über »Ein springender Brunnen« so knapp wie lakonisch urteilte: *He has written an autobiographical novel – his best, I think.*

Der früheste Impuls datiert vom 17. Juni 1954. Beim Besuch im Heimatdorf sinniert Walser über *die Wege, die ich zuerst gegangen bin.* Sofort entsteht ein Proust-Gefühl, in der deutschen Ausgabe von »Auf der Suche nach der verlorenen Zeit« liest er ohnehin gerade. Also nimmt er vor allem wahr, was nicht mehr existiert. Die Kindheitswege sind überwachsen oder von den neuen Villenbesitzern privatisiert: *Durchgang verboten.* Die Wälder rings ums Dorf sind abgeholzt und *in die Fabriken verschleppt.* Es ist ein Jammer, der in wehmütige Sehnsucht mündet: *Jede Generation möchte, daß die Haut der Erde so bliebe, wie sie war in den ersten Zeiten.* Genau ein Jahr später wird ihm bewusst, dass es hier zu kämpfen gilt, dass seine Kindheit etwas ist, das nicht voll Wehmut beschworen, sondern verteidigt sein will. Sie erscheint ihm jetzt *wie ein riesiges Gebäude, in das man jeden Tag gehen muß, ein Besitztum, das man verteidigen muß mit immer größerer*

*Kraft*. In den »Leseerfahrungen mit Marcel Proust«, dem zunächst für die »Frankfurter Hefte« geschriebenen Aufsatz von 1958, korrigiert er die gedankliche Kraftmeierei aber gleich wieder. Sehr luzide beobachtet er jetzt am neuen Lieblingsautor, er beschwöre Vergangenheit gerade nicht herauf, um herauszufinden, *welche Bedeutung sie für sein Dasein* habe, sondern allein deshalb, um die Erinnerung an sie um ihrer selbst willen zu bewahren. Zu Beginn des Schlusskapitels von »Ein springender Brunnen« wird der siebzigjährige Walser mit Bezug auf Immanuel Kants Formel vom *interesselosen Wohlgefallen*, dem Kriterium für das Kunsturteil über das Schöne, den Zugang zur eigenen Vergangenheit dann als *interesseloses Interesse* definieren.

Aber das Spannungsverhältnis bleibt charakteristisch für das allmähliche Wachsen des Romans über die Jahrzehnte hinweg: interesseloses Bewahren einerseits, notwendige Verteidigung andererseits. Wobei das Verteidigen immer entschiedener zu einer Abwehr gegen herrschenden Zeitgeist wird, der nach einer Verurteilung, nach dem Aburteilen der Vergangenheit zwischen 1933 und 1945 verlangt. Wie keinem anderen Buch sind dem »Springenden Brunnen« poetologische Reflexionen vorangegangen, die ungeschönt auch das geschichtliche Verhängnis in den Blick nehmen. Pars pro toto sei eine Tagebuchpassage vom März 1977 zitiert, in der das Dauerdilemma des Vergangenheitserzählers Walser auf eine fabelhaft genaue, zugleich poetische Weise zum Ausdruck kommt: Wie oft, wenn er rückhaltlos offen ist, spricht er von sich dabei in der dritten Person: *Je weniger er davon hatte, umso mehr fühlte er sich hingezogen zum Vergangenen. Er hatte gehofft, es werde ihm gelingen, irgendeinen Teil dieser Vergangenheit wieder zum Leben zu erwecken. Eine Geschichte schreiben, noch einmal die Farben, die Geräusche, die Körper aufleben lassen. Aber er wusste, dass es eine unsinnige Hoffnung war. Er würde die herumliegenden Toten, die mehr als Toten, die Gedächtnisfragmente zusammenfügen, zusammenkleben, anmalen, behauchen, ihnen Texte erfinden … ein lächerliches Puppentheater würde er veranstalten müssen.*

Nicht minder programmatisch ist ein Interview aus dem Jahr 1986, in dem Walser erklärt, weshalb er die Zeit vor 1945 als Essayist und in den Theaterstücken zwar vielfach beleuchtet, als Erzähler aber bisher gemieden habe. Ausdrücklich bescheinigt er Kollegen wie Böll, Lenz oder Grass, die Kriegsromane, die sie bereits in den fünfziger und sechziger Jahren veröffentlicht hätten, seien völlig erlaubt und richtig gewesen, mehr noch: sie waren *notwendig für uns als Gesellschaft*. Auch der Standpunkt, von dem aus sie das taten, sei völlig legitim. Er nennt ihn *Abrechnungsstandpunkt*, wahlweise: *antifaschistischer Standpunkt*, und konzediert, dass aus dieser Perspektive *sehr gute Romane* entstanden seien. Nur: Sie seien jetzt, Mitte der Achtziger, nicht mehr möglich: *›Die Blechtrommel‹ war der letztmögliche antifaschistische Roman, der noch geschrieben werden konnte*. Begründung: Inzwischen gäbe es in Deutschland keinen Faschismus mehr, er sei *wirklich überwunden*. Deshalb könne die deutsche Geschichte angemessen auch nicht mehr aus antifaschistischer Perspektive erzählt werden, er wolle es in absehbarer Zeit *auf meine Art* versuchen. Zwölf Jahre nach diesem Interview ist »Ein springender Brunnen« erschienen. Er ist sein Geschichtsroman.

Bereits 1965 aber hat er das Grundproblem eines solchen Buchs in unübertrefflicher Prägnanz auf den Punkt gebracht. In der zentralen Passage des Essays »Hamlet als Autor« heißt es, seine Erinnerung lasse sich nicht davon abbringen, dass die Jugend das Beste gewesen sei: *Auch wenn diese Jugend stattfand zwischen 1933 und 1945 in Deutschland*. Nachträglich habe er, wie viele andere auch, erfahren, was gleichzeitig stattgefunden habe in diesem Land: *Während ich das Proustsche Törtchen zum ersten Mal in die Schokolade tunkte, rauchten die Kamine in Auschwitz. Das erste Fahrrad, das ich hatte, nimmt in der Erinnerung mit jedem Jahr zu an Glanz und Vollkommenheit, aber der Mai, in den ich damit fuhr, stellt sich heraus als der Mai, den andere nur durch den Stacheldraht von Dachau erlebten, etwa als ihren letzten Mai überhaupt.*

Es ist Zeit, auf Ruth Klügers Begriff der *Unvereinbarkeit* zurückzukommen, den sie aus der Erfahrung mit dem fahneschwingenden Jungen in der Landschaft Niederschlesiens abgeleitet hat. Siebenundzwanzig Jahre, bevor sie ihn in »weiter leben« als bleibende

Essenz ihrer Damaligkeit entwickelt und gebraucht, hat ihn Walser im »Hamlet«-Essay auch für seinen Zugang zur eigenen Jugend gefunden und verwandt: *Unvereinbar nebeneinander existieren mein erstes Erlebnis des Sommernachtstraums und die Verhaftungen, die gleichzeitig stattgefunden haben müssen. Das Unvereinbare bleibt unvereinbar, aber man sieht es andauernd nebeneinander.* Es ist Zeit, »weiter leben« und »Ein springender Brunnen« nebeneinander zu lesen.

# Sechstes Kapitel

## *Kindheit und Jugend in Nationalsozialismus und Holocaust oder Zwei große Präsenz-Panoramen der deutschen Literatur: Eine Parallellektüre von Martin Walsers Roman »Ein springender Brunnen« und Ruth Klügers Erinnerungen »weiter leben«*

### Wasserburg am Bodensee, 1932/33

Zwei Sanitäter tragen Johanns Vater auf einer Bahre aus dem Haus. Elsa, die im Gasthof, der *Restauration* gegenüber dem Bahnhof, als Bedienung arbeitet, und Mina, die Köchin, halten den Rotkreuzlern die große Schwingtür auf, die von der Wirtsstube in den Hausflur führt. Dem fünfjährigen Johann hat der Vater gesagt, er habe *Rippenfellentzündung*. Im Flur hängt ein Glaskasten, in den eine Nummer fällt, sobald der Gast im oberen Stock auf seine Zimmerklingel drückt. Man trägt ihm dann warmes Wasser zum Waschen und Rasieren hinauf. Im Flur hängt auch ein Plakat von Hapag-Lloyd. Es zeigt zwei Herren in langen weißen Hosen und zwei Damen in Faltenröcken, die auf dem Deck des Transatlantikdampfers »Bremen« Tennis spielen. Im Lokal sitzt Herr Schlegel, der massige *Baumeister*, und trinkt wie jeden Tag seinen Wein, der *Seewein* heißt, weil er von einem Wingert in Ufernähe stammt. Schlegels Markenzeichen ist der Gehstock, in dem sich ein Degen verbirgt, seine Marotte ein vom Wein befeuertes Erdkunde- und Entfernungsspiel: Wo Manila liege, will er wissen, oder wie lange man von Wasserburg ins brasilianische Pernambuco unterwegs sei. Leicht variiert, wiederholt er das Spiel jeden Tag.

Eine Frau kommt ins Bild: Helmer Gierers Hermine. Sie putzt in den Villen am Seeufer und weiß deshalb als Einzige im Dorf, was sich dort abspielt. Also auch, warum das Motorboot des Reutlinger Fabrikanten, dem eine der Villen gehört, *SURTOMA* heißt. Adolf, Johanns bester Freund, weiß es auch – von seinem Vater, der es wiederum von Hermine weiß. Inzwischen sind wir dem Erzähler nach draußen gefolgt, wo wir auf Frau Fürst treffen, die Zeitungsausträgerin, die fast nie ein Wort sagt. Frau Fürst lebt mit ihren vier Kindern im Untergeschoss von Herrn Schlegels Haus. Sie ist Witwe. Ihr Mann ist plötzlich tot umgefallen, als er, im Allgäu auf Vertretertour, nach dem Mittagessen ins Auto steigen will. Nur dreiundvierzig Jahre alt ist er geworden, im Ersten Weltkrieg war er Offizier, danach hat er beruflich einiges versucht, etwa *in einer finsteren Stadt, die Dortmund heißt*, Radiogeräte zu verkaufen. Zuletzt war er bei Herrn Mehltreter angestellt, der im früheren Pferdestall des Gasthofs Artikel aus Wachs produziert, *Bohnerwachs* in erster Linie. Sekundenauftritte haben Frau Häckelsmüller, die das winzige Terrain zwischen ihrem Häuschen und der Dorfkirche nie verlässt, und die resolute Küchenhilfe der *Restauration*, die respektvoll *Prinzessin* gerufen wird. Johann wird erst im kommenden Jahr zur Schule müssen, hat von Josef, dem älteren Bruder, aber schon ziemlich gut lesen gelernt. Der Vater, Gastwirt wider Willen, hat eigens für ihn einen imaginären Baum gepflanzt, der statt Äpfeln oder Birnen schöne und seltene Wörter trägt. Rasch ist der Wörterbaum gewachsen. Während des ersten Kapitels des ersten Romanteils bestaunt und memoriert Johann einige der jüngeren Früchte: *Popocatepetl. Bhagawadgita. Rabindranath Tagore. Swedenborg. Bharatanatyam.* In den vergangenen Tagen sind aus Hermines exklusivem Villenwissen neu hinzugekommen: *Souterrain, Kleptomanie, Migräne, tabula rasa, Psychologie, Gentleman.*

So stellt Martin Walser im Jahr 1998 die Vergangenheit der frühen 1930er Jahre als Gegenwart her und dar – wir haben im dritten Kapitel auf das elementar Romantische seines Erzählverfahrens hingewiesen. Erzählzeit ist zwar das Präteritum, aber vergangen und vorbei ist hier nichts. Es ist, im Gegenteil, alles da – und immer alles auf einmal und zugleich. Als wäre es gerade eben, längstens gestern passiert. Eine verschwundene Welt darzustellen als Präsenz-Panorama: Darum geht es im »Springenden Brunnen«. Die Eingangssequenz zeigt eine der beiden zentralen Einstellungen, die der Autor, den vom Erzähler zu unterscheiden müßig ist, fortan wählen wird: den Weitwinkel, der alles festhält, was überhaupt einzufangen ist. Eine Art Wimmelbild wird daraus. Mehr als zwanzig Personen auf nicht einmal fünfzehn Seiten treten auf, dazu gibt es erste Annäherungen an das Soziotop Dorf, in dem samt der Weiler, die es umgeben, um die tausend Leute leben. Die zweite Einstellung ist die Nahaufnahme. Auch sie ist, wenngleich nur beiläufig, auf den ersten Seiten bereits präsent. Die Nahaufnahme fixiert die Hauptfigur Johann, am Beginn noch nicht ganz fünf, am Ende des Buchs knapp neunzehn Jahre alt. Dorfgeschichte einerseits, Bildungsroman andererseits. Im Lauf des Geschehens wechseln sich die beiden Genres ab, ergänzen einander, treten zueinander in Kontrast. Mal ist das eine, mal das andere dominant, was eine Art Wellenbewegung der Narration ergibt. Dass man beim »Springenden Brunnen« sehr rasch an eine Foto- wie an eine Filmkamera denkt, kommt nicht von ungefähr. Der Roman ist ein Gesellschaftsalbum mit Hunderten von Einzelaufnahmen, aber auch ein szenenopulenter Spielfilm im großen Format: Daumenkino wie Cinemascope, obwohl die Kino-Breitwand 1932 noch in einiger Ferne liegt.

Nach 117 Seiten endet der erste Teil mit der Nachricht von Hitlers Ernennung zum Reichskanzler am Vormittag des 30. Januar 1933 und der abendlichen Rede des Propagandachefs Joseph Goebbels vom Balkon der Berliner Reichskanzlei. Der Radioübertragung lauschen in der großen Wirtsstube der *Restauration* die SA-Leute des Dorfs und die Mitglieder von Hitlers Partei, die der hiesige Jargon *Nazi-Sozis* nennt. Ortsgruppenleiter ist der Bootsbauer Minn, der starke SA-Mann aber Viehhändler Brugger, der einen Mercedes fährt und auch der Darlehenskasse vorsteht. Mächtig stolz ist er, dass er seinen Sohn schon fünf Jahre vor Hitlers Machtergreifung auf den Namen Adolf hat taufen lassen. Das Radio steht auf dem Schrank hinter der Theke. Kurz bevor Goebbels' Stimme aus dem Lautsprecher dröhnt, haben die Parteileute die Tür ins Nebenzimmer aufgestoßen, wo Johanns Vater, dessen Name nie genannt wird, mit einigen Getreuen gerade eine lokale Loge der Theosophischen Gesellschaft gegründet hat. Ziel: die universelle Bruderschaft der Menschheit.

Widerstandslos müssen die Theosophen ihre Versammlung beenden. Auch aus ihren Reihen kommen vereinzelt *Bravo*-Rufe, als die Übertragung aus Berlin beginnt. Johanns Mutter Augusta steht hinter dem Ausschank. Seit kurzem ist sie in der *Nazi-Sozi*-Partei, versprochen wurde ihr, die Wirtschaft werde von nun an Versammlungslokal, was den permanent drohenden Konkurs und in dessen Folge die Zwangsversteigerung etwas weniger drohend macht. Augusta hat das neue Parteiabzeichen in der Schublade gelassen, reckt auch nicht den Arm, winkelt ihn aber so an, dass alle Anwesenden ihr den Hitlergruß abnehmen. Wie Walser den dörflichen Kosmos engführt, ihn in der Engführung durchsichtig macht, zeigt eine Miniszene, die sich zwischen den Eltern einen guten Monat zuvor, an Heiligabend, abgespielt hat. Herr Minn, heißt es, werde am ersten Weihnachtstag, dem Tag von Christi Geburt, Augustas Aufnahmeantrag in die NSDAP zum Unterschreiben vorbeibringen: *Der Vater sagte nichts. Der Kronenwirt, der Lindenwirt, der Pfälzerhofwirt seien schon drin, sagte sie. Der Bürgermeister Hener auch. Ich nicht, sagte der Vater. Eben, sagte die Mutter. Da hörte man die Glocken läuten.* Für den Vater, Träger des Eisernen Kreuzes aus dem Ersten Weltkrieg, steht von vornherein fest: *Die Katastrophe heißt Hitler* und *Hitler bedeutet Krieg.* Aber: *Der Eintritt der Mutter in die Partei* ist vollzogen.

Im Lauf der vierundvierzig Jahre seines Entstehens hatte der Roman mehrere Arbeitstitel. »Matrosenleben« war einer davon, die »Bayreuth-Novelle« ein anderer. »Der Eintritt der Mutter in die Partei« war der stabilste und lange Zeit produktivste. In einer Vielzahl von Interviews hat Walser stets aufs Neue betont, seine Mutter sei *eine sehr katholische Frau* gewesen, *alles andere als eine Nationalsozialistin.* Wenn es ihm zu erzählen gelänge, warum sie dennoch mitgemacht habe, hätte er womöglich auch erzählt, *warum Deutschland in die Partei eingetreten ist.* Um diesen Versuch zu plausibilisieren, habe er sie im Buch auch erst *Weihnachten 1932/33* beitreten lassen – *wo dieser Zeitpunkt kompositionell passte* –, in der Realität sei es *noch früher* gewesen: Hitler, habe man ihr klargemacht, nehme *die Vorsehung* ernst, damit den *Herrgott.* Für den kleinen Johann sind Vaterwelt und Mutterwelt nicht konträr, sie stehen, miteinander vereinbar, einfach nebeneinander. Vater und Mutter sind als Charaktere eben grundverschieden, als Paar und als Eltern aber einig und fast ohne Streit.

Zu den etwa zwanzig Figuren des Beginns gesellen sich in den sechs weiteren Kapiteln des ersten Teils noch einmal um die hundert Personen, die das Wimmelbild Wasserburg weiter füllen. Stützen des Alltags wie der Friseur Häfele, die Gemischtwarenhändlerin Marie Göser, der Pfarrer Dillmann, der Hauptlehrer Heller, der Architekt Hartenstein. Autoritäts- oder Amtspersonen von auswärts wie der Gerichtsvollzieher Kalteißen, der Oberpostinspektor a. D. Zürn, die Zollfinanzratswitwe Droßbach. Villenbewohner wie das fast hundertjährige Fräulein Hoppe-Seyler, deren Bruder Felix Hoppe ebenfalls Wasserburger, vor allem einer berühmtesten Chemiker des neunzehnten Jahrhunderts war. Die Wirtschaft füllt sich mit Dauergästen wie dem ungebremst, auch unflätig fluchenden Herrn Seehahn, einst Aktivist der Münchner Räterepublik, oder den Fischerknechten Max Schulze und Dulle, einem Saisonarbeiter aus Buxtehude. Ob und wer davon jüdisch gewesen sei, habe er, sagt Walser, allermeist *erst nach 1945* erfahren, etwa bei *Frau Haensel, der Pianistin*, die aus München hergezogen ist.

Die Wirtsfamilie selbst, die der Roman ohne Nachnamen lässt, also partout nicht Walser nennt, wird nach Johann, dem Bruder Josef und dem Vater nun eben durch die eingeheiratete Augusta aus dem benachbarten *Kümmertsweiler* – in »Ehen aus Philippsburg« stammt die Mutter von Hans Beumann aus *Kümmertshausen* –, den Großvater väterlicherseits, den oft zu Besuch weilenden Vetter Anselm aus dem Allgäu und den Hausknecht Niklaus arrondiert. Für die sich zuspitzende Wirtschaftskrise der taumelden Weimarer Republik steht die *Landwirtschaftsbank*, die Knall auf Fall den Geschäftsbetrieb einstellt und den kleinen Leuten die Ersparnisse sperrt. Ein szenischer Höhepunkt im ersten Teil ist die *Fahnenweihe des Kriegervereins*, der zwar gegen die Nazis ist, aber mit ihnen zusammen am Gefallenendenkmal der toten Soldaten gedenkt. Fabelhaft schildert Walser die Weihnachtsbescherung im Wirtshaus. Ihr kleinbürgerlicher

Glanz kann es auch literarisch mit der Großbürgerweihnacht bei den »Buddenbrooks« aufnehmen.

Deutlicher in den Vordergrund rücken jetzt die Nahaufnahmen der Zentralfigur. Auch ganz real wird Johann fotografiert – und zwar nicht als Teil einer Gruppe, also der Familie oder des Gesangsvereins, in dem er schon mitsingen darf, sondern erstmals ganz für sich allein. Bei Besorgungen im Dorf trifft er auf einen *Wanderphotographen*, der ihn samt Fahrrad vor den *Mammutbäumen* der Hoppe-Seylers in Positur stellt. *Was das wieder kostet*: neun Mark für drei Porträtabzüge. Zurückweisen, was der Fotograf ohne jeden Auftrag mit dem erst überrumpelten, dann begeisterten Knaben in Szene gesetzt hat, will die Mutter nicht, es wäre ihr peinlich, vor allem dem Personal gegenüber. Mina, die Köchin, ist auch sofort begeistert vom Fotografen wie vom abgelichteten Johann: *Wie er dasteht! Schneidig! … Ein Königssohn ist nichts dagegen. Das Rad ist sein Roß!* Die drei Bilder wandern als Kostbarkeit ins Geheimfach von Vaters Sekretär. Über den Fotografen selbst erfährt man wenig. Dass er beim Reden und bei der Arbeit *die Zigarette nicht aus dem Mund nimmt*, gibt ihm etwas Bohèmienhaftes, vergleichbar dem Ortsorganisten Jutz, bei dem Josef, der Bruder, bisweilen Klavierstunden nimmt. In die entgegengesetzte Richtung deutet Augustas entgeisterter Ausruf: *Mein Gott! … Ein Wanderphotograph!* Als habe sich Johann mit einem zwielichtigen Tunichtgut oder einer Gestalt aus dem Heer umherziehender Klein- und Lumpenproleten eingelassen. Dabei hätte der Fotograf durchaus August Sander heißen können, dessen Gesamtbildwerk »Menschen des 20. Jahrhunderts« zu großen Teilen nicht im Atelier, sondern unterwegs entstand und in den 1930er Jahren bereits berühmt war.

Zurück zu Johann. Beim Versteckspiel richtet er es möglichst so ein, dass er mit einem der Mädchen, vorzugsweise Irmgard, im nächsten Unterschlupf verschwindet: Die Berührungen, die dabei *eher zufällig als absichtlich* entstehen, lösen in ihm jedes Mal einen *Sturm* aus – und stürmen kann es gar nicht oft genug. Beim Friseur Häfele ist es ein Dauerjammer, dass die endlich länger gewordenen Haare wieder auf Dorfmaß gestutzt werden. Zu Weihnachten schenkt Vetter Anselm einen *hellgrauen Norwegerpullover mit vorstehenden Blaustreifen*, Johann, der gleich zum Spiegel rennt, fühlt sich darin wie *der Silberne Ritter* aus *Richard Löwenherz*. In den Wörterbaum kommt ein neuer, Vaters Bemerkung abgelauschter Fund: *Jugendstil*. Die letzte Szene des ersten Teils aber gehört aufs Neue ins Wimmelbild Wasserburg. Während Goebbels' Radiorede erstickt Hanse Luis, der Spenglergeselle, fast an einem *Hustenanfall*. Mina kommentiert: *Wer lang hustet, lebt lang*. Der zweite Romanteil wird im Jahr 1938 einsetzen, das Jahrfünft dazwischen bleibt, eine bewusst gesetzte Pause, unerzählt.

## Wien, 1936 bis 1942

Ruths Klügers früheste Erinnerung findet sich im dritten Kapitel des ersten Teils von »weiter leben«. Das ist sie gerade fünf. Mit dem sechs Jahre älteren Prager Halbbruder Jiří und ihren Eltern, dem Frauen- und Kinderarzt Viktor Klüger und dessen Frau Alma, lebt sie im siebten Wiener Bezirk, *Neubau*. Jiří, in Wien naturgemäß *Schorschi* gerufen, hat eine *Taschenlampe*, die auch *unter der Bettdecke* leuchten kann: eine Sensation. Er schwänzt öfters die Schule, liest lieber *Jules Verne* – und zwar *auf dem Klo*, was Ärger mit sich bringt. Mit seinen Freunden spielt er *Winnetou und Old Shatterhand* im Park, als *Blume der Prärie* darf die kleine Schwester vor dem Zelt sitzen – und still sein. Er hat ein *Fahrrad*, sie nicht, er liebt tschechische Kinderbücher, die sie nicht versteht: *Schorschis Geheimwissen*. Er ärgert sich öfters über die Kleine, gibt sich aber auch gern mit ihr ab. Es ist charakteristisch für »weiter leben«, dass die Autorin das einst Geschehene mit aktuellem Blick quasi simultan kommentiert. Also die Taschenlampe unter der Bettdecke: *ein strafbares Spiel, weil man es in Sigmund Freuds Stadt nicht gern sah, wenn Bruder und Schwester kuschelten*. Also das Sitzen vor dem Zelt: *nicht sehr ergiebig, aber besser als nichts*. Sie erinnert daran, dass 1936 Elfjährige politisiert sein konnten: Jiří / Schorschi gibt sich unter seinesgleichen als *patriotischer Tscheche* und Anhänger des Philosophen-Präsidenten *Masaryk*, während die österreichischen Schulkameraden zum Austrofaschisten und Wiener Kanzler *Schuschnigg* halten.

*Ja, und das ist schon alles*, anderes wisse sie nur vom *Hörensagen*, notiert Klüger und fügt abrupt hinzu: *Eines Tages war er weg.* Ein Prager Gericht entzieht der Mutter das Sorgerecht mit der Begründung, die deutsche Erziehung in Wien schade dem tschechischen Jiří. Aus den Ferien beim leiblichen Vater kehrt er nicht zurück. Die Schwester sieht ihn nicht wieder. Dass er im Holocaust umgekommen sein muss, weiß sie – aber wo, wie, wann? Solange sie es nicht genau weiß, glaubt sie es nie ganz. Längst in Berkeley, später in Charlottesville, ertappt sie sich dabei, bei Szenen aus Prag, die im amerikanischen Fernsehen ohnehin rar sind – Ausnahme: 1968, als der Warschauer Pakt die ČSSR, die einstige Tschechoslowakei, okkupiert –, sofort nach Schorschi zu suchen: Ist er vielleicht *der rundliche Glatzköpfige* oder *der Dünne im Mantel, der auf die russischen Soldaten einspricht?* Erst Mitte der 1970er Jahre erfährt sie, was wirklich geschah. Bei einer Historikertagung in Princeton trifft sie einen emigrierten tschechischen Kollegen, der von Dokumenten zum *Tod eines Transports in Riga* im Jahr 1942 berichtet: Prager Juden wurden von Theresienstadt aus ins Baltikum deportiert. Noch in der folgenden Nacht, sie vergleicht die Dokumente mit ihrem eigenen Material, steht zweifelsfrei fest, dass auch der Bruder zu diesem Todestransport gehört hat und *kaltblütig abgeknallt* wurde. Für *Schorschi,* der ihr *erster großer Verlust* war, wechselt sie für einen ganz kurzen, desto emphatischeren Moment den Adressatenbezug. »weiter leben« ist an uns, die Leser, gerichtet, vielfach werden wir von der Autorin unmittelbar angesprochen, zu eigener Reflexion und eigenem Urteil ermahnt, ermutigt, herausgefordert. Nun lässt Ruth Klüger der Erinnerung an die Taschenlampe und das Indianerspiel einen gemeinsamen Ausflug mit *Schorschi* folgen, bei dem er sie *in einer Wiese voll blühendem Löwenzahn* neckt: *Da sind Löwen, die wer'n uns beißen.* Sofort losgerannt seien sie beide und hätten sich *nachher gekugelt vor Lachen.* Dann die direkte Anrede, der direkte Appell an ihn, den Toten: *Du, wir hätten gar nicht aufhören sollen zu rennen: dieses herr-*

*liche Spiel mit der Flucht vor Gefahr.* Nur einmal noch wird sich die Du-Anrede wiederholen. Dann gilt sie *Ditha*, der Wahlschwester aus Auschwitz, mit der im Februar 1945 die gemeinsame Flucht beginnt.

Ruth Klüger nennt »weiter leben« im Untertitel »Eine Jugend«. Die Literaturwissenschaft diskutiert gern Gattungsfragen, durchaus nicht grundlos. Nicht recht einig wurde man, ob Klügers Buch eher zum autobiographischen Roman tendiere, was Walsers »Springender Brunnen« zweifellos ist, oder in erster Linie doch ein Lebensbericht sei, mithin Autobiographie. Für beides gibt es Argumente. Während die Forschung überwiegend die fiktiven Elemente des Buchs betont und sich dabei auch auf die vielen Gedichte stützt, die den Prosatext unterbrechen, ergänzen und erweitern, neigt die Autorin selbst eher zur ereignisdominanten Faktizität. In »Fakten und Fiktionen«, zunächst 1998 als Vortrag für den Frankfurter Historikertag konzipiert und später in die Sammlung »Gelesene Wirklichkeit« (2006) aufgenommen, definiert sie Autobiographie als *Geschichte in der Ich-Form.* Dank ihrer Subjektivität enthalte sie freilich *Dinge, die nicht nachprüfbar sind – Gefühle und Gedanken* –, und werde deshalb *leicht mit dem Roman verwechselt.* Es sei jedoch wie in einem *Grenzdorf,* in dem man beide Sprachen spreche, im speziellen Fall: *die der Geschichte und die der Belletristik.* Jedes Grenzdorf aber gehöre letztlich *dem einen oder dem anderen Staat* an, weshalb die Autobiographie *eindeutig zur Geschichte* zähle, der autobiographische Roman aber den Belletristen-Ausweis besitze. Natürlich war »weiter leben« für sie auch ein Teil der *Holocaust-Literatur:* ein gewichtiger Grund, warum sie ihr Buch der *Geschichte in der Ich-Form* zuschlug. Gerade bei Holocaust-Themen, hatte sie bemerkt, rezipiere man *oft auch nur geringe Abweichungen von der historischen Wirklichkeit ... mit großem Unbehagen.* Es entlastet die Rezipienten offenbar, in schriftlichen oder filmischen Dokumentationen über diese Zeit faktische Fehler zu finden. War alles vielleicht doch nicht so schlimm, wie dort behauptet? Bei einem Buch sei es deshalb wichtig, heißt es in »Fakten und Fiktionen«, *daß Autor und Verlag einen Vertrag mit uns schließen. Da steht dann entweder: »Geschichte der Schlacht von Stalingrad« oder*

»*Stalingrad, Roman*«. Diesen Vertrag aber hat sie selbst dann doch nicht aufsetzen lassen: »weiter leben« mit »Eine Jugend« zu untertiteln, lässt die Gattungsgrenze offen. Warum?

Ein Grund dafür wird ihr erst im Nachhinein bewusst. 1994, zwei Jahre nach »weiter leben«, erscheint der Holocaust-Roman »Lügen in Zeiten des Krieges« des Amerikaners Louis Begley, der ein Welterfolg wird: Maciek, ein jüdisches Kind, überlebt dank seiner findigen Tante Tanja die Nazijahre in Polen mit gefälschten Papieren und wechselnden Identitäten. Auf der letzten Seite erklärt Begley, warum aus Macieks Geschichte, die seine eigene ist und wiederum auch nicht, ein Roman und keine Autobiographie werden musste: *Maciek war ein Kind, und unser Mann* – der Autor des Buchs – *hat eine Kindheit, die zu erinnern er nicht ertragen kann; er hatte sich eine Kindheit erfinden müssen.* Ruth Klüger folgert daraus, ebenfalls in »Gelesene Wirklichkeit«, es sei *das Paradox dieses Romans, daß er fiktive Elemente gebraucht und braucht, um dem Gedächtnis einen Weg zum Ausdruck zu bahnen.* Und sie folgert aus der Folgerung, *solche Bastler* seien im Grunde alle geworden, *die über die Vergangenheit nachdenken.* Also auch sie.

Und Walser? Es wurde bereits dargestellt, welchen gedanklichen und rhetorischen Aufwand er betreibt, um im »Springenden Brunnen«, dem Roman seiner Kindheit, *Vergangenheit als Gegenwart* hervorzurufen und herzustellen. Sein Axiom: Man findet das eigene Vergangene nur, wenn man es nicht durch späteres Wissen filtert. Daran glaubt Ruth Klüger keine Sekunde lang. Als sei es eine vorweggenommene Kritik der Walser'schen Erinnerungsphilosophie, schreibt sie 1992 in »weiter leben«, gerade *die genauesten Erinnerungen* verführten *zur Unwahrheit, weil sie sich auf nichts einlassen, was außerhalb ihrer selbst liegt.* Also setzten sie *den auf ein später entwickeltes Urteil und weiteres Wissen gegründeten Gedanken stur die eigene Beschränktheit entgegen.* Fatale Folge: *Kommensurable Gefühle* könnten gar nicht erst aufkommen. Das stimmt und stimmt nicht. Wir erinnern uns, dass Walser in der Rundfunkrezension von »weiter leben« gerade den *erkenntniskritischen Geist* des Buchs rühmt. Dass er für seinen Kindheitsversuch sechs Jahre danach einen entgegengesetzten, aber ebenfalls erkenntniskritischen Ansatz wählt, hängt in der Tat mit der Inkommensurabilität der Lebensläufe zusammen.

Warum etwa sollte Ruth Klüger, die vom Anschluss Österreichs im März 1938 bis zur Flucht vom Todesmarsch im Sommer 1944 nicht einen Tag lang ein auf kindgemäße Weise selbstbestimmtes Leben führen konnte, im erinnernden Nachgang lediglich die Objekterfahrung als Holocaust-Opfer rekapitulieren? Dies wäre das zwangsläufige Ergebnis, wenn sie, wie Walser, ihre Vergangenheit rein präsentisch schilderte. Und warum sollte Walser andererseits die eigene Kindheit, die trotz der Zeitläufte jedenfalls zu Teilen autonom war, einer nachgängigen Entsubjektivierung unterwerfen, weil sie, diese Kindheit, im Nationalsozialismus und auf Seiten des Tätervolks geschah? Dies wäre das zwangsläufige Ergebnis, wenn er, wie Klüger, Vergangenes stets von heute aus betrachtete und bewertete. Walser hat als Kind und Jugendlicher einen Bildungsroman gelebt, die vier Jahre jüngere Klüger dessen radikale Dekonstruktion. Kommensurabel sind beide Bücher einzig durch die Genauigkeit, mit der sie das jeweils Erfahrene aufzeichnen und festhalten. Kommensurabel sind sie im Sinn von Klügers Begley-Interpretation freilich auch als ästhetische wie intellektuelle Bastelarbeiten.

Bei den Germanisten hat sich die These eingebürgert, Walser habe mit dem autobiographischen Roman *auf den seiner ihm seit Jahrzehnten bekannten Freundin reagiert*, »Ein springender Brunnen«, könne also, schreibt Dorothea Kliche-Behnke 2018, *als Antwort auf das zuvor erschienene Werk gelesen werden*. Bereits 1999 hat Barbara Mahlmann-Bauer Walsers Buch nicht nur in Bezug zu Klügers »weiter leben« gesetzt, sondern umfassender als *Antwort auf jüdische Überlebensberichte* seiner *Altersgenossen* eingestuft, vor allem auf die autobiographische Werkreihe des 1928 in Reinbek bei Hamburg geborenen Georges-Arthur Goldschmidt von »Ein Garten in Deutschland« (1981) über »Die Absonderung« (1991) bis »Die Aussetzung« (1996). Die *Antwort*-Metapher führt in beiden Studien allerdings nicht sehr weit, methodisch verharren die Analysen meist an der Oberfläche, genauer: der Außenseite der Werke, um desto ausgiebiger die Selbstaussagen der Autoren in Essays und Interviews zu vergleichen. Weshalb es uns sinnvoller erscheint, den »Springenden Brunnen« und »weiter leben« als präsentische Texte parallel zu lesen.

Im September 1937 wird Susanne Klüger, *Susi* gerufen, in Wien eingeschult. *Ruth* ist ihr zweiter Vorname. Schon kurz nach Hitlers Einmarsch, da ist die sieben, legt sie *Susi/Susanne* ab und besteht fortan auf *Ruth,* wird also *jüdisch* aus Gründen der *Abwehr.* Die Erwachsenen lassen ihr schließlich den Willen, für das Mädchen ein Beweis, sich *den richtigen Namen ertrotzt* zu haben. Auch der Religionsunterricht bestärkt sie darin, allerdings negativ. Wenn der Lehrer, *natürlich selbst Jude*, den herumtobenden Kindern Einhalt gebieten will, schimpft er, hier gehe es ja zu *wie in einer Judenschule.* Warum sich selber weiter erniedrigen, denkt sie, wenn schon die nichtjüdische Umwelt täglich neue Schikanen ausheckt? *Die Selbstverachtung der Juden* erfährt sie bereits zum zweiten Mal, hatte ihre *Tante Rosa* sie doch kurz zuvor ermahnt, auf der Straße ordentlich, vor allem unauffällig zu sein: *Judenkinder,* pflegt sie zu sagen, *die sich schlecht benehmen, machen Risches,* geben also dem Antisemitismus Vorschub. Diese Logik lehnt Ruth ab. Vier Jahre, bis 1941, dauert die Schulzeit, siebenmal muss sie die Schule wechseln. Benehmen spielt dabei nicht die geringste Rolle. Es sind die Wiener Nazibehörden, die sie und ihresgleichen in immer kleinere, schäbigere Räume verschieben und dabei immer weiter vom Stadtzentrum entfernen. Zugleich nimmt *die Zahl der Schüler täglich* ab, während der Schulweg immer länger dauert: Erst wird das Sitzen in der *Stadtbahn* verboten, dann deren Benutzung überhaupt. Ist sie vor dem Anschluss noch mit den österreichischen Kindern in einer Klasse gewesen, wird nun separiert und ausgesondert – wessen Familie es nicht schafft, rechtzeitig das Land zu verlassen, wird deportiert oder taucht, zumindest fürs Erste, unter.

Das *judenkinderfeindliche* Wien der Ruth Klüger wird mit jeder Seite, auf der sie es schildert, kleiner und enger. Während die Zwei-Millionen-Metropole allmählich aufs klaustrophobische Maß einer schäbigen Kammer schrumpft, gewinnt Walsers Tausend-Seelen-Dorf allein durch die Vielzahl des Romanpersonals an Weite und

Größe – wobei die paradoxe Erfahrung von Enge und Weite, die man beim Lesen macht, keinerlei Wertung beinhaltet, sondern allein für die Beschreibungspräzison beider Autoren spricht. Noch weitläufig ist die großbürgerliche Wohnung der Klügers im siebten Bezirk, bei der Familie leben mehrere Dienst- und ein Kindermädchen. 1940 der zwangsweise Umzug nach Hietzing, in den dreizehnten Bezirk, wo man sich den Platz mit Verwandten teilt. Die nächsten beiden Behausungen bestehen aus jeweils einem Zimmer, von der Familie sind nur Mutter und Tochter übrig geblieben, dafür gibt es jetzt Wanzen und Läuse. Als Spielplatz bleibt der Friedhof. Die Schule zu besuchen, hat das Mädchen mit Billigung der Mutter aufgegeben, für eine kurze Weile lässt sich noch eine englische *Nazisympathisantin* bezahlen, die als *Hauslehrerin* deshalb schrecklich unsympathisch ist. Alma, die Mutter, arbeitet in einem jüdischen Spital, Ruth ist tagsüber völlig allein und auf sich gestellt – *monatelang sah ich keine Kinder* –, also liest sie *alles, was mir in die Hände fiel*, und schreibt erste Gedichte. Ein Schlupfloch ins Freie gibt es noch, »weiter leben« schildert es als beklemmende, ihrerseits klaustrophobische Groteske: Die kleine Ruth treibt sich heimlich in der Stadt herum. Ohne *den Judenstern* zu tragen, schleicht sie sich *illegal* in die Kinos und sieht dort – Nazifilme: »Jüd Süß« etwa, aber auch das Rittmeister-Epos »... reitet für Deutschland« mit Willy Birgel, die Burenkriegs-Propaganda »Ohm Krüger« mit Emil Jannings oder die Kolonialisten-Verherrlichung »Carl Peters« mit Hans Albers in der Hauptrolle. Sie liest, in den Schaukästen der Zeitungen prominent vertreten, den »Stürmer« und lernt dabei *die Faszination von Lügengeschichten* kennen. Warum begraben orthodoxe Juden ihre Toten nicht in Särgen? Dies sei, schreibt der »Der Stürmer«, *typisch für jüdischen Geiz und Hang zum Schmutz.*

Zwei weitere Nahaufnahmen stehen im Zentrum des ersten Teils: die Porträts von Vater und Mutter. Nur scheinbar bilden sie einen Gegensatz, wenn die Autorin sie als Illustrationen des *Vater-Tochter-Mythos* einerseits, andererseits einer *Mutter-Tochter-Neurose* bezeichnet. Tatsächlich ist das Vaterbild so ambivalent wie jenes der Mutter, tatsächlich sind beide Ausdruck einer stupenden Porträtkunst. Über

Viktor Klüger erfährt man zunächst, dass er am Einschulungstag in der hintersten Reihe auf die Tochter wartet. Zur Rede gestellt, sagt er bloß: *Warum sich drängen?*, weshalb er nun als *der Vornehmste von allen* erscheint. Um sich auf die erhoffte Ausreise vorzubereiten, lernt er zur Sicherheit einen zweiten Beruf: *Würste machen*, also Metzger – und gibt die neue Fertigkeit parodistisch zum Besten: *Kein Mensch war so witzig wie mein Vater.* Vom ihm lernt sie *Schachspielen*, vergisst aber nicht die Schroffheit, als er sie beim Tippen auf der kostbaren Schreibmaschine ertappt. Der letzte Eindruck sind *Schrecken, Gewalt, ein Gefühl von erlittenem Unrecht:* Zu ungestüm und aufdringlich ist ihm ihre Freude beim Familienmahl nach seiner Entlassung aus dem Gefängnis, also bezieht sie Prügel und wird in ihr Zimmer gesperrt. Ein paar Tage später wiederholt sich das Schorschi-Trauma: Vater ist fort, mit gültigem Pass auf dem Weg nach Italien. Vorausgefahren sei er, sagt man: Sobald die Mutter das Geld zusammen hat, das als *Reichsfluchtsteuer* abzuliefern ist, soll sie samt Tochter nachreisen. Dazu kommt es nie. Viktor Klüger zieht von Italien nach Frankreich weiter, wird 1944 von den Franzosen an die Deutschen ausgeliefert und umgehend nach Auschwitz deportiert. Geblieben von ihm sind *zwei Photos*, denen das erste Gedicht gilt, das Ruth Klüger in »weiter leben« einfügt. Entstanden ist es, als sie längst in Kalifornien lebt. *Ein Tyrann von wunderbarer Leuchtkraft* ist der Vater für sie. Bleibende Ambivalenz: Nach langem Bedenken und manchem Schuldgefühl zum Trotz hat sie später den jüdischen Brauch missachtet und keinem ihrer beiden Söhne seinen Vornamen gegeben.

Die Mutter, ihrerseits Tochter eines *Ingenieurs und Fabrikdirektors*, hat Ruth Klüger *in den ersten Jahren … nur von fern gekannt*, Nähe und Zuneigung verspürt sie beim und vom Kindermädchen Anja. Eine frühe Erinnerung, sie datiert aus der *Schorschi*-Zeit, zeigt *Susi* vor dem Spiegel des Toilettentisches. Sie schaut sich selbst dabei zu, wie sie *Mutters Handtasche* zerschneidet. Mutters Geburtstage sind immer ein Gräuel, ihre Fürsorge ist schrecklich – Kopfläuse etwa kuriert sie mit Petroleum. Natürlich weiß und kann sie alles besser. Es ist, kurzum, eine Liste an Trostlosigkeiten, die »weiter leben« versammelt. Sie gipfelt in Almas bewusstem Verzicht auf das Angebot der Wiener Jüdischen Gemeinde, die Tochter *mit einem Kindertransport nach Palästina* zu schicken: *Nein. Man trennt kein Kind von der Mutter.* Nicht von ungefähr haben die Rezensenten des Buchs immer wieder Klügers Schroffheit, ja Unbarmherzigkeit der Mutter gegenüber betont. Wenn Walser im Bayerischen Rundfunk von einer *scharfen Schrift* redet, meint er, der bekennende Muttersohn, nicht zuletzt die Mutter-Tochter-Analyse von »weiter leben«.

Für mich zählen diese Passagen – der zweite Erinnerungsband, »unterwegs verloren«, setzt die Geschichte der schwierigen Beziehung fort – zur ganz und gar außergewöhnlichen, ergreifend wahrhaftigen Qualität des ohnehin einzigartigen Werks. *Rührseliger Unsinn* ist für die Autorin die Vorstellung von einer *Läuterung durch Leid.* Während eines Erdbebens, fügt sie plastisch hinzu, zerbreche erfahrungsgemäß auch *mehr Porzellan als sonst.* Zugleich ist und bleibt ihr völlig bewusst, dass Alma, die Dame aus besseren Kreisen, binnen kürzester Zeit alles verliert, was ihre Existenz ausmacht: *Der Mann auf der Flucht, der Sohn in Prag, die Schwester mit Familie in Ungarn, der Freundes- und Verwandtenkreis ausgewandert, nach Amerika, Palästina, England, oder verschickt nach Theresienstadt und ›nach Polen‹, wie man sagte.* »weiter leben« ist die Geschichte zweier Überlebender: die der Ich-Historikerin Ruth und jene der Ich-Bewahrerin Alma Klüger. Sie, 1903 als Alma Hirschel geboren, stirbt im Jahr 2000. Ihr ist im Jahr danach »Still Alive« gewidmet. Und im zweiten Kapitel von »unterwegs verloren« schildert die Tochter, welch zwar kurzes, aber völlig unambivalentes, liebevolles Einvernehmen zwischen ihrer eigenen Enkelin Isabela und deren Urgroßmutter herrscht. Dass Ruth Klüger Auschwitz überlebt hat, verdankt sie nicht nur dem Zufall der fremden Frau, sondern auch Alma – sie ist es, die ihre resignierende Tochter nach der ersten Zurückweisung bei der Selektion für das Arbeitslager Christianstadt mit dem Zuruf: *Feig bist du* dazu anstachelt, sich aufs Neue in die Reihe zu schmuggeln.

## Wasserburg am Bodensee, 1938

Martin Walsers Entscheidung, Johanns Kindheit und Jugend nicht in chronologischer Vollständigkeit zu erzählen, sondern auf drei für dessen Entwicklung zentrale Momente zu konzentrieren, verleiht dem Buch eine innere Dynamik, macht es zu einer Art Triptychon der Adoleszenz. Die Assoziation zum dreiteiligen Altarbild kommt nicht von ungefähr. Die Kirche auf der Halbinsel zum See ist Wasserburgs eigentliche Mitte. Wenn hier *Pater Chrisostomos, der Franziskaner aus Meßkirch*, gegen *das Dreckspack* der *Heiden* predigt, wenn er verkündet, mit *Sandalen*, nicht mit Stiefeln komme man ins *Ewigkeitsreich*, wissen alle, was und wen er meint. Ganz klein wird die riesige Kirche unter seiner Stimme, dabei leuchtet sein Gesicht *wie die auf den Altarbildern*. Nun ist der Mittelteil eines Triptychons so groß wie die beiden seitlichen Tafeln zusammen, Logik und Mechanik des Klappaltars setzen den Künstlern das Maß. Rein quantitativ hält sich Walsers Roman-Triptychon nicht an die Vorgabe – jeder der drei Teile ist annähernd gleich lang. Inhaltlich wie ästhetisch aber ist der Mittelteil zweifellos das Zentrum des Buchs: Er säkularisiert dabei zwei zutiefst religiöse Vorstellungen und Bildbereiche bis an die Grenze zur Blasphemie.

Zunächst jedoch gilt es, nach der fünfjährigen Unterbrechung der erzählten Zeit die äußere Handlung als Kontinuum wiederzustellen, eine Reihe von Rückblenden dient dazu. Vier Jahre liegt der Tod des Großvaters inzwischen zurück, er hat *die Restauration* gegründet und gebaut. Am dritten Tag des Jahres ist der lange kränkelnde Vater gestorben, die Lokalzeitung hat der Beerdigung am Dreikönigstag einen großen Artikel gewidmet, nach jedem Kommunionsunterricht geht der nun bald elfjährige Johann zum noch *frischen Grab*. In dessen letzten Lebenswochen hat er dem Bettlägerigen nach der Schule vorgelesen, aus der »Bhagawadgita«, dem heiligen Gesang der Hindus, am liebsten aber aus Nietzsches »Zarathustra« und daraus immer wieder »das Nachtlied des Zweiten Theils«: *Nacht ist es: nun reden lauter alle springenden Brunnen. Und auch meine Seele ist ein springender Brunnen*. Johanns Gefühl dabei: *seine Stimme singe ganz von selbst*.

Vor drei Jahren ist Anselm, der kleine Bruder, geboren, Mina, die Köchin, hat gerade nach außerhalb geheiratet und wird in Kürze von der Luise, der Südtirolerin, ersetzt. Neu im Haus ist Tell, der Schäferhund, der Johann nicht von der Seite weicht. Die *Nazi-Sozis* haben Wort gehalten, auch deshalb sind Mutter Augustas Konkurssorgen kleiner geworden. Überall geht es aufwärts. Zum ersten Mal aber hört Johann in der Wirtschaft den Ausdruck *die Dachauer* und wird von der Mutter sofort ermahnt, er dürfe ihn *niemandem* weitersagen. Frau Fürst, die Zeitungsausträgerin, ist jetzt auch *Frauenschaftsführerin,* redet plötzlich wie ein Wasserfall und hat ihre Tochter Eva auf der *Gemeindekanzlei* in Edeltraut umnennen lassen. Edi, ihr Sohn, wirft als HJ-Führer *Wolfgang Landsmann* mit dem Verachtensruf *Du bist Jude* aus dem *Jungzug* und dessen Fahrrad die Böschung hinunter. Das Wimmelbild Wasserburg vervollständigt sich weiter. Der Zollbeamte Harpf hat den Bootsbauer Minn, der sich als Christ die nun übliche Schmähung *unseres Herrgotts* nicht gefallen lassen will, als Ortsgruppenchef der NSDAP abgelöst. Von *665 Stimmberechtigten* votieren im März 1938 lediglich sechs nicht für den Anschluss Österreichs. Gegen Baumeister Schlegel wird wegen Trunksucht ein *Wirtshaus- und Alkoholverbot* erlassen. Die *Restauration* erhält einen Telefonanschluss, *den 663. im Bezirk Lindau.*

»Das Wunder von Wasserburg« ist der zweite Romanteil überschrieben. Der das Wunder erlebt, ist Johann. Genau gesagt: Es sind zwei Wunder, die ihm zuteilwerden. Eines davon, die mehr lust- als qualvolle Onanie, gilt als *Todsünde*, zumal er sie weder vor noch nach der Erstkommunion beichtet. Das zweite Wunder ist reine Literatur und könnte, was der Erzähler naturgemäß offen lässt, mit dem Bild des Schutzengels in Johanns Zimmer zu tun haben, mehr aber noch mit der seliggesprochenen flämischen Nonne Beatrijs, die im dreizehnten Jahrhundert als Priorin des Klosters Nazareth wirkte und dort die mystische Schrift »Seven manieren van minne« (Sieben Arten der Liebe*)* verfasste: Durch den Vater war auch der Name *Beatrijs* in Johanns Wörterbaum gelangt. Die erste Art der Liebe, die er kennenlernt, trägt freilich den Namen Anita. Sie ist die Tochter der Zirkusfamilie Wiener, die ihr Zelt für einige Tage im Innenhof der *Restauration* aufschlägt. Aufs Neue eine Wellenbewegung der Narration: Während es Johann gelingt, sich heimlich mit Anita zu verabreden und ihr dabei zwei seiner *Abziehbilder* – einen *Wal, der Wasser in die Luft bläst,* und den *feuerspeienden Popocatepetl* – auf die *Innenseiten ihrer Oberschenkel* zu kleben, nimmt uns der Erzähler mit in die Zirkusvorstellung, bei der sich Axel Munz, *der Clown*, über die Österreicher und deren Heim-ins-Reich-Illusionen lustig macht, was ihm noch in derselben Nacht übel heimgezahlt wird. In Wasserburg wird es am nächsten Tag heißen, es seien keineswegs Einheimische, sondern *auswärtige SA-Leute* gewesen, die ihn grün und blau geprügelt hätten.

Johann, zurück im Zimmer und im Bett, lässt das erste Wunder geschehen. *Zwetschge* nennt er, was er sich *zwischen Anitas Beinen* vorstellt, für *sein Teil* aber, das keinesfalls *Schwanz* heißen darf, in dem es aber nun *hochschoß und aus ihm heraus*, findet er einen Namen, der ihm entspricht: *Ich bin der ich bin*, abgekürzt in *IBDIB* – Gottes Antwort auf die Frage des Moses, wer sich im brennenden Dornbusch verberge. Der Name gefällt Johann, auch im dritten Teil, da ist er siebzehn, wird er ihn vielfach verwenden. Das zweite Wunder ist größer. Es geschieht, als sich Johann von zu Hause wegstiehlt, mit dem Fahrrad dem Zirkus folgt, der inzwischen im zehn Kilometer entfernten Langenargen gastiert, dort Anita noch einmal wiedersieht und schließlich in einer Fischerhütte in den Schlaf fällt. Walser räumt dieser Szene zwanzig Seiten ein, nicht einen Absatz möchte man missen. Weitere zwanzig folgen, als sich Johann mit schlechtem Gewissen und voller Angst am nächsten Tag auf den Heimweg macht – um dort festzustellen, dass ihn außer dem Hund nicht nur niemand vermisst hat, sondern dass ihn alle, die Mutter eingeschlossen, für sein ausgemacht gutes Benehmen und seinen Fleiß am gestrigen Tag fast überschwänglich loben. In der Schule hat er sogar einen Aufsatz zustande gebracht, der dem Nazilehrer Heller zwar nicht gefällt, den Verfasser im Geiste Winnetous – er liest gerade »Winnetou I« – aber als Verteidiger der unterdrückten Indianer ausweist: *Die weiße Rasse tut,* hat Johann geschrieben, *als sei sie etwas Besseres. Solange sie andere Rassen vernich-*

*tet, ist sie ... › schlimmer als jede andere.* Der Titel des Aufsatzes lautet: *Wieviel Heimat braucht der Mensch?*. Und dieser Text ist entstanden, während Johann doch in Langenargen war – wie das?

Der Roman also schildert – wenn ich recht sehe: ein Unikum in der jüngeren deutschen Literatur – einen Fall von Bilokation, also der Fähigkeit, als einzelnes Wesen an zwei Orten zugleich zu sein. Natürlich kennt Walser dieses Motiv aus den katholischen Heiligenlegenden – auch Beatrijs wird die Fähigkeit zur Bilokation zumindest nicht abgesprochen –, zugleich aber profitiert die ganze Passage vom verbreiteten Doppelgänger-Motiv romantischer Schauergeschichten, etwa vom Zusammen- und Widerspiel des Mönchs Medardus und mit seinem Doppel Viktorin in E.T.A. Hoffmanns Roman »Die Elixiere des Teufels«. Was hat Walser dazu bewogen, solch phantastische, transzendente Fähigkeit ausgerechnet Johann, seinem frühen Ich, zuzuschreiben – oder war es am Ende doch der Schutzengel, der aus dem Wandbild stieg und Johanns Gestalt annahm? In »Wege mit Martin Walser« schlägt Susanne Klingenstein eine so pathetische wie völlig plausible Deutung vor. Aus der Beobachtung, der Titel von Johanns Aufsatz sei identisch mit jenem, den Jean Améry für einen zentralen Text aus »Jenseits von Schuld und Sühne« wählte, folgert sie, übers Titelzitat von Amérys »Wieviel Heimat braucht der Mensch?« hole Walser *die Katastrophe in sein Buch* und fügt nach einigen weiteren Argumenten für ihre These hinzu: *Präziser konnte Martin Walser Auschwitz und seine Folgen gar nicht in sein Buch hineinholen.*

## Theresienstadt bis Regensburg, 1942 bis 1947, Wasserburg am Bodensee, 1944/45

Das Jahr 1938, in dem Johann seine beiden Wunder erlebt, kommt in Klügers »weiter leben« explizit nur an wenigen Stellen vor. Einmal in einer Reminiszenz an das geliebte Kindermädchen Anja, zweimal in expressiver Engführung von allgemeiner und persönlicher Geschichte. Im März 1938 liegt Ruth mit einer Halsentzündung im Bett, während unten auf der Straße *die ersten deutschen Uniformen* auftauchen: Österreichs Anschluss, kommentiert sie knapp, *läßt sich in den Geschichtsbüchern nachlesen.* Bei einem Gang durch die *Mariahilferstraße im November '38* deutet der Vater, *fast schweigend*, auf die zerbrochenen Fenster der jüdischen Geschäfte und sagt dann nur: *Da kann man jetzt nicht mehr einkaufen.* Dass die »Kristallnacht« in Wien von besonderer Brutalität gewesen ist, sagt er nicht, schon gar nicht der Tochter.

Es fällt auf, dass sich Klügers und Walsers autobiographische Erzählbücher bis zum Sommer 1944 auf der schieren Ereignisebene kaum je überschneiden. Klügers früheste Erinnerung, jene an Schorschis Taschenlampe, datiert von 1936, fällt also in die erste Erzählzäsur des »Springenden Brunnen« von 1934 bis 1937. Den Anschluss Österreichs reflektieren beide Bücher in kurzen Szenen. Die Pogromnacht vom 9. auf den 10. November 1938 hat bei Walser keinen Widerhall. Sie ereignet sich in Wasserburg nicht, auch weil es weder im Dorf selbst noch im nahen Lindau eine jüdische Gemeinde, damit eine Synagoge, gegeben hat. Walsers dritter Romanteil, »Ernte« betitelt, setzt im Herbst 1944 ein – nach einer dieses Mal sechs Jahre aussparenden Zäsur. Der größte und schrecklichste Teil von Klügers KZ-Haft, die von September 1942 bis Anfang Februar 1945 dauert, liegt also außerhalb von Walsers Buch. Man kann dessen zweite kompositorische Pause deshalb als Hommage der Stille an »weiter leben« deuten – ich neige sehr dazu. Wenn wir Johann zu Beginn des dritten Teils wiederbegegnen, klettert er auf Bäume und pflückt Äpfel. Auch die Ich-Erzählerin von »weiter leben« hat es im Herbst 1944 mit Bäumen zu tun: Im Arbeitslager Christianstadt wird sie mit anderen Häftlingen zum Roden eines Waldstücks gezwungen, zudem schleppt sie Eisenbahnschienen.

Wie erzählt sie das KZ? Wie schildert sie die fast zwei Jahre in Theresienstadt, die sieben Wochen in Auschwitz-Birkenau, die sieben Monate in Christianstadt? Ihrer Methode gemäß nicht als quasisimultanes Geschehen, sondern im reflektierenden Rückblick vom Göttinger Schreibtisch des Jahres 1989 aus. Im Café nahe ihrer Wohnung hat sie sich mit zwei *sympathischen deutschen Studenten* unterhalten, *Germanisten im ersten Semester.* Sie berichten von ihrem *Zivildienst in*

*Auschwitz* und ihrer Aufgabe, dort *die Zäune weiß zu streichen*. Auf Klügers Frage, ob das sinnvoll gewesen sei, erwidern sie: *Aber das Gelände muß doch erhalten bleiben*. Worauf sie den Studenten, sich selbst und uns, den Lesern, die nächsten Fragen stellt: *Wozu nur?* und *Was haben wir davon?* Für sie ist *die Museumskultur der KZs* jedenfalls keine überzeugende Antwort. Auschwitz hat sie später nie wieder besucht und Theresienstadt nur deshalb, weil es inzwischen wieder ein kleines, verschlafenes Städtchen in Tschechien namens Terezín ist.

Mit dem Beginn des zweiten Teils, »Die Lager« betitelt, intensiviert Klüger ihr Erzählverfahren. Vier Ebenen sind nötig, um dem Stoff zu entsprechen. Es geht darum, sich des eigenen Erlebens zu vergewissern, indem man es rekapituliert. Es geht darum, dem Auftritt der *Gespenster* Raum zu lassen, jenen Menschen also, die nicht überlebt haben, aber anwesend bleiben. Es gilt, sich mit Zugängen und Bewertungen auseinanderzusetzen, die der Holocaust im Nachhinein erfahren hat. Und es ist unausweichlich, für sich selbst nach einer Erklärung zu suchen. Tiefer als die Empörung über das große Verbrechen, resümiert Klüger, sitze bei ihr *das Bewußtsein der Absurdität des Ganzen*. Was und wie viel man über Gründe und Hintergründe in Erfahrung bringt: wichtig, nötig, gut. Aber: *Dieses Wissen erklärt nichts*, zum wenigsten *die völlige Sinnlosigkeit dieser Morde*. Alles läuft letztlich auf die Erkenntnis hinaus, dass *keine Idee so aberwitzig ist, daß sie in hochzivilisierten Gesellschaften nicht ausgeführt werden kann*. Eine Kapitulation vor der Fatalität ist das nicht, im Gegenteil, es ist das gleichermaßen trotzige wie stolze Standhalten in Vernunft, obwohl deren Reichweite, so ihre Erfahrung, höchst begrenzt erscheint. Auch Vergleiche sind per se keineswegs falsch: *Teile dessen, was in den KZs geschah, wiederholt sich vielerorts, heute und gestern*. Man relativiert nicht, solange man *von Einmaligkeit zu Einmaligkeit* vergleicht. Eine Konsequenz, die »weiter leben« daraus ableitet, ist das Erzählen in multiplen Kontrasten.

Theresienstadt zum Exempel. Ruth Klüger hat das Durchgangslager, das für sie von September 1942 an zwanzig Monate lang zur Zwangsbleibe wird, *irgendwie geliebt*, weil es sie nach der Wiener Einsamkeit zu einem *sozialen Wesen* mit einem *Talent für Freundschaft* macht, weil sie dort Vorträgen des Rabbiners Leo Baeck und Rezitationen aus Schillers »Wallenstein« lauscht, *jungen Sozialisten und Zionisten* begegnet und an der Feier zu Franz Kafkas sechzigstem Geburtstag teilnimmt, die dessen Schwester Ottla, *damals ganz unberühmt,* für den 1924 gestorbenen Bruder organisiert hat. Kontrast eins: Klüger hat Theresienstadt naturgemäß auch *gehaßt,* weil sich zu ihrer Zeit *bis zu 50 000 Menschen* den Platz für nicht einmal viertausend teilen, weil *Enzephalitis, Gelbsucht* und chronischer Durchfall herrschen, weil Alte und Kranke, darunter *Großmutter Klüger,* dort *in Massen sterben,* weil *die ersten Hungerwochen* kommen, weil das Lager *ein Sumpf, eine Jauche war,* kurzum: *der Stall, der zum Schlachthof gehörte.* Kontrast zwei bildet, Jahrzehnte später, Gisela, *die deutsche Frau eines Kollegen in Princeton, die sich der Gnade der späten Geburt erfreute.* Gisela neigt dazu, vieles besser zu wissen, vor allem hat sie es sich zur Gewohnheit gemacht, *alle Kriegserlebnisse* auf *einen einzigen Nenner* zu bringen, *nämlich den eines akzeptablen deutschen Gewissens, mit dem sich schlafen läßt.* Gelesen und gehört hat Gisela, Theresienstadt sei *ja nicht so schlimm gewesen,* Auschwitz hingegen müsse *arg gewesen sein, aber,* sagt sie zu Klüger, *da sei ich doch nicht so lange gewesen, oder?* Übel nimmt sie auch, dass Klüger die eintätowierte *Auschwitznummer* nicht verbirgt, etwa durch *lange Ärmel* oder einen *Armschmuck.* Muss das so ostentativ gezeigt werden? An Gisela zu lernen: die Ungnade der Empathieferne.

Zum Schlimmsten gehört, im Mai 1944, der Transport von Theresienstadt nach Auschwitz im Viehwaggon, einer *Rattenfalle.* Die Türen hermetisch geschlossen, Luft nur durch eine kleine Luke. Entfernung: keine fünfhundert Kilometer. *Aber diese Fahrt war die längste je.* Entsetzlich mitanzusehen, wie eine alte Frau, auf Alma Klügers Schoß sitzend, *langsam durchdreht ..., in meiner Gegenwart den Verstand verlor.* Das Erste in Auschwitz der Befehl: *Raus, raus ... dieser haßerfüllte Ton.* Schließlich: *vom Viehwaggon auf die Rampe, vom Transport ins Lager, aus einem geschlossenen Raum in die verpestete Luft. Fallen.* Aufs Neue kontrastiert »weiter leben« Erleben und Reflexion. Das Thema jetzt: Gedichte schreiben in, über, von und nach Auschwitz. Klüger fügt Verse der Dreizehnjährigen ein, entstanden in Christianstadt, von Birkenau handelnd: *Täglich hinter den Baracken/Seh ich Rauch und Feuer stehn*, beginnt eines ihrer Gedichte. Als Germanistin auf Lyrikinterpretationen spezialisiert, versteht sie das eigene Dichten wie die Dichtung im Allgemeinen nie nur professionell, sondern allemal existentiell, als Grundelement ihres Daseins von Kindheit an. Dank Schillers Balladen, die sie, äußerlich stumm, laut in sich hineinspricht, übersteht sie das stundenlange Appellstehen in Auschwitz, das Selberdichten erspart ihr das Schicksal der Waggonfrau: *Ich hab den Verstand nicht verloren, ich hab Reime gemacht.* Es wundert nicht, dass ihr Adornos Diktum, nach Auschwitz Gedichte zu schreiben sei barbarisch, fremd geblieben ist. Daran ändert nichts, dass das eigentliche Gewicht des axiomatischen Satzes auf der in diesem Fall temporal gebrauchten Präposition »nach« liegt, nicht auf der Ablehnung des Gedichts als Gattung, gar als Akt des Widerstehens. Gleichwohl reagiert sie allergisch, weil hier ein neues Gebot, mehr noch: ein neues Verbot in der Luft zu liegen scheint, sie von beiden, Geboten wie Verboten, aber ein für alle Mal genug hat.

Mit einem früheren Transport ist das *Proletarierkind Liesel* nach Auschwitz gekommen. Schon in Wien haben sich die beiden nicht verstanden und können doch voneinander nicht lassen. Liesels Porträt aus Birkenau, eine Sprachskizze von großer Wucht, ist so etwas wie das geheime Zentrum des »Lager«-Teils von »weiter leben«. Ein paar Jahre älter und körperlich viel entwickelter, fungiert Liesel für Ruth gleichsam als Übermittlungsinstanz, als Übersetzerin einer brutalen Wirklichkeit, der *mit deutscher Lyrik beizukommen* unmöglich ist. Liesels Vater gehört zu einem *Sonderkommando* von Häftlingen, unter anderem zuständig für *die Beseitigung von Leichen.* Er verschweigt seiner Tochter nichts, was die so ungemein robust wirkende Jugendliche verändert: *Sie war gedrückt und sah gejagt aus.* Gleichwohl ist sie ihm *treu*, buchstäblich bis in den Tod. Da er zu viel weiß, hat er keine Chance, von Auschwitz wegzukommen. Also stellt sich Liesel erst gar nicht der Selektion für eines der Arbeitslager, sondern opfert sich: *Sie ist mit ihm vergast worden.* Klüger schildert *dieses abgebrochene Kinderleben* und bekennt, dass es sich *meinem Verständnis entzieht.* Liesel war ihr im Grunde *unsympathisch*, weshalb sie deren Vatertreue auch keineswegs bewundert. Desto gewichtiger, desto berührender fällt das Resümee der Ich-Erzählerin aus. Wenn sie an Liesel denke, lautet es, *scheint mir das eigene gerettete Leben noch ein ganzes Stück weniger wertvoll als meistens.*

Im vierten Kapitel wurde Klügers Weg vom Arbeitslager Christianstadt bis in den Regensburger Hörsaal bereits skizziert. Für Walsers Johann ist die zweite Hälfte des Jahres 1944, in der Ruth Klüger beim Waldroden und Schienenschleppen in Niederschlesien festsitzt, eine äußerst aktive Zeit. Im Juli fährt er an die Ostsee nach Stralsund, um an den *Reichsmeisterschaften* der Hitlerjugend teilzunehmen. Kaum hat Ruth Klüger den fahneschwingenden Jungen in schöner Landschaft gesichtet, wird der jetzt siebzehnjährige Martin / Johann auf der *Sonnenseite des Systems* tatsächlich *Reichsmeister* im Signalwinken. Ganz so sonnig ist das System allerdings nicht mehr. Während der Rückfahrt der Blick auf *das qualmende Berlin*, die Wehrmachtssoldaten im überfüllten Zug geben sich je nach Temperament *gröhlend, brüllend, verbittert, schweigend.* Wenn Johann oben am Baum die Äpfel sorgfältig in den umgehängten Erntesack legt, sieht er im *unendlich hohen* Himmel dic aus Italien einfliegenden *Bomber* der Alliierten. Das Kohleentladen am Wasserburger Bahnhof wird jetzt als *kriegswichtig* eingestuft, die Oberschule in Lindau, die er seit 1938 besucht, dafür öfter hintangestellt. Mächtig stolz ist Johann auf die Leistungen am Schießstand, stolz auch darauf, schon seit zwei Jahren den Führerschein für den Dreiradtransporter zu besitzen. Mit Adolf gibt es ein paar Versuche in Knabenliebe, die kläglich scheitern. Was die Angst vor der *Musterung* eher vergrößert, denn er kann *seinem Teil*, dem *IBDIB*, nicht trauen, wenn so viele andere nackte Gleichaltrige um ihn herum sind. Aber die Musterung wird ein Triumph: *Kriegsverwendungsfähig, das mußte gefeiert werden.* Und dann ist es so weit: *Einrücken. Endlich. Am 5. Dezember, Jägerkaserne Garmisch.*

Der Johann, dem man im dritten Romanteil, »Ernte« betitelt, begegnet, ist ehrgeizig, eitel, selbstbezogen. Wieder einmal, dieses Mal bei *Photo Eckerlein* und im *eng anliegenden Zweireiher*, lässt er sich porträtieren. Wieder einmal, dieses Mal im neuen *Raglanmantel*, steht er vor dem Spiegel: *Sein Leben*, fühlt er, *würde ein einziger Aufschwung sein*. Ja, er hat auch Angst davor, Angst vor dem *Sturz. Trotzdem wollte er hinauf. Nichts als hinauf.* Er will seine Kräfte messen mit und an den anderen. Er will *der Mutter beweisen*, dass er mehr kann als bloß mithalten. Den Mitteln und Möglichkeiten seiner Welt unterworfen – eine andere gibt es nicht –, ist er Jungnazi und Nichtnazi in einem. Ein siebzehnjähriger Narziss eben, Kämpferherz und Künstlerseele, *süchtig nach Beachtung*. Er ist kriegsbegeistert, aber nicht, weil er, wie die Generation vor ihm, an die Erlösung im Kampf oder die Größe Deutschlands glaubt, sondern mit Nietzsche vor allem an die eigene. Selbst der Tod des älteren Bruders Josef an der Ostfront lässt ihn nahezu unberührt. Die Szene übrigens, in der die Erzählkamera von Johann wegblendet und hinschwenkt zum Ortsgruppenleiter Harpf, ihn als Todesboten beim Gang durchs Dorf begleitet, ihn in die *Restauration* treten lässt, während zugleich Johanns und Josefs Mutter, bevor Harpf auch nur ein Wort sagen kann, in einen nicht endenden *Schrei* ausbricht, ihr ganzes Gesicht dabei aus einer einzigen *Augenaufgerissenheit* besteht – diese Szene ist ein Höhepunkt des Buchs. An der Indolenz des Helden in spe ändert sie nichts: *Johann litt nicht. Er wollte an die Front.* In seinem Inneren herrschen erotisches Begehren und poetische Erhabenheit. Begehren, denn: *Im Dorf wimmelte es von Frauen. Und die waren angezogen, wie Frauen hier noch nie angezogen waren. Lauter Großstädterinnen. Ausgebombte. Flüchtlinge.* Erhabenheit, denn: *Er las nichts anderes mehr als Gedichte … Gedichte waren eben feierlich. Auch eigene.* Seine Verse gehen so: *Für uns gibt es heute nur die eine Wahl, / Wir müssen härter sein als Feindesstahl.* Er nimmt teil am *Gebietswettbewerb für Literatur* und erringt, wie schon beim Signalwinken, den ersten Platz, allerdings nicht in der *Sparte Lyrik*, dazu fehlt ihm noch der Mut, dafür in der *Sparte Drama* für seinen Fünfakter »Die Stadt in Nöten«, geschrieben *in einer einzigen Woche*. Bei der Preisverleihung in Augsburg aber kommt er sich neben dem narzisstisch hochüberlegenen, inmitten der Hitlerjugend deshalb wie abwesend wirkenden Jungdichter der Lyriksparte mit *den beneidenswert langen Haaren* ziemlich mickrig und bedeutungslos vor.

Wir werden mit Johann auf den letzten fünfzig Seiten des Romans in den Zweiten Weltkrieg ziehen, der sich für ihn in den Tiroler Bergen aber auf einen Drôle de guerre ohne Feindkontakt reduziert, dafür mit sehr viel Zeit, um sich in Stefan Georges Gedichte und aufs Neue ins Lebensbuch, den »Zarathustra«, zu vertiefen. Während er bei einem Bauern mit zwei Kameraden Milchsuppe löffelt, erfährt er, *daß das Reich kapituliert habe*. Zum ersten Mal und noch hinter Büschen versteckt, sieht er jetzt Amerikaner und ist bass erstaunt: *Das waren keine Soldaten, das waren Filmschauspieler*. Sechs Wochen Kriegsgefangenschaft in Garmisch, dann ist er wieder zu Hause, in die Heimat chauffiert von einem amerikanischen Leutnant, der am *Lake of Constance* Verwandtschafts- und Herkunftsbande auffrischen will. Johanns Verse, inzwischen entmilitarisiert und schon ein wenig in die George-Schule gegangen, lauten jetzt: *Und sind auch die Gipfel verschlungen, / Kühnen Gesängen einst Ziel, / So lebt mir im Tal noch viel Liebes*. Bevor es zur letzten großen Szene des Buches kommt und bevor »Ein springender Brunnen« schließlich als Bildungsroman in die Apotheose neuromantischen Dichtertums mündet, gibt es noch einmal den Blick aufs Wimmelbild Wasserburg.

Den Krieg hat sie ohne große Not überstanden, die Friedensfreude kostet sie das Leben: Als die Küchenhilfe der *Restauration*, die *Prinzessin*, die einrückenden französischen Soldaten begrüßen will, gerät sie unter einen Panzer und verblutet. Ob aus Erschöpfung oder von eigener Hand, bleibt offen: Es stirbt der *Vetter* genannte Großonkel Anselm aus dem Allgäu, der Johann einst den Norwegerpullover, unlängst den Zweireiher und den Raglanmantel geschenkt hat. Erst haben ihn die Nazis wegen seiner Homosexualität eingesperrt, dann ist wegen der Durchhaltedummheit eines SS-Manns sein Hofgut, die *Käserei Alpenbiene*, abgefackelt, schließlich ist Otmar, wohl Anselms Geliebter, mehr versehentlich als gezielt von den Franzosen erschossen worden – es ist zu viel. *Hauptlehrer Heller* hat man ins Schaufenster des *Cafés Schnitzler* gesetzt, er hat ein Schild um den Hals: *Ich war ein Nazi*. Nicht mehr *Frauenschaftsführerin*, dafür wieder schweigsam ist die Zeitungsausträgerin Frau Fürst, ihr Sohn Edi, *Ritterkreuzträ-*

*ger*, ist, so hört man, nach der Kapitulation irgendwo im Osten noch von einer Miene zerfetzt worden. Helmer Gierers Hermine führt den Haushalt des französischen *Ortskommandanten* Lapointe, natürlich in einer Villa am Seeufer. In den Tagen vor dessen Einzug in Wasserburg – ganz unwillkürlich denkt man an die Germanistikstudenten, mit denen sich Ruth Klüger 1989 im Café verabredet hat – haben einige jungen Männer des Orts, Johann unter ihnen, *die Zäune an der Dorfstraße* neu gestrichen: *in Blau, Weiß und Rot.* Der frühere SA-Chef Brugger, von den Nazis wegen des Verschiebens von Vieh zum *Volksschädling* erklärt, ist im Gefängnis *umgebracht* worden, wohl von den *Mitgefangenen,* sein Sohn und Johanns Busenfreund Adolf heißt jetzt nach seinem zweiten Vornamen Stefan und soll vom kinderlosen *jüdischen Viehhändler* Wechsler adoptiert werden, der aus dem Zürcher Exil zurückkehrt. Von der Witwe Augusta haben die ausgebombten Friedrichshafener Gastleute inzwischen die *Restauration* gepachtet, deren Tochter Lena und Johann werden im November 1945 ein Paar. Im Flur hängt, ewige Verheißung, das Hapag-Lloyd-Plakat mit den Tennisspielern an Deck der »Bremen«.

Letzte Nahaufnahme Johann. Bei der Rückkehr von der Lindauer Oberschule trifft er auf Wolfgang Landsmann, dessen Fahrrad einen plattgefahrenen Reifen hat. Und eine Vorgeschichte. Einst, vor sieben Jahren, hat es Edi Fürst in die Böschung geworfen – und Wolfgang aus der HJ. Was seither geschehen ist, will Wolfgang während des Reifenflickens unbedingt erzählen. Was auch geschieht. Wir erfahren, dass er Halbjude ist und der nichtjüdische Vater wegen der Treue zu seiner Frau die *Vertrauensarztstellung* in Stuttgart verloren hat. 1943 ist die Familie, in Stuttgart ausgebombt, wieder nach Wasserburg zurückgekehrt, wo sie bis zum Kriegsende unter den ständigen Drohungen des Lehrers Heller, Wolfgangs Mutter werde bald *abgeholt*, in größter *Angst* lebt. Er werde *selbst dafür sorgen*, hat Heller jedes Mal hinzugefügt. Weshalb Frau Landsmann nun, nach Kriegsende, auch *darum gebeten* hat, Heller *an acht Sonntagen ins Schaufenster zu setzen*. An Frau Landsmanns Physiognomie erinnert sich Johann von einigen flüchtigen Begegnungen: *Augen, die aus den Höhlen wollten, aber von Unter-*

*lidern daran gehindert wurden. Schwer lagen diese Augen auf den Unterlidern. Und die Lippen, auch schwer. Breit und schwer.*

Wie im Jahr zuvor auf die Nachricht von Josefs Tod, reagiert Johann auch jetzt: Er wehrt ab, weil, was er hört, ihn nicht hinauf-, sondern hinunterzieht. Auch von der *Angst, in der Frau Landsmann gelebt hat*, will er nichts wissen, sie *engt ihn ein*, er möchte *mit dieser Angst nichts zu tun haben*. Und wenn doch, müsste er *selber Worte finden* dafür. So weit ist er noch nicht. Das Porträt, das Walser von seinem früheren Ich zeichnet – vom indolenten Narziss, der er war –, ist keineswegs schmeichelhaft. Zudem grenzt es ans Pathologisch-Groteske, wenn er sich sogar gegen den *Vorwurf* wehrt, er habe *all das*, was Wolfgang erzählt, *nicht gewußt, nicht gemerkt*. Niemand aber hat ihm bis dato diesen Vorwurf gemacht, gerade Wolfgang nicht. Im Gegenteil, der verabschiedet sich mit dem Bemerk, hoffentlich sehe man *sich jetzt öfter*. Es ist also ein bloß *vermuteter* Vorwurf, gegen den sich Johann vorwegnehmend in Stellung bringt, psychologisch gesehen: Es ist das eigene schlechte Gewissen, das sich erstmals rührt und regt – und schlechtes Gewissen kann ein Narziss überhaupt nicht gebrauchen, dem gefallenen Bruder gegenüber so wenig wie gegenüber den Nöten der Landsmanns. Und was ist mit den Augen, den Lippen von Wolfgangs Mutter? Deren Beschreibung könnte ein Ausdruck ebenjener *Angst* sein, die Johann an ihr doch wahrgenommen und dann wieder verdrängt hat. Jedenfalls ist sie kein antisemitisches Klischee, sondern ein realistisches Detail – ganz so, wie er am Frauentypus der eigenen Mutterseite, mit der Urgroßmutter beginnend, *rabenschwarze Haare, zwetschgenkernförmige Augen und eine nicht so weiße Haut* als *Mitgift* erkennt. Oder wie er an der geliebten, also gerade in Sachen Schönheit idealisierten Lena über den *nichts als dunklen Augen* lediglich *zwei schwarze, nicht besonders deutliche Brauen* sieht.

Für Johann selbst hat der Roman auf den letzten Seiten noch eine überaus emphatische Agenda: die Selbstkonstituierung als künftiger Autor, mehr noch: als prospektiver Dichter. In der Nacht hat er geträumt, Lena und er lägen nackt im großen Bett, Lena aber sei Josefs Frau, und Josef komme nun ins Zimmer. Nach dem Aufwachen schämt er sich für dieses Traumgeschehen und weiß, dass er Lena nichts davon erzählen wird. Den Traum für sich aufschreiben: das geht. Aber das Aufschreiben misslingt. Warum? Weil er dem *Traumüberfluß* nicht getraut, sondern sofort nach dessen *Bedeutung* gefragt hat. Das wird ihm eine Lehre sein. Für sein weiteres Schreiben nimmt sich Johann vor, nichts zu wollen, nichts zu beabsichtigen, sich vielmehr ganz *den Sätzen* und *der Sprache* anzuvertrauen. *Auf einem Floß aus Sätzen über das Meer kommen*: So lautet am Ende das Credo seiner gerade beginnenden Schreibfahrt.

## Repräsentanz und Exemplarität

Für das erste Buch, das nach seinem siebzigsten Geburtstag erscheint, hat Walser einen jahrzehntelangen Anlauf genommen. Mit dem »Springenden Brunnen« erhebt er – auch dies zum ersten, zugleich einzigen Mal in seinem Werk – implizit wie explizit den Anspruch auf Repräsentanz. *Alle Menschen sind am 24. März 1927 in Wasserburg am Bodensee geboren*: So beginnt im Jahr 1981 der Aufsatz »Von Wasserburg an«. Natürlich ist hier romantische Ironie im Spiel, die aber das Pathos von Geburt und Herkunft nicht gänzlich bricht. Wenn der Kindheits- und Jugendroman von 1998 nun Johanns Geschichte als gleichsam zweifache Geburt und zweifaches Werden erzählt, als Aufwachsen eines Gastwirtssohns und als das allmähliche Erwachen eines Schriftstellers, so intendiert das mehr als die bloße Erweiterung bisheriger Walserhelden von Hans Beumann und Anselm Kristlein bis Alfred Dorn und Stefan Fink. Es müssen ja nicht gleich *alle Menschen* sein, um die es im »Springenden Brunnen« geht, aber mehr als der eine Martin Johann Walser und die gut tausend Seelen Wasserburgs sind es allemal, auf die das Buch zielt. Wenn in der *Restauration* bei Bier und Seewein darüber räsoniert wird, *was alles in Wasserburg besser war als überall sonst*, so sind das eben Stammtischparolen. Wenn der Erzähler aber konstatiert: *Das Dorf war der Inbegriff der Menschheit*, wird Repräsentanz zum Programm. Und wenn der Autor Walser hofft, mit der Erzählung vom *Eintritt der Mutter in die Partei* auch plausibilisieren zu können, *warum Deutschland in die Partei eingetreten* sei, wird das Paradigmatische seines Anspruchs vollends evident.

Die unmittelbare Rezeption des Romans durch die Literaturkritik bestätigt Walsers Intention voll und ganz. Er sei, schreibt der ein Jahr jüngere Joachim Kaiser in der »Süddeutschen Zeitung« vom 28. Juli 1998, seinerzeit zwar *zweitausend Kilometer weiter nordöstlich im fernen Tilsit großgeworden,* wo vor allem *manches politisch Fanatische* nicht so *unausweichlich* gewesen sei wie am Bodensee, gleichwohl verblüffe ihn, *wie in Martin Walsers Aller-Individuellstem stets Aller-Allgemeinstes sichtbar wird. So war es allenthalben.* Jost Nolte notiert, ebenfalls am 28. Juli, in der »Welt«, die Hauptfigur Johann sei mit zehn oder elf Jahren zwar in Sachen Erotik und Pubertät *ein frühreifer Bengel* und schon viel weiter gewesen als er selbst, der *Altersgenosse an der Kieler Förde*, der Autor Walser beglaubige jedoch nicht nur dessen Entwicklungsvorsprung *durch ein nicht genug zu rühmendes artistisches Vergnügen an Wörtern,* sondern auch die damalige Realität durch *seine Lust an der Beschreibung der Mitmenschen und des Milieus.* Auf eine sehr grundsätzliche Weise rühmt Reinhard Baumgart, Jahrgang 1929, in der »Zeit« vom 6. August 1998 die *epische Wahrheit* des Buchs. Sie rette die Vergangenheit *vor allen späteren Verzeichnungen durch eine politisch korrekte Aufklärung, welche die Kindheit und Jugend einer ganzen, unserer, Generation längst verschüttet hat unter den Menetekeln von Auschwitz und Stalingrad, Gestapo, Endlösung und totalem Krieg.* Auch der ein Jahrzehnt jüngere Wolfram Schütte, der wenige Monate später, nach Walsers Friedenspreisrede vom 11. Oktober 1998, zu einem der entschiedensten Gegner des Autors wird, betont Ende Juli in der »Frankfurter Rundschau«, im »Springenden Brunnen« werde *der provinzielle Alltag im nationalsozialistischen Deutschland* ... höchst präsent. Der Repräsentanz-Charakter steht also außer Zweifel, im hohen Ton gefeiert wird aber auch die literarische Qualität des Romans. Als Vergleichsgrößen führt Schütte »Die Blechtrommel« von Günter Grass und »Mitternachtskinder« von Salman Rushdie ins Feld. Baumgart erinnert der Roman an Gottfried Kellers »Der grüne Heinrich«

oder den »Peter Camenzind« von Hermann Hesse, nicht zuletzt an die Werke der Erinnerungsgiganten James Joyce und Marcel Proust. Joachim Kaiser stellt das Buch in eine Reihe mit den »Buddenbrooks« von Thomas Mann und Jean Paul Sartres »Die Wörter«, zugleich auf eine Stufe mit dem *Erinnerungsvermögen* eines Heinrich Böll, der Mecklenburg-Saga von Uwe Johnson – gemeint sind »Mutmaßungen über Jakob«, »Das dritte Buch über Achim« und die vierbändigen »Jahrestage« – sowie den Bargfeld-Epen des Arno Schmidt, etwa »Aus dem Leben eines Fauns« oder »Seelandschaft mit Pocahontas«: *Walsers Prosa leuchtet vor Überfluß*, resümiert die »Süddeutsche«.

Den Bezug zu Ruth Klügers »weiter leben« stellt keine der Kritiken her. Dabei liegt die Verbindung näher als jede andere. Nein, der »Springende Brunnen« ist nicht, wie die Germanisten meinen, *Walsers Antwort* auf Klüger, weder im wörtlichen noch im übertragenen Sinn: Walser antwortet prinzipiell nicht, wenn er Romane schreibt, er reagiert – und zwar ausschließlich auf den eigenen Impuls, die eigene Idee. Auf höchst eindringliche Weise ist der »Springende Brunnen« aber das Korrespondenzbuch zu »weiter leben«. Wir erinnern noch einmal an das Walser-Axiom, was und wie Auschwitz gewesen sei, wüssten nur die überlebenden Opfer, wir, die Nicht-Opfer, könnten nur über *unseren,* den deutschen Anteil Zeugnis geben. »weiter leben« erzählt die Opferseite, »Ein springender Brunnen« den Alltag kleiner Leute im Nazisystem. Für sich repräsentativ ist keines der beiden Bücher. Im »Springenden Brunnen« kommt vieles, gerade auch Auschwitz, nicht oder, wie Susanne Klingenstein überzeugend darlegt, nur indirekt und dann mit großer Empathie vor. Widersinnig, dies dem Roman vorzuwerfen – wie es, das folgende Kapitel zeigt es, mit weitreichenden Folgen in Walsers Fall geschehen ist. Wasserburg ist andererseits nicht *der Inbegriff der Menschheit,* so wenig wie der Eintritt von Walsers Mutter in die NSDAP den Eintritt Deutschlands in die Hitlerei illustriert. Wie »weiter leben« ist »Ein springender Brunnen« kein repräsentatives, dafür jedoch ein exemplarisches Werk, singulär ganz im Sinn von Ruth Klügers Begriff der *Einzigartigkeit.* Und was ist mit jener *Unvereinbarkeit,* von der Klüger wie Walser in ihren jeweiligen Kontexten, aus ihren je eigenen Zusammenhängen heraus reden? Sie ist vorhanden – an der Außenseite der Handlung beider Werke wie an der Oberfläche der Texte, noch offenkundiger aber im jeweiligen Zugang zum Stoff. Bei Klüger: programmatischer Rückblick mit aktueller Perspektive auf das einst Geschehene. Bei Walser: die nicht minder programmatische Vergegenwärtigung des Vergangenen in der Jetztzeit des Erzählens. Man kann – und darf – Klügers Zugang aufklärerisch nennen. »weiter leben« ist Aufklärung trotz allem, was ihr zerstörend widerfuhr, Aufklärung als Standhalten mithin. Man kann – und darf – Walsers Zugang romantisch nennen. »Ein springender Brunnen« ist Romantik im Sinne des Eintauchens in etwas Gewesenes, Untergegangenes, als sei es immer noch da. So hält auch sie stand. Im parallelen Lesen – und damit gemeinsam – werden Klügers und Walsers autobiographische Romane repräsentativ. Sie sind das literarische Gesamtkunstwerk, das aus der Regensburger Urszene des Jahres 1947 hervorgegangen ist.

# Siebtes Kapitel

*Großdebatte, Großskandal: Friedenspreisrede und »Tod eines Kritikers«.*
*Die Paulskirche beginnt im »Literarischen Quartett«.*
*Wie wüste Wörter wirken. Walser, Reich-Ranicki, Schirrmacher: Zur Phänomenologie eines Dreikampfs.*
*Medialer Showdown um ein unveröffentlichtes Buch.*
*Was der Antisemitismus-Vorwurf anrichtet.*

Um es so sachlich wie möglich zu sagen: In Sachen öffentlicher Resonanz sind die Dankrede zum Friedenspreis des Deutschen Buchhandels vom 11. Oktober 1998 und der Roman »Tod eines Kritikers«, der Ende Juni 2002 erscheint, die Großereignisse in Walsers Autorenvita. Vergleichbares gibt es weder davor noch danach. Selbst die oft heftigen Debatten um die Nähe zur Deutschen Kommunistischen Partei (DKP) vom Ende der 1960er bis Mitte der 1970er Jahre und um das Deutschland-Engagement im Jahrzehnt danach wirken wie laue Lüftchen im Vergleich zu den Zustimmungsböen und Verdammungsstürmen, die sich mit und nach der Preisverleihung in der Frankfurter Paulskirche sowie mit, genauer: schon einen Monat vor der Publikation des Romans zusammenbrauen, mächtig entladen und dann bis zur Fast-Erschöpfung austoben. Beide Geschehnisse prägen das Walserbild in der Öffentlichkeit bis heute und werden es, dafür ist keine Prophetie vonnöten, auch weiterhin wesentlich mitbestimmen. Fragt sich nur: wie?

In beider Verlauf ist mehrfach der schlimmste, zutiefst ehrenrührige Vorwurf erhoben worden, der sich in Deutschland einem Bürger gegenüber vorstellen lässt: Antisemit zu sein – oder, damit gleichrangig: Antisemitismus oder Antisemitisches zu propagieren. Daran ändert nichts, dass dieser Verdacht in politischen und gesellschaftlichen Konflikten bisweilen zu rasch, zu wohlfeil und gedankenlos erhoben wird: Er ist und bleibt schwerwiegend. Am Montag, dem 12. Oktober 1998, dem Tag nach der Friedenspreisrede, zeiht Ignatz Bubis, der Vorsitzende des Zentralrates der Juden in Deutschland, Martin Walser gegenüber der Deutschen Presse-Agentur (dpa) zunächst der *geistigen Brandstiftung* und diagnostiziert am 9. November in der Rede zum sechzigsten Jahrestag der Reichspogromnacht bei ihm einen *intellektuellen Nationalismus*, der *nicht ganz frei von unterschwelligem Antisemitismus* sei. Knapp vier Jahre später, am 29. Mai 2002, bezichtigt Frank Schirrmacher, der Feuilleton-Herausgeber der F.A.Z., den Romancier Walser, sich im »Tod eines Kritikers« aus dem *Repertoire antisemitischer Klischees* zu bedienen. Weitere vier Wochen danach, am 27. Juni, publiziert Jan Philipp Reemtsma, der Gründer und Leiter des Hamburger Instituts für Sozialforschung, ebenfalls in der F.A.Z. eine Kritik des Romans, betitelt: »Ein antisemitischer Affektsturm«. Sie endet, Buch wie Autor betreffend: *Ist Walser darum ein Antisemit? Er ist niemand, dessen bisheriges Werk durch antisemitische Topoi geprägt wäre. Aber er ist jemand, das Buch belegt es, der im Zustand der autosuggestiven Verstörung ein antisemitisches Buch schreiben kann.* Wiederum drei Jahre später, also 2005, erscheint – hervorgegangen aus einer Dissertation, die Reemtsma wesentlich mitbetreut hat – die Studie »›Auschwitz drängt uns auf einen Fleck‹. Judendarstellung und Auschwitzdiskurs bei Martin Walser«. Jetzt sind die *antisemitischen Topoi*, die laut Reemtsma fehlen, plötzlich ubiquitär vorhanden. Auf 560 Seiten geht es dem Verfasser Matthias N. Lorenz nämlich um das emphatische Bejahen der Ausgangsfrage, ob es *literarischen Antisemitismus* bei Walser gäbe, wie er *aussehen und wie er motiviert sein könnte.* Das Resümee lautet: Keineswegs nur »Tod eines Kritikers«, sondern Walsers nahezu gesamtes Werk konstruiere die *nationale Identität* der Deutschen *über Auschwitz – und gegen die Juden.* Dieses Konstruktes wegen müsse es sich *dem Vorwurf der Schamlosigkeit aussetzen.* Für die Doktorarbeit erhält Lorenz 2004 den Kulturpreis der Universität Lüneburg, inzwischen ist er Literaturprofessor in Hannover.

Es gibt entschiedene Gegenreden zur Walser-Verdammung. Für den mittlerweile emeritierten Heidelberger Germanisten Dieter Borchmeyer ist die Lorenz-Studie ein Exempel von *Pranger-Philologie, ... wissenschaftlich indiskutabel,* damit *ein denunziatorisches Buch,* vorgetragen *mit der sauertöpfischen Miene des Inquisitors* (SZ, 23.8.2005). Die Friedenspreisrede nennt Borchmeyer *ein Stück illusionslos-aufrichtiger Gewissenserforschung* (F.A.Z., 20.1.1999), den Roman eine *Literatursatire und Literaturkomödie,* der Antisemitisches vorzuwerfen genau jenem *Medienkonstrukt* auf den Leim gehe, das »Tod eines Kritikers« darstelle und persifliere. Frank Schirrmachers *abwegiger Antisemitismusverdacht,* so Borchmeyer und sein Heidelberger Kollege Helmuth Kiesel an anderer Stelle, zeuge *vom bornierten und unprofessionellen Umgang mit dem Werk eines bedeutenden Schriftstellers ...Die lange Zeit führende deutsche Tageszeitung hat durch die Affäre jedenfalls gewaltig an moralischem und intellektuellem Kredit verloren.* Klaus von Dohnanyi, Hamburgs Ex-Bürgermeister, notiert zur Frankfurter Rede: *Walser hat recht. Bubis hat ihn nicht verstanden. Vielleicht auch gar nicht verstehen können* (F.A.Z., 14.11.1998). Der französische Philosoph Alain Finkielkraut wirft Ignatz Bubis dessen Vorwürfe gegen Walser vor, *denn gegen Anklagen dieses Typs gibt es überhaupt keine Einspruchsmöglichkeiten mehr ... Gerade als Jude wehre ich mich gegen solche letztlich terroristischen Zuschreibungen* (Welt, 20.2.1999).

Auf die breite, weit über die literarische Sphäre hinausreichende Auseinandersetzung um die Friedenspreisrede trifft der Begriff Debatte gerade noch zu, obwohl sie, etwa durch den Vorwurf der *geistigen Brandstiftung,* ihrerseits bereits Züge der Skandalisierung zeigt. Den Streit um den Roman »Tod eines Kritikers« hingegen muss man Skandal nennen, denn an dessen Beginn steht mit Frank Schirrmachers Intervention der sehr bewusst gesetzte Vorab-Eklat um ein literarisches Werk, das außer wenigen Mitarbeitern in Walsers Verlag und in der F.A.Z noch niemand kennt. »Skandalgeschichte« definiert das Wörterbuch der Brüder Grimm, das konsequente Kleinschreibung praktiziert, als den Versuch, *ärgerliche, öffentliches ärgernisz erregende geschichten aufzudecken und zu verbreiten.* Das ist im Fall des Romans in enormem Maß geschehen und gelungen – ob zu Recht, wird sich weisen. Ins Uferlose führte es allerdings, den Verlauf beider

Ereignisse aufs Neue im Detail nachzuzeichnen. Im Rahmen dieses Kapitels genügt es, aus der nahezu unüberschaubar gewordenen Literatur jene Arbeiten zu nennen, die einen Überblick ermöglichen und auf die im weiteren Verlauf teilweise zurückzukommen sein wird. Für die Friedenspreisrede ist das in erster Linie die von Frank Schirrmacher im Herbst 1999 herausgegebene Dokumentation »Die Walser-Bubis-Debatte«. Sie enthält, beginnend mit dem Stein des Anstoßes, also mit Walsers »Erfahrungen beim Verfassen einer Sonntagsrede«, und mit Schirrmachers Paulskirchen-Laudatio »Sein Anteil«, in chronologischer Folge eine opulente Auswahl von Artikeln, Leserbriefen und Gesprächen, die zwischen dem 11. Oktober 1998 und dem 1. Juli des Folgejahrs geschrieben und geführt wurden. Ein fundiertes Referat und eine kluge Analyse von Rede wie Debatte finden sich im Essay des Zeithistorikers Jan-Holger Kirsch in der Zeitschrift »Leviathan« vom September 1999.

Zum Roman »Tod eines Kritikers« sind zwei Sammelbände erschienen, die auch die Lagerbildung widerspiegeln, die rasch nach Schirrmachers Initial-Eklat einsetzt. 2003 publizieren Borchmeyer und Kiesel den Band »Der Ernstfall« mit fünfzehn Aufsätzen deutscher wie ausländischer Literatur- und Kulturwissenschaftler, die auf sehr unterschiedlichen Wegen zum Gesamturteil gelangen: Weder Walser noch der Roman sind antisemitisch, mehr noch: die Vorwürfe gegen beide fallen auf deren Urheber zurück, zeugen von Ignoranz und Impertinenz. Bereits im Oktober 2002 gibt Michael Naumann, in der ersten rot-grünen Bundesregierung unter Gerhard Schröder der allererste Staatsminister für Kultur und danach bis 2004 Herausgeber wie Chefredakteur der »Zeit«, eine Anthologie mit dem Titel »›Es muß doch in diesem Lande wieder möglich sein …‹. Der neue Antisemitismus-Streit« heraus. Vierzig Beiträge versammelt der Band. Er bezieht sich zum Großteil auf Walser und gibt den Stimmen der Hauptwidersacher – Schirrmacher, Reemtsma und Ruth Klüger – breiten Raum, lässt aber, etwa mit Avi Primor, Joachim Kaiser und Gustav Seibt, auch moderate Positionen zu Wort kommen und geht überdies auf die damals aktuelle, inzwischen vergessene Antisemitismus-Affäre um den

2003 tödlich verunglückten FDP-Politiker Jürgen W. Möllemann ein. Natürlich beanspruchen sowohl der Friedenspreis als auch »Tod eines Kritikers« in Jörg Magenaus Walser-Biographie breiten Raum, ebenso im kundigen, umfassend bibliographierten und momentan bis ins Jahr 2020 aktualisierten Essay »Martin Walser« von Klaus Siblewski und Michael Töteberg im Rahmen des »Kritischen Lexikons zur deutschsprachigen Gegenwartsliteratur«. Selbst die Lorenz-Studie, in der formal eine politisch-korrekte-deutsch-akademische Sorgfalt herrscht, bietet in ihren rein deskriptiven Abschnitten erhellende Informationen und Literaturhinweise.

## Vorgeschichte, August '98: »Ein springender Brunnen« im »Literarischen Quartett«

Zu beiden Großereignissen wird im Folgenden eine Lesart versucht, die sich vor allem auf die drei Hauptfiguren des Geschehens der Jahre 1998 und 2002 konzentriert: auf Walser selbst, auf Marcel Reich-Ranicki und Frank Schirrmacher. Als Prämisse dient dabei Ruth Klügers Maxime in ihrer an zentraler Stelle fehlgehenden Deutung von »Tod eines Kritikers«, die zugleich der Hauptgrund für das öffentliche Aufkündigen der Lebensfreundschaft mit Walser ist. Darüber bald mehr. Klügers Maxime bleibt gleichwohl gültig und lautet: *Wir reden hier von analysierbaren Texten.* Das schreibt sie am 27. Juni 2002 in der »Frankfurter Rundschau«. Für das Folgende heißt das: Es gelten die gedruckten oder gesprochenen Wörter und Sätze der Protagonisten. Wenn sie nicht ausreichen, um ihre Motive und Motivationen kenntlich zu machen, wenn also begründete Vermutungen über ihr Reden, Schreiben und Handeln nötig sind, wird dies ausdrücklich vermerkt. »Unter Unterstellern« (Walser, 2004) werden wir uns nicht aufhalten. Es werden auch keine Personen oder Biographien rezensiert, was Walser im Victor-Klemperer-Essay von 1995 als neueste Mode beklagt: *diese Lust an der Biographiekritik.* Ziel ist vielmehr eine Geschehens-Phänomenologie.

Vorab zu klären ist dabei meine Position. Walser betreffend, ist sie im zweiten Kapitel geschildert. Frank Schirrmacher ist von 1985 an ein Kollege im Feuilleton der F.A.Z., seit 1989 als Literaturchef der Zeitung und von 1994 bis zu seinem Tod im Juni 2014 als Feuilleton-Herausgeber mein Vorgesetzter gewesen – wobei mich die Zeitung zwischen 2003 und 2006 für die Mitarbeit am Kulturprogramm der Bundesregierung zur Fußball-WM 2006 freigestellt hat. Das Verhältnis zwischen Schirrmacher und mir ist etwa ein halbes Jahr, nachdem er die Leitung der Literaturredaktion übernommen hat, zunehmend schwierig geworden und geblieben. Von diesen Zwistigkeiten freigehalten werden Analyse und Wertung seiner Texte und Aktionen im Zusammenhang mit Martin Walser.

Bleibt Reich-Ranicki. Es gibt ganz wenige Menschen, denen ich mehr verdanke als ihm. Er hat mich, damals Kulturkorrespondent der »Süddeutschen« für Norddeutschland (Hamburg exklusive), im Herbst 1982 nach Frankfurt am Main eingeladen und als Literaturredakteur im Feuilleton engagiert. Bis Juli 1998 war es die reine Freude, mit ihm täglich zusammenarbeiten zu dürfen. Selbst verlässliche Feinde haben seine redaktionelle Leistung stets gerühmt: *Da hat er wirklich etwas Dolles draus gemacht*, attestiert 2004 etwa Günter Grass. Zehn Jahre lang hat Reich-Ranicki die Redaktion bereits geleitet, als ich 1983 dazukomme. Der anfänglich interne Widerstand gegen ihn: längst verschwunden. Die wirtschaftliche Lage der Zeitung: himmlisch. Parallel dazu intensiviert und institutionalisiert Reich-Ranicki seinen Einfluss, ja: auch seine Macht im Literaturbetrieb. Zugleich schreibt er Kritik um Kritik, Essay um Essay, Kommentare, Glossen, Polemiken – und tut alles dafür, dass auch seine Redakteure im Blatt sichtbar sind. 1994 fragt er, ob ich bereit sei, die Autobiographie, an die er sich nun doch wagen wolle, als Lektor zu begleiten. Über drei konzeptuelle und gut zwei auf die unmittelbare Arbeit an und mit Reich-Ranickis Text bezogene Jahre hinweg erstreckt sich das Entstehen von »Mein Leben«. Das Buch erscheint Mitte August 1999. Im Sommer 1998, von dem zunächst zu handeln sein wird, ist der Autobiograph schon recht nahe an die unmittelbare Gegenwart gerückt. Er, gerade achtundsiebzig Jahre alt geworden, arbeitet noch am vierten Teil, der Zeit von der klandestinen Ausreise aus dem kommunistischen Polen im Juli 1958 bis zum Eintritt in die F.A.Z. im Dezember 1973. Über die Dramaturgie der Schlusspassage, die aufs Neue Porträts von zeitgenössischen Autoren, darunter Martin Walser, enthalten soll, diskutieren wir bereits in meist spätabendlichen Telefonaten.

Reich-Ranickis Ruhm hat fast schon jene Höhen erreicht, die er bald darauf mit dem Enormerfolg von »Mein Leben« endgültig erklimmen wird. Am 6. Februar 1998 begeht »Das Literarische Quartett«, die überaus einflussreiche ZDF-Sendung über neu erschienene Bücher, zehnjähriges Jubiläum. Siebenundsiebzig Sendungen mit Reich-Ranicki als Erstem unter Gleichen, mit Sigrid Löffler und Hellmuth Karasek als ständigen Teilnehmern und jeweils einem externen Gast hat es zwischen 1988 und 2001 gegeben, über mehr als dreihundertachtzig Bücher wird debattiert. Signifikant ist, dass mit Peter Handke, von dem sechs Neuerscheinungen besprochen werden, mit Martin Walser (fünf), Günter Grass und Friedrich Dürrenmatt (je vier) jene deutschsprachigen Autoren am häufigsten vertreten sind, zu denen Reich-Ranicki, wie im Fall Handke, ein eher ablehnendes oder, wie bei den drei anderen, ein grundständig ambivalentes Verhältnis pflegt, wobei jenes zu Dürrenmatt ganz unproblematisch, weil beiderseits distanziert ist. Unter den fremdsprachigen Autoren ragt der Amerikaner Philipp Roth heraus, von dem fünf Werke zur Diskussion stehen, vom jugoslawisch-jüdischen Erzähler Aleksandar Tišma sind es ebenso vier wie vom Amerikaner John Updike und von den Gegenwartsklassikern Vladimir Nabokov und Arthur Schnitzler.

Wie jene von Reich-Ranicki könnte auch Walsers Lage im Sommer 1998 kaum besser sein. Der siebzigste Geburtstag im Jahr zuvor findet ihn, wie eingangs schon zitiert, *auf dem Höhepunkt der Anerkennung als Dichter des neuen Deutschlands.* Das imponierende Realsymbol dafür: die zwölfbändige Werkausgabe, von Helmuth Kiesel betreut. Gewiss, es gibt gleich nach dem Geburtstag ein paar Irritationen, etwa – siehe Magenau – bei den nicht einfachen Verhandlungen mit dem Verleger Siegfried Unseld über die Rechte an seinem Werk in Gegenwart wie Zukunft, eher unangenehmere noch angesichts der Veröffentlichung des Kolportage- und Schlüsselromans »Abstieg vom Zauberberg« des pseudonymen Autors Jens Walther, in dem sich Walser als Erfolgsautor »Stefan Bach« widergespiegelt sieht. Überblendet, ja überstrahlt werden derartige Ärgernisse von der Nachricht des Börsenvereins des Deutschen Buchhandels, ihm den Friedenspreis des Deutschen Buchhandels für das Jahr 1998 zuzuerkennen – und zwar, so die Begründung des Stiftungsrates, für ein *literarisches Werk*, das *die deutschen Wirklichkeiten der zweiten Jahrhunderthälfte beschreibend, kommentierend und eingreifend begleitet hat.* Eine rein literarische Auszeichnung ist der Friedenspreis nie gewesen, das Statut spricht von der Verleihung *an eine Persönlichkeit, die in hervorragendem Maße vornehmlich durch ihre Tätigkeit auf den Gebieten der Literatur, Wissenschaft und Kunst zur Verwirklichung des Friedensgedankens beigetragen hat.* Also heißt es über den Preisträger von 1998 im Speziellen: *Martin Walsers erzählerische und essayistische Kunst, die der ›Gegenwehr gegen den Mangel‹ entspringt, hat den Deutschen das eigene Land und der Welt Deutschland erklärt und wieder nahegebracht. Mit seiner Kritik an der deutschen Teilung, die er schon früh als überwindbaren Zwischenzustand bezeichnete, hat Martin Walser eine Forderung vorweggenommen, deren Einlösung später von den Menschen in der DDR vollzogen wurde.*

Kaum ein deutschsprachiges Medium lässt die Meldung des Börsenvereins unkommentiert. Einige Momentaufnahmen aus führenden Zeitungen vom 5. Juni 1998 seien versammelt. Joachim Kaiser / SZ: *Walser ist ein funkelnder Friedenspreisträger … Seine (politischen) Gegner verübeln ihm nämlich, wo er sich ihrer Ansicht nach irrte und die Sprachregelungen des linken Establishments aufkündigte. Noch heftiger freilich nehmen sie ihm übel, wo er Recht behielt.* Helmut Schmitz / FR: *Eine literarisch unanfechtbare und politisch willkommene Entscheidung … Der Friedenspreis geht an einen unverdrossenen Deutschlandarbeiter, wie es sie viel zu wenig gibt.* jn / Die Welt: *Vier Jahrzehnte nach seinem Debüt bekommt der Mann den Friedenspreis des Deutschen Buchhandels offenkundig nicht, weil es Zeit für ihn, sondern weil es Zeit für den Preis wird.* Frank Schirrmacher / F.A.Z.: *Der Preis kommt zur rechten Zeit. Er ehrt einen Autor, der Teil unserer Vergangenheit geworden ist und der die Zukunft vorstellbar macht.* Die Zustimmung ist groß und ungeteilt. Wie der Stiftungsrat selbst beziehen sich auch die Kommentatoren neben der summarischen Würdigung des erzählerischen Werks vor allem auf Walsers Deutschland-Engagement. Die drei großen Aufsätze zum Holocaust – »Unser Auschwitz« (1965), »Auschwitz und kein Ende« (1979), »Das Prinzip Genauigkeit. Über Victor Klemperer« (1996) – werden im Kontext des Friedenspreises nicht erwähnt.

Eine Ausnahme – und deshalb einen Exkurs wert – ist Gustav Seibts Artikel in der »Berliner Zeitung«, ebenfalls vom 5. Juni. Seine Thesen sind originell. Oft *verkannt worden* sei, so Seibt, dass Walsers Geschichtsgefühl *dieselbe Wurzel* habe *wie seine jahrelange Anhänglichkeit an den isolierten westdeutschen Kommunismus.* Begründung: *Es entspringt einem vormodernen Gefühl von Volksverbundenheit. Walser hat dieses archaische Solidaritätsempfinden in die abstrakte Welt der Demokratie gerettet. Wer das nicht sieht, dem muß der Weg des politischen Autors Walser wie ein irrationales Schlingern zwischen DKP und CSU erscheinen.* Daran ist viel Wahres, wenngleich *Volksverbundenheit* ein zu enger Begriff ist. Adäquater und präziser muss man von Walsers spezifischer Spielart der politischen Romantik reden (drittes Kapitel). Verständlich wird dann auch, was Walser selbst in einem NZZ-Gespräch mit Martin Krumbholz am Tag vor seinem siebzigsten Geburtstag zu Protokoll gibt: *Ich habe immer das Gefühl, dass ich mich nicht bewegt habe ... Wenn ich das zusammendränge, was man politisch nennen kann, habe ich nicht das Gefühl, dass sich irgendetwas Wesentliches in mir verändert hat.* Dreißig Jahre zurück liegt da die Ansprache »Amerikanischer als die Amerikaner« zum Internationalen Vietnam-Tag im Oktober 1967: *Vor kurzem,* sagt er in der NZZ dazu, *habe ich Archivbilder gesehen aus der Zeit der Vietnam-Kundgebungen, ich habe mich vor den Mikrophonen stehen sehen: Ich muss von dem, was ich dort gesagt habe, keinen einzigen Satz zurücknehmen. Nur die äußere Aufgeregtheit hat mir jetzt fast weh getan, dass ich nicht ruhiger geblieben bin dabei.* Mehr Ruhe, dies als Vorgriff, hätte auch der Friedenspreisrede gut getan. Aber zurück zu Seibt. Er dehnt die

Überlegung zum *plebejischen Patrioten* auch auf den Erzähler Walser aus. Aus dem *sprachvirtuosen Satiriker des westdeutschen Wirtschaftswunders (im Roman »Halbzeit« von 1960)*, heißt es, *wurde ein breiter, gemütlicher, mitleidvoller und kämpferischer Schilderer des deutschen Kleinbürgertums. Deutschland ist nach dem Krieg zu einem kleinbürgerlichen Land geworden, und Walser wurde zum Balzac dieser Gesellschaft.* Auch hier stimmt viel – *gemütlich* allerdings ist Walser nie, dass »Halbzeit« sich derart von den Folgeromanen unterscheidet, wie der Artikel behauptet, ist mehr als zweifelhaft. Auf die Klemperer-Rede »Das Prinzip Genauigkeit« (1996) und damit auf Judenverfolgung und Holocaust rekurrierend, stellt Seibt, von Haus aus Geschichtswissenschaftler, schließlich so überraschend wie übertreibend fest: *Walser ist ein grandioser Historiker.*

Um die exzellente Lage im Sommer 1998 zu komplettieren: Ende Juli erscheint »Ein springender Brunnen«, der Kindheits- und Jugendroman, zu dem Walser über Jahrzehnte hinweg wieder und wieder ansetzt und der darüber zu einer Art Lebensbuch wird. Die Rezensionen in den führenden Zeitungen skalieren, siehe das vorige Kapitel, von mindestens respektvoll bis uneingeschränkt hymnisch. Desto unerwarteter und heftiger trifft den Autor »Das Literarische Quartett«, das am 14. August 1998 gleich zu Beginn über den »Springenden Brunnen« debattiert. Exakt vermessen lässt sich die Aktual- wie Langzeitwirkung des Fernseh-Verrisses naturgemäß nicht. Dem Verkauf des Buchs – laut Magenau *ein sensationeller Erfolg* – schadet die Sendung nicht, auch Verrisse können absatzfördernd sein. Sicher ist, also auch nachzuweisen, dass sich beide Großgeschehen ohne die »Quartett«-Philippika nicht, zumindest aber nicht so ereignet hätten, wie sie dann vonstattengehen – weder die Friedenspreisrede noch »Tod eines Kritikers«. Walser greift, sein *Geschichtsgefühl* betreffend, mehrfach auf Golo Manns Formel für den Ersten Weltkrieg zurück: *Mutterkatastrophe des zwanzigsten Jahrhunderts.* Die ersten zwanzig Minuten des »Literarischen Quartetts« vom 14. August 1998 werden für die Walser-Rezeption, die seit der Debatte um die Deutschland-Rede von 1988 ohnehin schon mit Mitteln der Verdachts-Philologie hantiert, zum Urknall des Antisemitismus-Verdikts. Somit sind sie der entscheidende und keineswegs rühmliche Augenblick eines sich fortan ausdehnenden Verurteilungs-Universums. Rekapituliert sei, was damals geschieht.

Andreas Isenschmid, Kulturredakteur des Zürcher »Tages-Anzeigers« und dieses Mal Gast der Sendung, stellt das Buch vor. Er nennt es *die romancierte Autobiographie des Autors selbst*, spricht, auf James Joyce anspielend, von einem *Porträt des Künstlers als junger Mann*, bezeichnet Walser als *einen Erinnerungskünstler ohnegleichen* und fügt dann hinzu: *Das Heikelste an der ganzen Sache und das, über das es sicher am meisten zu reden gibt, ist natürlich dies, dass das eine Kindheitsgeschichte im deutschen Faschismus ist, in der das Wort Auschwitz nicht vorkommt, das Wort Dachau vielleicht dreimal vorkommt, aber der Schrecken des Faschismus, wie wir ihn kennen, eigentlich beinah ausgeblendet ist.* Isenschmids Resümee lautet: *Martin Walser hat sich dazu entschieden, diese Jugend, ich sag mal, mit Scheuklappen zu schildern. Ganz bewusst hat er das Wissen, das im Buch dargestellt wird, reduziert auf das Wissen, das er damals gehabt hat – und das ist kläglich wenig –, und er weigert sich sozusagen hinzuzutun so etwas wie Vergangenheitsbewältigung, ja geradezu auch nur Scham zu zeigen über die damalige Zeit. Das ist wahrscheinlich das Provokative an diesem Buch.*

Die ständigen Teilnehmer des »Literarischen Quartetts« reagieren der Reihe nach auf Isenschmids Eröffnung. Sigrid Löffler, Feuilletonchefin der »Zeit«, findet es bedenklich, *dass Walser praktisch sein Schreibprogramm absichern muss. Jedes dieser drei großen Kapitel ist mit einem theoretischen, poetologischen Eingangskapitel versehen, wo er die Vergangenheit und die Schwierigkeit, die Vergangenheit in der Gegenwart zu schreiben, ohne sie zu verzerren oder ohne sie umzuschreiben und zu beschönigen, darstellt.* Für sie sind das *Selbstimmunisierungsstrategien.* Ihr vorläufiges Fazit: *Ich meine nun nicht, dass er unbedingt aus heutiger Sicht einen politisch korrekten Roman schreiben müsste oder die Aufarbeitung einer Schuld, die er als Kind nicht empfunden hat. Aber die Art, wie er es justament nicht tut, die gibt diesem Roman schon das besondere Flair.* Hellmuth Karasek, Mitherausgeber des Berliner

»Tagesspiegels«, spricht von Walsers Versuch, *die Bodensee-Unschuld gegen die Nazizeit zu retten.* Dies führe zwar zu *wunderbaren sprachlichen Details,* bewirke indes auch eine *idyllische Verklärung der Vergangenheit und damit auch eine Verharmlosung.*

Marcel Reich-Ranicki schaltet sich ein. Er sei mit ungefähr allem einverstanden, was bisher gesagt worden sei – nur nicht mit dem Begriff Faschismus, den Isenschmid mehrfach verwendet habe: *In Deutschland gab es den Nationalsozialismus. Faschismus ist eine Bagatellisierung dessen, was in Deutschland tatsächlich passiert ist.* Sodann verweist er auf eine Zeitungskritik von Walsers Roman – ohne Namensnennung bezieht er sich auf Reinhard Baumgarts begeisterte Rezension in der »Zeit« vom 6. August 1998 –, in der vom besten Buch seit dem Debütroman »Ehen in Philippsburg« die Rede ist. Dieses Lob jedoch, so Reich-Ranicki, sei in Wahrheit eine ziemliche *Infamie,* weil es alle Romane, die der Autor seither veröffentlicht habe, *mehr oder weniger in den Papierkorb befördert.* Er selbst habe, damals noch in Polen, »Ehen in Philippsburg« 1957 auch gelobt, aber schon etwas geschrieben, was er nun wiederholen müsse: Es sei *niemand da, im ganzen Roman, der vielleicht in der SA war oder in der HJ oder im BDM oder wenigstens in der Wehrmacht.* Kurzum, es handle sich um einen *Roman über Menschen ohne Vergangenheit.* Im Verlauf der Debatte wird Reich-Ranicki noch über Walsers allererstes Buch, den Erzählband »Ein Flugzeug über dem Haus« von 1955, bemerken: *Da war auch das Dritte Reich wunderbar ausgeblendet.* Und hinzufügen: *Aber lassen wir das, es ist sein Recht, das haben viele Schriftsteller damals getan.* Um Johann, die Hauptfigur des »Springenden Brunnens«, dreht sich fortan die Debatte. Im Dialog zwischen Isenschmid und Reich-Ranicki erreicht sie ihren rhetorischen Höhe- und hermeneutischen Tiefpunkt:

Isenschmid: *Also, was mir sehr aufgefallen ist, gerade in der vielleicht heißesten Szene des Buchs, gegen Schluss, wo Johann durchs Dorf geht und den einzigen Juden trifft, den er in seinem Leben wahrscheinlich je gesehen hat, …*

Reich-Ranicki: *Ein Halbjude obendrein, ja.*

Isenschmid: *… der aus der HJ rausgeschmissen worden war in einem brutalen Akt, den trifft er wieder, und der erzählt ihm von seiner Situation, und Johann will davon nichts wissen. Er sagt: ›Ich will von deiner Angst nichts wissen, ich will jetzt leben, lass mich in Ruhe mit deinen Sachen.‹ Und das ist ja nun so geschildert, dass Walser, also Johann, sich als ein ziemlicher mieser, enger, unsensibler Kerl darstellt. Diese Ehrlichkeit des Buches habe ich als antijüdisch empfunden.*

Reich-Ranicki: *Herr Isenschmid, Augenblick mal, ich wollte diese Stelle, die ich als widerlich empfinde, gar nicht hier erwähnen. Aber wenn Sie schon darüber reden …*

Isenschmid: *Es ist die wichtigste.*

Reich-Ranicki: *Ja, es ist die zentrale Stelle. Das Schlimme ist, er sagt ja, der Junge, ungefähr: ›Also, jetzt ist's vorbei, er soll mal nicht erzählen, was war, mit den Juden und so, das geht mich nichts an. Ich liebe …‹ Er ist ja jetzt verliebt und er ist glücklich, und das Wetter ist schön und so weiter. Dass der Junge das '45 so empfunden hat, kein Wort gegen Walser, dass er aber jetzt diese Stelle in den ›Aspekten‹ im Zweiten Deutschen Fernsehen aus dem ganzen Roman hervorhebt und stolz vorliest, wie er das fabelhaft geschrieben hat. Das ist die Stelle, auf die er stolz ist. Dies missfällt mir arg. Es ist schon eine üble Stelle. Und auf derselben Seite schildert er eine Jüdin, die er gesehen hat. Die Schilderung mit diesen Lippen, das ganze Aussehen, die Augen – es ist ja nicht seine Art, Leute zu schildern, Menschen. Da beschreibt er sie, und er beschreibt sie sehr negativ, diese Jüdin. Keine angenehme Stelle, geschenkt, darum geht es mir nicht. Es geht mir um eine andere Sache in diesem Roman. Ich bin überzeugt – und ich bitte hier nicht zu brüllen vor lauter Empörung: Er kann viel, dieser Martin Walser, erzählen kann er ums Verrecken nicht! Er weiß überhaupt nicht, was Erzählen ist. Alle seine Romane sind geschrieben in einem Stil der Aneinanderreihung von Mitteilungen, immer wieder Mitteilungen aneinandergereiht, aber nichts wird anschaulich gemacht.*

Keiner brüllt, nirgends Empörung. Das Gespräch nähert sich dem Ende. Isenschmid sagt, ausdrücklich und ausschließlich über das erste Kapitel, er *glaube überhaupt nicht, dass es schlecht geschrieben ist.*

Karasek verweist, Walsers literarische Beschäftigung mit dem Nationalsozialismus betreffend, auf die frühen Theaterstücke »Eiche und Angora« (1962) und »Der schwarze Schwan« (1964), die bei Reich-Ranicki ebenfalls keine Gnade finden, und verteidigt das Romanporträt der Mutter – *das ist doch sehr schön*. Sigrid Löffler redet über Walser als *Chronist des Nachkriegsdeutschland*, beiläufig geht es noch um Wolfgang Koeppen und Heinrich Böll. »Ein springender Brunnen« aber ist nicht zu retten. *Auschwitz ausgeblendet; Scheuklappen; Selbstimmunisierungsstrategien; Verklärung; Verharmlosung; antijüdisch; widerliche, üble Stelle; Unfähigkeit zu erzählen*: Es ist eine ganze Menge, was man Autor und Roman vorwirft – und es sind höchst herbe Anklagen, die gegen beide erhoben werden. Die meisten sind so falsch wie folgenreich. Was ist da los? Zunächst zu Andreas Isenschmid, dessen initiale Invektive die Atmosphäre der Diskussion entscheidend prägt.

Isenschmid, Jahrgang 1952, gehört im Gegensatz zu den anderen Teilnehmern des »Quartetts« einer Generation an, die lange nach Kriegsende geboren wird. Mit nationalsozialistischer Erblast hat er, aufgewachsen in Basel, als Schweizer erst recht nichts zu tun. Weshalb er über Walsers Roman ein so negatives Urteil fällt, weshalb er die späte Szene um Wolfgang Landsmann als *antijüdisch* empfindet: wer weiß? 2002, nach dem Erscheinen von »Tod eines Kritikers«, ist der neue Roman Gegenstand im »Literaturclub« des Schweizer Fernsehens (SRG). Wieder ist Isenschmid Gast, dieses Mal beim Moderator Daniel Cohn-Bendit, und stellt, wie vier Jahre zuvor den »Springenden Brunnen«, nun auch Walsers »Tod eines Kritikers« vor. Für ihn *eine Stinkbombe*. In der vierzehnten Minute der Sendung erzählt er, das einstige »Quartett« betreffend: *Ich saß neben Reich-Ranicki, als er losschoss auf dieses Buch ›Ein springender Brunnen‹. Es war so bodenlos skandalös, wie er über dieses Buch sprach und wie er gleichzeitig über die Person Walser sprach. Ich hab damals in der Sendung darauf hingewiesen, dass Auschwitz gar nicht vorkommt. Aber die Art des Niedermachens gibt genügend Grund für Martin Walser, sehr gekränkt zu sein und deswegen* (hinzuzufügen ist: jetzt) *ein sehr schlechtes Buch zu schreiben.* Etwas später fügt er an: *Der Roman ›Der springende Brunnen‹, den ich sehr gut finde.* Erstaunlich. Am 20. November 2005 schreibt Isenschmid in der »NZZ am Sonntag« eine Kritik der Lorenz-Studie mit dem Titel »Lieber Polemik als Wahrheit«, deren redaktioneller Vorspann den Text prägnant zusammenfasst: *Der Schriftsteller Martin Walser hat sich als Kritiker der deutschen Geschichte gezeigt und wird nun von Marcel Reich-Ranicki und anderen des Antisemitismus bezichtigt. Zu Unrecht.* Er, Andreas Isenschmid, heißt das, ist aus dem Anti-Walser- als Antisemitismus-Spiel ausgestiegen, das er selbst maßgeblich initiiert hat. Stattdessen schwärmt er jetzt von seiner Jugendlektüre: *Da ist man mit einem Menschen namens Martin Walser gross geworden. Man schleppte als Gymnasiast seine Vietnam-Essays auf die Anti-Kriegs-Demonstrationen. Man schaute als junger Student in seinen Romanen den Kleinbürgern über die Schulter und in die Seele. Und man lernte mit seinen Essays über Hölderlin und Proust gleichsam ein zweites Mal lesen.* Nachgereichte Begeisterung. Dass in der gedruckten Ausgabe sämtlicher »Quartett«-Sendungen unter Reich-Ranickis Ägide aus Isenschmids nachprüfbar gesprochenem Attribut *antijüdisch* das harmlose Wörtchen *antiidyllisch* wird, ist, bleibt zu hoffen, lediglich ein Hörfehler der transkribierenden Lektoren und der im Impressum genannten *Korrektur der Transkription*. Sicher ist es nicht.

Die Wortmeldungen von Sigrid Löffler und Hellmuth Karasek sprechen ohne weitere Erläuterung für sich selbst. Reich-Ranickis Einwürfe nicht. Die persönliche Vor- und Nachgeschichte zunächst: Im Sommer '98 lesen er und ich parallel in den jeweiligen Vorab-Exemplaren des »Springenden Brunnens«, die der Verlag geschickt hat. Reich-Ranicki mehr und mehr ablehnend, ja angewidert, ich: zunehmend enthusiastisch. Als Walser in der ZDF-Kultursendung »Aspekte« dann sein Buch vorstellt und Teile der Wolfgang-Landsmann-Szene rezitiert, ist es endgültig vorbei. Mein Monitum, beim »Springenden Brunnen« handle es sich um wahres und wahrhaftiges Erzählen, bürstet Reich-Ranicki am Telefon mit der Bemerkung ab, die mich, da es zwischen uns oft robust zugeht, keineswegs beleidigt, dafür hoffnungslos betrübt: *Lieber, Sie haben keine Ahnung.* Nach dem »Quartett« vom 14. August ist unsere langjährige Fast-Freundschaft beschädigt, das wechselseitige Vertrauen dahin. Für das Lektorat von »Mein Leben« bedeutet dies arbeitspraktische wie atmosphärische Erschwernisse. Irgendwie kommen wir doch an ein gutes Ende. Die recht kurze, aber vernichtende Passage über Martin Walser – zwei Buchseiten kurz vor dem Ende – lektoriere ich nicht. Den Text für die Presse- und Buchhandelsvorschau der Deutschen Verlags-Anstalt (DVA), in der das Buch erscheint, schreibe ich vertragsgemäß, der Klappentext wird zum letzten Akt. Seit der ersten Begegnung vom Herbst 1982 ist es schöne Gewohnheit gewesen, den Abschluss einer gemeinsamen Arbeit mit dem Whiskey zu begießen, den Siegfried Unseld allweihnachtlich an Reich-Ranicki schickt. Im Frühjahr 1999 bleibt Unselds Whiskey im Schrank. Stattdessen ersucht der Autor um mein Lektorats-Typoskript, weil er, wie er sagt, einiges nachschlagen, vor allem nachprüfen will: *Sie* – dieses Mal ohne *Lieber* – *haben vieles falsch gemacht*. Zurückerhalten habe ich die beiden Leitz-Ordner nie. In Reich-Ranickis Nachlass sind sie nicht.

Was er im »Quartett« über den Erzähler Walser sagt, ist als Argument nicht neu. Bereits 1963, fünfunddreißig Jahre vor dem »Springenden Brunnen«, spricht er in einem Aufsatz für seinen Band »Deutsche Literatur in West und Ost« über das *Aneinandereihen* als Stil-Charakteristikum, schon damals rügt er, es geht um den Roman »Halbzeit«, der Autor vermöge es nicht, *eine einzige einigermaßen lebendige und greifbare Gestalt zu schaffen*. 1966, es handelt sich um »Das Einhorn«, hören wir: *Seine Essays zeugen von seinem großen erzählerischen Talent. Aber in seinen erzählerischen Werken sind die essayistischen Partien die interessantesten*. Die rhetorische Figur, die er hier verwendet, ist komplex: eine sogenannte Zwillings-, wahlweise Paarformel, kombiniert mit einem Antonym, einer Entgegensetzung, und einem Paradox, einer Kombination wider die Erwartung. Zwei Begriffe, in diesem Fall »erzählerisch« und »essayistisch«, bilden sowohl ein Paar als auch einen Gegensatz und werden schließlich auf verblüffende Weise verbunden: Als Erzähler, besagt die Formel nun, ist Walser am besten, wenn er erst gar nicht zu erzählen versucht, hingegen schmückt den Essayisten gerade der Umstand, dass er seine Gedanken nicht intellektuell präsentiert, sondern erzählt. Reich-Ranicki hat aus dieser eleganten wie effektvollen Figur über die Jahrzehnte hinweg eines seiner Markenzeichen gemacht. Weiteres Beispiel: *Während andere sich bemühen, ihre Blöße zu poetisieren, wagt er es, sich in der Poesie bloßzustellen.* So 1967 über den Lyriker Günter Grass. Die komplexe Paarformel ist also das Florett, aber es geht auch mit dem Degen, notfalls sogar mit dem Hammer. Als man im »Literarischen Quartett« vom 26. April 1996 über Walsers Wiesbaden-Roman »Finks Krieg« debattiert, konstatiert er, dieses Mal schlicht und direkt: *Seine erzählerischen Sachen halte ich so gut wie alle für nicht gelungen. Er ist im Grunde überhaupt kein Erzähler.* Was den Gast der Sendung, den Germanisten Peter Demetz, zur spontanen Replik provoziert: *Das ist absurd!* A propos Grass: Während Reich-Ranicki bei Walser den hochgeschätzten Essayisten gegen den schwachen Erzähler in Stellung bringt, ist es bei Grass der Lyriker, den er dem Romancier gleichen Namens vorzieht. Über den Autor der »Blechtrommel« erfährt man acht Jahre nach deren Erscheinen: *Denn er, der seinen Weltruhm – und dies mit Recht – einem Roman verdankt, ist im Grunde nicht Romancier, sondern Geschichtenerzähler und in weit höherem Maße Lyriker als Epiker.* Auch diese, im Sinne von Demetz *absurde* Formel will erst einmal gekonnt sein. Eine zusätzliche Parallele zwischen den Großschriftstellern: das Aneinanderreihen. *So reiht Grass aneinander,* stets wird *nur verkündet und kaum etwas gezeigt.* Die Rede ist vom Roman »Örtlich betäubt« aus dem Jahr 1969.

Woraus zu entnehmen ist: Bei Autoren, von denen der Kritiker beinahe jedes neue Buch rezensiert, deren Eigenart er also bestens zu kennen meint, ist er seinerseits in der Gefahr, in variierender Repetition vor allem sich selbst zu bestätigen. Und je mehr sich die selbsterfüllende Prophezeiung habitualisiert, desto schwieriger wird es, das potentiell Neue am jeweils neuen Werk überhaupt noch wahrzunehmen. So ergeht es Reich-Ranicki mit dem »Springenden Brunnen«. Er hat das Buch literarkritisch ausschließlich nach Maßgabe der eigenen Vorerwartung rezipiert, deshalb das Singuläre und Solitäre auch nicht erkannt, über das wir, die kurze Schilderung der Jüdin *Frau Haensel* eingeschlossen, in den drei vorherigen Kapiteln gehandelt haben. Neu für Reich-Ranickis Walser-Kritik ist nun allerdings der ungemein scharfe, am Ende absolut beleidigende Ton des Verrisses, der sich ins Vulgäre (*ums Verrecken nicht*) steigert. Vulgäres hat er bisher stets vermieden, selbst der heftigste Satz, den er zuvor über Walser zu Papier gebracht hat – *Ein belangloser, ein schlechter, ein miserabler Roman*: über »Jenseits der Liebe« (1976) – ist zwar ein pleonastisch sich steigernder Ausbruch, aber kein ungefiltert beleidigender Ausfall. Weder das Medium Fernsehen, in dem er jetzt geschieht, noch das Millionenpublikum, vor dem er sich ereignet, erklären die auffällige Ausfälligkeit. Was also ist da passiert – und warum passiert es gerade jetzt?

Es geht, wohl unbewusst, um jüdisches Schicksal im Holocaust. Zwar betont Reich-Ranicki in seiner zunehmenden Anti-Walser-Erregung bei der Wolfgang-Landsmann-Passage, es sei *eine üble Stelle*, und er bezeichnet die Schilderung von Frau Haensel als *sehr negativ*, aber er schwächt beide Male scheinbar wieder ab: *kein Wort gegen Walser*, heißt es zunächst, und, Frau Haensel betreffend: *geschenkt*. Rhetorisch handelt es bei beidem um eine Praeteritio: Man gibt vor, etwas zu übergehen, um es gerade dadurch zu betonen und hervorzuheben. In den Monaten, bevor er »Ein springender Brunnen« liest, hat er selbst seine polnische Kindheit, seine Berliner Jugend im Nationalsozialismus und seine Zeit als junger Erwachsener im Warschauer Ghetto noch einmal intensiv durchlebt und für die Autobiographie »Mein Leben« festgehalten. Dieser Memorier- und Schreibvorgang, es sei bezeugt, hat ihn enorm erschüttert und aufs Äußerste gefordert. Erinnern wir uns. Walser schreibt bereits 1965, parallel zum Frankfurter Gerichtsbericht »Unser Auschwitz«, im Aufsatz »Hamlet als Autor«: *Während ich das Proustsche Törtchen zum ersten Mal in die Schokolade tauchte, rauchten die Kamine in Auschwitz*. Reich-Ranicki schildert in »Mein Leben« vom Kapitel »Eine nagelneue Reitpeitsche« an, das im Juli 1942 einsetzt, über vierzig Seiten hinweg die gnadenlos fortschreitende Auslöschung der Juden im Warschauer Ghetto sowie das eigene wunderhaft-zufällige Überleben und jenes seiner Frau Tosia: Am 7. September 1944 klopft ein Soldat der Roten Armee an die Tür des Hauses, in dem sie sich versteckt halten. Im September 1944, das Proustsche Törtchen ist längst in die Schokolade getaucht, beginnt der dritte Teil des »Springenden Brunnens«. In Wasserburg erntet man die ersten Äpfel, kurz rekapituliert werden Johanns Ausbildung an der *Zwillingsflak* und im *Scharfschießen* während des zurückliegenden Sommers, ausführlicher sein Stralsunder Sieg bei der Reichsmeisterschaft im Signalwinken. Erinnern wir uns noch einmal. Ruth Klüger, gerade Auschwitz entronnen, hat im Juli '44 Welt und Landschaft jenseits des KZs ob deren *Postkartenanmut* bestaunt, sie hat den fahneschwingenden Jungen auf der *Lichtseite des Systems* gesehen und ihn später zum Sinnbild für den jungen Walser erklärt. Vor allem hat sie daraus *die Unvereinbarkeit* zeitparallelen Erlebens abgeleitet.

Wenn ich rückblickend Reich-Ranickis cholerischen Ausbruch gegen Walsers Lebensbuch vergegenwärtige, scheint mir das Unvereinbare beider Biographien der wahrscheinliche Grund dafür zu sein. Durchaus möglich, dass der Kritiker beim Lesen des »Springenden Brunnens« etwas elementar Literaturfernes empfand, nämlich: wie gut es dieser Johann im Vergleich zu ihm und seinesgleichen doch hatte. Das Unvereinbare beider Biographien hat sich retrospektiv dann wohl in Unversöhnlichkeit verwandelt. Das ist eine Vermutung, die allerdings nicht ganz fern liegt. Auf die Idee, Reich-Ranicki damals, im August 1998, danach zu fragen, bin ich nicht gekommen. Im Gegenteil: Sein Verhalten im »Literarischen Quartett«, befeuert von Isenschmids Vorwurf der Auschwitz-Absenz, hat mich empört, zumal die weitere Insinuation, Walser habe die Nazizeit schon in früheren Romanen komplett ausgeblendet, schlicht falsch ist. Reich-Ranickis kritisches Urteil wird jedenfalls von existentieller Distanzierung, ja Abwehr überlagert – ein Vorgang, der zwar verständlich, unter professionellem Aspekt aber nicht lege artis und legitim ist. Walser seinerseits wird, gerade in der Friedenspreisrede, auch diesem Muster – verständliche Erregung, fatale Konsequenz – folgen und damit erhebliche Missverständnisse und Irritationen bewirken. Jedenfalls ist er vom »Quartett«-Verriss tief getroffen. Gut zwei Wochen nach der Sendung treffe ich ihn als Gast eines Fortbildungsseminars für junge Kulturjournalisten, das ich während der zweiten Hälfte der 1990er jeweils für einige

Sommertage in Konstanz moderiere. Er kommt stets auf einen Vor- oder Nachmittag, liest einen kurzen Text und diskutiert mit den Teilnehmern. Im Seminar weicht er Fragen zum »Quartett« aus, auch mir gegenüber winkt er bloß resignierend ab: *Lassen wir das, wir kennen das Spiel.* So erinnere ich es, damals notiert habe ich den Satz nicht.

In einem längeren Interview mit Willi Winkler, das am 19. September 1998 in der »Süddeutschen« erscheint, geht Walser anders vor – er schaltet auf Gegenattacke. Zunächst räumt er ein, die Rede ist von früheren Konflikten, dass er bisweilen *unbeherrscht* reagiere auf das, was er *Zeitgeist* nennt – *Zeitgeist* ist sein Synonym für das bloß Periphere, Modische, ihm eigentlich Unzumutbare; Kritiker sind dabei die Zeitgeistagenten. Als Winkler ihn auf das »Quartett« und Reich-Ranicki anspricht, legt er los. Stufe eins: *Seine Fernsehsendung empfinde ich als Machtausübung. Machtausübung gegenüber bin ich wie jeder Mensch empfindlich.* Explosion von Stufe eins: *In unserem Verhältnis ist er der Täter, ich bin das Opfer.* Winkler hakt nach. Walser zündet Stufe zwei: *Jeder Autor, den er so behandelt, könnte zu ihm sagen: Herr Reich-Ranicki, in unserem Verhältnis bin ich der Jude.* Man beachte den Konjunktiv: Walser sagt *könnte*, nicht *kann*. Verlöschen von Stufe zwei: *Das Schlimm-Schöne für uns besteht darin, dass es ihm nicht gelungen ist.* Was sagt uns das? Walser konstruiert über den Topos *Machtausübung* eine Täter-Opfer-Relation zwischen Kritiker und Autor, er überträgt also (indikativisch) ein Begriffspaar aus den Holocaust-Debatten auf das literarische Feld und den Literaturbetrieb. Er steigert die Täter-Opfer-Relation, indem er den Autor als Gattung eben nicht zum Juden, aber immerhin zum potentiellen Juden erklärt. Und er schließt mit der Formel vom *Schlimm-Schönen*, der zufolge Reich-Ranicki genau dies nicht gelingt. Riskante Korrelationen, um das Mindeste zu sagen.

In den knapp zwei Monaten zwischen dem »Quartett« (14.8.) und der Friedenpreis-Verleihung (11.10.) ist er in Sachen Interviews noch aktiver als sonst – es sei, noch bevor wir die Dankansprache selbst genauer betrachten, die These vertreten, dass dies dem *Verfassen einer Sonntagsrede* selbst eher geschadet als genutzt hat. Am 6. September verbreitet die dpa Auszüge aus einem Gespräch mit der »Rheinischen Post«, in dem es auch um das geplante Holocaust-Denkmal in Berlin geht, gegen dessen Bau damals auch andere namhafte Intellektuelle eintreten, in erster Linie der »Spiegel«-Herausgeber Rudolf Augstein. *Nehmen Sie alle Städte der Welt*, wird Walser von der dpa zitiert, *und prüfen, ob es irgendwo ein Denkmal für Schande gibt. Ich kenne kein einziges.* Er fährt fort: *Wenn man glaubt, man müsse das lebendig halten durch ein fußballfeldgroßes Denkmal, erreicht man nichts. Das Gewissen wachzuhalten, ist Aufgabe von uns allen, und es geschieht … im Schulunterricht und in den KZ-Gedenkstätten.* Für ein Radiogespräch trifft er sich vor der Preisverleihung auch mit Heinz Ludwig Arnold (1940 bis 2011), dem Herausgeber der Zeitschrift »Text + Kritik«. Es ist das einzige Mal, dass er öffentlich über die Bedeutung der Auszeichnung und deren Differenz zu den sonstigen, ausschließlich die literarische Arbeit würdigenden Preisen redet. *Die Anteilnahme der, nennen wir es einmal: Gesellschaft, ist größer als bei jedem bisherigen Preis*, sagt er. Gerade der Umstand aber, dass es sich um einen gesellschaftlichen Preis handle, *macht ihn schwierig*. Arnold zitiert aus der Begründung des Stiftungsrats, Walser habe den Deutschen das eigene Land (wieder) nahegebracht. Walsers Kommentar dazu: Es habe sicher Jahre gegeben, in denen *die Zusammensetzung der Jury* so gewesen sei, dass man gesagt habe: *gerade den nicht. Und jetzt hat sich's halt so ergeben. Das will ich nicht überschätzen und trotzdem will ich es dankbar akzeptieren.* Es passt zum Auftritts-Marathon vor dem Friedenspreis, dass zwei Tage vor der Verleihung, am 9. Oktober, im Magazin der F.A.Z. ein selbstironisches Scherzo erscheint, in dem er – keineswegs zum ersten und beileibe nicht zum letzten Mal – ankündigt, dies sei sein letztes Medienerscheinen überhaupt: *Am besten wäre natürlich Vollbremsung, gar kein Interview mehr. Aber sie sehen es ja. Was haben wir gemacht? Man kann sich noch so drehen und wenden, heraus kommt ein Interview. Natürlich das letzte. Ich bin gespannt, wie oft noch.* Nach der Preisverleihung vergeht keine Woche, bis ein weiteres erscheint.

Walser war und ist, im Gegensatz etwa zum Einsiedler Botho Strauß, den er überaus schätzt, ein Autor, der nicht ohne öffentliches

Getümmel auskommt, so schrecklich, abscheulich, abstoßend er es partiell auch finden mag. Die Öffentlichkeit ist sein allerliebster Scheusalsort – und sein Tagebuch bisweilen auch ein *Rachekalender*, in dem, angelegt schon im Juli 1964, mal selbstironisch, mal wehleidig, mal verzweifelt und mal wütend, in jedem Fall aber penibel notiert wird, wenn, wann und wie die Medien im Allgemeinen und die Literaturkritiker im Besonderen ihm aufs Neue zusetzen. Noch unveröffentlicht sind die Tagebücher seit 1982. Mit absoluter Sicherheit werden sich dort Auf- und Notschreie gegen das »Quartett« zum »Springenden Brunnen« ebenso finden wie zu Ignatz Bubis' harscher Invektive in Folge der Friedenspreisrede und zu Frank Schirrmachers Ausbruch gegen den Roman »Tod eines Kritikers«. Bevor wir zu den beiden Letzteren kommen, es also nur noch selten erfreulich zugeht, verweilen wir einen Augenblick bei einer Liebeserklärung, die am 4. Oktober '98, eine Woche vor der Paulskirche, im »Spiegel« erscheint, vom damals siebenundvierzig Jahre alten Dichterprosaisten Thomas Hürlimann stammt und einen schönen Italowestern-Titel trägt: »Spiel mir den Walser-Blues«.

Wie Andreas Isenschmid ist Hürlimann Deutschschweizer und Nachkriegskind, wie Walser, den er seit seinen Internatszeiten im Kloster Einsiedeln während der 1960er Jahren liest, ist er auch ein Muttersohn, ein begnadeter obendrein. Man kann das in sämtlichen Hürlimann-Novellen und -Romanen von »Das Gartenhaus« (1989) über »Vierzig Rosen« (2006) bis zu »Heimkehr« (2018) nachprüfen. Es wundert also nicht, dass er Walsers Muttersohn-Epos »Die Verteidigung der Kindheit« (1991) *ein Jahrhundertbuch* nennt – von Walsers finaler Roman-Epiphanie mit dem logisch-programmatischen Titel »Muttersohn« (2011) kann naturgemäß noch nicht die Rede sein. Das Außergewöhnliche an Hürlimanns Hommage – auch deshalb wird sie kurz geschildert – ist eine Differenzbeobachtung, jene zwischen Autor und Privatmann. Zu Recht notiert er also, den Autor betreffend: *Martin Walsers Figuren sind oft unterwegs, auf der Jagd, in der Fremde, und wenn er einen mal ankommen läßt, wie zum Beispiel Hans Beumann in ›Philippsburg‹, verschlägt es den in eine Ehe, die ihn vollständig von sich entfremdet. Ein Aufstieg als Absturz.* Im Gegensatz dazu der Privatmann: *Eines Tages,* so Hürlimann, *habe ich Martin Walser besucht … Der Dichter, der seine Figuren zwischen gestern und dem Tod ins Nichts fallen läßt, thronte inmitten seiner Familie bei Kaffee und Kuchen. Drei Töchter, alle im Bikini, erinnerten mich an die junge Liz Taylor, und der schönen Frau Walser schien absichtslos zu gelingen, sämtliche Sätze, die ihr Mann über Paare geschrieben hat, zu widerlegen. … Der seehausbesitzende Familienvater paßte nicht zum Bild, das ich in meinem Walser-Museum aufgestellt hatte.* Im Ganzen passt beides sehr wohl: das Fallen ins Nichts wie die Kaffeetafel in Nußdorf.

## Die Friedenspreisrede oder Eine Radikalisierung

Die Friedenspreisrede wird im Einzelnen nicht referiert. Sie ist dutzendfach gedruckt, noch öfter kommentiert worden und für die Wenigen, die außer zwei, drei einschlägigen Zitaten nichts von ihr kennen, auf der Internetseite des Börsenvereins auch nachzuhören. Wir konzentrieren uns auf die direkten wie mittelbaren Bezüge zum »Literarischen Quartett«, zudem auf die Radikalisierungen in Walsers Zugang zur medialen Präsenz des Holocausts und zur Gedenkkultur. Schließlich ist zu erwägen, ob es eine Langzeitwirkung der Rede gibt und wie sie beschaffen sein könnte. Gegenüber der Druckversion etwa in Schirrmachers Anthologie zur »Walser-Bubis-Debatte« oder in der von Thekla Chabbi herausgegebenen Walser-Sammlung »Ewig aktuell« (2018) weist die gesprochene Fassung einige Kürzungen auf. Den dreißig Minuten Redezeit geschuldet, hat Walser gegen Ende hin eine ganze Manuskriptseite weggelassen. Sie befasst sich mit der Eigenart, auch dem Eigensinn schriftstellerischen Sprechens im Unterschied zum medialen Diskurs. *Zuständig,* heißt es etwa, sei der Autor *nur für sich selbst,* seine *Brauchbarkeit* könne sich ausschließlich aus der *unschuldig schönsten Zusammenarbeit der Welt* ergeben, jener *zwischen Autor und Leser.* Was explizit abgelehnt wird, ist also eine Art von Repräsentanz, ein stellvertretendes Reden für viele mit der Autorität des Dichters. Das ist ein erstaunlicher Verzicht für einen Schriftsteller, dem das Engagement mit und durch Literatur jahrzehntelang eine Selbstverständlichkeit gewesen ist. Man kann diesen Verzicht auch eine Schutzbehauptung nennen. In der Druckfassung, nicht in der Rede selbst zu finden ist ein längeres Zitat aus dem damals gerade erschienenen Prosaband »Versuch, da zu sein« von Johanna Walser, der Tochter: *Ich habe den Verdacht*, beginnt es, *daß alles viel schöner ist, als man darüber spricht*. Das Schöne, genauer: das zu Verschönernde als Ziel des Sprechens und Schreibens, der Wunsch also, *Etwas so schön zu sagen, wie es nicht ist*, taucht im Tagebuch erstmals am 25. Dezember 1978 auf, kann aber erst nach dem siebzigsten Geburtstag als Leit-, vor allem als Sehnsuchtsmotiv für Walsers Prosa gelten. Mit den Sätzen der Tochter intoniert er den romantisierenden Topos in der gedruckten »Sonntagsrede« erstmals öffentlich und in Form einer väterlichen Hommage. Dem Schöner-Sagen-Wollen freilich stehen in der Paulskirche, wie sich gleich zeigen wird, mehrfach und massiv Ausdrücke im Weg, die ich »wüste Wörter« nennen will.

Dreimal provoziert der Redner bei den mehr als tausend Gästen spontanen Beifall. Nach einigen Bemerkungen über das Genre selbst, also die »Sonntagsrede«, handelt sie im ersten Teil vom ehemaligen DDR-Spion Rainer Rupp, der im Gegensatz zu den längst aus den Ost-Gefängnissen entlassenen und rehabilitierten West-Agenten immer noch einsitzt – neun Jahre nach dem Ende der SED-Herrschaft ein Zeichen für westliche Siegerjustiz. *Wenn das nicht peinlich ist, was, bitte, ist dann peinlich?* Dafür der erste Beifall. Applaus gibt es auch nach der Polemik gegen die medialen und intellektuellen *Meinungssoldaten*, die *mit vorgehaltener Moralpistole den Schriftsteller in den Meinungsdienst nötigen*. Ihnen geschuldet sei, fährt Walser fort, *dass Schriftsteller nicht mehr gelesen werden müssen, sondern nur noch interviewt*. Dass dies ausgerechnet der zusammen mit Günter Grass dauerinterviewteste Gegenwartsautor moniert, hat wohl zur Heiterkeit beim Kulturbürger-Publikum beigetragen. Der stärkste, lang anhaltende Beifall brandet jedoch nach einer Passage auf, die in den Wochen und Monaten danach besonders kritisiert, ja skandalisiert wird: *Auschwitz*, lautet sie, *eignet sich nicht dafür, Drohroutine zu werden, jederzeit einsetzbares Einschüchterungsmittel oder Moralkeule oder auch nur Pflichtübung.* Befürworter wie Gegner der Rede werden in der nachfolgenden Debatte vielfach darauf verweisen, dass das Publikum am Ende dem Redner stehend applaudiert – an die zwölfhundert Personen also, von denen sich lediglich drei demonstrativ nicht erheben: der evangelische Theologe Friedrich Schorlemmer und das neben ihm sitzende Ehepaar Ida und Ignatz Bubis. Wie sind der Beifall für die *Moralkeule* und der stehende Applaus am Schluss zu erklären?

Der Antwortversuch macht einen Umweg nötig. Er führt zu Ruth Klüger zurück, zu einem der Zusätze von »weiter leben«, die sie für die englisch-amerikanische Ausgabe des Buchs (»Still Alive«, 2001) schreibt. Die Szene ist dort nicht datiert, sie muss sich aber um die Jahrhundertwende, also (sehr wahrscheinlich) 1999 oder (spätestens) 2000, abgespielt haben: sieben, acht Jahre nach dem Erscheinen des auf Deutsch geschriebenen Originals – und zeitlich genau in der Mitte zwischen Walsers »Sonntagsrede« und dem Roman »Tod eines Kritikers« (2002). Die Szene beginnt: *I call him from California, while I am writing this*, meint: die amerikanische Fassung. Walser ist am Telefon offenbar etwas mürrisch. Grund: *The newspapers are upsetting him: he is attacked by the liberal intellectuals; they wrongly accuse him of nationalism and associate his ideas with Nazi ideas.* Klüger kommt indirekt auch auf die Paulskirche zu sprechen, wenn sie für die amerikanischen Leser notiert: *In fact he has put himself into the line of fire by arguing in public that Germans have to move on and put the Nazi past behind them.* (Anmerkung: Dass die Deutschen die Nazi-Vergangenheit *hinter sich lassen müssten*, stimmt nicht, Walser hat das nie gesagt). Klügers vorläufige Conclusio: *My old friend is a convenient target, to be sure, for simple-minded generalizations, but also a far too convenient rallying point for those who want to swear allegiance to the entire Germanic past, from Tacitus, who held up the Germanic tribes as a model to the decadent Romans, to the postwar ›economic miracle' fueled by the Marshall Plan.* Übersetzt, indirekt und etwas verkürzt zitiert: Ihr alter

Freund Walser sei ein bequemes Ziel für einfältige Verallgemeinerungen, aber auch ein viel zu bequemer Sammelpunkt für diejenigen, die der gesamten deutschen Vergangenheit (von den Germanen bis zum Wirtschaftswunder) die Treue schwören wollten.

Nun das Resümee, das sich selbst übersetzt: *He is the focus of a controversy that has at its core the question of how to be a German patriot.* Also: Verfassungspatriotimus im Sinn von Dolf Sternberger, dem Schöpfer des Worts, von Habermas und Egon Bahr oder – ja, was? Walser hat sich nie auf einen Alternativbegriff festgelegt, auch nicht in der Deutschland-Rede von 1988 (siehe Romantik-Kapitel). Was also ist deutscher Patriotismus für ihn? Das Wort Schicksalsgemeinschaft hat er zu Recht gemieden, von so etwas wie Verantwortungspatriotismus aber auch nicht gesprochen. *How to be a german patriot* – Ruth Klügers Dreifach-Antwort lautet: *The best of the young Germans shrug it off; the worst of the old Germans blame the Jews and the foreigners. Then there is a broad middle section with Martin Walser as their spokesman* (Die besten der jungen Deutschen schütteln es ab; die schlimmsten alten Deutschen beschuldigen die Juden und die Ausländer. Dann gibt es einen breiten Mittelteil mit Martin Walser als ihrem Sprecher). Über diesen Sprecher, der in Klügers völlig richtiger Sicht eben doch ein Repräsentant ist, schreibt sie: *He leaves out too much and defends the omissions. He doesn't whitewash the past, but he straddles a fence* (Er lässt zu viel aus und verteidigt die Auslassungen. Er beschönigt die Vergangenheit nicht, aber er bleibt auf dem Zaun sitzen – will sagen: Er bezieht nicht eindeutig Stellung). Schließlich: *Not untypical of his countrymen* – also: eine Haltung, die auch für seine Landsleute typisch sei.

Kann es sein, dass sich, pars pro toto, dieser *breite Mittelteil* von Walsers *Landsleuten* (und ein paar *old Germans*) in der Paulskirche von den Sitzen erhebt – zumal sich in der Rede, kohärent zu Klügers Analyse, auch die Formulierung findet, *die Deutschen seien jetzt ein normales Volk, eine gewöhnliche Gesellschaft*? Ja – und nein. Vor kurzem erst, im Juli 2021, hat mir der Frankfurter Verleger Vittorio Klostermann erzählt, ihn beschäftige bis heute, weshalb auch er damals stehend applaudiert habe. Antwort: *Weil ich gegen die Instrumen-*

*talisierung von Auschwitz war – und bin.* Das, in der Tat, ist die Zentralbotschaft der Rede. Sie war und ist nach wie vor gültig. Ich habe den Paulskirchen-Sonntagmorgen am Fernsehen erlebt. Der Zentralbotschaft wegen aber wäre ich an Ort und Stelle mit großer Gewissheit auch aufgestanden. Kommt hinzu, dass Walser mit enormer Verve und Dringlichkeit spricht, sodass, selbst noch beim heutigen Nachhören im Netz, ein Zustimmungssog entsteht – das Übrige macht die festliche Stimmung des Augenblicks. Durchaus möglich, dass auch das Ehepaar Bubis und Schorlemmer aufgestanden wären, hätte Walser die *Instrumentalisierung* einerseits nicht derart kryptisch verpackt und sie andererseits durch seine wüsten Wörter, auf die wir gleich näher eingehen, nicht zugleich desavouiert. Bubis vernimmt als vermeintlichen Klartext, Walser polemisiere gegen die Entschädigung der osteuropäischen Zwangsarbeiter während des Zweiten Weltkriegs, für die er, Bubis, sich aktuell einsetzt. Natürlich tut das der Redner nicht, diese Frage, sagt er später, sei ihm ganz *fern* gewesen. Es ist und bleibt also das Kreuz mit dieser Rede, dass sie manches Richtige entweder ganz falsch sagt oder nebulös verklausuliert. Auch dies freilich ist im nachfolgenden Streit und in der wissenschaftlichen wie feuilletonistischen Literatur über ihn schon oft betont und im Detail gezeigt worden. Kommen wir zum »Literarischen Quartett« zurück.

An einer Stelle der Friedenspreisrede wird direkt darauf Bezug genommen. *Ein smarter Intellektueller hisst im Fernsehen in seinem Gesicht einen Ernst …, wenn er der Welt als schweres Versagen des Autors mitteilt, dass in des Autors Buch Auschwitz nicht vorkommt. Noch nie etwas gehört vom Urgesetz des Erzählens: der Perspektivität.* Es ist klar, auf wen er sich bezieht (Isenschmid), aber er sagt es aufs Neue nur indirekt. Bereits in den Absätzen zuvor wird anonymisiert. Sie befassen sich mit den moralisch-politischen Auftritten *dieses oder jenes schätzenswerten Intellektuellen* und münden in die These, dass das Motiv dabei öfter *nicht mehr das Gedenken, das Nichtvergessendürfen* des Holocausts sei, *sondern die Instrumentalisierung unserer Schande zu gegenwärtigen Zwecken.* Als sich Walser und Bubis auf Initiative von Frank Schirrmacher und Salomon Korn, dem Architekten des

Jüdischen Gemeindezentrums in Frankfurt am Main, am Samstag, dem 12. Dezember '98, in der Redaktion der F.A.Z. zu ihrem ersten und einzigen Gespräch treffen, geht es auch um *Roß und Reiter*. Bubis will wissen, wer die *Geistes- und Sprachgrößen* seien, auf die Walsers Paulskirchen-Attacken zielen. Längst pfeifen die Spatzen vom Dach, dass er auf einen Artikel von Jürgen Habermas, ein Interview von Thomas Bernhard, auf Thesen von Günter Grass und Walter Jens anspielt. Er aber wehrt weiter ab: *Ich habe sie nicht mit Namen genannt, weil mir nicht daran liegt, Menschen zu kritisieren, sondern typische Vorgänge.* Kein sehr überzeugendes Argument, wenn als Beleg des Typischen konkrete Zitate konkreter Autoren dienen. Immerhin verdeutlicht er jetzt, dass er mit *Instrumentalisierung* unter anderem auch das »Literarische Quartett« meint: *Da wird meinem Roman ›Ein springender Brunnen‹ vorgeworfen, darin komme Auschwitz nicht vor. Wenn das festgestellt wird, dann empfinde ich das als eine Instrumentalisierung von Auschwitz.* Sehr ausführlich verteidigt er sich nochmals gegen Reich-Ranickis Vorwürfe, in seinen früheren Büchern komme die Nazizeit nicht vor: Ein Zeichen dafür, wie sehr ihn die Sendung getroffen hat.

Werkgenetisch gehört die Dankrede zum Friedenspreis in eine Reihe mit »Unser Auschwitz«, »Auschwitz und kein Ende« und »Das Prinzip Genauigkeit. Über Victor Klemperer«. Mit einem der zentralen Sätze der Gegenwartsliteratur beginnt 1979 »Auschwitz und kein Ende«, ursprünglich die Eröffnungsrede für eine Ausstellung von Häftlingszeichnungen aus dem KZ. Der Satz lautet: *Seit Auschwitz ist noch kein Tag vergangen.* Neunzehn Jahre danach, in der »Sonntagsrede«, heißt die entsprechende Stelle: *Kein ernstzunehmender Mensch leugnet Auschwitz; kein noch zurechnungsfähiger Mensch deutelt an der Grauenhaftigkeit von Auschwitz herum.* In beiden Texten stehen die Schlüsselsätze im Kontext mit dem Versuch wie der Versuchung, vor den Bildern des Grauens *wegzuschauen.* Der Aufsatz »Auschwitz und kein Ende« schließt mit einer Passage, die ganz zitiert werden muss, weil sie ins Zentrum von Walsers nahezu lebenslanger Auseinandersetzung mit dem im Grunde Unvorstellbaren führt, also mit der Vernichtungsmaschinerie und mit deren medialer Vermittlung: *Ich möchte immer lieber wegschauen von diesen Bildern. Ich muß mich zwingen hinzuschauen. Und ich weiß, wie ich mich zwingen muß. Wenn ich mich eine Zeit lang nicht gezwungen habe hinzuschauen, merke ich, wie ich verwildere. Und wenn ich mich zwinge hinzuschauen, merke ich, daß ich es um meiner Zurechnungsfähigkeit willen tue.*

Mit der Wendung *zurechnungsfähiger Mensch* schließt die »Sonntagsrede« direkt daran an, zieht jetzt freilich eine andere Konsequenz: *wenn mir aber jeden Tag in den Medien diese Vergangenheit vorgehalten wird, merke ich, daß sich in mir etwas gegen diese Dauerpräsentation unserer Schande wehrt. Anstatt dankbar zu sein für die unaufhörliche Präsentation unserer Schande, fange ich an wegzuschauen.* Um mit einer einfachen, nicht ganz unwichtigen Differenz zu beginnen: 1979 befasst sich Walser mit Häftlingszeichnungen, also mit unmittelbarer Authentizität, 1998 mit der Mittelbarkeit des Holocausts als medialem Geschehen. Gleichwohl ist nicht zu übersehen, dass sich seine Position verändert, genauer: radikalisiert hat. Dafür sprechen vor allem die wüsten Wörter, die der Vollständigkeit halber und in der Reihenfolge ihres Auftretens versammelt seien: *Wegdenken, Beschuldigung, Schande, Seite der Beschuldigten, Routine des Beschuldigens, Dauerpräsentation unserer Schande, Drohroutine, Einschüchterungsmittel, Moralkeule, Pflichtübung, Ritualisierung, fußballfeldgroßer Albtraum, Monumentalisierung der Schande, Meinungssoldaten, Moralpistole, Meinungsdienst, Meinungs- und Gewissenswart.* Nicht eben wenig für dreißig Minuten. Weit wichtiger aber als die Quantität: Diese Wörter benutzt Walser nahezu ausschließlich in der Friedenspreisrede, nicht davor und nicht danach. Sie sind sozusagen Verbal-Singularitäten. Selbst die besonders frequente *Schande* (sieben Mal) gibt es im Zusammenhang mit der deutschen Verantwortung für den Holocaust an signifikanter Stelle nur noch zweimal: Vor der Rede im Interview mit der »Rheinischen Post« über das geplante, dabei auch schon *fußballfeldgroße,* aber noch nicht als *Albtraum* qualifizierte Denkmal in Berlin, danach in der Besprechung des Bandes »Mein verwundetes Herz. Die Briefe der Lilli Jahn 1900 bis 1944« vom August 2002. Magenau verzeichnet noch zwei weitere, eher periphere Verwendungen in einem Vietnam-Interview von 1967 und einem Reisefeuilleton aus

Amerika (1988). Als Walser 2015 mit dem Germanisten Andreas Meier die Vermächtnis-Sammlung »Unser Auschwitz« ediert, nennt er sie im Untertitel bewusst »Auseinandersetzung mit der deutschen Schuld« – und eben nicht »Schande«. Wie die *Seite der Beschuldigten*, auf der sich in der Paulskirche sämtliche Deutsche versammeln, haben die *Schande*, die *Moralkeule* und die anderen Provokationen vor allem die Funktion, des Redners Verwundungen durch die Angriffe der *Meinungssoldaten* auszudrücken.

Eine psychologische Erklärung aus der damaligen Situation heraus fällt nicht schwer. Er, der sich ein Autorenleben lang so häufig und intensiv wie kein zweiter nichtjüdisch-deutscher Schriftsteller und Intellektueller mit dem Nationalsozialismus und dem Holocaust auseinandergesetzt hat, wird nun im »Literarischen Quartett« des Auschwitz-Vermeidens geziehen. Er, der drei Jahre zuvor in seiner Klemperer-Laudatio zur postumen Verleihung des Münchner Geschwister-Scholl-Preises noch einmal die deutsch-jüdische Symbiose beschwört, wird dafür, wie die »Sonntagsrede« wieder ohne die Nennung von *Roß und Reiter* beklagt, der *Verharmlosung von Auschwitz* geziehen. Magenau schildert die betreffende Szene vom Abend des 27. November 1995: *Die Rede in München führte zum Bruch mit Jürgen Habermas … Er warf Walser vor, zu einseitig Klemperers Deutschtumssehnsucht herausgearbeitet, ihn aber nicht gebührend als Opfer des Naziterrors gewürdigt zu haben.* Aufs Neue also: Reich-Ranicki und Habermas als *Meinungssoldaten*, jeder bewaffnet mit der *Moralpistole*. Die beiden sind ganz offenbar seine Nemesis. Nur: Von diesem Hintergrund kann das Publikum in der Paulskirche, Ignatz Bubis inklusive, keine oder nur geringe Kenntnis haben. Und: Der persönliche Hintergrund kann keine Rechtfertigung sein für den partiellen Fassungsverlust in der Öffentlichkeit, dessen bleibendes Zeugnis die wüsten Wörter der Paulskirche sind – so wenig übrigens wie Reich-Ranickis vulgärer Ausfall in Sachen »Springender Brunnen« vor dem Hintergrund der eigenen Leidens- und Schreckensgeschichte.

Keinen anderen Text, kein anderes Werk hat Martin Walser bis ins ganz hohe Alter wieder und wieder der Selbstkritik und dabei der ziemlich weitgehenden Revision unterworfen. Dazu später mehr. Zunächst jedoch, im Spätherbst 1998, besteht er hartnäckig darauf, recht gehabt und richtig geredet zu haben. In der Debatte über die »Sonntagsrede« kommt er permanent auf jene *tausend Briefe* zu sprechen, die er von seinen Lesern erhalten habe. Es sind schließlich entschieden mehr als tausend. Gut zwei Dutzend davon wählt er für den Abdruck in Schirrmachers Sammlung zur »Walser-Bubis-Debatte« aus. Gesamttenor als Dreiklang: *die ›Sonntagsrede‹ wird in die Geschichte eingehen ... Sie haben mir aus dem Herzen* (wahlweise) *der Seele gesprochen ... Es war mir sofort klar, daß Sie Empörungsrituale linker Gutmenschen auslösen würden.* Vorerst, am späten Nachmittag des 11. Oktober '98 und nachdem ihn zuvor Michel Friedman, einer von Bubis' Stellvertretern im Zentralrat der Juden in Deutschland, *umarmt und beglückwünscht* hat, fährt Walser *im Gefühl großer Zustimmung* nach Nußdorf zurück. Er fehlt also beim Abendempfang in Schirrmachers Frankfurter Wohnung, bei dem sich, erzählt der Gastgeber im Nachwort seiner Anthologie, Bubis entschließt, *am 9. November in der Berliner Synagoge* auf Walser zu reagieren – *nach zum Teil erregten Debatten mit Marcel Reich-Ranicki, der ihn davon abzubringen versuchte.*

Bereits am nächsten Tag, dem 12. Oktober, aber sagt Bubis, es wirkt wie ein Fanal, über Walsers »Sonntagsrede« gegenüber der dpa: *Leute wie der DVU-Vorsitzende Gerhard Frey und Ex-Republikaner-Chef Franz Schönhuber sagen es auch nicht anders. Das ist geistige Brandstiftung.* Frey und Schönhuber sind längst vergessen, heute wären es vielleicht Alice Weidel und, schlimmer noch, Björn Höcke von der AfD. Für Walser aber steht mit der *geistigen Brandstiftung* ein Vorwurf im Raum, der, ganz egal, ob richtig oder falsch, ob unverzeihlich oder verstehbar, nie mehr vergessen wird, zudem eine politische Situierung, die schlimmer kaum sein könnte. Bubis wird beides in seiner Rede zur Pogromnacht verschärfend wiederholen. Walser hat bis dahin nach der Devise *Man darf sich nichts gefallen lassen* längst auf stur geschaltet. Als es dank Schirrmachers und Korns Diplomatie im Dezember doch zum Dialog kommt, ist nichts mehr zu retten. Das gemeinsame Gespräch ist eine Katastrophe.

Frank Schirrmacher hat sowohl mit seiner Walser-Laudatio als auch mit der maßgeblichen Instrumentierung (notabene: nicht Instrumentalisierung) der nachfolgenden Debatte, mit der Co-Moderation des ohne sein oder Salomon Korns Verschulden misslingenden Dialogs zwischen Walser und Bubis und schließlich durch das Herausgeben des Sammelbandes zur Kontroverse Bestmögliches vollbracht. Unbefangen lässt sich das sagen, weil ich nicht teilgehabt habe an der redaktionellen und editorischen Arbeit, die damit verbunden gewesen sind. Mehr als überzeugend an der Paulskirchen-Laudatio ist bereits ihr Titel: *Sein Anteil.* Er bezieht sich auf eine Passage aus Walsers Gerichtsessay »Unser Auschwitz« von 1965, die, etwas verkürzt, lautet: *Wenn aber Staat und Volk überhaupt noch sinnvolle Bezeichnungen sind für ein Politisches … Dann gehört jeder zu irgendeinem Teil zu der Ursache von Auschwitz. Dann wäre es eines jeden Sache, diesen Anteil herauszufinden.* Völlig zu Recht sieht Schirrmacher in dieser Wenn-Dann-Relation einen Urgrund von Walsers Schreibimpuls, ein Zentrum des Werks. In »Auschwitz und kein Ende« (1979) wird dieser Impuls in eine Sentenz verdichtet, deren Prägnanz und Evidenz für sich sprechen: *Es genügt nicht, seine Eltern und Großeltern zu fragen: wie war das und das. Frag doch dich, wie es ist.*

Eine weitere Reflexion, mit der sich Schirrmacher der Walserwelt nähert, beschäftigt sich mit deren auf den ersten Blick der Kitschgefahr nahen Neigung, für jede Art von Geschichte, sei es die erfundene des Romanciers, sei es die des eigenen Lebens oder jene der Epoche, *ein besseres Ende* zu finden, mehr noch, so Schirrmacher, sich *zu wünschen, die Geschichte liefe überhaupt besser.* Der zweite Blick belehrt über die völlige Happy-End-Abstinenz und Verharmlosungsferne des Motivs. Darüber hinaus zeigt er, dass Walsers Weigerung, die tatsächlich furchtbarste Wendung des Geschehens als *Schicksalskatastrophe unter gar allen Umständen* anzuerkennen, auf dem Vertrauen in ein nie ganz zu zerstörendes Humanum fußt. Auf den zwei Monate zurückliegenden Verriss im »Literarischen Quartett« geht Schirrmacher nicht direkt ein. Aber er findet für den »Springenden Brunnen«, den er, ein plausibler Gedanke, im Roman »Die Verteidigung der Kindheit«

präfiguriert sieht, eine prägnante Formel, die mittelbar und konterkarierend auf die Angriffe gegen Autor wie Buch eingeht: *Aufregender und bekämpfter*, heißt es, *ist der Selbstfindungsprozeß eines mittlerweile Siebzigjährigen kaum je gewesen, frappierender jedenfalls sind literarische und reale Geschichte selten zusammengefallen.*

An der nachfolgenden Debatte selbst beteiligt sich Schirrmacher zweimal direkt: Ende November '98, zwei Wochen vor dem Treffen zwischen Bubis und Walser, sowie mit einer wuchtigen medienkritischen Intervention Mitte Juni 1999. Der äußere Anlass für den ersten Artikel: Schon Monate vor der »Sonntagsrede« hat Walser mit der Universität Duisburg für die letzte Novemberwoche eine zweitägige Lese- und Diskussions-Veranstaltung vereinbart. Jetzt rumort es unter den Studierenden wie im Lehrkörper. Am 9. November, dem Tag, an dem auch Bubis in Berlin seine Rede zur sechzigsten Wiederkehr der Pogromnacht hält, veröffentlichen zwei Duisburger Professoren, der Germanist Klaus-Michael Bogdal und der Judaist Michael Brocke, einen Offenen Brief an den prospektiven Gast. Sie werfen ihm die *polemische Zurückweisung der erinnernden Auseinandersetzung mit der Shoah* vor, äußern Bedenken gegen das Ersetzen von *Schuld* durch *Schande* und wenden sich gegen Walsers Paulskirchen-Axiom, das *Gewissen* des Einzelnen sei die zentrale, die einzig glaubwürdige Erinnerungsinstanz: *Es gibt keinen überzeugenden Grund, die Aufarbeitung der Shoah in das Private des individuellen Gewissens zu verbannen.* Gegen die Aktion ihrer Kollegen wenden sich am 18. November die Professoren Siegfried Jüttner und Gerhard Köpf in einem Brief an Walser, den die F.A.Z. am 20.11. zitiert. Dort wird Bogdals und Brockes Schreiben als *Meinung ohne Mandat* bezeichnet, zudem ersetze es die Einladung zum Gespräch durch *eine Vorladung zur Therapie.*

Als Berichterstatter sitzt Schirrmacher im Duisburger Hörsaal, als Walser am 24. November spricht. *Widerspruch und Buhrufe, aber die Zustimmung überwiegt,* heißt es im Artikel »Seelenarbeit« (28.11.), dessen Titel dem gleichnamigen Walser-Roman von 1979 Reverenz erweist. Obwohl weder der Paulskirchenredner selbst noch sein schärfster Kritiker Bubis bis zu diesem Zeitpunkt je das Wort *Schlußstrich* verwandt haben, hat sich das mediale Gerücht, Walser habe just dies gefordert, inzwischen fast zur Gewissheit verdichtet. Also muss Schirrmacher erst einmal reportieren, Walser habe sich *fast litaneihaft* gegen die Unterstellung zur Wehr gesetzt. Der Artikel mündet in eine Bilanz, ein Postulat und einen Wunsch. Bilanz: *Duisburg war eine Deutschstunde*, überhaupt: Die Friedenspreisrede hat *eine kollektive Deutschstunde für Inländer* bewirkt. Postulat: *Ehe man hier weiter streitet, wäre die moralische Integrität des Attackierten wieder herzustellen*. Wunsch: *Walsers Rede hätte ohne die Intervention von Bubis nie eine vergleichbare Debatte ausgelöst. Daß beide unter Ausschluß der Medien miteinander ins Gespräch kommen, wäre ein erstes Ziel*. Ein frommer Wunsch, auch ein unrealistischer. Als sich die beiden Kontrahenten nicht zuletzt aufgrund von Schirrmachers Vermittlung dann tatsächlich treffen, ist von vornherein klar, dass das Gespräch aufgezeichnet und postwendend auch veröffentlicht werden wird. Der publike Charakter des Dialogs ist unvermeidlich, unterstützt ein mögliches Gelingen aber keineswegs. Die *kollektive Deutschstunde* wird danach noch ein gutes halbes Jahr fortgesetzt – im Sammelband zur Debatte lassen sich die Wortmeldungen im Tagesrhythmus nachlesen. Beteiligt haben sich am Ende mit Roman Herzog ein amtierender und mit Richard von Weizsäcker ein ehemaliger Bundespräsident, mit dem Hamburger Klaus von Dohnanyi ein Ex-Bundesminister und Ex-Bürgermeister, von Monika Maron und Günter de Bruyn bis Aleksandar Tišma und Louis Begley prominente deutsche wie internationale Autoren, alle nennenswerten Printmedien bis hin zur »Appenzeller Zeitung«, eine Legion von Leserbiefschreibern und selbstredend auch jene *maßgeblichen Intellektuellen*, mit denen Walser meist so viel Kummer hat, unter denen ihm nicht wenige aber auch beispringen. Ein Schweigen fällt besonders auf: jenes von Jürgen Habermas.

Marcel Reich-Ranicki hingegen meldet sich zu Wort. In ruhigem, bisweilen ironischem Ton wendet er sich am 2. Dezember mittelbar an die Kontrahenten Bubis, von Dohnanyi und Walser, wenn er den Lesern der F.A.Z. mitteilt: *Ich habe für sie alle Verständnis, ja Sympathie – und sie tun mir alle leid*. Freundschaftlich ermahnt er Ignatz Bubis, einen *Mann von großem Format*, er möge künftig entschieden seltener und sorgsamer mit der *Vokabel ›Antisemitismus‹* hantieren, weder Dohnanyi noch Walser seien damit zu charakterisieren. Ausdrücklich wiederholt er: *Ein Antisemit ist Walser nicht.* Zu Walsers Verteidigung hat Dohnanyi am 14. November in der F.A.Z. den hochriskanten Gedanken entwickelt, *die jüdischen Bürger in Deutschland* sollten sich fragen, *ob sie sich so sehr viel tapferer als die meisten anderen Deutschen verhalten hätten*, wenn Hitler nach 1933 nicht sie, sondern andere Bevölkerungsgruppen verfolgt und vernichtet hätte. Er nennt: *die Behinderten, die Homosexuellen oder die Roma.* Für Reich-Ranicki ist die Frage ebenso *legitim* wie *leichtsinnig, wenn nicht gar schädlich*, lasse sie doch befürchten, der Fragesteller wolle *von der deutschen Schuld ablenken.* Walser freilich habe in der Paulskirche *versagt, aber nicht politisch und nicht moralisch, nicht als Denker und nicht als Zeitkritiker. Er hat als Redner versagt und auch als Literat.* Dass er *das ›Wegschauen‹* empfehle, liefere *Argumente für den Stammtisch.* Und doch: Er, Walser, habe *zu einer Diskussion Anlaß gegeben, aus der wir alle viel lernen können.* Die mögliche Mitverantwortung des »Literarischen Quartetts« für Walsers Zorn ist für Reich-Ranicki kein Thema. Dafür geht er auf dessen September-Gespräch mit Willi Winkler in der »Süddeutschen« ein, auf die Formulierung, im Verhältnis zu Reich-Ranicki könnte der Autor sagen, er sei das Opfer, er sei der Jude.

Reich-Ranicki fragt rhetorisch: *Wollte Walser ein Gleichheitszeichen setzen zwischen der Verurteilung eines Romans und der Vergasung eines Menschen?* Als nehme er Walser vor sich selbst in Schutz, antwortet er, quasi an dessen Stelle: *Nein, das wollte er mit Sicherheit nicht, denn er ist ja nicht wahnsinnig.* Reich-Ranicki belässt es bei der Wendung, Walser sei *in der Hitze des Gefechts eine schreckliche und letztlich törichte Formulierung entschlüpft.* Vielleicht helfe ihm die Fehlleistung ja dabei, in der Debatte über die Friedenspreisrede gegenüber seinem Kontrahenten Ignatz Bubis *mehr Verständnis* aufzubringen. Das Ausgleichende, ja Friedfertige in Reich-Ranickis Reaktion wird nicht von Dauer sein. Er kommt beim eigenen Schreiben dem Fertigstellen seiner Autobiographie immer näher. Es warten im Fortgang aber noch zwei größere

Porträts. Zum einen jenes des ehemaligen Vertrauten und inzwischen seinerseits pensionierten F.A.Z.-Herausgebers Joachim Fest, der ihn 1973 aus der isolierten Lage des freien Mitarbeiters bei der Wochenzeitung »Die Zeit« befreit und ihn in der F.A.Z. als Leiter der Literaturredaktion inthronisiert hat: der mit Abstand wichtigste Karriereschritt im Berufsweg des Kritikers Reich-Ranicki. Und es fehlt, zum zweiten, noch die Summe seines Umgangs mit Martin Walser. Sie wird, wir werden es im weiteren Fortgang sehen, zur Abrechnung werden – und als eine Art Abrechnung mit der Abrechnung auch Walsers Roman »Tod eines Kritikers« wesentlich mitmotivieren.

Im Frühsommer 1999 kommt es zu einer Verlängerung der im Grunde beendeten Friedenspreis-Debatte, ausgelöst durch ein lokales Ereignis im Rathaus des Berliner Stadtteils Treptow. Man ist geneigt, von einem Satyrspiel zu sprechen. Allein, für Schirrmacher ist die Angelegenheit so ernst, dass aus seinem Kommentar zur Treptow-Posse ein Grundsatzartikel über und gegen die mediale Verwahrlosung des Feuilletons wird. Was ist geschehen? Am 12. Juni berichtet der Kolumnist Harald Martenstein im Berliner »Tagesspiegel«, Walser habe während der Rathaus-Diskussion zu *Massendemonstrationen in Berlin gegen das Holocaust-Mahnmal* aufgerufen und gefordert, nicht der Deutsche Bundestag, sondern *die Bürger von Berlin* sollten in einer Volksabstimmung über den Bau oder den Nicht-Bau des Mahnmals befinden. Dies wiederum bewegt Andreas Nachama, damals Vorsitzender der Berliner Jüdischen Gemeinde, dazu, den Börsenverein des Deutschen Buchhandels aufzufordern, Walser den Friedenspreis *unverzüglich abzuerkennen*, da er sich als *Feind der freiheitlichen Grundordnung Deutschlands erwiesen* habe: Zu lesen in der »Berliner Zeitung« vom 15. Juni. Ebenfalls am 15. Juni erscheint Walsers Entgegnung auf Martensteins Kolumne in der F.A.Z.: *An dieser Nachricht ist nichts Wahres.* Wie üblich ist das Ganze ein wenig komplizierter – was Walser dann auch genau erklärt. Tatsache aber ist: Er hat nicht eine Sekunde lang zu *Massendemonstrationen* aufgerufen. Was den »Tagesspiegel« dann am 16. Juni zur Bemerkung veranlasst, wenn Walser nun klarstelle, er habe die Bevölkerung keineswegs aufstacheln wollen, *so wollen wir ihm glauben*. Es ist diese herablassend-saloppe Formulierung, die Schirrmacher auf die Palme bringt. Seine Medien-Philippika vom 17. Juni unter dem Titel »Von Ruhm ohne Ehre« zitiert in der Unterzeile die halbherzige Selbstdistanzierung des »Tagesspiegels« sarkastisch und annonciert dann, es gehe ihm um »Walser als Anwendungsfall«. Wovon?

Zunächst referiert er den Treptower Vorfall und dessen mediale Folgen ausführlich. Aber er resümiert verallgemeinernd vor allem die Dynamik des publizistischen Soupçons, die Walser begleitet: *Wo immer er erscheint oder redet, sind Überführungsexperten am Werke, journalistische Staatsanwälte auf der Suche nach jenem letzten, allen Verdacht bestätigenden Beweis.* Ein Menetekel deutet sich an: *Man studiere die Höllenmechanik dieses Vorgangs genau: Es kann jeden treffen.* Ebenso melancholisch wie kämpferisch heißt es: *Der Friedenspreis, dazu gedacht, ein Lebenswerk auszuzeichnen, kann ein Lebenswerk über Nacht zerstören. Kein Werk ist stark genug, um gegen ein Feuilleton zu bestehen, dessen Credo lautet, man dürfe schreiben, was man verstanden zu haben meint. Oder zu hören glaubte.* Der Artikel endet, Walser betreffend, in elegischer Ironie: *Vielleicht erleben wir hier, daß Biographie nichts mehr bedeutet, vielleicht werden wir gerade die leicht gelangweilten Zeugen des Zerfalls von so pathetischen Vorstellungen des neunzehnten Jahrhunderts wie Lebenswerk und Werkbiographie.* Im Nachwort zur »Walser-Bubis-Debatte« zieht Schirrmacher ein mehrfaches Resümee. Das Frankfurter *Wegschauen* nennt er eine Formulierung *von äußerster provokativer Härte.* In der Kontroverse, die der »Sonntagsrede« folgt, zeigt sich für Schirrmacher ein *Bild der intellektuellen Mentalitäten in den ausgehenden neunziger Jahren.* Kurz berührt er *die Frage des stehenden Applauses einerseits und des sitzen bleibenden Protestes anderseits* und streift den in unserem Zusammenhang bereits erwähnten Abendempfang in seiner Wohnung, bei dem Walser fehlt.

Am Schluss ordnet er die Debatte ins unmittelbare Zeitgeschehen ein. Zwei Wochen vor der »Sonntagsrede« erzielen SPD (40,9 Prozent) und Grüne (6,7) bei der Bundestagswahl die Mehrheit der Sitze im Parlament. Gut zwei Wochen nach der Rede, am 27. Oktober, konstituiert sich die erste rot-grüne Bundesregierung unter Gerhard Schröder.

Eine emphatische Geste des Fernbleibens – Schirrmacher: *ein weithin unterschätztes Ereignis* – sieht er darin, dass Helmut Kohl, *der abgetretene Kanzler*, im Gegensatz zum amtierenden Bundespräsidenten Roman Herzog nicht an der Verleihung des Friedenspreises teilgenommen hat. Er weilt *am gleichen Tag ... in Rom zur Heiligsprechung von Edith Stein*, der jüdischen Philosophin und katholischen Ordensschwester, die 1942 in Auschwitz-Birkenau ermordet wird.

Als die Anthologie dann erscheint, lebt Ignatz Bubis nicht mehr – am 13. August 1999 erliegt er einem Krebsleiden. In den letzten Lebenswochen zieht er eine bittere Bilanz. *Ich habe nichts oder fast nichts bewirkt*, sagt er Ende Juli dem Magazin »Stern« und fügt hinzu: *Ich habe immer herausgestellt, daß ich deutscher Staatsbürger jüdischen Glaubens bin. Ich wollte diese Ausgrenzung, hier Deutsche, dort Juden, weghaben. Ich habe gedacht, vielleicht schaffst du es, daß die Menschen anders übereinander denken, anders miteinander umgehen. Aber nein, ich habe fast nichts bewegt.* Fünf Tage nach seinem Tod publiziert die »Frankfurter Rundschau« Auszüge aus einem Interview, das er, ebenfalls Ende Juli, dem Hessischen Rundfunk gegeben hat. Dort nennt Bubis als einen Hauptgrund seiner Enttäuschung den zurückliegenden Streit: *Die ganze Frustration jetzt ist gekommen vielleicht durch die ganze Diskussion Bubis / Walser*. Das Schlimme daran sei, dass es auch *unter der Kategorie Walser* Befürworter – jetzt benutzt Bubis das Wort explizit – *eines Schlußstrichs* unter das Aufarbeiten des Holocausts gäbe: *Ich komme mir vor als Versager, daß ich nicht gesehen habe, daß tatsächlich die Bürger wie Walser denken. Walser hat der Öffentlichkeit gezeigt, was der Bürger denkt. Er will das Ende aus den unterschiedlichsten Gründen.* Noch einmal: Der Begriff *Schlußstrich* findet sich weder in der Friedenpreisrede noch in Walsers Gesamtwerk. In der Paulskirche kommt dem, was man bei gewagter Deutung so empfinden mag, die in die Frageform gesetzte Mutmaßung am nächsten, ob man und ob er, Walser, die Deutschen jetzt *ein normales Volk, eine gewöhnliche Gesellschaft* nennen dürfe.

Martin Walser selbst wird geraume Zeit benötigen, ehe er sich frank und frei zu eigenen Fehlern bekennen kann. Kann sein, dass er damit zu lange wartet. Aber als er sich bekennt, geschieht es mit großer Empathie. *Mein größtes Versagen*, sagt er in einem Interview mit dem »Hamburger Abendblatt« kurz vor seinem achtzigsten Geburtstag, *hat stattgefunden im Gespräch mit Ignatz Bubis, Salomon Korn und Frank Schirrmacher im Haus der F.A.Z. Ich war vom Skandal, vom Tumult und von der Heftigkeit der Vorwürfe und von der unglaublich unzureichenden Berichterstattung in den Medien so verkrampft, so erbittert, so verbohrt, daß ich auf Bubis' Angebot, den Brandstifter-Vorwurf zurückzunehmen, völlig borniert reagiert habe. Ich hätte die Hände ausstrecken sollen und danken sollen für dieses friedenstiftende Angebot. Und dann – und das war das Schlimmste – wollte ich auch noch angeben und mich brüsten, daß ich mich schon länger als Bubis mit dem deutsch-jüdischen Problem beschäftige. Von heute aus gesehen tut mir das leid. Tut mir sogar weh.* Aufs Neue ein Jahrzehnt danach, zum neunzigsten Geburtstag, veröffentlicht der »Spiegel« in seiner »Biografie«-Reihe ein Heft zu Martin Walsers Leben und Werk. Er selbst schreibt dafür einen längeren »Nachtrag« zur »Sonntagsrede«, in dem er zunächst einräumt: *Wenn ich in der Paulskirche von der Instrumentalisierung des Holocaust sprach, hätte ich die Namen, die ich meinte, nennen müssen.*

Dann handelt er vom Denkmal für die ermordeten Juden Europas. Mit dem Bau begonnen wird im Frühjahr 2003, eingeweiht worden ist es im Mai 2005. Jetzt also ist er schon mehr als ein Jahrzehnt lang Realität, jener *fußballfeldgroße Albtraum*, vom dem er in der Paulskirche sagt, *die Nachwelt* könne *einmal nachlesen, was Leute anrichten, die sich für das Gewissen von anderen verantwortlich fühlten.* Nun schreibt er – und es hört sich wie eine Selbstbefreiung an: *Als das Mahnmal gebaut war, habe ich es immer wieder besucht und habe erlebt und gesagt, dass es ein Kunstwerk sei, dass es schön sei, dass der, der das geschaffen hat, ein Genie sei.* Mit dem Erbauer, dem Architekten Peter Eisenman, habe er sich getroffen und ihm gesagt, das Denkmal ermögliche, *dass wir Deutsche mit unseren Verbrechen nicht mehr im Verhältnis der Verdrängung leben, sondern im Verhältnis der Vergegenwärtigung.* Walser hat im Januar 2017, wenige Wochen, bevor er den »Nachtrag« schreibt, als Fern- und Spätwirkung zur Kenntnis nehmen müssen, dass der rechtsradikale Björn Höcke vom Holocaust-Mahnmal als dem *Denkmal der Schande* spricht. Spürbar erschrocken sagt er im Jubiläumsheft des »Spiegels« dazu: *Jetzt aber zitieren AfD-Politiker die Stelle aus der Rede nicht als Befürchtung, sondern als Faktum. Was ich inzwischen dazu gesagt habe, lassen sie weg. So sind sie Ignoranten oder Fälscher.* Am Ende des »Nachtrags« kommt er auf eine der jüngeren Leseerfahrungen zu sprechen: auf die Romane von Sholem Yankev Abramovitsh (1835 bis 1917). Dem jiddischen Erzähler hat er 2014 mit einem Essay, den er selbst »Ein Denkmal« nennt, seine Reverenz erwiesen. Die zentralen, aufs Gestern wie aufs Heute bezogenen Sätze zitiert er im »Biografie«-Heft: *Mir ist im Lauf der Jahrzehnte vom Auschwitz-Prozess bis heute immer deutlicher geworden, dass wir, die Deutschen, die Schuldner der Juden bleiben. Bedingungslos. Also absolut. Ohne das Hin und Her von Meinungen jeder Art. Wir können nichts mehr gutmachen. Nur versuchen, weniger falsch zu machen.* Es ist ein Vermächtnis.

Die »Erfahrungen beim Verfassen einer Sonntagsrede« sind, von außen betrachtet, der einzige wirkliche Tiefpunkt seines Autorenlebens. Er hat gravierende und letztlich inadäquate Provokationen gegenüber Person und Werk erfahren – gemeint sind vor allem: die Deutschland-Rede von 1988, die finale Habermas-Abkehr im Zusammenhang mit Victor Klemperer und der »Quartett«-Verriss des Lebensbuchs. Er reagiert in Frankfurt am Main auf diese Provokationen mit einer verbalen Provokationssteigerung, die ihn seinerseits – und durchaus zu Recht – ins Zwielicht setzt, in Deutschland selbst, eher mehr noch in Amerika. Dort ist seine Wirkung ohnehin bescheiden, nun aber schlägt sie in weitgehende Missachtung um. Erst 2015 wird »Ein springender Brunnen« ins Englische übersetzt – die Resonanz auf »A Gushing Fountain« ist höchst überschaubar, Cathleen Shines Rezension in der »New York Times Review of Books« belegt es. Als es der deutsch-amerikanischen Wissenschaftlerin Susanne Klingenstein im Jahr 2011 gelingt, dass die Harvard University Walser zu Vortrag und Gespräch einlädt, schließt sich das German Department demonstrativ aus. Der eher moderat formulierende Amir Eshel, Germanist und Judaist im kalifornischen Stanford, beginnt 2012 den Essay über

Walser mit einer Bemerkung über dessen *tiefen Fall in der Gunst der Öffentlichkeit.* In Deutschland ist die öffentliche Resonanz freilich unverändert groß, steigert sich 2002 noch einmal, als der Skandal um »Tod eines Kritikers« seinen Lauf nimmt, und bleibt seither auf hohem Niveau stabil.

Ausdrücklich als *Gefühl* artikuliert Schirrmachers Nachwort zum Walser-Bubis-Band, mit dem Dialog der beiden hätten zugleich *die Protagonisten einer Generation Abschied* genommen, durch den plötzlichen Tod von Ignatz Bubis verstärke sich der Eindruck des *Testamentarischen* noch. Aufs Neue elegisch klingt die Bemerkung, die Kontroverse zeige *Züge eines letzten großen Gefechts, das eigentlich nur Verwundete, aber keine Sieger oder Besiegten zurückläßt.* Der letzte Absatz beginnt: *Spätere werden der Debatte den Rang zuweisen, der ihr gebührt.* Den Rang betreffend, lässt sich mit Sicherheit sagen, dass zwischen der Friedenspreisrede vom Oktober 1998 und der kritischen Rezeption von Schirrmachers Sammelband im Spätherbst und Winter 1999 / 2000 die bisher letzte große gesellschaftliche Debatte stattgefunden hat, in deren Zentrum ein deutscher Schriftsteller steht.

Unlängst hat der Koblenzer Literaturwissenschaftler Lothar Bluhm in einem konzentrierten Überblick über die »Literaturstreitszenarien« seit den 1990er Jahren festgestellt, dass vom Jahr 2000 an sowohl die *Debattenfolge* als auch die jeweilige Intensität, Dauer und Reichweite der einzelnen Kontroversen signifikant abnehmen. Günter Grass' spätes Einbekennen seiner mehrmonatigen Mitgliedschaft in der Waffen-SS bei einem Gespräch mit der F.A.Z. und im Erinnerungsband »Vom Häuten der Zwiebel« (2006) kann es, das punktuelle Erregungs- und Empörungspotential betreffend, annähernd mit dem Streit um die »Sonntagsrede« aufnehmen, keineswegs aber mit dessen Breite und Latenz. Vergleichbares gilt für »Was gesagt werden muss«, Grass' Israel-Gedicht von 2012. Bluhm selbst führt noch die Totalitarismus-Diskussion um Christians Krachts Roman »Imperium« von 2012 an, erinnert an Sibylle Lewitscharoffs Dresdner Rede zur Reproduktionsmedizin (2014), an Durs Grünbeins und Uwe Tellkamps Disput von 2018 über die Flüchtlingskrise, zuletzt sogar an den Roman »Stella«

(2019) von Takis Würger über eine jüdische Gestapo-Kollaborateurin. Sämtliche Beispiele sind, ihre publike Bedeutung betreffend, mit der Friedenspreisrede überhaupt nicht zu vergleichen. Ihr am nächsten kommt ein weiteres Walser-Werk, eben der Roman »Tod eines Kritikers«, von dem gleich zu handeln sein wird.

Unter dem Titel »Skandale in Deutschland nach 1945« hat das Haus der Geschichte der Bundesrepublik zwischen Dezember 2007 und Oktober 2008 in Bonn und Leipzig eine opulente Ausstellung präsentiert und dafür zwanzig repräsentative Großaffären ausgewählt. Sie reichen von den Auseinandersetzungen um den Kinofilm »Die Sünderin« von 1951 bis zur Übernahme- und Prämienschlacht um Mannesmann / Vodafone im Jahr 2000, deren juristisches Nachspiel erst 2006 endet. Der Abgas- und Dieselskandal, dessen Aufdeckung im Jahr 2015 beginnt, wäre inzwischen mit einiger Gewissheit hinzugekommen. In die Ausstellung geschafft hat es ein einziger, genuin literarischer Fall: Rolf Hochhuths Theaterstück »Der Stellvertreter« von 1963 über Papst Pius XII., *die historische Schuld des Vatikans und seine Mitverantwortung am Holocaust*. Signifikant ist, dass vier weitere Skandale einen unmittelbaren Bezug zur nationalsozialistischen Vergangenheit aufweisen, darunter die Gedenkrede des damaligen Bundestagspräsidenten Philipp Jenninger zur fünfzigsten Wiederkehr der Pogromnacht im November 1988. Sie ist am ehesten mit Walsers Friedenspreis-Eklat vergleichbar, geht es doch bei Jenninger primär auch nicht um das, was er tatsächlich gesagt hat, sondern um das Wie, mithin um die Rhetorik der Ansprache. Es gibt einen weiteren äußeren Bezugspunkt, der sich, wie die »Sonntagsrede«, zwar jenseits des Skandalons bewegt, allerdings auch höchst umstritten ist. 1996 erscheint Daniel Goldhagens Buch »Hitlers willige Vollstrecker – Ganz gewöhnliche Deutsche und der Holocaust«, das mit den Begriff des *eliminatorischen Antisemitismus* aufwartet, ihn den deutschen Genen zuschreibt und so die Kollektivschuld-These aufs Neue befeuert.

Walser mit dem in den vergangenen Jahren zunehmenden Antisemitismus in Deutschland in Verbindung zu bringen, wäre barer Unsinn. Ernsthaft versucht hat es niemand, nicht einmal Matthias N.

Lorenz in seiner denunziatorischen Dissertation. Auch mit dem Anwachsen des Rechtspopulismus hat Walser nichts zu tun. Ignatz Bubis hat seinen *Brandstifter*-Vorwurf unter anderem damit begründet, dass sich die Repräsentanten der rechtsradikalen Deutschen Volksunion (DVU) und der Republikaner auch nicht anders ausdrückten als Walser. Die DVU erzielt bei der Bundestagswahl 1998 ganze 1,2, die Republikaner kommen auf 1,8 Prozent der Wählerstimmen. In den alten wie neuen Bundesländern sowie im Bund selbst liegt die AfD im Jahr 2021 zwischen nahezu zehn und mehr als zwanzig Prozent. Schließlich: Das kollektive wie das individuelle Gedenken an die Opfer des Holocausts und dessen mediale Vermittlung ist jenseits jeder Generationengrenze ein fortdauernd Verpflichtendes, damit auch ein immerwährender Gegenstand für potentiell kontroverse Diskurse.

Für Walsers und Bubis' gemeinsamen Jahrgang gilt, was der um ein Jahr ältere W. Michael Blumenthal, geboren 1926 und bis 2014 Leiter des Jüdischen Museums Berlin, in einem Aufsatz für die »Berliner Seiten« der F.A.Z. am 25. September 1999 notiert: *Für Juden und für Nichtjuden kann und wird die Erinnerung an die Shoa nie dieselbe sein, und beide müssen mit ihrer Erinnerung auf ihre eigene Weise fertig werden. Dabei müssen die Nachkommen der Opfer wie auch der Täter das Trauma der anderen verstehen und respektieren lernen – ohne Selbstmitleid, aber auch ohne Anspruch auf moralische Überlegenheit. Dazu wird man Zeit brauchen, vielleicht noch eine ganze Generation. Für die erste Generation ist es bestimmt zu schwer. Die Walser-Bubis-Debatte, die ich mit Interesse verfolgt habe, hat das, glaube ich, sehr deutlich bewiesen.* Indem Walser die Paulskirchenrede in zentralen Passagen revidiert, hat er einen keineswegs kleinen Schritt in Richtung Verstehen und Respekt getan – er hat auf diese Weise die »Sonntagsrede« auch in sein Gesamtwerk zurückgeholt. Ignatz Bubis hat die Revision nicht mehr erlebt. Marcel Reich-Ranicki stellt kurz vor dem Ende von »Mein Leben« die Frage: *Woran mag es liegen, daß manche Schriftsteller, Journalisten oder Historiker die Fehler, die ihnen unterlaufen sind, vielleicht insgeheim einsehen, sich aber nicht überwinden können, sie öffentlich zuzugeben?* Martin Walser hat sich überwunden.

## »Tod eines Kritikers« oder Schirrmacher sagt sich los

Marcel Reich-Ranicki stirbt am 18. September 2013 im Alter von dreiundneunzig Jahren. Walsers Nachruf auf den Großkritiker erscheint am 26. September in der »Zeit«. Reiht man aneinander, was er ihm nach- und zuschreibt, versammeln sich: *Lebendigkeit, Gesten der Macht, Literaturidealist, zutiefst unkompliziert, charmant, Augenblicksmensch, Glaubhaftigkeit.* Am Schluss zitiert er den Vierzeiler, den er ihm 1985, zum fünfundsechzigsten Geburtstag, von Nußdorf nach Frankfurt geschickt hat: *Unser Zirkus heißt Kultur. / Unsere Nummer ist: Watschen mit Gesang. / Streicheln dürfen wir uns nur / draußen im dunklen Gang.* Als ein wahrhaft *kunstlos Lied* (Hölderlin: »Heidelberg«) sind die Verse berückend. In sanfte Ferne rückt der Nachruf den Jahrzehnte währenden Kampf mit- und gegeneinander, das wechselseitige Verletzen, auch das Ineinander-Verhaktsein. Die erstaunlichste Revision betrifft das eigene und – wie wir gesehen haben – glaubhafte Eintreten für die deutsche Vereinigung. Er hat sie politisch wie als *Geschichtsgefühl* stets und zu Recht von der Erfahrung des Holocausts getrennt. Jetzt fügt er an, er habe nicht genügend gewürdigt, *dass für Juden die deutsche Teilung Gewähr war, Auschwitz werde sich nicht wiederholen. Deshalb war jede Kritik an der Teilung für Juden ein Ärgernis.* Dass die These stimmt, sei bezweifelt. Mit Sicherheit stimmt es nicht, dass Reich-Ranicki den Roman »Tod eines Kritikers« als zwar *bemitleidenswert schlecht*, aber eben auch als *keinesfalls antisemitisch* erachtet hat. Am besten, man ordnet diese Erinnerung dem romantischen Walser-Impuls zu, *etwas so schön zu sagen, wie es nicht ist.*

Am 12. Juni 2014 erliegt, keine fünfundfünfzig Jahre alt, Frank Schirrmacher einem Herzinfarkt. Walsers kurzer Nachruf erscheint am 14. Juni in der F.A.Z. Der erste Eindruck von Schirrmacher aus dem Jahr 1986: *sein Gesicht … der Kindheits-Ausdruck*, kommt bei ihm, dem Kindheitsbewahrer schlechthin, einer Nobilitierung gleich. Zweiter Eindruck: die *abenteuerlich sprunghaften Themenfindungen*, die einen Kulturjournalisten charakterisieren, der *von Überraschungen gelebt* hat. Schließlich die Vermutung, die Zusammenarbeit mit ihm könne *anstrengend gewesen sein*, aber auch, er habe *sich vielleicht selbst gehetzt*. Ein Wort – *Jäh!* – drücke wohl die Atmosphäre von Schirrmachers Leben wie auch sein abruptes Sterben aus. Auch in diesem Nachruf gibt es eine verblüffende Wendung. Aufs Neue den »Tod eines Kritikers« betreffend, notiert Walser: *Dass er im Jahr 2002 Marcel Reich-Ranicki mir vorzog, verstehe ich heute besser als damals.* Wohl für immer rätselhaft bleibt Schirrmachers Motiv, am 29. Mai 2002 – auf dem Internetportal der Zeitung bereits am Abend des 28.5. – ein hypermoralisches wie literarkritisch unhaltbares Manifest des Abscheus gegenüber einem Roman-Manuskript zu veröffentlichen, das außer dem Verabscheuer selbst, dem Verabscheuten und einigen wenigen Kollegen in Walsers Verlag wie im Feuilleton der F.A.Z. noch kein Mensch kennen kann.

Selbst Schirrmachers Biograph Michael Angele bleiben nur Mutmaßungen. Sie reichen von der manifesten Anzeigenkrise der Zeitung als Folge des gewaltig ausgreifenden Internets über das Scheitern von Schirrmachers Plan, das F.A.Z.-Feuilleton von Frankfurt am Main nach Berlin zu verpflanzen, bis zum Exodus von vier seiner Redakteure (Franziska Augstein, Ulrich Raulff, Thomas Steinfeld, Lothar Müller) zur »Süddeutschen Zeitung«. Angele subsumiert die Walser-Abscheu also unter die Kategorie *Befreiungsschlag* – das Wort wird gleich wieder auftauchen. Ein Sympathieschwenk von Walser zu Reich-Ranicki ist, da man ohnehin nichts Genaues weiß, ebenfalls nicht auszuschließen. Letztlich hat man es, wie oft bei Schirrmacher, mit einem rein dezisionistischen und einem rein voluntaristischen Akt zu tun – dezisionistisich, weil Schirrmacher als Entscheider nach dem Motto agiert: der Entscheider ist die Entscheidung; voluntaristisch, weil er sich die Welt – in diesem Fall einen Autor und einen Roman – nach seinem Willen und seiner Vorstellung zurechtrückt. Dezisionismus und Voluntarismus schaukeln sich über zwei, drei Wochen hinweg in ihm hoch, um dann als Entschluss zum Skandal zu explodieren. Warum Walser in seinem Nachruf gesteht, er verstehe Schirrmachers Brachialvolte nun *besser als damals*, ist seinerseits ein Rätsel. Ich habe diese Schirrmacher-Drehung nie verstanden (manch andere durchaus) und stets verabscheut. Als ich vier Jahre später, in der Zeitung vom 23. September 2006, das Foto von der Trauerfeier für den früheren F.A.Z.-Herausgeber Joachim Fest sehe – auch diese Feier findet in der Paulskirche statt –, bin ich entsetzt. Als habe es die ihm widerfahrene Schmach nie gegeben, sitzt Walser direkt neben Schirrmacher in der ersten Reihe. Ziemlich barsch habe ich damals nach Nußdorf geschrieben.

Aber der Reihe nach. Sie muss beginnen mit Walsers lebenslanger Idiosynkrasie gegen Kritik im Allgemeinen und Literaturkritik im Besonderen. Die Abneigung beginnt ganz früh. Ihr erstes schriftliches Zeugnis ist die gereimte Abiturrede, die er im Juli 1946 im Gasthof Schlössle von Lindau hält. Es ist ein weit mehr als hundert, meist vierzeilige Strophen umfassendes Versepos über und gegen die schülerquälenden Lehrer – auszugsweise zu studieren in der Walser-Dauerausstellung im Wasserburger Museum im Malhaus. Zunächst zu erkennen: Hier ist einer am Werk, der sehr rasch ungemein umfangreiche Textumfänge zu Papier bringen kann – und will. Bereits im dritten Vierzeiler begegnet man einem Mathematik-Lehrer namens *Radius* – am Rand des Typoskripts ist in Klammern der wirkliche Name vermerkt: *Philipp Weiß*. Dieser *Radius* hat nur ein Ziel, das er in der Zeugniskonferenz des Lehrerkollegiums auch unmissverständlich kundtut: *Der Kerl fällt bei mir durch*. Allen Verästelungen der Reimorgie zu folgen, führte zu weit. Für unseren Zusammenhang genügt es, den ausschließlich männlichen *Lehrerrat* dabei zu beobachten, wie er in Jung-Walsers pennälerhaft eigenwilliger Mythen-Metamorphose erst in einen kollektiven *Traum* verfällt, dann vom Götterboten *Hermes* in den *Hades* geleitet wird, um im Totenreich erstaunlicherweise dem Göttervater *Zeus* zu begegnen, der dort nicht weniger als *die Menschenrechte hütet*. Es kommt, wie es kommen muss: Am Ende der Hades- und Höllenfahrt wird *Radius*, der Präzeptor der Nicht-Versetzung, vom Gott des Reichtums, ergo *Pluto*, zum Besseren weit mehr genötigt als bekehrt. *Pluto* lässt *die Schüler* in Gestalt eines antiken Tragödienchors die Schlussapotheose intonieren: *Bei harten, kalten Lehrern sind wir kalt und stumpf geblieben / Doch fördern, lehren können uns nur die, die uns als Jugend lieben!* – wobei *lieben* im Typoskript durch einen dicken Unterstrich hervorgehoben wird. Zum anekdotischen Beiwerk gehört – bei Magenau nachzulesen –, dass *Philipp Weiß* alias *Radius* die schier endlose Rezitation unter Protest verlässt und das Kollegium der Oberrealschule Lindau am nächsten Tag dazu drängen will, dem Dichterling das Reifezeugnis wieder abzuerkennen.

Man überstrapaziert die ungeschlachte, aber energiegeladene Reimerei keineswegs, wenn man in ihr wesentliche Elemente der späteren Autorschaft präfiguriert sieht. Von Anfang an nutzt Walser seine Fähigkeit, die Menge der Zuhörer – später: der Leser – ihrerseits mittels Textmassen zu beeindrucken, Quantität mithin als Qualitätskriterium zu nutzen. Von Anfang an legt Walser in seinen Texten eine Fülle von Ähnlichkeitsfallen aus, wandelt also auch Klarnamen, die viele kennen, in Kunstnamen um. Ganz unschuldig kann er dann auf Vorhaltungen sagen, *Radius* zum Beispiel sei eben nicht *Philipp Weiß*, sondern eine poetische Figur aus künstlerischem Eigenrecht. Und von Anfang an will er, dass beide, die Schüler zuerst, später die Literaten, nicht kritisiert, sondern geliebt werden. Nach der gereimten Abiturrede des Jahres 1946 werden fast vier Jahrzehnte ins Land gehen, ehe Marcel Reich-Ranicki zu einer der zwei großen Walser-Hymnen seines Kritikerlebens ansetzt. Nicht umsonst heißt der Essayband von 1983, dem er uneingeschränktes Lob zollt, dann auch »Liebeserklärungen« und enthält unter anderem Walsers Aufsätze über Goethe, Schiller, Heine, Büchner und Brecht. Das Lindauer Versepos ist bei aller Skurrilität ein erster, machtvoll ohnmächtiger Aufschrei gegen das Beurteiltwerden durch andere. Man überstrapaziert es keineswegs, wenn man schlussfolgert, es münde 2002, sechsundfünfzig Jahre danach, produktionslogisch in den Roman »Tod eines Kritikers«. Dieses Buch hat immer auf Walsers Autorenweg gelegen. Er hat es schreiben müssen.

Bis es dahin kommt, sind viele Stationen zu durchlaufen. Sie zu schildern hieße, der Walser'schen Ähnlichkeits- eine Quantitätsfalle hinzuzufügen. Wir beschränken uns auf drei Wegmarken. Es sind: Ein Radiointerview vom 23. August 1976, aufgenommen wenige Wochen nach Reich-Ranickis gnadenlosem Verriss des Romans »Jenseits der

Liebe« in der F.A.Z., ferner ausgewählte Tagebuchnotizen zwischen 1951 und 1981 sowie der Roman »Ohne einander« von 1993, in dem ein Kritiker namens *Willi André König*, Spitzname *Erlkönig* eine substantielle Nebenrolle spielt. Höchst aufschlussreich am fünfminütigen Funk-Interview ist die knapp eine Minute währende Sequenz, in der Walser seine Kritik-Phobie existentiell begründet. Dabei spricht er über den Gegensatz zwischen dem *Bild*, das jeder Mensch *von sich selber hat,* und der Weigerung der *Umwelt*, dem Selbstbild des Einzelnen zu entsprechen. Die Umwelt: Das sind zunächst die *Eltern und Lehrer*, später die *Berufsherren* – und, fügt er hinzu, *beim Schriftsteller tut sie's* (meint: die Umwelt) *dann mit Kritik*. Das sei *oft eine harte Sache, das ist vielleicht die härteste Sache in diesem Beruf überhaupt.* Walser unterscheidet vier Arten von *Dreinreden*, eine gewöhnliche und eine gute, die ihn beide aber nicht weiter interessieren, zudem eine *böse* und eine *vernichtende, die dein ganzes Existenzrecht bestreiten will.* Als Resümee bleibt einerseits, das Schriftsteller-Sein sei trotzdem *ein schöner Beruf*, andererseits die Einsicht, *dass sich jeder Beruf und insbesondere der des Schriftstellers vor der Gesellschaft rechtfertigen muss. Der Schriftsteller hat sich gefälligst diese Dreinreden anzuhören. Ob er sie sich zu eigen macht, ist eine ganz andere Frage*. Dem Sich-Erklären-Müssen, auch dem Sich-Entziehen- wie dem Bekennen-Wollen, wird er 2012, das ist er fünfundachtzig, einen Langessay widmen: »Über Rechtfertigung, eine Versuchung«.

Von Mitte September 1951 stammt Walsers allererster Eintrag ins Tage- und Notizbuch. Er handelt vom Eigenrecht der Sprache. Als Schriftsteller ist er erst im Werden, vier Jahre dauert es noch bis zum Erscheinen des ersten Buchs »Ein Flugzeug über dem Haus und andere Geschichten«. Zum ersten Mal um Kritik geht es freilich sofort, in einer kryptischen Sentenz vom 9. März 1952: *Literarische Urteile mit Stempeln versehen*. Das soll wohl heißen: Kritiker stempeln ein Werk ab, also soll man sie ihrerseits abstempeln. Oder? Der nächste Eintrag (30.12.1952) bezieht sich auf die existentielle Dimension des *Dreinredens* und lautet: *Die Frau verbittet sich jede Kritik: droht mit ihren Miko's*. In den Anmerkungen am Ende des ersten Tagebuchbandes liest man dazu: *Seite 23. Miko's: damals übliche Abkürzung für Minderwer-*

*tigkeitskomplexe.* Substantiell um Literaturkritik geht es erstmals im September 1961. Zwei Romane, »Ehen in Philippsburg« und »Halbzeit«, liegen da bereits hinter ihm, hinter ihm liegt auch der erste herbe Verriss seines Autorenlebens. Er hat überdies das Pech – oder doch das Glück? –, dass dieser Verriss alsbald zu einem Klassiker der deutschen Literaturkritik wird. In der F.A.Z. vom 3. Dezember 1960 schreibt der grandseigneurale, siebenundsechzig Jahre alte Literaturchef Friedrich Sieburg über »Halbzeit«, den Roman eines Dreiunddreißigjährigen, eine Rezension, deren Titel Sprichwort-Qualität erlangt: »Toter Elefant auf einem Handkarren«. Im Grunde hat Sieburg damit alles gesagt: »Halbzeit« ist quantitativ ein Koloss – 892 Seiten in der Erstausgabe –, passt qualitativ aber in eine Westentasche. Oder, besser noch, in Sieburgs Diktum über den Autor: *Dieser Walser ist ein Genie, wenn auch einstweilen nichts dabei herauskommt.* Offenbar hat es diesem Autor damals die Sprache verschlagen, denn das Tagebuch geht mit keiner Silbe auf den Verriss ein.

Ein Dreivierteljahr danach, eben im September 1961, findet sich unter der Überschrift »Kritiker« eine Kürzestgeschichte, deren selbstironische Pointe bestechend ist: *Wenn ich spazierengehe, denke ich manchmal, ein guter Kritiker ist ein Kritiker, der gut über mich schreibt ... Wenn ich am Schreibtisch sitze, denke ich oft: Ein Kritiker, der gut über mich schreibt, muß ein schlechter Kritiker sein.* Weitaus konventioneller dann der Eintrag vom August 1962: *Kritiker vergleichen das jeweilige Werk immer mit dem, was sie* (selber) *einmal schreiben wollen ..., dann sind sie dem Autor böse, weil sie glauben, er sei ihnen zuvorgekommen.* Der Eintrag ist Walsers Variante auf das gängigste Vorurteil gegen die Kritik überhaupt, das von Gotthold Ephraim Lessing, dem Geistesvater des aufklärend Kritischen, bereits 1767 in der längeren Notiz »Der Rezensent braucht nicht besser machen zu können, was er tadelt« abgekanzelt und mit einem unübertrefflichen Beispiel illustriert wird: *Ich finde meine Suppe versalzen: darf ich sie nicht eher versalzen nennen, als bis ich selbst kochen kann?* Um den primären und sekundären Stoffmassen zur Friedenspreisrede und dem Roman »Tod eines Kritikers« einigermaßen Herr zu werden, handelt dieses Kapitel vor allem vom

Dreikampf zwischen Reich-Ranicki, Schirrmacher und Walser. Bereits die Abiturrede und das frühe Tagebuch aber belegen, dass die Auseinandersetzung mit der Kritik zu einem seiner Lebensthemen wird. »Brief an einen ganz jungen Autor« (1962), »Tagtraum, daß der Kritiker ein Schriftsteller sei« (1964), »Selbstporträt als Kriminalroman« (1978), »Lesen und Schreiben oder Viel auf einmal« (2002) sind nur einige Beispiele dafür. Unverkennbar trägt Walsers lebenslange Idiosynkrasie auch obsessive Züge. Die Obsession beschränkt sich keineswegs auf Reich-Ranicki oder, viel später, auf Schirrmacher. Ein Personenregister haben die bisher publizierten vier Tagebuchbände erst vom dritten Band (1974 bis 1978) an – warum eigentlich? Ein Blick allein in dieses erste Register zeigt, dass sich mehr als ein Dutzend weiterer Kritiker der argwöhnischen Aufmerksamkeit sicher sein können, unter ihnen Reinhard Baumgart, Hellmuth Karasek, Walter Jens, Joachim Kaiser, Hans Mayer, Rolf Michaelis, Wolfram Schütte. Und dies, obwohl ihn just in der zweiten Hälfte der 1970er Jahre aufs Neue Marcel Reich-Ranicki fast völlig okkupiert.

Grund dafür ist der im Kontext des »Literarischen Quartetts« vom August 1998 bereits erwähnte Radikalverriss des Romans »Jenseits der Liebe« (1976) unter dem Donnertitel »Jenseits der Literatur«. Der Kritiker Volker Hage, der Reich-Ranicki wohl nicht weniger zu verdanken hat als ich, erzählt im Aufsatz »Ein Redakteursleben mit Martin Walser«, wie dieser Text damals entstanden ist und wie er auf die wenigen F.A.Z.-Kollegen, die ihn gegenlesen, gewirkt hat. Ihr Entsetzen ob der Schärfe ist so groß, dass sie, der damalige Jungredakteur Hage eingeschlossen, *dringend vom Druck abrieten*. Aber: *Reich-Ranicki war natürlich nicht zu beirren*. Bezeichnend, aber für das literarkritische Genre auch bedenklich, ja unerlaubt ist, was Hage hinzufügt: *Vielmehr ließ er uns wissen, im Grunde gehe es ihm gar nicht um den Roman, sondern um die politische Haltung des Autors, um dessen Flirt mit der DKP, der zu nichts Gutem führen könne*. Reich-Ranicki hat es aufgrund der Verfolgung durch die Nazis und die SS, aber auch aufgrund der eigenen Temporär-Versuchung durch den Kommunismus im Nachkriegs-Polen nach dem Übersiedeln in die Bundesrepublik (1958) stets als Verpflichtung verstanden, für eine streitbare, vor allem aber stabile deutsche Demokratie einzutreten. Literarturkritik ist für ihn immer auch Literaturkampf. Walser indes hat den gegen »Jenseits der Liebe« gerichteten Verriss als einen Vernichtungsversuch an seiner literarischen, mehr noch: an seiner gesamten bürgerlichen Existenz erlebt. Zunächst fast ausschließlich, dann in langsam nachlassender Frequenz beschäftigen sich die Tagebuchnotate zwischen März und Juni 1976 mit dieser Besprechung und deren tatsächlichen wie eingebildeten Folgen – im Druck sind das mehr als neunzig Seiten. Wir fassen sie möglichst knapp zusammen.

Es beginnt am 26. März. Siegfried Unseld, der Verlegerfreund, *rief an heute Morgen und teilt mit, dass von R-R eine ganz negative Kritik morgen in der FAZ erscheinen werde.* Die folgende Nußdorfer Nacht ist grauenhaft und der nächste Morgen nicht besser: *Ich könnte mich totessen, tottrinken, totrauchen.* Ausgerechnet jetzt muss er selbst nach Frankfurt am Main zu einer Lesung. Am Bahnhof in Friedrichshafen kauft er die F.A.Z., liest die Kritik und setzt im Zug umgehend einen *Offenen Brief an die Buchhändler* auf, den er zum Glück so wenig abschicken wird wie die *Warnung an Kollegen, mit MRR im Fernsehen zu diskutieren.* Kaum drei Stunden ist er unterwegs, der Zug fährt *zwischen Plochingen und Esslingen.* Walser schreibt nun eine *Rede an Herrn R-R,* die in jeder Beziehung ungehalten ist. Sie läuft auf die Alternative *Prozessieren* oder *Ohrfeige* hinaus, aus Geldmangel wird Letztere präferiert und *Herrn R-R* mit dem Bemerk verkündet: *Sie werden, bitte, nicht auch noch die Geschmacklosigkeit haben, diese Ankündigung und ihre gelegentliche Ausführung als Antisemitismus zu bezeichnen.* Die Rede ist fertig, jetzt muss das Tagebuch selbst herhalten: *Es ist für einen Schriftsteller schlimmer, aus der Literatur hinausgewiesen zu werden, als aus seinem Land ins Exil.* Inzwischen ist es *15 Uhr 06,* nach fünf Stunden fährt der Zug in den Frankfurter Hauptbahnhof ein. Erst ein Abstecher *ins Café Laumer*, dann gleich weiter zum Verleger, der vor unüberlegten Schritten warnt. Er wird aus dem Zimmer geschickt. Mit Hilde Unseld, der Verlegergattin, wird im chinesischen Klassiker *I-Ging*, dem »Buch der Wandlungen«, nach

Strategien *für den entschlossenen Kampf des Guten zur Beseitigung des Bösen* geforscht. Die beiden gelangen schließlich mit und im *I-Ging* zur Einsicht: *Die beste Art, das Böse zu bekämpfen, ist energischer Fortschritt im Guten*. Noch ist der Tag nicht zu Ende, auch die Lesung im Theater am Turm will absolviert sein – zum Glück nicht aus »Jenseits der Liebe«, sondern, dem Ort der Veranstaltung gemäß, aus dem Bühnenstück »Das Sauspiel. Szenen aus dem 16. Jahrhundert« von 1975. Wir kürzen ab, denn auf den 27. März folgen noch viele, viele Tage, bis Schmerz und Verzweiflung – *der absolute Tiefpunkt der beruflichen Laufbahn* – nachlassen und im Tagebuch auch vermehrt wieder andere Themen auftauchen. Etwa jenes vom 11. Mai: *Im Bahnhof Köln, in der Telefonzelle, jetzt fast keine Sexualschreie mehr, jetzt Hakenkreuze und SS-Runen, groß und dick: Tod den Kommunisten. Das nennt man Tendenzwende*. Zum Schluss noch eine Notiz aus der Gerüchte- und Intrigenküche des Literaturbetriebs. 28. Juni. Trotz des Verrisses verkauft sich »Jenseits der Liebe« so schlecht nicht, immerhin *Platz 10 der Commerzliste*. Dafür wird jetzt über Hintergründe spekuliert und ein möglicher Verrat nicht ausgeschlossen: *Habermas sagt, dass er bei der R-R-Kritik einen Augenblick lang vermutet habe, das sei mit Einwilligung von Siegfried Unseld geschehen. Als ich sage, dass Günter Grass mich gefragt habe, ob ich sicher sei, dass mich mein Verleger nicht verkaufe, sagte Habermas: Genau das habe er auch gedacht*. Meisterdenker können Unsinn denken, Großschriftsteller Unfug insinuieren.

Eineinhalb Jahre gehen ins Land. Keine drei Wochen davon benötigt Walser, um im August 1977 jene *rasch wegzischende Sommerarbeit* zu schreiben, die sowohl beim Publikum als auch bei der Kritik zum größten Erfolg seines Autorenlebens wird: die Novelle »Ein fliehendes Pferd«. Am 24. Januar 1978 kündigt Reich-Ranicki den Vorabdruck des Bodensee-Juwels im F.A.Z.-Feuilleton fanfarenhaft an: *Walsers Glanzstück*. Erinnert sei: Der Vorabdruck, auch Feuilleton- oder Fortsetzungsroman genannt, war bis zu seinem fast völligen Verschwinden im Zuge der Zeitungskrise, die ziemlich genau mit dem neuen Jahrtausend einsetzt, ein erster Ritterschlag für das noch nicht publizierte Buch. Für Autoren, Verlage und Redaktionen ist es eine

Kooperation zum allseitigen Vorteil, die Leser schätzen das Genre ungemein, reagieren jeweils begeistert oder empört. Ein paar Jahre nach dem »Fliehenden Pferd« erlebt Patrick Süskinds »Das Parfum« 1985 als F.A.Z.-Feuilletonroman den ersten Schritt zum Welterfolg, das erzählende Sachbuch »Manieren« des exilierten äthiopischen Prinzen Asfa-Wossen Asserate macht 2003 als Vorabdruck bei den Lesern Furore. Die F.A.Z. ist die letzte überregionale Zeitung, die sich den Feuilletonroman leistet. Wegen der notwendigen Reduktion des Seitenumfangs beendet die Novelle »Landesbühne« von Siegfried Lenz diese Ära im Jahr 2009. In einigen Regionalzeitungen ist das Genre noch zu finden.

Der Vorabdruck des »Fliehenden Pferds« endet am 4. März 1978, gefolgt von Reich-Ranickis zweitem Artikel dazu, dieses Mal einer hymnischen Rezension der nun auch im Buchhandel erhältlichen Novelle: *Martin Walsers Rückkehr zu sich selbst.* Große Wörter fallen in seinen beiden Texten, wobei Reich-Ranicki zumindest indirekt auf seinen potentiell erzieherischen Beitrag zu Walsers wundersamer Erzähl-Entwicklung seit »Jenseits der Liebe« hinweist. Ein paar Papierblumen aus der Girlande fürs »Fliehende Pferd«: *sein reifstes, sein schönstes und bestes Buch … der Autor, ein Virtuose der Sprache … diese Prosa lebt … erinnert an Tonio Kröger … hat bezwingende Kraft.* Das größte Lob fällt zum Schluss und ist ein Plädoyer für eine politikferne Poesie: *Martin Walser hat offenbar nicht mehr den Ehrgeiz, mit der Dichtung die Welt zu verändern. Er will nur ein Stück dieser Welt zeigen. Mehr sollte man von der Literatur nicht verlangen.* Und wie reagiert der Autor, der sich aus der Hölle in den Himmel der Kritik erhoben sieht? Kaum, dabei ironisch und selbstironisch. Statt etwa neunzig Tagebuchseiten wie bei »Jenseits der Liebe« werden es dieses Mal in toto keine neun. Eintrag vom 24. Januar 1978: *Herr Reich-Ranicki hat die Kurve gekriegt, ohne das Bewusstsein zu haben, eine Kurve gekriegt zu haben.* Die anschließende Satzfolge hat es in sich: *Man liest einen Verriss langsamer, gründlicher als ein Lob. Ein Lob überfliegt man. Wer also als Kritiker gründlich gelesen werden will, der muss verreißen.* Gelesen werden wollen alle, Autoren wie Kritiker. Für Kritiker gibt Walser eine stupende Betriebsanleitung.

Von 1989 bis 2014 ist Frank Schirrmacher zunächst Leiter der Literaturredaktion, dann Herausgeber für den Kulturteil der Zeitung. Während dieses Vierteljahrhunderts werden, beginnend mit »Die Verteidigung der Kindheit« (1991) und endend mit »Ein liebender Mann« (2008), sechs Walser-Romane vorabgeduckt. Im Sommer 1993 geht es um »Ohne einander«, einerseits eine Mediensatire um ein wöchentlich erscheinendes Nachrichten-Magazin, andererseits eine Tragikomödie über allerlei Selbstfindungs- und Beziehungsprobleme im gehobenen Klein- und abgehobenen Großbürgermilieu. Der Roman spielt in München und am Starnberger See. Strukturell weist er Ähnlichkeiten mit dem Erzähldebüt »Ehen in Philippsburg« auf. Es gibt weder einen Ich-Erzähler noch eine durchgehende Hauptfigur. Jeder der drei Teile des Buchs rückt ein Mitglied der Familie Kern ins Zentrum. Zuerst die Ehefrau Ellen, zeitgemäß mit Doppelnamen (Kern-Krenn), Anfang bis Mitte fünfzig und Journalistin beim Magazin, dann Tochter Sylvi, neunzehn und eine professionelle Windsurferin, schließlich Ehemann Sylvio, auf die sechzig zugehend und ein Schriftsteller von umstrittenem Format. Walser macht sich keinerlei Mühe, die Figuren des Buchs besonders differenziert zu zeichnen. Im Gegenteil: Die Eindeutigkeit, mit der ihre Lebenslügen und Existenzillusionen geschildert werden, rückt sie in die Nähe von Comic-Helden. Dieses grobe Raster aber ist die Stärke des Romans. Vollkommen absurd erscheint die Wohlstandswelt in München und am Starnberger Seeufer – das Buch gewinnt darüber eine ebenso trostlose wie hellsichtige Wahrhaftigkeit. Formal ein Nachklang zu »Ehen in Philippsburg«, ist »Ohne einander« inhaltlich wie stilistisch eine Art Fortschreibung zu zwei von Walsers besten und erfolgreichsten Arbeiten: eben zur Novelle »Ein fliehendes Pferd« und zum Amerika-Roman »Brandung« von 1985. Und zugleich eine Steigerung: Was sich an der Oberfläche wie eine groteske und witzige Farce über die Malaisen des Mittelstands ausnimmt, ist ein böses Endspiel geworden.

Dass wir in der Redaktion einen Moment lang zögern, »Ohne einander« als Fortsetzungsroman zu drucken, hängt mit einer der Nebenfiguren zusammen, mit Willi André König, dem Literaturkritiker des Münchner Magazins. In Walsers Erzählwerkstatt wird nie mit rein erfundenem oder rein dokumentarisch verbrieftem Personal gearbeitet. Von der gereimten Abiturrede an entsteht und entwickelt sich über die Jahrzehnte hinweg eine ausgefeilte Ähnlichkeits-Dramaturgie zwischen Fiktion und Realität, deren Oberfläche mal mehr in Richtung des Erfundenen, mal deutlicher in Richtung Wirklichkeit tendiert. Belletristik aber bleibt es immer, deshalb essentiell und ausschließlich Fiktion. In »Ohne einander« trägt der Schriftsteller Sylvio unverkennbar einige - keineswegs sympathische - Züge des Autors Walser, der Literaturkritiker König ebenso zweifelsfrei Signaturen von Reich-Ranicki. So neigt dieser Magazin-Rezensent zur Ansicht, die deutsche Gegenwartsliteratur sei *die langweiligste der Welt*. So hält er den Autor Kern nicht für das Genie, als das der sich selbst empfindet, sondern für einen *ermüdend umständlichen Plauderer*, der im Grunde gar nicht erzählen kann. Das rasch beiseitegeschobene Zögern in unserer Redaktion hängt nicht mit der Frage zusammen, ob wir Reich-Ranicki, unserem früheren Chef und nach wie vor zentralen Mitarbeiter, die karikierenden Elemente der Walser-Prosa zumuten können. Wir - im speziellen Fall Schirrmacher und ich - fragen uns vielmehr, ob uns wegen der Kritikerfigur nicht der Vorwurf institutioneller Selbstreferenzialität gemacht werden könne. Nein - und falls doch: macht nichts.

Wer ist Willi André König, wie wird er geschildert und charakterisiert? *Schon eher fünfzig als vierzig*, heißt es über ihn. Seine Haare sind *nicht grau*, dafür *silberweiß*. Er trägt sie *lang* und führt sie *im Nacken durch einen gebauschten schwarzen Ring*. Zweitagebart. Kettenraucher. Keine Krawatten. In den Redaktionskonferenzen sitzt er stets *auf dem Boden*, was ihm den Anschein gibt, er sei *der Jüngste überhaupt*. Er gilt als *begnadeter Selbstinszenierer, also prominent. Aber nicht durch den Kopf, sondern durch die Medien*. Er stammt aus *Reichenbach im Vogtland*, ist also Sachse, aufgewachsen in der DDR. Die jüdische Großmutter *Hilde Wasserfall*, von der er gern erzählt, existiert, so der ebenfalls aus Sachsen stammende Magazin-Korrektor Koltzsch, nur in der Phantasie. Als Literaturkritiker ist König ein *Beleidigungsspezialist*, auch deshalb *Erlkönig* genannt: Wie Goethes Balladenheld erdrückt er, was er (scheinbar) liebt und retten will. Momentane Lage: Willi André König plant die Rezension einer glänzend, weil *romanhaft* geschriebenen und von einem französischen Verfasser stammenden *Gangsterbiograhie*. Den deutschen Schriftstellern will er damit *wieder einmal demonstrieren, wie langweilig die von ihnen geschriebenen Bücher seien*. Heikel macht das Ganze, dass der Gangster, um den es sich handelt, *Benjamin ›Buggsy‹ Siegel* heißt, ein *Lower-East-Side-Jude* und in den 1930er und 1940er Jahren mitverantwortlich ist für den *Eindruck jüdischer Dominanz beim organisierten Verbrechen* in Amerika. Kommt hinzu, dass Siegel auch als *Eroberer Hollywoods* gilt. Königs Vorhaben ruft den Verleger des Magazins, *Dr. Bertram Spitz*, Kosename *Der Prinz*, auf den Plan. Er zählt *zu Münchens Reichsten* und schert sich einen Deut um all die Anwürfe, denen er ausgesetzt ist – von *Kapitalist* bis *Bestialist*. Eines freilich will er in jedem Fall verhindern, für sich selbst wie seine Zeitschrift: *in den übelsten aller Verdächte, den des Antisemitismus*, zu geraten. Während der Freitags-Konferenz hat Ellen Kern-Krenn die rettende Idee: Der Kritiker schreibt den Artikel über den jüdischen Verbrecher wie geplant, er wird im Blatt aber ausbalanciert durch eine Rezension des gerade in den Kinos angelaufenen Holocaust-Films »Hitlerjunge Salomon«. Walsers Plot ist originell, nicht unplausibel und nicht ohne Raffinesse. Im weiteren Verlauf kommt es zu einer Rückblende auf Ellens Kinobesuch. Sie hat »Hitlerjunge Salomon« vor ein paar Tagen in Zürich gesehen – während einer Kurzreise mit ihrem Geliebten, dem Fabrikanten Ernest Müller-Ernst.

Auf dem Rückweg ins Hotel gerät Müller-Ernst in Rage und ins Polemisieren. Er findet den Film *entsetzlich*. Warum? *Immer noch sind alle Deutschen von damals dummbrutale Naziphrasendrescher, und alle Nichtdeutschen sind rührend-prächtig-herrliche Menschen*. Einmal in Fahrt, legt er nach, Ellen erinnert seine Tirade: *Das sei die Kalkulation des Auslands. Eine nicht endendürfende Erpressung durch andauernde Vorführung der deutschen Greueltaten in gar allen Medien … Schuldbekenntnisse abliefern … Nichts ruiniere eine Gesellschaft auf die Dauer gründlicher als eine Moral, die nur auf den Lippen zu Hause sei*.

1993 sagt das eine Walser-Figur. Es weist fünf Jahre voraus auf einige der wüsten Wörter der Paulskirchenrede: müßig, sie zu wiederholen. Walser, der die Gleichung »Figur ist gleich Autor« für eine notorische Dummheit der Kritik hält, hat sich dieses Mal zu Teilen ganz eindeutig bei seiner Figur bedient.

In den vier Jahren zwischen der Frankfurter Rede und dem Eklat um »Tod eines Kritikers« erlebt Reich-Ranicki zunächst den enormen Erfolg der Autobiographie »Mein Leben«. Zusammen mit Schirrmacher arbeitet er am Dokumenten- und Fotoband »Sein Leben in Bildern. Eine Bildbiographie«, der 2000 erscheint. Das »Literarische Quartett« endet nach siebenundsiebzig Sendungen Mitte Dezember 2001. Zehn Ausgaben zuvor kommt es zu einem massiven Disput mit Sigrid Löffler über Erotik und Sex in Haruki Murakamis Roman »Gefährliche Geliebte«: Für Löffler der Grund, die Kritikerrunde zu verlassen. In der »Süddeutschen« beklagt sie, die Sendung sei durch Reich-Ranickis zunehmende Unbeherrschtheiten zu einem *wüsten Spektakel* geworden. Der setzt den Fernsehweg nach dem »Quartett« nahtlos fort, das ZDF offeriert ihm eine Ein-Mann-Performance. Das Format »Solo« endet nach neun Auftritten im Dezember 2002, bereits nach dem ersten lässt sich das Magazin »Stern« den Kalauer nicht entgehen: »Literaturpapst vergeigt sein Solo« (5.2.02). Das »Solo« vom 4. Juni allerdings wird ein literarhistorisches Dokument bleiben. Es handelt – von Martin Walser. Wir kommen darauf zurück.

Noch einmal zurückkommen müssen wir zuvor auf »Mein Leben«. Im letzten Kapitel der Autobiographie, dem noch ein ergreifender Epilog folgt, geht es um »Joachim Fest, Martin Walser und das ›Ende der Schonzeit‹«. Reich-Ranickis Abgesang auf Fest – *Der Mensch, dem ich zu größtem Dank verpflichtet bin, hat mir auch den tiefsten Schmerz zugefügt* – trägt tragische Züge, kann aber in unserem Zusammenhang nicht Thema sein. Völlig verdüstert hat sich seit Dezember 1998, als er in der F.A.Z. den versöhnlichen Artikel über die Debatte um die Friedenspreisrede publiziert, allerdings sein Walser-Bild. Als er mir im Februar 1999 die entsprechende Passage von »Mein Leben« zum Lektorieren schickt, traue ich meinen Augen nicht. Nun ist die Rede von *bösartigen Anspie-*

*lungen*, von *gefährlichsten deutschen Ressentiments* und von Argumenten *für die extreme Rechte*. Als direktes Walser-Zitat ausgewiesen, erscheint bei Reich-Ranicki nun das Wort »*Befreiungsschlag*«. Als ich ihn darauf hinweise, dass es dieses Wort nicht gäbe, Walser bei der Diskussion an der Uni Duisburg vielmehr davon gesprochen habe, seine Rede sei als *befreiend empfunden* worden (F.A.Z., 28.11.1998), entgegnet er, *mit solchen Details* könne er sich nicht befassen, Walser, das sei ihm inzwischen klargeworden, sei schon *eine widerliche Figur*. Diese Äußerungen sind am Telefon gefallen, ich habe also keinen Beleg dafür. Aber diese Äußerungen und der von ihm natürlich nicht ersetzte, gar gestrichene »*Befreiungsschlag*« sind es, die zum Bruch zwischen Reich-Ranicki, dem großen Lehrer, und mir führen.

Nach der Medienschelte vom 17. Juni 1998 und dem Nachwort zur Sammlung »Die Walser-Bubis-Debatte« äußert sich Frank Schirrmacher bis Ende Mai 2002 nicht mehr zu und über Walser. Für den Redakteur und Feuilleton-Herausgeber heißt das beherrschende Thema nun »Die zwei Kulturen«. Im gleichnamigen Essay (1959, deutsch 1967) hat der Engländer C. P. Snow auf die fortschreitende Entfremdung zwischen der geisteswissenschaftlich-literarischen und der naturwissenschaftlich-technischen Sphäre verwiesen. In zahlreichen eigenen Texten und durch von ihm initiierte Zeitungsdebatten versucht Schirrmacher, zur kalendarischen Jahrtausendwende eine Ära der Wiederannäherung zu proklamieren, wobei er den Naturwissenschaften fürs Erste die führende Rolle zuerkennt – wahlweise spricht er vom *biotechnologischen, biotechnischen* oder *biopolitischen Zeitalter*, das bereits begonnen habe. Nachlesen lassen sich einige seiner Beiträge im Band »Ungeheuerliche Neuigkeiten«, den Jakob Augstein, Martin Walsers Sohn, kurz nach Schirrmachers jähem Tod zusammenstellt. Spektakulärer Höhepunkt des aktuellen Schirrmacher-Interesses ist das sogenannte »Genom-Feuilleton« der F.A.Z. vom 27. Juni 2000, in dem über sechs Seiten hinweg illustrierte Großbuchstaben-Sequenzen aus dem »Human Genome Project« des amerikanischen Biochemikers Craig Venter abgedruckt werden – in der Mischung aus Konkreter Poesie, Dadaismus und Szientismus zweifellos ein Ereignis der jüngeren Zeitungsgeschichte, wenn auch, aber selbst dies adelt das »Genom-Feuilleton«, ein sehr umstrittenes.

Parallel zu Schirrmachers Aufbruch zu neuen Ufern findet die Wiederannäherung an Reich-Ranicki statt. Es ist nur logisch, dass sich der junge Literaturchef von 1989 an erst einmal aus dem Schatten des Vorgängers lösen will und muss. Äußeres Zeichen dafür ist, dass Reich-Ranicki das Redaktionsgebäude verlässt und in einer etwas entfernten F.A.Z.-Dependance ein neues Büro bezieht. Dort betreut er für die Zeitung weiterhin die »Frankfurter Anthologie«, die er unter dem Motto »Der Dichtung eine Gasse« bereits 1974 erfunden hat und die bis heute existiert, redaktionell von Hubert Spiegel verantwortet. Mit dem Beenden und dem Erscheinen von »Mein Leben« ändert sich das Verhältnis von Vorgänger und Nachfolger diametral. Binnen kurzem entsteht zwischen Schirrmacher und Reich-Ranicki nun eine Allianz des Zusammenhalts nach innen und der Einflusssicherung, auch der Einflussmehrung nach außen. Sie bilden einen Machtpol. Als wiederum äußere Zeichen dafür können der bereits erwähnte Band »Sein Leben in Bildern. Eine Bildbiographie« und Reich-Ranickis Rückkehr ins Redaktionsgebäude gelten. Dort, im Büro der späten Jahre, reden er und ich nach Jahren des Schweigens auch wieder miteinander. Eine wirkliche Versöhnung findet nicht statt.

Intermezzo. Am 30. September 1999 verkündet die Schwedische Akademie den neuen Träger des Nobelpreises für Literatur: Günter Grass. Die Pressemitteilung ist lang und differenziert – ein veritables Porträt. Ausführlich gewürdigt wird zunächst das Romandebüt von 1959: *Man wagt die Vermutung, daß ›Die Blechtrommel‹ zu den bleibenden literarischen Werken des zwanzigsten Jahrhunderts gehören wird.* Anerkennung erfährt der politisch engagierte Autor, der sich selbst einen *Spätaufklärer* nenne – und dies *in einer Zeit, die der Vernunft müde geworden ist.* National wie international sei Grass *ein Kraftquell und Fels des Ärgernisses*, als literarischer *Vorgänger* zugleich eine Inspiration für andere Weltautoren wie Gabriel García Márquez, Salman Rushdie oder Nadine Gordimer. Eigens erwähnt aus dem Gesamtwerk werden jenseits der »Blechtrommel« noch die Novelle »Katz und

Maus« und der Roman »Hundejahre«, also die »Danziger Trilogie«, ferner »Der Butt« als Beispiel überbordenden Erzählens, schließlich »Ein weites Feld« und »Mein Jahrhundert«. Es ist erstaunlich, dass eine offizielle Pressemitteilung, die auf Schwedisch, Englisch, Französisch und Deutsch abgefasst ist, explizit hinzufügt, gerade »Ein weites Feld« (1995) sei *ein Zankapfel der deutschen Literaturkritik* gewesen. Es kann sich dabei nur um eine Anspielung auf das ominöse, indiskutable Titelblatt des Magazins »Der Spiegel« vom 30. August 1995 handeln: Die Collage zeigt einen sichtlich angewiderten Reich-Ranicki, der in den nach oben gestreckten Händen je eine Hälfte des von ihm zuvor zerrissenen Romans hält.

Reich-Ranicki, selbst gerade auf einer Art Triumphtour mit »Mein Leben«, erreicht die Nachricht vom Nobelpreis in Zürich. Es sei auch, erklärt er, *mein persönlicher Sieg … Und ich habe, glaube ich, ein klein wenig dazu beigetragen, dass Grass den Preis erhalten hat.* Im »Spiegel«-Interview vom 4. Oktober 1999 stellt er Vergleiche an: *Stellen Sie sich vor: Martin Walser wäre der Preis zugefallen, das wäre ein schwerer Schlag für mich. Oder gar dem dümmlichen Peter Handke! Eine Katastrophe. In Stockholm ist allerlei möglich. Grass – immerhin!* Schirrmacher beginnt seinen F.A.Z.-Leitartikel vom 1. Oktober mit großer Geste: *Jetzt hat Grass den letzten Nobelpreis dieses Jahrhunderts erhalten. Am Ende des deutschen Schreckensjahrhunderts steht symbolisch ein großer geistiger Sieg.* Die Relativierung folgt auf dem Fuß: *Keinem, der das öffentliche Schreiben und Wirken von Günter Grass begleitete, konnte entgehen, wie sich der Zeitgenosse auf geradezu unheimliche, aber auch zutiefst anrührende Weise zu überleben begann.* Walser fasst sich bei einer F.A.Z.-Umfrage unter Schriftstellern (1.10.99) äußert knapp: *Ich gratuliere herzlich. Diese Verleihung war fällig. Darauf haben wir alle lange gewartet, seit der Blechtrommel.* Dafür springt ihm Grass bei einem Gespräch mit der »Woche« (7.10.) zur Seite, wenngleich mit Einschränkung: *Ich finde es unsäglich, dass nach einer kritikwürdigen Rede, wie sie Walser gehalten hat, sofort die Keule des Faschismus-Vorwurfs rausgeholt wird. In dieser Rede findet sich nichts Antisemitisches, nichts Nazistisches. Dennoch enthält sie gefährliche Thesen.* Sieben Jahre nach dem Nobelpreis wird Grass die kurze Mitgliedschaft in der Waffen-SS am Ende des Krieges öffentlich machen. Hypothetisch ist die Frage, ob ihn die Stockholmer Akademie im Wissen darum auch ausgezeichnet hätte. Vermutlich nicht.

Zurück zu Walser. Für das Auch-Schwejkhafte seines Wesens und für die wohl dem Vorbild der Mutter geschuldete Durabilität in schwieriger Zeit steht eine Aufsatztrilogie, die man nach der Friedenspreisrede und im Kontrast zur Debatte über sie ihrerseits programmatisch nennen muss. »Sprache, sonst nichts«, »Über das Selbstgespräch« und »Über die Schüchternheit« lauten die drei Essays, die ihr Autor als zentrale Stücke in die Sammlung »Ich vertraue. Querfeldein« von 2000 aufnimmt. Nein, nicht um Abkehr von der Welt geht es dabei, sondern um die jedenfalls temporäre Rückkehr ins Stille, ins Wort, kurz: ins Dichterische eines Prosaisten. Zugleich zieht es Walser für längere Zeit nach Düsseldorf, wo er den Spuren für den neuen Roman folgt und Teile davon im Hotelzimmer auch gleich schreibt: »Der Lebenslauf der Liebe« erscheint 2001 und wird im nächsten Kapitel genauer betrachtet. Über die Rückkehr von der Einkehr – mit der Rede »Über ein Geschichtsgefühl« auf Einladung von Gerhard Schröder – wurde bereits gehandelt. Am Morgen danach, am 9. Mai 2002, trifft sich Walser zum Hotelfrühstück in Berlin mit Günter Berg, wegen Siegfried Unselds schwerer Erkrankung de jure wie de facto Geschäftsführer von Suhrkamp, und mit Hubert Spiegel, zwischen 2001 und 2008 Leiter des F.A.Z.-Literaturblatts. Damit beginnt ein Drama, das der deutsche Literaturbetrieb wie die Öffentlichkeit so noch nicht kennen und erlebt haben. Walser übergibt, wahrhaft eine Schwejkiade – eine Köpenickiade obendrein –, Hubert Spiegel das Manuskript des neuen, inzwischen siebzehnten Romans »Tod eines Kritikers« zur Prüfung, verbunden mit der hintersinnigen wie scheinnaiven Frage, ob die Zeitung denn nicht auch dieses Werk vorabdrucken wolle. In bester PR-Manier darauf neugierig gemacht hat er bereits zu Anfang des Jahres. Da trifft er sich mit Paul Sahner (1944 bis 2015), dem Starreporter des Prominenten-Magazins »Bunte«: Dass Schriftsteller, aber eben auch Kritiker für Klatschblätter interessant sein können, beweisen damals Walser wie

Reich-Ranicki in verlässlicher Auftrittsfolge. Jenseits der beiden: Fehlanzeige. Oder sind Daniel Kehlmann, gar Denis Scheck, Maxim Biller oder Iris Radisch, Volker Weidermann oder Eva Menasse je Gegenstand und Gesprächspartner der »Bunten«? Zum Glück nicht oder fast nie, sagen Literaturpuristen. Leider nicht, sagt, wer die Literatur nicht nur als Subsystem unter vielen anderen, sondern als Kernmedium der Gesellschaft kennengelernt hat.

Das »Bunte«-Interview vom 21. Februar 2002 ist Pop-Kultur. Schon die Ankündigung, der sogenannte Teaser, den das Blatt vorausschickt, ist auf professionelle Weise schräg: *Martin Walser schreibt einen Krimi. Tatort: München. Jetzt braucht der Schriftsteller eine Villa für Milieustudien. ›Bunte‹ soll helfen.* In Sahners Einleitung wird Walser mit dem prophetischen Satz zitiert: *Bereits der Titel ist skandalös.* Als das Interview dann endlich beginnt, fügt der hinzu: *Der Titel beginnt so: ›Tod eines* ... Auf die Nachfrage ... *eines was?* entgegnet der Autor: *Wenn ich dieses Wort verriete, ist die ganze Spannung heraus.* Zuvor stellt er klar, dass es überhaupt kein Krimi sei, der da entstehe, gäbe es doch *Verbrechen, die kommen ohne Krimi aus.* Natürlich will die »Bunte« wissen, ob die Leser mit einem *biografischen Anteil* rechnen könnten, was Walser zu einer typischen Walser-Sentenz animiert: *Romane ohne autobiografischen Anteil sind keine Romane, sondern Soziologie.* Die Herren sind bestgelaunt. Walser erzählt auch gleich den zentralen Handlungsstrang nach, genauer: vorab. Wir hingegen gehen zum 9. Mai zurück. Hubert Spiegel reist nach dem gemeinsamen Frühstück mit dem Walser-Manuskript zurück an den Main – und wird den Lesern der Zeitung einige Wochen danach, am 27. Juni, mitteilen, dass der Autor von vornherein nicht mit einer raschen Entscheidung rechnen durfte: *Tatsächlich hatte Walser sehr früh erfahren, welch erhebliche Bedenken es gab und wie daher in diesem Fall verfahren werden sollte. Noch bevor das Buch gelesen war, wurde der Schriftsteller gewarnt, daß ein Vorabdruck ohne Marcel Reich-Ranickis Einverständnis ausgeschlossen sei.*

Fast drei Wochen lang, zwischen dem 9. und dem 28. Mai, geschieht rein äußerlich also nichts. Wer außer Spiegel selbst und Schirrmacher in dieser Zeit das Manuskript liest und wie die redaktionsinternen Gespräche verlaufen, weiß ich (bis heute) nicht. Ich bin damals in Amerika, wäre aber wegen des Dauerzwists mit dem Herausgeber – und des relativ neuen mit Reich-Ranicki – ohnehin nicht eingebunden worden. Des Ganzen gewahr werde ich beim Rückflug nach Deutschland am 29. Mai, als ich in der Lufthansa-Maschine erstmals nach drei Wochen wieder die Zeitung lese, bei der ich arbeite – noch sind Zeitungslektüren auf dem Handy undenkbar. Ohne auch nur eine Zeile des Walser-Manuskripts zu kennen, wird mir bei Schirrmachers Artikel »Tod eines Kritikers. Der neue Roman von Martin Walser: Kein Vorabdruck in der F.A.Z.« sofort klar, dass er nicht von jenem Erzähler und Essayisten handeln kann, den ich auch etwas zu kennen meine, sondern dass mir hier ein Zerr- und Horrorbild entgegenkommt. Nach der Rückkehr und der Lektüre der E-Mail plus der Textdatei, die Suhrkamp inzwischen an viele Journalisten und Redaktionen geschickt hat, bestätigt sich der Eindruck. Walser lade ich, nach Rücksprache mit den Fernsehkollegen im Funkhaus Erfurt, in die nächste MDR-Sendung des »Weimarer Salons« ein, den ich moderiere. Die Sendung wird am 14. Juli ausgestrahlt.

## Fragen, Antworten, Mutmaßungen

Was veranlasst Walser, einen Roman, der zu Teilen (wenn auch nur geringen) als Schlüsselroman über und gegen Reich-Ranicki gelesen werden kann (nicht muss), ausgerechnet der F.A.Z. zum Vorabdruck anzubieten? Wohl ein Motivgemenge. Der Glaube, ein gewisses Gewohnheitsrecht auf den Vorabdruck seiner Bücher erworben zu haben. Das Kalkül, die Toleranz der Zeitung zu testen. Der Versuch, die Toleranz der Zeitung zu strapazieren. Gewiss ein Schuss Naivität und Autoren-Arglosigkeit. Der Ehrgeiz, seinem *Rachekalender*, der nun die Gestalt eines ganzen Romans angenommen hat, möglichst große Vorab-Resonanz zu verschaffen. Ganz einfach und ganz bewusst so gesagt: Chupze.

Was bringt Schirrmacher dazu, gezielt einen Skandal loszutreten gegenüber einem Buch, das außer ihm und ein paar Eingeweihten keiner kennt? Warum der bewusste Regelbruch gegen die Usancen des Literaturbetriebs? Die Motive, über die Schirrmachers Biograph Michael Angele mutmaßt, sind bereits referiert worden, ebenso Walsers postume Vermutung, es habe bei Schirrmacher ein Sympathiewechsel stattgefunden – weg von ihm, hin zu Reich-Ranicki. Am ehesten wohl: Dezisionismus und Voluntarismus und ein erster Großtest auf das Wirkungspotential des neuen Machtpols. Was veranlasst ihn, vier Jahre nach der Feuilleton-Philippika genau das zu exerzieren, was er selbst angeprangert hat? Warum also tritt er jetzt als *journalistischer Staatsanwalt* auf, der nach einem *den Verdacht bestätigenden Beweis* sucht? Warum wählt er seinerseits eine *Höllenmechanik*? Warum nimmt er billigend in Kauf, *ein Lebenswerk über Nacht* zu zerstören? Warum wählt er für seinen Text das schrille Genre des Offenen Briefs? Außer den bereits genannten Möglichkeiten gibt es keine weitere Antwort. Ist wohl auch nicht nötig.

Was veranlasst Reich-Ranicki dazu, in seiner »Solo«-Sendung vom 4. Juni und, gleichlautend, in der F.A.Z. von 6. Juni sogleich in eigener Sache zu intervenieren, obwohl er, wie Schirrmacher noch wenige Tage bekundet, noch gar *nichts von diesen Vorgängen* weiß? Jetzt sagt und schreibt er: *Der Verdacht, seine* (Walsers) *damalige Rede sei insgeheim antisemitisch gewesen, ist durch seinen neuen, schon von vielen gelesenen, aber eigentlich noch nicht veröffentlichten Roman leider bestätigt worden.* Wie? Erst der Roman bestätigt den Verdacht gegen eine vor vier Jahren gehaltene Rede? Dann wird Uwe Wittstock zitiert, der über den fiktiven Literaturkritiker schreibt: ›*André Ehrl-König in Walsers Roman ist kein Mensch, sondern ein Monster an Korruptheit, Vulgarität, Eitelkeit und Geilheit. Der von ihm verkörperte Jude ist eine reine Haßgestalt*‹. *Das,* kommentiert Reich-Ranicki, *hat Uwe Wittstock heute in der ›Welt‹ geschrieben, und damit ist ja auch gesagt, warum wir es mit einem antisemitischen Buch zu tun haben.* Wittstocks Feststellungen über die Romanfigur sind mehr als einseitig, deshalb ist es auch die Folgerung, die Reich-Ranicki daraus zieht. Warum folgert er, wie er folgert? Schließlich: *Die Mordphantasien in diesem Roman im Zusammenhang mit der Person des jüdischen Kritikers haben meine Frau und mich tief getroffen. Wir sind in unserem langen Leben, wir sind jetzt zweiundachtzig Jahre alt, mit der Absicht, uns zu ermorden, hinreichend konfrontiert worden. Wir sind schon leidgeprüft.* So simpel es klingt und so stupend es ist: Reich-Ranicki, dem Literaturkenner, unterläuft die banale Verwechslung zwischen Fiktion und Realität. Ja, es gibt *Mordphantasien* im Buch, genau gesagt: eine. Aber sie bezieht sich nicht auf Reich-Ranicki und erst recht nicht auf seine Frau Tosia, sondern auf eine Romanfigur mit Namen *André Ehrl-König.*

Kräftig spekuliert wird auch in den vielen Artikeln, Kommentaren, Polemiken und Interviews, die zwischen dem Offenen Brief an Walser vom 28./29. Mai 2002 – erst Internet, dann Print – und dem allmählichen Versiegen des Skandals im Spätherbst 2003 erscheinen. Vierzehn engbedruckte Buchseiten wird der penible Antisemitismus-Aufdecker Matthias N. Lorenz für die in chronologischer Reihe versammelte »Pressebibliographie zu ›Tod eines Kritikers‹« benötigen. Gut vierhundert Titel listet er auf, zwei Drittel davon, Agenturmeldungen eingeschlossen, datieren vor dem 26. Juni, dem offiziellen Erstverkaufstag. Dem Erscheinen vorausgegangen sind Konflikte im Suhrkamp Verlag – das Buch überhaupt veröffentlichen oder doch besser nicht? Der Kompromiss, den man findet, lautet: Veröffentlichung – ja, aber ohne das sonst übliche Autorenfoto auf der Innenseite des Umschlags, vor allem aber ohne jeden Klappentext, damit auch ohne eine Inhaltsangabe. Wir halten uns auch im Folgenden ausschließlich an *analysierbare Texte* – an genau fünf der etwa vierhundert. Es sind, neben Schirrmachers Initialzündung, die Reaktionen von Reich-Ranicki sowie die Rezensionen von Jan Philipp Reemtsma (F.A.Z.) und Ruth Klüger (»Frankfurter Rundschau«), die beide zum Erstverkaufstag des Buchs zu lesen sind, und schließlich die Intervention von Joachim Kaiser in der »Süddeutschen Zeitung« vom 5. Juni. Zunächst aber zum Buch selbst.

Wie an der Friedenspreisrede zu erkennen, beruht auch im literarischen Leben Vieles auf dem Kausalitätsprinzip. Ein Anlass (in diesem

Fall: das »Literarische Quartett«) schafft eine Ursache (den Vorwurf des Antijüdischen), die dann zusammen mit weiteren Ursachen (Walsers Aversion gegen die linksintellektuellen Medien) eine Wirkung (wüste Paulskirchen-Wörter) zeitigt. Die Verantwortung für das je eigene Sagen und Handeln wird dadurch freilich nicht außer Kraft gesetzt. Schlicht gesagt: So ist Freiheit. Eine Kausalitätsmechanik setzt sich auch um den Roman »Tod eines Kritikers« in Gang: ein ungedrucktes Manuskript (der Anlass) wird zur Ursache einer Verdammung (Schirrmachers Artikel) und löst so (die Wirkung) einen Skandal aus. Natürlich stellt sich auch hier die Verantwortungsfrage. Bevor wir sie einkreisen, ist eine wesentliche Unterscheidung nötig. Die Friedenspreisrede und die breite Debatte über sie sind und bleiben kulturgeschichtlich ein Ereignis von gesellschaftlicher, womöglich nationaler Bedeutung. Für den Roman von 2002 und den Skandal um ihn gilt das nicht. Sie sind ein Exempel für Macht und Gegenmacht im Literaturbetrieb, allerdings ein besonders schrilles, und für das Verhältnis von Literatur und Kritik in einem speziellen Fall. Deren allgemeines Verhältnis zueinander hat Günter Grass in der Münchner Rede »Über das Sekundäre aus primärer Sicht« von 1994 aus Autorensicht definiert – als eine hierarchische Ordnung. Oben steht das Primäre, damit die Werte, womöglich Ewigkeitswerte schaffenden Künstler, unten das Sekundäre, also die bloß reproduktiven, sich Urteile und Bedeutung anmaßenden Berufsrezipienten. Anlass wie Ursache für Grass' Definition ist ein Umstand, der alles durcheinandergebracht hat: *Die permanente Selbstfeier des Sekundären bestimmt nicht nur den Zeitgeist, sie verkörpert ihn. Das Sekundäre erlaubt sich, als Original aufzutreten. Nicht das neuerschienene Buch ist Ereignis, sondern der sekundäre Reflex.* Zentrales Beispiel dafür ist Reich-Ranicki: *Der einzelne Entertainer, der sich als Quartett aufspielt.*

Auf den letzten Seiten von »Tod eines Kritikers« gibt sich eine der beiden Hauptfiguren, der Schriftsteller Hans Lach, einer enthemmten Imagination hin. Sie spielt im Jahr *2084* und imaginiert eine literarische Lage, die der Zeitgeist-Diagnose von Grass gleicht: *Dadurch wurden die Kritiker wichtiger, als sie je gewesen waren, wichtiger als die Schrei-*

*benden.* Literarisch ist die ganze Passage belang- und geschmacklos. Aber sie zeigt, worum es in »Tod eines Kritikers« vor allem anderen geht – um einen Machtkampf zwischen der primären Kunst und der sekundären Kritik aus der Perspektive des sich unterdrückt fühlenden Schriftstellers. Eine wichtige Nebenfigur im Roman, der wie »Ohne einander« in München spielt, ist ein Literaturwissenschaftler namens *Professor Silberfuchs*, genannt *Silbenfuchs,* im Walser-Ensemble zuständig für Kennerschaft und Esprit. In Sachen Kritik freilich ist auch für ihn alles eindeutig und klar: *Das Gegenteil von Kritik*, erfahren wir von ihm, *ist nicht Lob, sondern Zustimmung.* Denn: *Lob ist Anmaßung, wie Kritik Anmaßung ist, Machausübung beides. Wenn man nicht zustimmen kann, soll man den Mund halten.* Darauf also läuft die Grass-Hierarchie bei Walser hinaus.

Nur vor diesem Hintergrund jedenfalls wird André Ehrl-König, der Kritiker im Roman, verständlich. Er tritt, wie gesehen, als Willi André König bereits in »Ohne einander« (1993) auf, nimmt Anleihen bei der realen Person Marcel Reich-Ranicki, ohne Reich-Ranicki zu sein. Der Kritiker stammt aus Sachsen, hat die Haare zum Pferdeschwanz gebunden und prätendiert die jüdische Oma bloß, um unbefangen über jüdische Themen und Figuren schreiben zu können. Und er ist eine Nebenfigur, denn »Ohne einander« streift das Thema der Kritikermacht nur en passant. Dass ein Kritikerroman im Grunde seit der Reimrede des Abiturienten auf Walsers Schreibweg liegt, ist evident geworden. Im Alter von fünfundsiebzig Jahren hat er ihn mit »Tod eines Kritikers« dann geschrieben und dabei die Ähnlichkeits- und Verfremdungs-Dramaturgie seiner Erzähl-Werkstatt aufs Neue aktiviert. Am besten beschreiben lässt sie sich mit den drei klassischen Goethe-Fragen aus dem Proseminar: *Was hat sich der Autor vorgesetzt? Ist dieser Vorsatz vernünftig und verständig? Und in wiefern ist es gelungen, ihn auszuführen?*

Vorgesetzt hat sich Walser, mit der Kritik im Allgemeinen und insbesondere mit Reich-Ranicki als deren berühmtestem Repräsentanten abzurechnen – notabene literarisch, nicht via Prozess oder Ohrfeige. Dafür benötigt er eine Spielfigur, die sofort wiedererkennbar und doch erfunden ist. Neben dem Schriftsteller Hans Lach ist André Ehrl-König die zweite Hauptfigur des Romans – und Jude wie Reich-Ranicki. Aber er teilt dessen Schicksal im Holocaust eben nicht, seine französische Herkunft hat ihn offenbar vor Verfolgung bewahrt, erzählt wird darüber jedenfalls nichts. Dasselbe gilt für die Ehefrau des Kritikers – *Nancy*, genannt *die Madame* –, die mit der realen Teofila Reich-Ranicki außer dem Umstand, dass sie Kette raucht, nicht das Geringste zu tun hat. Mit Reich-Ranicki teilt Ehrl-König, dass ihm das Jüdische im Religiösen nichts bedeutet und im beruflichen wie privaten Alltag gleichgültig ist. Aber: Reich-Ranicki hat die kulturelle Bedeutung und die geschichtliche Rolle des deutschen Judentums in einem seiner wichtigsten Bücher geschildert und analysiert: In der Porträtsammlung »Über Ruhestörer. Juden in der deutschen Literatur« (1989). Ehrl-König hingegen schreibt überhaupt keine Bücher – ihm genügt seine Fernsehsendung, *SPRECHSTUNDE* betitelt und im Roman stets in Versalien geschrieben. Deren Struktur und typischen Verlauf schildert Professor Silberfuchs in einer längeren Passage: Kaum etwas, das dem »Literarischen Quartett« ähnelt. Allerdings ist das reale »Quartett« viel besser, auch diskutabler gewesen als die fiktive SPRECHSTUNDE, die schlicht Klamauk ist. Ausführlich verweilt Silberfuchs bei einigen Eigentümlichkeiten von Ehrl-Königs Sprache: Literatur ist für ihn *Literatür*, der Kritiker ein *Keritiker*, der Autor ein *Schschscheriftstellerrrr*. Just diese Sprach- und Sprechspezifika aber sorgen, nicht anders als bei Reich-Ranicki, für Ehrl-Königs enorme Popularität, vor allem ihrer *leichten Imitierbarkeit* wegen. In Goethes Sinn vorgesetzt hat sich Walser also eine Kritikerfigur, die zwischen realem Vorbild und fiktiver Eigenart hin- und herflirrt: so verfremdet wie verwandt. Der Vorsatz geht auf.

Ist er auch *vernünftig und verständig*? Auch hier: ja, genauer: fürs Erste. Walser rückt den Kritiker ins Zentrum einer Gesellschaftssatire über Münchens Literaturschickeria. Dafür benötigt er übrigens jene *Villa für Milieustudien*, von der in der »Bunten« die Rede ist. Im Roman gehört sie dem Verleger *Ludwig Pilgrim*. Nach jeder *SPRECHSTUNDE* gibt es dort einen rauschenden Empfang für Ehrl-König und dessen Gefolge. Nun der Eklat, in Szene gesetzt von Hans Lach. Sein neuestes Buch, es heißt *Mädchen ohne Zehennägel*, ist gerade im Fernsehen durchgefallen: *schon der Titel, ach*, sagt Ehrl-König dazu (man kann ihm nicht widersprechen) und im Fortgang über Lach: *Erzählen, das kann er nicht, das kann er ums Verrecken nicht.* Anders als im realen Leben, also im »Literarischen Quartett« über »Ein springender Brunnen«, ist das Verdikt im Kritikerroman nicht unplausibel. Denn die beiden Abschnitte, die Lach auf Pilgrims Party unerbeten zum Besten gibt, sind kaum dazu angetan, an dessen Talent zu glauben. Hat der erste, eine Art Impromptu über einen *Wurm* auf einem *Tennisplatz*, noch einen gewissen Reiz, zeigt der zweite, der postcoitale Monolog einer Frau über die Manneskraft, nur allzu deutlich Walsers gelegentliche Neigung, bei Sexszenen ins Peinliche abzuschweifen.

Lach, völlig besoffen, wird von Pilgrims Bodyguards an die Luft gesetzt, kann zuvor gegen Ehrl-König aber noch die Drohung ausstoßen: *Ab heute nacht Null Uhr wird zurückgeschlagen.* Da sämtliche Gäste der Bezug zu Hitlers Reichstagsrede beim Überfall auf Polen schockiert, löst Lachs Invektive *mehr als Befremden, eigentlich schon Bestürzung und Abscheu* aus, zumal *allgemein bekannt* ist, *daß André Ehrl-König zu seinen Vorfahren auch Juden zähle, darunter auch Opfer des Holocaust.* Kurz nach Lachs Rauswurf verlässt auch der Kritiker die Party – und bleibt fortan verschwunden. Auf dem Kühler seines *Jaguars* findet man seinen *gelben Cashmere-Pullover*, blutverschmiert. Hans Lach wird unter Mordverdacht festgenommen. Gegen ihn, der zunächst schweigt, dann gesteht, dann das Geständnis widerruft, sprechen mehrere Indizien, ganz besonders freilich eine Stelle aus seinem früheren Buch *Der Wunsch, Verbrecher zu sein*, die nun leitmotivisch repetiert wird: *Eine Figur, deren Tod man für vollkommen gerechtfertigt hält, das wäre Realismus.* Mal wieder: einer von Walsers Konjunktiven. Dieses Mal dient er einer Mordphantasie – oder ist es doch keine?

Als Medien- und Gesellschaftssatire ungemütlich, dabei amüsant ist »Tod eines Kritikers«, wenn die Suche nach Lachs Schuld oder Unschuld zu einigen Zeugen der Verlegerparty, zu einstigen Freunden und neuen Feinden von Ehrl-König führt. Auf den Schöngeist

Silberfuchs folgt der *Philosophieprofessor Wesendonck*, der es mit dem Zeitgeist hält, also *ganz und gar aktuell tendierend* ist. Der *Kriminalhauptkommissar Wedekind* weiß, dass erst ein Geständnis den Täter von den inneren Qualen erlöst. Wie Lach selbst ist auch *Bernt Streiff* ein Schriftsteller, der nicht in Ehrl-Königs Gunst steht, wie Lach aber nicht müde wird, um dessen Aufmerksamkeit zu buhlen. Beide schwärmen wiederholt von der *Gesprächszärtlichkeit* und der *Existenz-Geschmeidigkeit* des Kritikers, die so gar nicht zu diesem *Machtmenschen* passten – ganz im Gegensatz zu *Herabsetzungslust* und *Verneinungskraft*, von denen wiederum nicht sie selbst sprechen, sondern ein Psychiatriepatient irre daherredet. Besondere Aufmerksamkeit wird *Rainer Heiner Henkel* zuteil, einem Gelehrten mit feudalem Landsitz, der als Ehrl-Königs graue Eminenz gilt, nächtelang mit ihm telefoniert, ihm Stichworte und Sentenzen für die Fernsehauftritte liefert, zugleich aber in der Szene die wildesten Gerüchte über ihn verbreitet und seit Neuestem mit ihm verfeindet ist. Die Verlegersgattin *Julia Pelz-Pilgrim*, übersinnlichen Praktiken zugetan, hält Hof und wirkt ihrer Schönheit wegen so unwiderstehlich wie unnahbar. Beobachtet, besucht und geschildert werden all diese Leute von *Michael Landolf*, einem Nachbarn und Freund von Lach, der als Einziger an dessen Unschuld glaubt und sie gegen alle Indizien auch zu beweisen sucht. Beruflich ist Landolfs Status vage, eine Stellung hat er so wenig wie Geldsorgen, er selbst sieht sich als Spezialist für *Mystik, Kabbala, Alchemie.*

Die ganze Gesellschaft ist auf eine komische Weise lächerlich, jeder und jede für sich aber immer auch ein bisschen liebenswert, alle besitzen, wie Ehrl-König zu Reich-Ranicki, partielle Ähnlichkeiten mit realen Personen (Joachim Kaiser, Dieter Borchmeyer, Jürgen Habermas, Walter Jens, Ulla Berkéwicz-Unseld), sind und bleiben aber nicht minder fiktiv als der Kritiker selbst. In den Schriftstellern Lach und Streiff sowie im Erzähler Landolf kann man, so man will, ein dreifaches und keineswegs vorteilhaftes Selbstporträt des Autors Walser erkennen. Natürlich erinnert man sich an Walsers Tagebucheintrag nach Reich-Ranickis Hymne auf das »Fliehende Pferd«, man lese einen Verriss langsamer und gründlicher als ein Lob, wenn die Romanfigur Bernt

Streiff zu Protokoll gibt: *Als Autor liest man einen Verriß doppelt so langsam wie ein Lob.* Wir haben es jedenfalls mit einer Versammlung von Charakteren zu tun, die als Karikaturen ihrer selbst das leuchtende München bevölkern. Für eine Gesellschaftssatire keine schlechte Bilanz. Und als Mediensatire auch schon die ahnungsvolle Antizipation dessen, was alsbald auf Walser und den Roman zukommen wird: *Das Thema war jetzt, daß Hans Lach einen Juden getötet hatte.*

Vorsatz erst gefasst, dann verständig und nicht ohne Witz entfaltet. Ihn vollends auszuführen, gelingt nicht. Knapp jenseits der Mitte des 220-Seiten-Romans wird Hans Lach der Psychiatrie überstellt. In der Klinik freundet er sich sofort mit einem anderen Patienten an, einem Pseudo-Schriftsteller namens *Mani Mani*, der von fern an den verkannten Dichter und Selbstmörder Berthold Klaff aus »Ehen in Philippsburg« erinnert. Wie Klaff im Debüt von 1957, muss Mani Mani nun im Kritikerroman die einzig reine Seele unter lauter korrumpierten, ihrerseits lädierten, immerhin aber noch tüchtig bis gebrochen funktionierenden Figuren verkörpern. Stundenlang und im Wechsel mit Lach bespricht er Tonbänder, die der Besucher Landolf mitnimmt, abschreibt und über viele, viele Seiten hinweg wiedergibt. Für ein verrücktes Sprechen sind sie zu normal, für ein normales zu kraus und unverständlich, kurzum: eine Qual.

Als der totgeglaubte Kritiker nach klandestinen Liebesfreuden frisch und munter wieder in die Betriebsamkeit zurückkehrt, der Verleger Pilgrim stirbt, Lach mit dessen nun nahbarer Witwe nach Fuerteventura aufbricht, dort seine düstere Vision über die Zukunft von Literatur und Kritik verfasst, um schließlich verlassen und vereinsamt in der oberbayerischen Provinz zu landen – als und damit all dies geschieht, muss Walser Handlungs- wie Figurenlogik deutlich überdehnen. Zudem kann sich der Erzähler des Buchs, der nun, wenig glaubhaft, plötzlich auch noch Landolf und Lach in Personalunion sein soll, nicht daran genugtun, Ehrl-Königs tatsächliche wie kolportierte Sex-Präferenzen bis zum Fern- und Fremdschämen des Lesers auszubreiten und mitzuteilen. Ist »Ohne einander« ein evidentes Endspiel der Beziehungslosigkeit, bleibt »Tod eines Kritikers« eine Satire, die in mancherlei Geschmacklosigkeiten und in Hans Lachs selbstmitleidigem Exil etwas zu versanden droht.

Schirrmachers Offenen Brief an Walser vom 28./29. Mai 2002 rechtfertigen freilich weder Stärken noch Schwächen des Romans. Hier sagt sich – mögliche literaturferne Motive beiseitegelassen – ein Medienmächtiger auf radikalstmögliche Weise von einem Autor los, also mittels des Antisemitismus-Vorwurfs. Lossagung eins: *Ihr Roman ist eine Exekution. Eine Abrechnung – lassen wir das Versteckspiel mit den fiktiven Namen gleich von Anfang an beiseite! – mit Marcel Reich-Ranicki.* Lossagung zwei: *Ich aber halte Ihr Buch für ein Dokument des Hasses.* Lossagung drei: *Es geht um den Mord an einem Juden.* Lossagung vier: *Die ›Herabsetzungslust‹, die ›Verneinungskraft‹, das Repertoire antisemitischer Klischees ist leider unübersehbar.* Lossagung fünf: *Mord, Mordkommission, das alles spielt hier immer mit der Erinnerung an den Massenmord der Nazis. Doch der Kritiker ist nicht tot. Seine Frau … sagt es, ein Champagnerglas in der Hand: ›Umgebracht zu werden paßt doch nicht zu André Ehrl-König‹ … Auf dem Hintergrund der Tatsache, daß Marcel Reich-Ranicki der einzige Überlebende seiner Familie ist, halte ich den Satz, der das Getötetwerden oder Überleben zu einer Charaktereigenschaft macht, für ungeheuerlich.* Lossagung sechs: *Sie, lieber Herr Walser, haben oft genug gesagt, Sie wollten sich befreit fühlen. Ich glaube heute: Ihre Freiheit ist unsere Niederlage.* Was in Schirrmachers Text durchweg geschieht, ist jenseits des Verzichts auf die Differenz von Fiktion und Realität etwas methodisch noch weit Schwerwiegenderes: das Ersetzen von Akzidentiellem, also beiläufig Dazugehörendem, durch Substanz, also durch wesenshaft Notwendiges. Walsers Buch ist ein Kritiker- und ein Anti-Kritiker-, ein Kritik- und ein Anti-Kritik-Roman. Dass der Kritiker Jude ist, ist ein Zusatz, ein Akzidens, das dem Ähnlichkeitsspiel des Autors mit der Realität entspricht. In Schirrmachers sechsfacher Lossagung ist Walsers Buch ein antijüdischer Roman mit antisemitischen Klischees, in dem der Jude eben beiläufig auch ein Kritiker ist.

An der F.A.Z.-Rezension des Buchs von Jan Philipp Reemtsma am 27. Juni, vier Wochen nach Schirrmachers Verdammung, ist manches erstaunlich. Dass der Rezensent in seinem Eifer, den im Titel wie im Text behaupteten *antisemitischen Affektsturm* mit Zitaten zu belegen, die Nase von Hans Lach mit jener von André Ehrl-König verwechselt – Joachim Güntner weist am 3. Juli in der »Neuen Zürcher Zeitung« als Erster darauf hin –, ist einerseits Pech, andererseits Symptom: Walsers Buch hat sich Reemtsmas Deutung zu fügen. Mit gut 650 Druckzeilen ist seine Besprechung anderthalb Mal so lang wie Reich-Ranickis beide Hymnen auf »Ein fliehendes Pferd« zusammen und nur unwesentlich kürzer als Schirrmachers Laudatio zum Friedenspreis: Zeitungsüblich eigentlich ein Hinweis, dass es sich bei »Tod eines Kritikers« um einen absolut herausragenden Roman handeln muss. Das scheint zunächst auch der Fall zu sein: Ehrl-König wird immerhin zu Naphta, dem nietzscheanischen Revolutionär aus Thomas Manns Jahrhundertwerk »Der Zauberberg«, in Beziehung gesetzt. Umgehend freilich stellt sich heraus, dass Ehrl-König eben *nicht aus der ästhetischen Stimmigkeit der Komposition* Thomas Mann'scher Prägung hervortritt, sondern bloß der *stupenden Schmierigkeit der Walserschen Phantasien* entspricht. Mitte der 1990er Jahre hat Reemtsma ein überaus vitales, dem Thema entsprechend auch raues Buch »Über den Stil des Boxers Muhammad Ali« geschrieben, seit 1983 ist er alleiniger Vorstand der von ihm gegründeten und finanzierten »Arno Schmidt Stiftung«, hütet also das Werk seines Lieblingssautors, bei dem es fast immer wild und ungebärdig, sittenfern und äußerst deftig zugeht. Bei der Walser-Rezension herrschen allerdings bloß rigide Hypermoral und außerliterarische Empörung: Kein ein einziges Mal fällt der Begriff Satire, von Komödie ganz zu schweigen, das Wort *karikaturhaft* kommt zwar vor, aber nur in Verbindung mit *verzerrt*.

Für Reich-Ranicki halten die Wochen des Walser-Skandals, der ein Schirrmacher-Skandal ist, lauter Siegessymbole bereit. Am 10. Juli wird ihm ein Ehrendoktorat zuteil – keineswegs zufällig in München, dem Handlungsort des Kritiker-Romans. Einen Monat zuvor, am 9. Juni, gibt der Rektor der Ludwig-Maximilians-Universität bekannt, man wolle damit *ein Zeichen setzen* (F.A.Z., 10.6.). In seiner Rede vor mehr als tausend Gästen – abgedruckt in der F.A.Z. vom 12. Juli – nennt der

Geehrte Walser partout nicht beim Namen, tituliert ihn dafür mehrfach als *Autor vom Bodensee*. Mit Bedacht wählt er *große Worte*, wenn er angesichts des Romans von *Verachtung* spricht – und tatsächlich von *Angst*. Zwölf Jahre zuvor, im Januar 1990, hat er in der »Frankfurter Anthologie« ein munteres Scherzo auf Goethes Gedicht »Rezensent« publiziert und dessen Schlusszeile – *Schlagt ihn tot den Hund! Es ist ein Rezensent* – als Teil eines Gleichnisses bezeichnet, *das hinten und vorne nicht stimmt*. Nun, in München, variiert er den Vers und deutet ihn als vermeintlich wahre Walser-Botschaft: *Schlagt ihn tot, den Hund! Es ist ein Jude*. Es ist die schiefste, absolut indiskutable Gleichsetzung seines Kritikerlebens. Am 26. Juli, gerade ist die spanische Übersetzung von »Mein Leben« erschienen, ehrt ihn der peruanische Weltautor Mario Vargas Llosa mit einem Essay, der parallel in »El País«, Spaniens bedeutendster Tageszeitung, und der F.A.Z. veröffentlicht wird. Und am 28. August erhält er, naturgemäß in der Paulskirche, den Goethepreis der Stadt Frankfurt am Main und ist äußert gerührt: *Dies ist der Höhepunkt meines Lebens. Ein helleres, strahlenderes Licht kann auf mein Dasein nicht mehr fallen* – von *Angst* keine Rede mehr. Selbstverständlich sind all diese Ehrungen angesichts des Lebenswerks verdient. Als Symbolhäufungen durch das bürgerlich-kleinbürgerliche Establishment wirken sie im Sommer 2002 freilich auch reichlich wohlfeil, mehr noch: auf pharisäerhafte Weise philosemitisch.

Auch Ruth Klüger sagt sich von Walser los, auch sie in einem Offenen Brief, erstmals gedruckt in der »Frankfurter Rundschau«. *Als eine Jüdin, die sich mit deutscher Literatur befaßt ..., fühle ich mich auch von Deiner Darstellung eines Kritikers als jüdisches Scheusal betroffen, gekränkt, beleidigt*. In der Folge fällt dann das Wort von den *analysierbaren Texten*. Besonders eine Stelle dient Klüger dazu, die Lebensfreundschaft mit Walser aufzukündigen – und diese Stelle liest sie falsch. Wie lautet sie im Roman, dargeboten vom Halberzähler Landolf? *Besiegt zu sein, das ist ein Zustand, der von keinem Argument berührt und gemildert werden kann. Das erlebe ich an Hans Lach. Du kannst andere beschuldigen, aber du weißt: du allein bist die Ursache deiner Niederlage. Siehe doch Deutschland*. Das heißt ganz einfach: Der Grund für

Lachs Niederlage ist er selbst, der Grund für Deutschlands Niederlage ist Deutschland selbst, jenes zwischen 1933 und 1945. Allenfalls streiten lässt sich darüber, ob Lachs Lage durch die Engführung nicht auf ein wirkliches Wahnsinnsmaß aufgebauscht wird. Ansonsten aber beschreibt die Stelle Lachs subjektive Empfindung einerseits, andererseits die objektive deutsche Realität. Nichts sonst.

Klüger macht daraus: *Also nicht nur von Schriftstellern und Kritikern schreibst Du, sondern stellvertretend ist auch das Vaterland, das einstens besiegte, das sich immer noch schämt, miteinbezogen, mitgedacht. Du hast, nicht zum ersten Mal, ein Deutschlandbuch geschrieben. Und da soll es keine Rolle spielen, wenn ein ... vom Ungeist beseelter Kritiker ein Jude ist?* Was immer »Tod eines Kritikers« sein mag: Ein Deutschlandbuch ist der Roman nicht. Was immer Hans Lach sein mag: eine Stellvertreterfigur ist er zuallerletzt, nicht für München, nicht für ein Land. Und nein: Es spielt eben keine sonderliche Rolle, dass der Kritiker ein Jude ist – das Jüdische an ihm ist, wie gesagt, akzidentiell. Nun könnte man sagen, es handle sich schlicht um eine Überinterpretation in Klügers Text. Allein, die Stelle ist ihr derart wichtig, dass sie *Siehe doch Deutschland* programmatisch sowohl in der »Frankfurter Rundschau« als auch in sämtlichen Nachdrucken ihres Artikels zur Überschrift macht. Und eben zum Grund des endgültigen Bruchs. *Zwei unvereinbare Landschaften*: So heißt es in »weiter leben« am Ende des Kapitels über den fahneschwingenden Jungen.

Natürlich spiegeln die zuletzt referierten und zitierten Reaktionen nicht das ganze Bild wider. Eingangs des Kapitels ist auf kontrastierende Positionen hingewiesen worden. Eine Woche nach Schirrmachers Skandalisierung versucht Joachim Kaiser in der »Süddeutschen« allein durch den jovialen Ton seines Artikels (»Walsers Skandalon« vom 5. Juni) die Wogen ein wenig zu glätten. Er spricht von den *Ehe-Zwistigkeiten älterer Paare*, nennt Walser wie Reich-Ranicki seinen *Duz-Freund*, beide gleichermaßen *mit dem Talent zu raumgreifender Tirade gesegnet.* Er fragt seine Leser und sich selbst im *Hinblick auf die Riesen-Entrüstung: Ja, sind die denn alle verrückt?* Schirrmacher hat seinen Regelbruch inzwischen gerechtfertigt: *Elementare Anstandsregeln, sagt er, sind durch das Buch verletzt worden.* Kaiser kontert knapp und trocken: *Auf diese Weise reagieren Herrschende oft.* Die *Riesen-Entrüstung* aber lässt sich noch eine ganze Weile lang nicht eindämmen und schon gar nicht beenden. Und wie üblich in solchen Fällen: scandal sells. Kaum publiziert, rangiert »Tod eines Kritikers« ganz oben auf der, so Walser, *Commerzliste.*

Natürlich setzt sich der Autor seinerseits zur Wehr, gibt Stellungnahmen ab, reiht Interview an Interview. Zwei davon hat er in den Gesprächsband der Gesamtausgabe von 2017 aufgenommen – als bisher einziger der fünfundzwanzig Bände ist er auch als Taschenbuch erhältlich. Das erste, erschienen im »Neuen Deutschland« vom 24. August 2002, trägt die Botschaft bereits im Titel: »Man darf sich nichts gefallen lassen. Punkt.« Das zweite ziert die Weihnachtsnummer des Magazins »Stern« und beginnt weniger mit einer Frage, eher mit einer Feststellung: *Herr Walser, es war doch ein Drecksjahr für Sie.* Antwort: *Nein, nicht ein Drecksjahr. Überhaupt Dreck. Von all meinen Jahren war es das grellste. Was habe ich getan? Ununterbrochen habe ich mich gerechtfertigt wie ein Angeklagter. Wie ein Verurteilter.* Nächste Feststellung als Pseudofrage: *Tausende von Seiten erschienen über Sie allein in der überregionalen Presse – ich hab's nachgewogen: insgesamt 3,4 Kilogramm.* Antwort: *Na und? Und wenn es so gewesen ist, soll ich danke schön sagen?* Im Gegensatz zur Friedenpreisrede hat Walser den Roman »Tod eines Kritikers« nie einer Revision unterzogen. 2008 sagt er: *Ich bin sehr froh, dass ich das gemacht habe. Seitdem ist mir wohler.* Aber er weiß schon vier Jahre zuvor: *Trotz aller Leser und Kritiker, die bezeugen, beweisen, dass die Angriffe ungerechtfertigt waren, bleibt an dir etwas hängen. In manche Sprachen werde ich nicht mehr übersetzt.* Wie wir eingangs gesehen haben: Für die Encyclopædia Britannica existiert er nicht einmal. Dies, in der Tat, ist eine Schande. 2010 sagt Walser im »Spiegel« – es sei ganz zitiert:

*Der Vorwurf, in einem Roman antisemitisch geschrieben zu haben, ist der härteste Vorwurf überhaupt. Das kann sich jemand, dem dieser Vorwurf noch nicht gemacht worden ist, überhaupt nicht vorstellen. Auch die, die einem diesen Vorwurf machen, haben keine, keine, keine*

*Ahnung, wie dieser Vorwurf weh tut. Sonst würden sie diesen Vorwurf nicht machen. Also, das war dann der wirkliche Tief- und Schmerzpunkt meiner sogenannten Laufbahn. Ich konnte nur noch denken: Kennen die denn nicht, was ich geschrieben habe über Kafka, Proust, Rudolf Borchardt und andere, meine Aufsätze zum Thema Auschwitz, mein Stück ›Der schwarze Schwan‹? Nein, sie kennen es nicht und beschuldigen drauflos, weil das der Zeitgeist gerade so will.*

# Achtes Kapitel

*Das Erzählwerk des achten und neunten Lebensjahrzehnts.*
*Zehn Romane passieren Revue.*
*Die Kritiker kommen aufs Spielfeld.*
*Der Literaturbetrieb wird besichtigt.*
*Walser beschleunigt bergauf.*
*Ein stupender Rhythmus und die Sehnsucht nach dem Schönem.*
*Alles läuft auf ein Manifest des Romantischen hinaus.*

Zu Weihnachten oder zu Silvester stellen die Feuilleton-Redaktionen der Zeitungen Schriftstellern, Künstlern und Intellektuellen gern die Frage: *Was war Ihr Buch des Jahres?* So aufs Neue auch die »Süddeutsche« am 19. Dezember 2012. Liest man solche Umfragen mit einigem zeitlichen Abstand wieder, stellt man einerseits die Valenz von Momentaufnahmen fest, andererseits erhält man einen weiteren Beleg für die Präsenz-Ewigkeit von Literatur. Auch wenn nicht wenige Bücher, die am Jahresende 2012 genannt werden, inzwischen vergessen sind, bleibt die Resonanz, die sie bei ihrem Erscheinen erfahren, als Echo in den Schatzkammern der Zeitungsarchive erhalten. Das digital gespeicherte Gewesene und dessen zunehmend leichtere Zugänglichkeit erhöhen den präsentischen Bestand so fortlaufend wie emphatisch. Präsenz-Ewigkeit findet als Gegenwartsvermehrung statt. Diesen Aspekt hat Marcel Reich-Ranicki, der personifizierte Gegensatz eines Digitalpioniers, einmal mit Blick auf große Dichter wie Shakespeare, Brecht, Strindberg oder Gogol und große Komponisten wie Mozart und Schubert formuliert. Jeder von ihnen, schreibt er, habe sich zunächst durchaus nicht dafür interessiert, wie man mit Kunst *die Welt verändert*, sondern primär dafür gesorgt, der bereits *vorhandenen Welt* das eigene *Werk hinzuzufügen*.

Fünfundvierzig Autoren, Artisten und Gelehrte nehmen 2012 an der SZ-Umfrage teil. Benannt werden etwas mehr als sechzig

Bücher – manche Teilnehmer beschränken sich eben nicht auf ein Lieblingsbuch. Die allermeisten Voten spiegeln die fachnahen Präferenzen der Votierenden wieder. Wenn also der Historiker Fritz Stern (1924 bis 2016) Gunter Hofmanns »Willy Brandt und Helmut Schmidt. Geschichte einer schwierigen Freundschaft« präferiert oder der Soziologe Heinz Bude das »Kleine Konzilskompendium. Sämtliche Texte des Zweiten Vatikanischen Konzils«, wird offenkundig, dass sich ihre Spezialinteressen auch in die privaten Lektüre hinein verlängern. Dass nur ganz wenige Bücher zwei-, gar dreimal genannt werden, spricht für die hochgradige Individualität und Subjektivität der Umfrage-Teilnehmer. Auch das ist typisch – und zeugt davon, dass »Kanon«-Hierarchisierungen immer bedeutungsloser werden. Wenn 2012 der Manager-Roman »Johan Holtrop« von Rainald Goetz dennoch gleich vierfach zum *Buch des Jahres* gekürt wird, kann man darauf schließen, dass der Autor mit Thema wie Form einen Zeitnerv getroffen hat. Mit Holtrop, dem größenwahnwitzigen Macher, assoziiert Goetz an der Oberfläche den einstigen Bertelsmann- und Karstadtchef Thomas Middelhoff, mit dieser Figur aber zugleich den Typus des Moments, der sofort in den Ewigkeitsbestand des Menschenmöglichen ein- und übergeht.

Und Martin Walser? Sein 2012 erschienener Roman »Das dreizehnte Kapitel« wird nur einmal genannt. Das Votum, das die Schriftstellerin Eva Menasse für das Buch ihres nahezu zwei Generationen älteren Kollegen abgibt, belegt, dass so altmodische Dinge wie Traditionsbewusstsein und lebenslange Autorentreue nach wie vor Relevanz besitzen. *Mit den alten Lieben ist das so eine Sache,* beginnt Menasse ihre Miniatur. Sie unterscheidet zwischen Autoren, die sie zu den *Jugendsünden* eines Leselebens rechnet, und jenen, *von denen man jedes Buch verschlingt.* Natürlich gibt es auch gefallene Lieblinge, die *mit ihren frühen Büchern ein Versprechen gaben*, das von den folgenden nicht eingelöst wird. Mit Martin Walser, gesteht sie, sei es bei ihr noch einmal anders, sei er *jenseits aller Kategorien* doch stets ihr Autor gewesen. *Als ich mit sechzehn ›Ein fliehendes Pferd‹ las, bebte die Erde, jedenfalls in meinem Kopf. In den vielen Jahren seitdem war ich oft begeistert, sel-*

*ten gelangweilt und einmal empört.* Über dieses eine Mal lässt sie sich nicht aus, kann sein, dass es sich, Stichwort: linksliberaler Zeitgeist, um »Tod eines Kritikers« (2002) handelt. Jetzt jedenfalls »Das dreizehnte Kapitel«, ein schmaler Roman, auf den wir noch zurückkommen. Eva Menasse zügelt ihre Begeisterung nicht. *Aber dass Walser*, schreibt sie, *mit 85 Jahren und auf dem Autorenfoto stenzhafter zurechtgemacht als je zuvor, immer noch, und offenbar mit links, Bücher hinlegt wie ›Das dreizehnte Kapitel‹ (Rowohlt, 2012), das kann einen schon umhauen. So witzig und federleicht ist das, unerbittlich selbstkritisch, eigensinnig und verrückt, aber vor allem so unverwechselbar walserianisch geschrieben, knusprig, funkelnd und wach. Unter tausend fremden Sätzen könnte man den einen Walser-Satz erkennen, bilde ich mir glücklich ein.* Ewigkeits-Präsenz als Aktualfreude.

Zwischen dem siebzigsten und dem fünfundachtzigsten Geburtstag ist Walsers schriftstellerische Produktivität enorm geblieben. Auch danach lässt sie nicht nach. »Siebzig verweht«, der geniale wie kokette Titel von Ernst Jüngers späten Tagebüchern, ist kein Motto für Walsers Hochleistungs-Manufaktur. *Bergauf beschleunigen*, die Devise einer der späteren Romanfiguren, trifft es besser. Wie es ja stets aufs Neue verblüffend ist, dass Walser aus der Werkstatt-Devise *Meine Muse heißt Mangel* eine nun mehr als siebzigjährige, dabei schreibkrisenresistente Hochkonjunkturphase zu erwirtschaften versteht. Wechselnden Konjunkturen unterworfen sind allerdings die Wertschätzung seines Schreibens wie seiner Person, seine Wirkung wie sein Bild in der Öffentlichkeit. Für ihn jedoch geht es – Skandal hin, Triumph her – nach 1997 einfach weiter, dabei stets mit demselben Außeneffekt: *Wann immer ein neues Buch von ihm erscheint, richtet sich das Magnetfeld des Literaturbetriebes nach ihm aus,* resümiert »Die Welt« zu Weihnachten 2004 und fügt hinzu: *Auch die ihn schmähen, hängen Walser an den Lippen. Kein Jüngerer macht ihm das nach.* Neben mehreren Bänden mit neuen Essays, zwei weiteren aphoristischen Land- und Seelenvermessungen (»Meßmers Reisen« von 2003 und »Meßmers Momente« von 2013) kümmert sich der Autor nun auch um sein Vermächtnis, etwa mit der Anthologie »Ewig aktuell« (2018), die seine Texte zur Zeitgeschichte bündelt und einen für Walsers

Verhältnisse erstaunlich pathetischen Titel bekommt, vor allem jedoch mit der Sammlung »Unser Auschwitz« von 2015, die er im Untertitel nun »Auseinandersetzung mit der deutschen Schuld« nennt – und mit dem Schuldbegriff eben auch jenes Bekenntnis zur Verantwortung ausdrückt, das die Paulskirchenformel von *unserer Schande* für viele vermissen lässt. Den Werkkern nach dem siebzigsten Geburtstag bilden zwölf Romane. Etwas willkürlich mutet die Gattungsbezeichnung lediglich bei den beiden bisher jüngsten an, bei »Statt etwas oder Der letzte Rank« von 2017 und »Gar alles oder Briefe an eine unbekannte Geliebte« aus dem Jahr danach. Beide Bücher sind Ich-Monologe ohne äußere Handlung. Sie Romane zu nennen ist ein voluntaristischer Akt des Autors, der kurz nach der Veröffentlichung des »letzten Ranks« – das altertümliche Wort für »Wendung« oder »Drehung« – dann neunzig Jahre alt wird. Ganz unsinnig also, mit der Genrewahl zu rechten, zumal sie das monologisierende Ich gegen Ende von »Gar alles« beiläufig selbst reflektiert: *Ich übergebe alles dem Papier. Und nenne es dann eben Roman.* Bedeutsamer als jedes Etikett ist die Struktur des späteren Erzählwerks.

Nach »Ein springender Brunnen«, im Werkganzen der Solitär schlechthin, kehrt Walser als Erzähler nicht mehr in die Zeit des Nationalsozialismus zurück. Er greift auch nicht mit großem Plan hinaus ins Großeganze, verweigert also den umfassenden deutschen Gegenwartsroman als Anspruchs-Pendant zur *Great American Novel.* Das Klein- und Mittelteilige, Überschaubare, Fast-Fragmentarische, dabei und deshalb Nie-Endende passt auch weit besser ins Bild des Romantikers Walser. Mit einer Ausnahme, dem Goetheroman »Ein liebender Mann« von 2008, verbleibt die erzählte Zeit nun auch wieder in der unmittelbaren Gegenwart. Serielle Helden wie Anselm Kristlein oder Helmut Halm gibt es nicht mehr. Nach 1997 hat jede Hauptfigur nur noch einen einzigen Auftritt, wobei Gottlieb Zürn, der Held des »Schwanenhauses« von 1980 und der »Jagd« von 1988, in der Siebzig-Bergauf-Epoche für ein Buch noch einmal aktiviert wird. Acht der zwölf Erzählbücher lassen sich als Liebesromane bezeichnen, in sieben haben die Hauptfiguren jeweils Geliebte, die entschieden jünger sind als sie selbst.

Der erste von ihnen ist »Der Lebenslauf der Liebe« von 2001, zugleich der erste und einzige in Walsers gesamtem Œuvre, in dem die Hauptfigur weiblich ist. Sie heißt Susi Gern und ist Jahrgang 1931, ihr Geliebter und späterer Ehemann, der marokkanische Student Khalil, achtunddreißig Jahre jünger. *Zirka vierzig Jahre* jünger als der privatgelehrte Ruheständler Gottlieb Zürn ist Beate Gutbrod, Doktorandin der Philosophie an der Universität von North Carolina. Zwischen den beiden funkt es im Roman »Der Augenblick der Liebe« von 2004 auf der Terrasse des Zürn'schen Domizils, während Anna, Gottliebs Ehefrau, die kommenden Konvulsionen schon ahnend, erst stoisch Kaffee mit Calvados trinkt und dann zu einem Immobilientermin aufbricht. Karl von Kahn, Finanzdienstleister in München, ist *Anfang siebzig*, als er in »Angstblüte« (2006) auf die *dreiunddreißig* Jahre alte Schauspielerin Joni Jetter trifft. Als Johann Wolfgang von Goethe und Ulrike von Levetzow am 11. Juli 1823 in Walsers »Ein liebender Mann« erste Blicke wechseln, ist er gerade noch dreiundsiebzig, sie gerade erst neunzehn. Bereits *29 Jahre* mit Dr. Gerda, einer Psychologin, verheiratet ist der Theaterregisseur Augustus Baum in »Die Inszenierung« (2013), im Jahr ihrer Hochzeit geboren wurde die Nachtschwester Ute-Marie, mit der der rekonvaleszierende Baum nun eine Affäre hat. Vergleichsweise gering mutet in »Ein sterbender Mann« (2016) der Altersunterschied zwischen dem zweiundsiebzigjährigen Erfinder und Ratgeberautor Theo Schadt und der ungefähr fünfzigjährigen Tangofanatikerin Sina Baldauf an. In »Gar alles oder Briefe an eine unbekannte Geliebte« werden konkrete Altersangaben vermieden, klar aber ist, dass der vor sich hin schreibende Oberregierungsrat Justus Mall längst pensioniert ist, die amerikanische Biologin Silke, von der er nicht loskommt, aber ebenso seine Tochter sein könnte wie jene ominöse *unbekannte Geliebte*, an die er seine Monologe richtet.

Polyamouröse Verhältnisse, wie gehabt. In den neuen Walser-Konstellationen aber nicht unumstritten, weil gesellschafts- wie genderpolitisch inzwischen offenbar inkorrekt. Dass es sich jenseits von Susi Gern um ältere und, sieht man vom verwitweten Goethe ab, auch verheiratete Männer handelt, an deren Liebesemphasen wir teilnehmen, ist denn auch nicht unwidersprochen geblieben – der Sugar-Daddy-Verdacht und das Lolita-Syndrom liegen (zu) nah. *Das ist eine ganz ekelhafte Altmännerliteratur, die wir da jetzt haben,* ereifert sich im Mai 2007 die Unterhaltungsautorin und Fernsehmoderatorin Elke Heidenreich in einem Interview mit der Zeitschrift »Cicero«. Sie lässt keinen Zweifel daran, wen sie meint: *Grass, Walser – diese eitlen, alten Männer, die den Mund nicht halten können!* Einen Monat später schlagen die beiden dergestalt Attackierten zurück. Das gemeinsame Gespräch, das sie Mitte Juni mit zwei Redakteuren der »Zeit« führen, ist keineswegs wegen Heidenreichs Polemik verabredet worden. Anlass ist vielmehr eine Art Lebens- und Werkresümee kurz nach Walsers und kurz vor Grass' achtzigstem Geburtstag. Aber dann reden sie sich so mächtig in Rage, dass sie kaum enden können. Walser hat sich Heidenreichs Klage auf einen Zettel notiert, in ganzer Länge liest er sie vor, um dann seiner Empörung freien Lauf zu lassen – ausdrücklich vermerkt wird in der »Zeit« ein Zornesausbruch: *Er schlägt auf den Tisch.* Grass sekundiert eifrig, spricht etwa von Heidenreichs *Dummheit und Unverschämtheit,* die *nicht mehr zu übertreffen* seien.

Es lohnt, Walsers Anmerkungen zum Älterwerden, zu Alter und Altsein etwas ausführlicher zu beleuchten, weil er sie, bis zum Neunzigsten in dieser Frage sonst eher gelassen, derart prononciert selten formuliert hat – und weil hinter der tendenziell aggressiven Analyse auch so etwas wie Unbehagen, wohl gar Angst spürbar wird. Im »Cicero« hat Elke Heidenreich konstatiert, nach der Novelle »Dorle und Wolf« von 1987 ihre Walser-Lektüre eingestellt zu haben, weil das *ein grottenschlechter Roman* sei. Dies gibt ihm zunächst Gelegenheit für einen weiteren Seitenhieb in Sachen Kritik, leitet Heidenreich 2007 doch im ZDF die Literatursendung »Lesen!«, in der neue Bücher vorgestellt werden. Zwanzig Jahre lang, so Walser, habe sie also nichts mehr von ihm zur Kenntnis genommen und erlaube sich doch ein Urteil: *Das ist genial. Die Kritikerin muss, was sie verurteilt, gar nicht mehr lesen.* Das erinnere ihn an die fünfziger Jahre. Damals habe er sich an Hermann Hesses »Glasperlenspiel« oder Thomas Manns »Doktor Faustus« versucht, sei aber *vollkommen unfähig* gewesen, *diese Literatur zu erleben.*

Gleichwohl wäre er nie auf die Idee gekommen, *diese Autoren als alte Männer abzutun*. Bei Heidenreich, aber nicht nur bei ihr, sei nun das Neue, dass einem *das Alter vorgeworfen werden kann. Es war noch nie so unerlaubt, älter zu werden als arbeitender Mensch, wie jetzt! Und wenn ein Älterer liebt, ist es nicht Liebe, sondern Altersgeilheit.*

Einmal in Fahrt, lässt er sich auch von Grass' Bemerkung nicht milde stimmen, gerade *erotische Liebe* lasse sich im *Alter zu meiner Überraschung ... als Gewinn* erleben. Als Grass noch seinen Chirurgen für dessen Ansicht rühmt, im Körper des Dichters sei *noch genügend Material, um weitere Reparaturarbeiten durchzuführen*, drängt es Walser zu einer Philippika. Er holt weit, auch selbstkritisch aus, indem er sich als Dreißigjährigen erinnert, der vor einem halben Jahrhundert notiert habe, *was mit fünfzig nicht geschrieben ist, wird nicht mehr geschrieben werden können*. Das könne er nur noch mit *Abneigung* zur Kenntnis nehmen. Jetzt gelte, was er einmal einer Romanfigur in den Mund legte: *Wer ein Jahr jünger ist, hat keine Ahnung.* (Der Satz steht in »Ohne einander« von 1993). Genauso sei es, das Alter betreffend: *Aber alle reden und haben keine Ahnung. Es ist eine öffentliche Manie, jetzt in dieser Weise vom Alter zu reden.* Er zählt auf: *Seniorenschwemme, Rentenkatastrophe, Überalterung – das halte ich für Zeitgeistunsinn.* Er prognostiziert: *Es kann sein, dass man sich in zwanzig Jahren wieder wie wild fortpflanzt. Auch eine Rentenkatastrophe wird es nie geben.* Und er greift schließlich Iris Radisch, die mit ihrem »Zeit«-Kollegen Christoph Siemes das Gespräch führt, ganz direkt an. In ihrem gerade erschienenen Buch »Die Schule der Frauen« habe sie es sich *zu schreiben gestattet, wenn alte Männer sich amourös verjüngen, sei das ein abwegiges Liebesgebaren*. Walser aber wäre nicht Walser, wenn er die Attacke und damit das Altersthema nicht einigermaßen konziliant ans Ende brächte. *Sie erlauben mir*, sagt er zu Frau Radisch, *dass ich als phantasierender Autor über diese Einschätzung des Alters in erotischer Hinsicht anderer Ansicht bin*. Iris Radisch repliziert nicht. Zu Elke Heidenreich ist anzufügen, dass sie in der »Lesen!«-Sendung vom März 2008 Walsers Goetheroman in hohem Ton zu rühmen weiß. Laut einer dpa-Meldung vom 5. März sagt sie: *Es ist wunderbar, Walser hin oder her. Ich glaube es ist eines der besten Bücher, die er je geschrieben hat.*

Von außen gesehen, lässt sich Walsers Altersdynamik in neun Axiome bündeln, die er sich selbst aller Wahrscheinlichkeit nach gar nicht aktiv gesetzt hat, denen er aber, sich selbst erhaltend, im achten und neunten Lebensjahrzehnt wie einem existenzessentiellen Leitfaden gefolgt ist:

1. Nie nachlassen, immer weitermachen
2. Sich ausschöpfen, es ist noch einiges vorhanden
3. Agonal bleiben, die Meisterschaft im Signalwinken von 1944 als Vitalmetapher nutzen
4. Konflikte als Seinssteigerung begreifen, sie deshalb bei Bedarf auch suchen
5. Den Rhythmus halten: neues Buch, neue Lesereise, nächstes Buch, nächste Reise
6. Sport treiben, insbesondere Schwimmen
7. Schönheit, respektive: das Schöne, als allumfassenden Leitbegriff intensivieren
8. Nach dem Neunzigsten sieht man weiter, Biologie ist endlich
9. Polyamorie als Seinsgrund verstehen

Es dürfte angesichts dieser Agenda begreiflich sein, weshalb für meinen Versuch die erotische Präferenz der älteren Walserhelden unter moralischen wie genderpolitischen Aspekten vollkommen gleichgültig ist, nicht aber die Art und Weise, in der sie der Autor beschreibt, schildert, erzählt. Es sind Text und Schrift, die entscheiden. Maßgeblich mitentscheidend ist dabei, wie die einzelne Liebesgeschichte im Romanganzen situiert ist und in welcher Weise sie die Erzählatmosphäre prägt. Einigermaßen uninteressant sind für die essayistische Lupe, unter der wir das spätere Werk betrachten, deshalb auch die persönlichen Vorlieben und das Privatleben des Autors selbst. Wie problematisch es für die Rezeption sein kann, einen Text vorwiegend als Schlüsselroman zu entziffern, wurde im Fall von »Tod eines Kritikers« bereits dargestellt. Persönliches und Privates ganz außer Acht zu lassen, ist bei Walser allerdings unmöglich, dazu sind Leben und Schreiben dieses

Autors zu eng, wenngleich nie eindimensional miteinander verwoben. Im Zweifel gilt: Fiktionalität geht vor Faktizität, Aura und Atmosphäre eines Buchs sind elementarer als dessen autobiographischer Gehalt, es sei denn, sie lassen sich, wie am »Springenden Brunnen« zu sehen war, gar nicht voneinander trennen. Methodisch wird das Problem nie eindeutig zu lösen sein, ganz egal, welche Verfahrensweisen die Literaturwissenschaft von der Werkimmanenz über die Hermeneutik bis zur Dekonstruktion dafür entwickelt hat. Das muss auch nicht sein, denn am Ende zählt nur, in welchem Maß der interpretierende Zugang das Werk selbst aufzuschließen vermag.

Der ganz frühe Walser hat dazu übrigens sehr eindeutige Ansichten. Im Jahr 1951 eröffnet der damals vierundzwanzig Jahre alte Tübinger Germanistik-Doktorand seinen »Versuch über Franz Kafka« mit dem Satz: *Je vollkommener die Dichtung ist, desto weniger verweist sie auf den Dichter.* Von vornherein klar ist für ihn, Kafka habe in den Romanfragmenten von »Prozess« und »Schloss«, auch in Erzählungen wie »Die Verwandlung« oder »Der Landarzt«, persönliche Erfahrung so vollkommen in Literatur transformiert und damit bewältigt, *daß der Rückgriff auf das Biographische überflüssig ist.* Nötig sei dieser Rückgriff nur bei minderen Autoren, also *bei der nicht vollkommenen Dichtung.* Hier verbleibe das Werk in Abhängigkeit von der Biographie des Verfassers: *Leben und Werk bedürfen der Vergleichung, weil das eine auf das andere verweist.* Wahlweise hochgemut oder hochmütig nennen kann man diese Hierarchie-Gewissheit zur Unterscheidung. Desto reizvoller ist es, wie der fast neunzigjährige Walser in einem Gespräch von 2016 die einstige These bewertet. *Ich Vollidiot!,* sagt er, als es um die Erinnerung an Dora Diamant, Franz Kafkas letzte Geliebte, geht. Da die folgende Interview-Passage zu den besonders aufschlussreichen Walser-Momenten gehört, sei sie gebührend zitiert:

*Ich habe seriöse Versäumnisse erfahren müssen, weil ich mich für das Biographische von Autoren nicht interessiert habe. Ich habe fünf Jahre lang Kafka gelesen und dann eine Dissertation über seine Romane geschrieben. Danach war ich Radioreporter beim Süddeutschen Rundfunk und wurde 1952 nach England geschickt, um ein Feature zu machen. Ein*

*Londoner Kollege machte mir von sich aus ein Date mit Dora Diamant, der letzten Beziehung von Kafka. Sie lebte in einem Mietshaus, die Gegend war schwarz, lichtlos, vielleicht Gaslaternen. Ich läute. Da kommt ein Mädchen, das ein bisschen überernährt aussieht, und führt mich zur Mutter. Schlafzimmer. Da sitzt ganz steil, durch noch und noch Kissen unterstützt, Dora Diamant im schummrigen Licht eines Nachttischlämpchens. Sie greift ziemlich schnell hinter eines dieser Kissen in ihrem Rücken und holt ein Wachstuchheft hervor, wie man es als Kafka-Leser von ihm kennt. Meine Neugier voraussetzend, fängt sie an, ihre Erinnerungen an Kafka vorzulesen. Bei mir fällt in der Seele eine Klappe, weil es Aufzeichnungen waren, wie über einen Religionsstifter. Diese Figur hatte mit dem Kafka, über den ich fünf Jahre lang gearbeitet hatte, nichts zu tun ... Ich habe mich ehestens verabschiedet und bin an den Piccadilly Circus, um in die lächerlichste Operette zu gehen. ... Im Laufe der Jahrzehnte habe ich gemerkt, was ich durch meine Flucht versäumt habe ... Die letzte Frau in Kafkas Leben! Ich hätte sie doch etwas fragen können, anstatt mir diese Pseudo-Religionsstiftereien anzuhören. Aber dazu war ich nicht imstande. Ich glaubte, den Romanen von Kafka ist nichts hinzuzufügen.*

Dora Diamant stirbt Mitte August 1952, wenige Wochen nach Walsers Besuch. Trotz Rainer Stachs Kafka-Biographie, in deren zweitem Band (»Die Jahre der Erkenntnis«, 2008) einiges über ihr Zusammensein mit Kafka zu erfahren ist, und trotz der Dora-Biographie der übrigens nicht mit ihr verwandten Amerikanerin Kathi Diamant aus dem Jahr 2003 findet sich das schönste Zeugnis über diese Liebe im sorgfältig recherchierten, genau und sensibel erzählten Roman »Die Herrlichkeit des Lebens« (2011) von Michael Kumpfmüller. Das etwas füllige Mädchen, von dem Walser berichtet, war die 1934, zehn Jahre nach Kafkas Tod, geborene und 1982 gestorbene Franziska Marianne, die gemeinsame Tochter von Dora Diamant und Lutz Lask, einem Redakteur der »Roten Fahne«, dem Zentralorgan der Kommunistischen Partei Deutschlands. Aus all dem zu entnehmen: Wenn wir nun mit Ausnahme der bereits ausführlich behandelten Bücher »Ein springender Brunnen« und »Tod eines Kritikers« Walsers Post-Siebzig-Romane der Reihe nach Revue passieren lassen, wird Biographisches dann, aber auch nur dann relevant, wenn es zum Verständnis der Texte selbst belangvoll ist. Und die Hierarchiefrage nach dem Vollkommenen? Sie wird sich implizit von selbst beantworten.

## Der Lebenslauf der Liebe, 2001

Am 13. Juni 2002, ein Jahr nach dem Erscheinen des Romans, veröffentlicht der Journalist Ulrich Stock in der »Zeit« eine Reportage unter dem Titel »Ich war Walsers Susi«. Gemeint ist die damals einundsiebzig Jahre alte Ursula Krüll aus Düsseldorf, die sich mit dem Reporter zu einem längeren Gespräch *in ihrer winzigen Wohnung* verabredet hat und ihm freimütig erzählt, wie sie in die deutsche Gegenwartsliteratur gelangt ist. Wie schon in »Die Verteidigung der Kindheit« (1991) und »Finks Krieg«(1996) hat sich Walser von einem fremden Schicksal zu einem eigenen Buch inspirieren lassen. Sind es in den beiden ersten Fällen vor allem private Archivalien, die ihm den neuen Stoff bescheren, liefert ihm Frau Krüll ihr Leben gleichsam frei Haus – von 1984 an gibt es lockere Kontakte, von 1987 an dann mehrere Besuche in Nußdorf, eine Vielzahl von Treffen in Düsseldorf, Briefe werden gewechselt, Telefonate geführt. Mit ihrer ausdrücklichen Erlaubnis schneidet Walser die Gespräche auf Band mit, ist zugleich Schicksalsarchivar und Privatpsychologe. Nie aber, erklärt Frau Krüll gegenüber der »Zeit«, habe man darüber gesprochen, was er mit dem so gewonnenen Stoff anstellen wolle oder solle: *Es sei immer klar gewesen: Sie würde alles erzählen, er könne alles daraus machen.*

Von Bedeutung ist, dass Walser ausgerechnet jetzt, nach dem Roman über die eigene Kindheit und den Aufregungen um die Friedenspreisrede, mit der Verwandlung von Frau Krülls Biographie in ein eigenes Werk beginnt. Für weitere Recherchen im sozialen Milieu wie zum Schreiben selbst mietet er sich monatelang in einem Düsseldorfer Hotel ein. Produktionspsychologisch bedeutet all dies einen Distanzgewinn – weg von sich selbst, weg von Wasserburg und Bodensee, weg auch von der deutschen Vergangenheit. Zwischen »Ein springender Brunnen« und dem »Lebenslauf der Liebe« gibt es lediglich eine formale Entsprechung – das Aufteilen des Stoffes in drei große Erzählabschnitte, wobei zwischen dem ersten und dem zweiten Teil des »Lebenslaufs« aufs Neue eine zeitliche Zäsur gesetzt wird. Teil eins spielt im Jahr 1987, Teil zwei beginnt 1995, um dann nahtlos in die Schlusspasssage überzugehen, die ihrerseits mit dem *Milleniumssilvester* von 1999 auf 2000 endet. Ganz von fern scheinen im ersten Teil zeitgeschichtliche Ereignisse auf, etwa die Reaktorkatastrophe von Tschernobyl Ende April 1986 oder die (nicht nur) im Bewusstsein des Romanpersonals für immer bestehende deutsche Teilung. Der Fall der Mauer oder die Wiedervereinigung hingegen werden mit keinem Wort erwähnt. Zum einen liegen sie erzähltechnisch in der zeitlichen Zäsur zwischen den ersten beiden Teilen, zum anderen sind sie den Romanfiguren Mitte der neunziger Jahre bereits so selbstverständlich oder derart gleichgültig geworden, dass sie davon keinerlei Aufhebens mehr machen. So ausschließlich wie kein anderes Walserbuch ist »Der Lebenslauf der Liebe« eine Erzähletüde über das rein private Leben, das außer sich selbst nichts kennt und die Außenwelt deshalb auch nur höchst peripher wahrnimmt.

Unter den Rezensenten des Romans hebt vor allem Martin Lüdke diesen Umstand hervor. Er ist auch der einzige Kritiker, der gleich nach dem Erscheinen des Buchs darauf verweist, dass dessen Autor *über fünfzehn Jahre lang … in regelmäßigen Gesprächen das Leben dieser Susi Gern eruiert* habe und zwar *bis in die allerletzten Verästelungen hinein*. Lüdke ist damals im Hauptberuf Literaturredakteur beim Südwestrundfunk, der wie der Südwestfunk Baden-Baden, der institutionelle Vorgänger, eine Art Haussender des Großautors Walser ist. Lüdke weiß also aus erster Hand Bescheid, auch wenn er den Realnamen der Romanfigur noch nicht kennt. In der »Frankfurter Rundschau« vom 19. Juli 2001 notiert er denn auch, »Der Lebenslauf der Liebe« sei *tatsächlich eine Geschichte, die das Leben schrieb*, zieht daraus jedoch keine weiteren Schlüsse. Eine Konsequenz wäre, den Roman als Metafiktion zu behandeln. Und zwar nicht, weil Walser darin vom Erzählen erzählt oder als Autor seinerseits zur Figur wird, sondern weil er mehr als fünfhundert Seiten lang mit dem umgangssprachlichen Klischee spielt, das Leben selbst schreibe die besten, wahlweise auch die schönsten oder schlimmsten Geschichten. »Lebenslauf der Liebe« ist jedenfalls ein Buch, das erstens davon handelt, dass das Leben die besten Geschichten schreibt, das zweitens die Real-Geschichten dann fiktionalisiert, um die Fiktion dann drittens als eine Art Roman-Roman der Realität wiederzugeben. Man kann diese narrative Finesse natürlich auch romantische Ironie nennen und damit als weiteren Beleg für den Romantiker Walser verbuchen.

Zum Kernbestand von Geschichten aus dem Leben gehört, dass sie handlungsstark sind. Also springen wir hinein in den turbulenten Alltag einer neureichen Düsseldorfer Familie, in der Susi Gern, zu Beginn sechsundfünfzig Jahre alt, nicht als kleinbürgerliche Hausfrau, sondern als ins Großbürgerliche aufgestiegene Hausherrin das Zepter schwingt. Sie managt ihren zwei Jahre älteren Mann Edmund, einen überaus erfolgreichen Wirtschaftsanwalt, zu dessen Lebensnotwendigkeiten sowohl die morgendliche Lektüre der F.A.Z. als auch der Umstand gehören, stets mit mehreren Geliebten fremdzugehen. Das verschweigt er Susi keineswegs, im Gegenteil, er hat mit ihr vereinbart, dass man *nichts hinterm Rücken des anderen* tue. Und er hat ihr zu eigenen Liebhabern geraten, was sie im ersten Teil über Kontaktanzeigen in der »Rheinischen Post« auch realisiert, wobei exotische Lover *mit dunkler Haut* bevorzugt, blonde Hünen nicht ausgeschlossen werden. Gemanagt werden von Susi auch die beiden erwachsenen Kinder Andreas und Conny. Andreas ist längst aushäusig und hat eine eigene Familie, wird von der Mutter aber mit monatlich fünftausend Mark unterstützt, weil er angesichts von Halbweltkontakten und Spielschulden mit dem Gehalt als Bankangestellter nicht zurechtkommt. Conny ist zu Beginn des Buchs auch schon jenseits der Fünfundzwanzig, verharrt aber – aus großer Distanz grüßt der Blechtrommler Oskar Matzerath – auf trotzige, dabei sympathisch-naive Weise in ewiger Kindheit, lebt also nach wie vor bei den Eltern in der beinahe vierhundert Quadratmeter großen Penthouse-Wohnung, von Susi *Dachpalast* genannt.

Die benötigt weitere fünftausend Mark für Hausangestellte wie Frau Oschatz, Frau Thomasius oder Frau Tönnissen. Auf das genauere Beziffern der Shoppingtouren in Düsseldorfs Königsallee verzichtet der Roman ebenso wie auf die Kostenrechnung für die Zweitwohnung, in der sich die *Annoncenmänner* einfinden, für den *Porsche in Pink* oder die Besuche in exklusiven Restaurants und Bars. Geistig ist Susi äußerst genügsam, Lesen ist ihr fremd, in Magazinen zu blättern anstrengend genug. Ihr Lieblingslied ist Frank Sinatras »My Way«, ihre liebste Schauspielerin Marilyn Monroe, mit der sie sich hemmungslos identifiziert. Für den Intellekt und das Schöngeistige zuständig ist Ehemann Edmund, der eine umfangreiche Bibliothek, kostbarste Erstdrucke inklusive, sein eigen nennt und über einen befreundeten Kunsthändler auch Andy Warhol ins Haus holt, der die Gerns je einzeln und als Paar auf Polaroid ablichtet und in Serigraphien verwandelt – Warhols tatsächliche Porträts von Herrn und Frau Krüll zieren, naturgemäß seriell multipliziert, den Umschlag der Erstausgabe von Walsers Roman.

In ihren Besprechungen weisen sowohl Thomas Steinfeld in der »Süddeutschen Zeitung« (20.7.2001) als auch Andrea Köhler in der »Neuen Zürcher Zeitung« (4.8.01) auf den popkulturellen Charakter des Romans hin, sind aber nur mäßig zufrieden damit, dass und wie Walser dieses globale Phänomen ins, so Steinfeld, *erwachsene Buch* holt: *der Literat in der Rolle als Müllmann, der die täglich anfallenden Berge von moralischem und intellektuellem Schrott sichtet und sortiert.* Andrea Köhler erfreut sich zwar an *den schrillen Schockfarben,* vermisst aber *die vertrackte Komik, die stilistische Dialektik, kurz: die Seelenarbeit der Ironie.* Richtig ist, dass Walser in meist sehr kurzen, stakkatohaft reihenden Hauptsätzen erzählt. Aber auch ohne Komik und Ironie? Gegen Ende des ersten Teils fallen erste Schatten auf das Gern'sche Paradies. Erstmals redet Edmund von *notleidenden Krediten* und berichtet vom rätselhaften Verschwinden seines Finanzmaklers Bruce Perelman, der aus London abgeflogen, an der Wall Street aber nicht angekommen ist. *Verlaß dich auf mich*, sagt Susi, die von Aktien keine Ahnung hat, *bis an Weihnachten sind die Kurse in himmlischen Höhen.* Ihre Börsenphantasie folgt dem Bestreben, *es den Männern recht machen* zu wollen. Dieses Bestreben nennt sie *Unglücksglück* – fortan ein Walser'scher Zentralbegriff.

Teil zwei ist die Hölle. Wir erleben, Detail um Detail, den Abstieg vom Dachpalast in die Elendsgosse. Wir erleben, Detail um Detail, Edmunds multiplen Zerfall: Parkinson, Prostatakrebs, unkontrollierte Inkontinenz, Dahinsiechen, Kliniktod, dabei bis zuletzt die Hoffnung auf den *Tag X*, der schon morgen kommen und das *Schuldengebirge* in märchenhaften Reichtum verwandeln wird. Gerade weil er nicht die Hauptfigur des Romans ist, kann, so hat es den Anschein, Walser auf den stürzenden Staranwalt so ziemlich jede männliche Altersangst projizieren, *Klo-Katastrophen* inklusive. Auf Seite 343 stirbt Edmund, nicht ohne Susi vorher wissen zu lassen, *wichtiger als die Beerdigung sei ihm die Todesanzeige in der Frankfurter Allgemeinen.* Er bekommt sie, Kulanz der Zeitung, obwohl sie nicht bezahlt werden kann. Dass dies Ernst Osterkamp, den Kritiker der F.A.Z. (11.8.), dazu veranlasst hat, von einem *verteufelt humanen Buch* zu reden, ist nicht anzunehmen. Ihm hat es vor allem die Heldin angetan, mit deren Wahl der Autor *eine künstlerisch in höchstem Maße riskante Entscheidung gefällt hat.* Zwar verliere man gelegentlich *die Geduld mit diesem nimmermüden Stehaufweibchen der Gefühle in seiner Naivität und Harmoniesucht.* Dennoch schaffe es Walser, den Leser mit Susi Gern, die zugleich *Simplicissima und Mutter Courage* sei, *mitlieben und mitleiden, mithoffen und mitwarten zu lassen wie mit kaum einer anderen Frauengestalt in der jüngeren deutschen Literatur.*

Das verteufelt Humane des Buchs zeigt sich besonders im Schlussteil. Susi ist jetzt ein Sozialfall. Mit Tochter Conny, jetzt *vierzig*, und den beiden Lebenskatzen *Domino* und *Jeannie* lebt die Witwe, jetzt *siebenundsechzig*, in jener *winzigen Wohnung*, in der auch der »Zeit«-Reporter Stock 2002 Frau Krüll vorfindet, die ihm mit dem Bemerk: *da hat Herr Walser auch immer gesessen* einen der beiden verbliebenen Stühle anbietet. Auf diesem Stuhl hat Anfang November 1998 aber auch *Khalil* Platz genommen, *neunundzwanzig Jahre* alt, geboren in *Casablanca*, jetzt Student der *Energietechnik* und Küchenhilfe bei *MC DONALD'S*:

ja, Walser schreibt das groß. Auch, weil er jetzt eine ganz große Liebesgeschichte zu erzählen beginnt. Sie nimmt Anleihen, Thomas Steinfeld (»Süddeutsche«, 20.7.) weist in seiner Rezension darauf hin, bei Rainer Werner Fassbinders Filmklassiker »Angst essen Seele auf« von 1974, im Gegensatz zu Fassbinders Melodram aber auf das semitragische Ende verzichtet. Mehrfach angespielt wird im Lauf der Handlung zudem auf Hal Ashbys schwarze Kinokomödie »Harold und Maude« von 1971, der *love affair* zwischen einem Zwanzig- und einer Neunundsiebzigjährigen. Aber auch deren finalen Dunkelglanz will Walser nicht: »Der Lebenslauf der Liebe« entlässt seine Figuren lieber im Geist der Brüder Grimm: *Und wenn sie nicht gestorben sind …*

Wie er zuvor die vollkommen asymmetrische Liebe zwischen Susi und Khalil schildert, ist mehr als bemerkenswert. Beispielhaft dafür die Szene, in der die beiden erstmals miteinander schlafen. Sie beginnt mit einem Blick in Khalils schäbige Behausung an Düsseldorfs Peripherie: *Nur Sperrmüll. Und war der Himmel*, setzt sich fort mit dem Umkreisen der Bett-Couch, *einem elenden Möbelstück*, und endet bei der *aufständischen Sprungfeder* der Matratze – bei lauter Widrigkeiten also, die das Zusammenfinden zwar nicht einfach, dafür umso kostbarer machen. Komik, Ironie, Seelenarbeit: Was Andrea Köhler vermisst, gibt es durchaus. Es gibt jedoch auch den lakonischen Ernst, mit dem Walser das Asymmetrische gegen alle kulturelle und biographische Differenz glaubhaft in eine schließlich wie selbstverständlich anmutende Symbiose überführt. Dabei hilft, dass jedes Psychologisieren, jedes Erklären und Bewerten vermieden werden. Es ist Khalil, der zuerst von Hochzeit spricht, aber eben nicht, weil er auf den deutschen Pass erpicht wäre, sondern weil sich das für einen jungen, gläubigen Muslim gehört. Dabei stört nicht, dass Susi völlig religionsfern ist. Alles Weltanschauliche unterläuft das Paar durch schieres Miteinander, achselzuckend nehmen es die armen Schlucker hin, dass Khalils Vater dem Sohn den monatlichen Wechsel streicht. Geheiratet wird gleichwohl, Jahrtausend-Silvester gefeiert erst recht.

Die deutschsprachige Kritik reagiert ambivalent. Der Roman, so Köhler, sei *höchst unterhaltsam*, erzeuge jedoch auch *Ermüdungs-*

*erscheinungen*. Und sie fügt, die Rangfrage betreffend, hinzu: *Susi Gern ist nicht Madame Bovary und Martin Walser nicht ihr Flaubert* – vier Jahre danach wird Jörg Magenau in der Walser-Biographie notieren: *So wie Flaubert Madame Bovary war, wurde Walser zu Susi Gern*. Mit *Haut und Haaren* verwandle sich der Autor in seine Hauptfigur, konstatiert auch Ulrich Greiner in der »Zeit« (19.7.2001), fühlt sich dabei jedoch *an gewisse Transvestiten-Shows* erinnert, *die dem Zuschauer einerseits durch ihre Hochartistik Eindruck machen, ihm andererseits durch ihren ständigen Exzess ins Grelle, Schrille rasch auf die Nerven gehen*. Selten jedenfalls sei Walser *so grob, so geschwätzig* gewesen, gleichwohl gelängen dem *alten Überredungsmeister und Verzauberungskünstler ... bezwingende Szenen*. Resümee: *So ist er eben – mit 74 Jahren noch lange nicht fertig mit sich. Und wir ... nicht fertig mit ihm*. Gegen das übereinstimmende Unentschieden der Kritikerkollegen setzt einzig Tilman Krause (»Die Welt« vom 21. Juli) auf den ungetrübten Triumph: *Es ist ein Genuss zu sehen, wie hier ein Autor auf dem Zenit seiner Könnerschaft mit verschwenderischem Einfallsreichtum, mit reifem psychologischem Einfühlungsvermögen, mit der Suggestivkraft seiner musikalischen biegsamen Sprache, einem Demiurgen gleich, eine Welt erschafft*. Krauses Bewunderung vor diesem *modernen Erlösungsroman* ist *grenzenlos*, mehr noch: Walser zwinge dazu, *uns tief zu verneigen vor seiner springlebendigen Menschenverzauberungskunst*.

Und wie reagiert Ursula Krüll? Sie hat kein Problem damit, dass nun jeder ihr Leben nachlesen kann: *Ich*, sagt sie zum »Zeit«-Reporter, *habe das gelebt. Nichts, was man gelebt hat, ist anrüchig*. Als wolle sie ihr Roman-Ich noch einmal bestätigen, stört sie sich im Nachhinein aber genau an jener gestalterischen Freiheit, die sie Walser zugebilligt hat. Nein, ihre Tochter spreche nicht, wie Conny im Roman, vorwiegend rheinischen Dialekt, nein, ihr erster Mann habe keine *Straußenlederschuhe* getragen und ihre Besuche im *Nagelstudio* seien nicht *Schmickimicki*, sondern in Wahrheit *Therapiesitzungen* gewesen. Überdies habe sich der Besitzer der *Eisdiele Talamini* beschwert, dass sein Geschäft als *Palatini* verewigt werde – es sei nötig, dies *in der nächsten Auflage zu korrigieren*. Auch sei *ihr Metzger* empört, dass er *im Buch unterschlagen werde.* Für das fünfzehn Jahre währende Verhältnis zu Walser gibt es keinen Märchenschluss. Obwohl keinerlei Vereinbarung über ein Honorar für sie getroffen worden sei, ihr Walser *hin und wieder* sogar einen Scheck zugesteckt habe: *Zwei Mark von jedem verkauften Buch*, findet sie nun, *müssten doch drin sein!* Zu Weihnachten 2001 gibt es darüber den letzten, vergeblichen Kontakt.

Zu Weihnachten 2001 ist »Der Lebenslauf der Liebe« bereits passé. Was nicht am Roman als Kunstwerk, sondern an der Wirklichkeit als Katastrophe liegt. Am 11. September, dem Tag der islamistischen Terroranschläge auf vier Flugzeuge, das Pentagon in Washington und das World Trade Center in New York, liest Walser in Bamberg aus Susi Gerns Geschichte vor, auf Bitten der Veranstalter ist der Abend nicht abgesagt worden. Anschließend, berichtet Magenau, hätten sich *zwei Zuhörer* bei Walser bedankt: *Sie haben uns den Tag vergessen lassen.* Das mag sein. Vergessen freilich lässt sich der Tag für alle anderen nicht. Kaum jemand will nach dem 11. September noch einen Roman lesen, in dem ein junger, gläubiger Muslim derart menschenfreundlich erscheint wie Khalil im »Lebenslauf der Liebe«. Im Jahr darauf erscheint dann das Skandalbuch »Tod eines Kritikers« und fegt den Rest der Resonanz zur Seite. Susi Gern hat keine Renaissance erlebt. Was schade ist. Ein bisschen. Setzt man die zwei Zeiten voraus, in denen Literatur existiert – den Präsens-Moment von Veröffentlichung und unmittelbarer Wirkung einerseits, die Latenz-Präsenz des In-der-Welt-Seins andererseits –, so hat beim »Lebenslauf der Liebe« der Umschaltmoment von der ersten in die zweite Zeit nicht funktioniert.

## Der Augenblick der Liebe, 2004

Da Ambivalenz seit 1960, als »Halbzeit« erscheint, das Grundmuster der literarkritischen Reaktion auf Walsers Bücher ist, sind die jeweiligen Ausschläge nach oben wie unten besonders signifikant. Beim

»Lebenslauf der Liebe« gibt es, wie wir gesehen haben, in den führenden Zeitungen keinen Totalverriss, dafür mit der Hymne in der »Welt« einen Ausreißer bis fast hinauf in den Literaturolymp. Beim »Augenblick der Liebe« gibt es beides – Verriss wie Lob in gleicher Entschiedenheit. Weshalb ein Vergleich der extremen Reaktionen einige Aufschlüsse über Analyse- wie Urteilsverfahren der Literaturkritik erlaubt. Jeweils zwei Pro- und zwei Contra-Positionen stellen wir einander gegenüber.

In der »Zeit« vom 22. Juli 2004 ist es (wiederum) Ulrich Greiner, der den Roman rezensiert. Kurz skizziert er die Lage des Autors zwei Jahre nach dem Skandalbuch »Tod eines Kritikers« und wenige Wochen nach dem Verlagswechsel: Von Suhrkamp, fast fünfzig Jahre lang die Buch-Heimat, geht Walser im Februar 2004 zu Rowohlt, dessen damaliger Leiter Alexander Fest in Quasi-Nachfolge des 2002 gestorbenen Suhrkamp-Chefs Siegfried Unseld zur neuen verlegerischen Vertrauensperson wird. Die Rezension selbst beginnt Greiner, dramaturgisch legitim, mit einem Vorab-Resümee: »Der Augenblick der Liebe« sei *ein Buch, das mit literarischer Brillanz und insistierender Intelligenz der Wahrheit unserer Empfindungen nachgeht.* Vorgestellt wird dann die Hauptfigur: der Immobilienmakler Gottlieb Zürn, Walser-Lesern aus dem Figurenarsenal der Vor-Siebzig-Phase bereits vertraut. Inzwischen ist er ein Mittsechziger, der die Geschäfte seiner Frau Anna übertragen hat, um sich als Privatgelehrter – und unter dem Pseudonym Wendelin Krall – *auf philosophischem Gebiet* zu tummeln. Im Domizil am Bodensee besucht ihn die fast vierzig Jahre jüngere deutsch-amerikanische Philosophie-Doktorandin Beate Gutbrod. Auf der Terrasse funkt es: *dieser meisterhaft beschriebene Augenblick des Sich-Verliebens, dieses blitzartige Ineinanderfallen.* Fortan, so Greiner, spiele der Roman auf zwei Ebenen, im *Erdgeschoss mit einfachem Grundriss* und in einem *etwas komplexeren Obergeschoss, wo der Erzähler dem Ganzen Ziel und Richtung gibt.* Im Erdgeschoss: *die alte, die ewige Geschichte.* Die Jungwissenschaftlerin Beate, zurück in Amerika, erhält den Auftrag, an der Organisation einer Philosophentagung in Berkeley mitzuwirken. Sie lädt Gottlieb als Referenten ein. Die beiden haben Monate damit verbracht, ihr Begehren füreinander in Briefen und transatlantischen Ferngesprächen zu hegen und zu steigern – »Der Augenblick der Liebe« wird das letzte Buch sein, in dem Walser auf das Verwenden neuer Kommunikationsformen wie E-Mail, Handy und SMS noch ganz verzichtet. Einige Tage vor Kongressbeginn treffen sich Beate und Gottfried in San Francisco und leben ihre Liebe. Während sie restlos glücklich scheint, erfährt er, *dass er Mühe hatte, so hoch zu fliegen, wie sie flog.* Kurzum: *Die Sehnsucht schwindet, indem sie sich erfüllt.* Zudem stößt Gottliebs Vortrag in Berkeley auf Ablehnung. Heftiges Heimweh ist die Folge, fluchtartig kehrt er zu Anna zurück. Dort sehnt er sich aufs Neue nach Beate. Schließlich der finale Brief: Beate teilt mit, sie habe geheiratet, ausgerechnet jenen Dozenten namens Rick Hardy, der Gottliebs Vortrag so scharf kritisiert hat – und von dem sie Monate zuvor beinahe vergewaltigt worden ist. Greiner resümiert: *Keiner, der sich je sinnlos verliebt hat, und keiner, der weiß oder ahnt, was das Alter bedeutet, wird diese in schöner Konzentration erzählte Geschichte lächerlich finden, zumal sich der alternde Mann mit einer so jungen Frau selber komisch genug vorkommt.*

Zeit, das *komplexere Obergeschoss* zu besichtigen. Dort begegnen wir Julien Offray de La Mettrie, einem Arzt und radikalen Essayisten des achtzehnten Jahrhunderts, der den Mächtigen der Zeit ebenso verhasst ist wie den Großaufklärern Denis Diderot oder Gotthold Ephraim Lessing. La Mettrie, Atheist und Materialist. Er muss seiner Ansichten und seines Auftretens wegen erst aus Frankreich, dann aus Holland fliehen und findet schließlich Exil bei Friedrich dem Großen in Potsdam. Schriften wie »Anti-Seneca«, »L'Homme-Machine« (Maschine Mensch) oder »L'Art de jouir« (Die Kunst, Wollust zu empfinden) bringen ihn zur Mitte des Jahrhunderts heftig ins Gespräch, aber auch in weiteren Verruf. Von ebendiesem La Mettrie handelt nun Gottlieb Zürns, respektive Wendelin Kralls Berkeley-Vortrag, den der Autor Walser für ihn schreibt und über fünfzehn Seiten hinweg in die Mitte des Romans rückt. Die zentralen Thesen lauten: La Mettrie hat *die Ketten der Vorurteile und Schuldgefühle* zerbrochen, er hat *die Erziehung* als Zwangssystem einer *Ausbildung zum Gefangenen* gegeißelt und er hat *die Träume*, die eben *keine Schuldgefühle* kennen, in jene große *Freiheit* entlassen, deren Ziel *die Glückseligkeit der ganzen Menschheit* ist – unverkennbar sind hier die geistige Nähe zur Theosophie von Johanns Vater im »Springenden Brunnen« und zu Walsers ganz persönlicher Traumtheorie. Für Kralls Argumentation wichtig ist die Konsequenz, die La Mettries Gedanken zeitigen: Diderot habe ihn *aus der Schar der Philosophen* ausgeschlossen – und, fügt er hinzu, das gäbe *es ja bis heute, daß Intellektuelle, die es zu Ansehen, also Einfluß, also Macht gebracht haben, einen anderen Intellektuellen, der ihnen nicht liegt, aus der Branche ausschließen möchten.* Der unmittelbare Bezug zur entsprechenden Passage in der Paulskirchenrede, in der es um *Geistes- und Sprachgrößen* als *Gewissensgrößen* geht, bleibt zwar unausgesprochen, ist aber völlig evident. Wie es Walser, jedenfalls in der Selbstwahrnehmung, nach der Paulskirche ergangen ist, so ergeht es nun Zürn / Krall: Rick Hardy eröffnet die Diskussion des Vortrags mit einem sofort niederschmetternden Satz: *Ein deutscher Intellektueller,* sagt er, *kommt an eine US-Elite-Universität und versucht unter dem Vorwand, er spreche über La Mettrie, den Deutschen einen Freispruch zu erschwindeln.* Natürlich ist auch dem Rezensenten Ulrich Greiner der Zusammenhang zwischen Berkeley und Paulskirche nicht entgangen. Er schließt die Besprechung gleichwohl – oder gerade deshalb – mit großer Geste: Wie der Sprachkünstler Walser seine beiden Erzählgeschosse miteinander verbinde, reize zwar *zum Widerspruch und zum Nachdenken, aber das macht ihm keiner nach.*

Der zweite entschiedene Befürworter des Romans ist (wiederum) Tilman Krause. In der »Welt« vom 24. Juli 2004 beschäftigt er sich zuerst mit der Altersliebe im Allgemeinen und kommentiert: *Für nichts hat jedenfalls die europäische Kulturgeschichte soviel Hohn und Spott übrig gehabt wie für den Alten auf Freiersfüßen, wie für die Alte, die noch einmal die süßen Triebe erlebt. Ganze Rossini- und Donizetti-Opern kann man aus diesen Konfigurationen bestreiten,* nicht zu vergessen: *Thomas Manns Altersnovelle ›Die Betrogene‹*. Krauses Einstieg zielt auf die amouröse Aventüre von Beate und Gottlieb in San Francisco. Sie sei enorm: *Wenn Walser je komisch war, wenn er je die Funken des*

*Witzes aus Konstellationen des Unangemessenen, Unpassenden geschlagen hat, hier tut er's stärker. Köstlich, zum Kugeln ist es, wie er seine zwei zögerlich-skrupulösen Intellektuellen sich als liebestolle Sextierchen tummeln lässt.* Ebenfalls Gefallen findet die fluchtartige Rückkehr zu Anna: *Auch das hohe Lied der Gattenliebe, das der Roman am Ende anstimmt, wird vom Autor mit komischen Vorzeichen versehen. Man lese die Szene, in der Zürn bei der Rückkunft qua ›einvernehmlicher Vergewaltigung‹ seine Angetraute zu ›entwirklichen‹ sucht. Am Ende bietet der Altgalan – ›Fremdheit macht geil‹ – der langjährigen Gefährtin sogar das ›Sie‹ an. … Das ist alles wirklich und wahrhaftig sehr gut.* Einen *Wermutstropfen* gibt es dennoch – die offensichtliche Engführung des Berkeley-Vortrags mit der Paulskirchenrede: *Die Lust am Nachkarten, Teil jener produktivmachenden Lust an der Regression, die nun einmal ein Markenzeichen Martin Walsers ist, hier wirkt sie schal und scheel.* Für Krause ändert dies nichts daran, *dass dieser Roman in erzählerischer, in sprachlicher Hinsicht zu den Höhepunkten Walser'scher Prosa zu zählen ist.* Er steigert das Lob, indem er den jüngeren deutschen Autoren in Sachen Erzählfulminanz den Spiegel vorhält: *Fürs Abgründige und Ausgepichte, für Anspielungsreichtum und Deutungsamplitude brauchen wir eben einstweilen doch noch die Alten.*

Ein vollkommen anderes Buch scheint die Kritikerin Ursula März gelesen zu haben. Auch ihre Besprechung, die unter dem Titel »Überforderung durch Triebstau« am 23. Juli in der »Frankfurter Rundschau« erscheint, geht zum Ende hin ins Grundsätzliche über. *Martin Walser*, heißt es, *steht an der Schwelle zum hohen Alter. Mit Recht erwartet die Gesellschaft von einer solchen öffentlichen, intellektuellen Persönlichkeit die Statur der geistigen Autorität … Die Bundesrepublik entbehrt repräsentationsfähiger, autoritätsfähiger intellektueller Figuren.* Walser präsentiere sich mit dem neuen Roman jedoch als das genaue Gegenteil, als *eine Figur im ewig unfertigen Entwicklungsstadium, das, anhaltend bis zur Weißhaarigkeit und darüber hinaus, zwangsläufig ins Schauspiel der Regression und der Albernheit übergeht.* Er sei deshalb *ein typischer Vertreter der Bundesrepublik; beharrend auf den Wonnen der adoleszenten Suche.* Folgerichtig fühlt sich März in keinem der beiden

Stockwerke des Romans wohl. Beate und Gottlieb betreffend, liest sie *das Alterswerk eines Schriftstellers, der sich, als hätte er's gerade entdeckt, mit den männlichen Schwierigkeiten des Sichgehenlassens beim Oralsex befasst.* In Zürns, respektive Kralls Berkeley-Vortrag feiere das Buch *die Hauptszene der Walser'schen Skandalchronik, die Paulskirchenrede, ein anheimelndes Comeback.* Zu retten ist hier nichts: *Denn dieses Buch ist nicht nur so oder so misslungen. Es ist genau genommen überflüssig, … so fürchterlich wie banal.* Ein Befund, den Volker Weidermann knapp eine Woche vor Ursula März in der »Frankfurter Allgemeinen Sonntagszeitung« (18.7.) bereits auf vier abwehrende Attribute hochgesteigert hatte: *schamlos, peinlich, angelesen, schauderhaft.* Keinerlei Gnade findet auch bei ihm der Sex zwischen Beate und Gottlieb. Was für Tilman Krause voller Komik ist, widert ihn an: *In das schwarzrote Dunkel ihrer Scheidenschlucht,* zitiert er pars pro toto einen Liebesakt, *den taghellen milchigen Samen träufen, bis von allen Rändern und Wänden nur noch die lichten Samenschwaden flossen.* Dass Weidermann auch die Aktualisierung von La Mettries Philosophie zu deutschen Zwecken degoutant erscheint, nimmt wenig wunder.

Die unmittelbare Rezeption des Buchs bietet weitere Facetten. Reizvoll sind zwei Ausgaben des Periodikums »literaturkritik.de«, das der Germanist Thomas Anz 1999 ins Leben gerufen hat und das sich dank einer umfassenden Rezensionspraxis von belletristischen wie geisteswissenschaftlichen Neuerscheinungen in den vergangenen gut zwei Jahrzehnten zu einem hochgradig nützlichen Aktualarchiv der Kritik, mehr noch: zu einer Art Generalsekretariat der deutschsprachigen Gegenwartsliteratur entwickelt hat. Etwas pathetisch prognostiziert: »literaturkritik.de« kann, wenn das Unterfangen noch eine geraume Zeitlang auf dem gegenwärtigen Niveau durchhält, das Pendant zu einem Zentralorgan der Aufklärung in Deutschland werden, mithin zum legitimen Nachfahr der »Allgemeinen Deutschen Bibliothek« von Friedrich Nicolai, die zwischen 1765 und 1806 in 221 Bänden und dreißig Supplementbänden erschienen ist. Zum »Augenblick der Liebe« bietet die Plattform gleich vier Artikel, zwei im August und zwei im Oktober 2004, die vor allem auf das *komplexere Obergeschoss* des Romans eingehen, auf Walsers La-Mettrie-Lektüren und deren Metamorphosen im Roman. Alle vier Verfasser sind keine genuinen Literaturkritiker, sondern Akademiker, drei von ihnen – Sandra Pott, Bernd A. Laska und Ursula Pia Jauch – überdies Pioniere der ehrgeizigen La-Mettrie-Renaissance der jüngeren Vergangenheit. Mit ihren Realnamen finden sie sich auch unter den Roman-Teilnehmern des für Zürn / Krall so fatalen Kongresses in Berkeley, der in der fiktionsfernen Wirklichkeit übrigens 2001 – aus Anlass von La Mettries 250. Todestag – in Potsdam stattgefunden hat. Für Walsers Biographie aufschlussreich ist Jauchs Reminiszenz »Ein Mittagessen mit La Mettrie«. Erzählt wird von einem Treffen im Thurgau im Frühherbst 1996, bei dem sie Walsers Tischdame ist. Es dürfte mit ziemlicher Sicherheit das erste Mal gewesen sein, dass Walser von diesem französischen Philosophierebellen hört, über dessen Leben und Werk sich Jauch damals in Zürich habilitiert. In Walsers Gesamtwerk kommt er kein weiteres Mal vor, radikale Atheisten sind seine Sache sonst nicht – es sei denn, sie heißen Nietzsche.

Ganz ohne Skandalfaktor geht es auch im La-Mettrie-Roman nicht. Auf prägnante Weise dargestellt ist er in der 2018 publizierten Studie »Indiskrete Fiktionen. Theorie und Praxis des Schlüsselromans 1960–2015« des Bonner Literaturwissenschaftlers Johannes Franzen. Walser kommt darin prominent vor, im fünften Kapitel mit »Tod eines Kritikers«, aber eben auch mit »Augenblick der Liebe«. Dem Roman sind große Teile des siebten Kapitels gewidmet: »Biographische Agonalität: Der Schlüsselroman als Kampfmittel« heißt es. Referierend nacherzählt und mit Walsers »Augenblick« vergleichend analysiert werden darin die beiden Romane der Fernsehjournalistin Martina Zöllner, »Bleibtreu« (2003) und »Hundert Frauen« (2009). Warum? 1996 dreht Zöllner, damals Kulturredakteurin im Süddeutschen Rundfunk, im Vorfeld von Walsers Siebzigstem den (exzellenten) Dokumentarfilm »Der Ich-Erzähler«, der zu etwa gleichen Teilen aus Archivmaterial seit den fünfziger Jahren besteht sowie aus mehreren aktuellen Gesprächen mit dem Autor, vor allem auf dessen Nußdorfer Terrasse. Bis Anfang 2020 war dieses Fernsehjuwel noch auf Youtube zu sehen, dann ist es von der Plattform verschwunden, seit kurzem (laut Youtube seit dem 9. Juli 2021) gibt es immerhin die elfminütige Schlusssequenz wieder aufs Neue. Gleich nach dem Erscheinen von »Bleibtreu«, der die Liebesgeschichte des titelgebenden Philosophen mit der bedeutend jüngeren Fernsehredakteurin Antonia Armbruster erzählt, gibt es – im Boulevard wie in den Hochfeuilletons – allerlei Spekulationen über das Realverhältnis zwischen Zöllner und Walser. Nach der Publikation von »Der Augenblick der Liebe« wird in einigen Rezensionen erst recht darüber gemutmaßt, ob sich hinter Beate Gutbrod Martina Zöllner verberge und ob das Buch *die Antwort* des Autors auf »Bleibtreu« sei, kommt bei Zöllner die Gattin des Philosophen als Eifersuchts-Hysterikerin doch reichlich schlecht, bei Walser die stoisch-menschenfreundliche Zürn-Gemahlin Anna besonders gut weg. Wie beim Entschlüsseln von Schlüsselromanen üblich, haben sich deren Verfasser auch in diesem Fall jeweils vehement gegen jedwede Spekulation gewehrt – stets mit dem (ebenfalls üblichen) Verweis auf die Autonomie ihrer Werke und die Zumutungen wie Nachstellungen durch einen von ihnen wahlweise als skrupellos oder verwahrlost empfundenen Medienbetrieb. Wer will, kann Walsers und Zöllners jeweilige Reaktionen in Johannes Franzens übrigens ganz unaufgeregter Studie nachlesen.

Was sagen uns die extrem konträren Urteile über den Roman? Jedenfalls nichts über das Versagen der Literaturkritik. Alle vier vorgestellten Rezensionen lesen das Buch ja nicht grundständig falsch. Sechs Jahre liegt die Paulskirche bei Erscheinen des »Augenblicks der Liebe« zurück. Niemand ist mit der »Sonntagsrede« je wirklich fertig geworden, nicht ihr Verfasser und – gleichviel, ob pro oder contra – auch nicht deren Kommentatoren. Es ist also nicht verwunderlich, dass Walsers *Nachkarten* in der Berkeley-Szene selbst von jenen Kritikern skeptisch gesehen wird, die dem Roman im Ganzen Gelingen attestieren. Bei den rein literarischen Aspekten kommt es entscheidend darauf an, ob man der Handlung, dem Figurenensemble und dem Stil einen komödiantischen Grundzug zuerkennt. Ursula März und Volker Weidermann tun dies nicht. Weidermann, 1969 geboren, ist der mit Abstand jüngste des

Kritikerquartetts: Ob es eine Frage des Alters sein kann, hinter der realistischen Fassade den Komödienton im Inneren wahrzunehmen? Dass Frau März das Buch verreißt, hat explizit mit ihrer enttäuschten Erwartung an den älteren Autor als Repräsentanten zu tun: Ob sich das Verharren in tendenzieller Adoleszenz nicht angemessener als Verweigerung klassischer Entsagung lesen ließe? Sicher ist, dass die Zeit, die uns vom Erscheinen des »Augenblicks der Liebe« trennt, dem Roman nicht genutzt hat. Das Frauenbild, für das Beate Gutbrod steht, ist inzwischen gesellschaftlich problematischer geworden – weit weniger wegen des Altersunterschieds der temporär Liebenden, weit eher wegen der Unterwerfungsgeste, die Walser seiner Heldin durch die Heirat mit ihrem Fast-Vergewaltiger Rick Hardy zumutet. Die *einvernehmliche Vergewaltigung*, die sich Anna und Gottlieb während der Fahrt vom Stuttgarter Flughafen zurück an den Bodensee auf einem Parkplatz gönnen, zeugt hingegen von einer Emphase des Wiederbegegnens – und da sie einvernehmlich ist, geschieht sie eben auch so wechselseitig wie hochgradig ironisch. Mir erscheinen die Liebesszenen zwischen Khalil und Susi Gern im »Lebenslauf der Liebe« geglückter, weil scheuer und zärtlicher, dabei nicht minder intensiv: Es ist, als hätte die kulturelle Differenz zwischen den beiden Figuren den Erotikerzähler Walser zu seinen eigenen Gunsten diszipliniert.

Zu guter Letzt ist »Der Augenblick der Liebe« für Walser-Leser natürlich ein reines Déjà-vu mit dem ersten und alles in allem doch etwas stärkeren Berkeley-Roman, der »Brandung« von 1985. Dass auf den »Lebenslauf« nach dem Interludium von »Tod eines Kritikers« gleich der »Augenblick« als Buchtitel folgte, ist banale wie höhere Notwendigkeit. »Der Lebenslauf der Liebe« soll ursprünglich »Liebesleben« heißen, als im Sommer 2000 beim Berlin Verlag die deutsche Übersetzung des Weltbestsellers der Israelin Zeruya Shalev erscheint – betitelt »Liebesleben«, übrigens auch die *amour fou* zwischen einer jungen Frau und einem älteren Mann. »Der Augenblick der Liebe« hingegen folgt einem zweifach inneren Grund. Zum einen spielt er – Andreas Isenschmid weist in der »NZZ am Sonntag« (18.7.04) darauf hin – auf eine Passage in Friedrich Hölderlins »Hyperion«-Roman an, zum anderen ist er – der Hinweis verdankt sich Annett Gröschner im »Freitag« (23.7.) – eine versteckte Hommage an, notabene, »Bleibtreu« von Martina Zöllner, die mit *den Augenblicken der Liebe* ihrerseits Peter Handke zitiert.

## Angstblüte, 2006

Den Helden der späteren, im achten und neunten Lebensjahrzehnt des Autors entstandenen Romane geht es bisweilen schlecht – vor allem, wenn ihnen die stets viel, viel jüngeren Geliebten abhandenkommen. Bei *Karl von Kahn*, dem agilen Anfangsiebziger mit dem dauerdynamischen Existenzmotto *Bergauf beschleunigen!* ist das Unglück spätestens auf Seite 349 absehbar – allerdings hat er die *Traumfrau*, ohne die es nun irgendwie weitergehen muss, erst auf Seite 202 kennengelernt: eine angesichts von 476 Romanseiten relativ kurze Episode. Sie hat indes gereicht, um Karls bis dato erfreuliche Ehe mit der ebenfalls deutlich jüngeren *Helen*, die von Beruf auch noch Eheberaterin ist, final zu zerstören. Ganz allein sitzt er im Arbeitszimmer unterm Dach des schönen Hauses in Münchens Osterwaldstraße, genau zwischen dem Englischen Garten und dem Nordfriedhof. Naturgemäß ist ihm im Moment mehr nach Friedhof zumute, zumal das Haus auch gar nicht ihm, sondern Helen gehört. Obdachlos, das immerhin steht fest, wird er nicht enden. Für den Katastrophenfall böte eine Nebenwohnung Unterschlupf, die sich bei früheren Affären – etwa mit *Daniela*, die seit Romanbeginn aber schmählich vernachlässigt, also am Handy permanent abgewimmelt wird –, bereits als nützlich erwiesen hat. Jetzt, auf Seite 349, beginnt der aktuell Vereinsamte erst einmal mit der Lektüre eines Drehbuchs unter dem Titel *Das Othello-Projekt*, in dem er – und wir mit ihm – detailgenau die eigene, gerade zu Ende gehende Geschichte noch einmal nachlesen kann, verfahren der Drehbuchautor mit dem Künstlernamen *Rudi-Rudij* (ein Seelenverwandter von *Mani Mani* aus »Tod eines Kritikers«) und der Regisseur *Theodor Strabanzer* bei ihren Filmen doch stets nach dem Motto: *Immer am Leben entlang.*

Karl von Kahn hat den Film mitfinanziert. Die zwei Millionen Euro, die ihn das gekostet hat, sind angesichts seiner steilen wie soliden Vermögenslage kein Drama, gegen Romanende ist überdies klar, dass das Engagement sogar Profit abwerfen wird. Karl ist Seniorchef der Finanzberatung *Kahn und Partner* mit Sitz in der vornehmen Kardinal-Faulhaber-Straße direkt im Zentrum der Stadt. Dort hat ihn auf Seite 221 jener Anruf erreicht, der das eigentliche Drama in Gang setzt. Am anderen Ende ist *Joni Jetter*, die *dreiunddreißig Jahre* alte Schauspielerin, der er am Abend zuvor in Strabanzers Entourage erstmals begegnet ist. *Ich möchte deine Eier lecken*, beginnt Joni das Telefonat. Womit der Ton für das Folgende gesetzt ist. Einer ihrer früheren Liebhaber, *Bühnenbildner mit Regieambition*, hat ihr, *der katholischen Kleinbürgerin*, beigebracht, *Schauspielkunst sei nichts anderes als angewandte Sexualität*. Den Hinweis hat sie zum inneren Drehbuch gemacht. Weshalb es auch nicht Wunder nimmt, dass der Dialog, den sie mit Karl von Kahn während der ersten gemeinsamen Nacht führt – sie findet in einer Luxussuite am Ammersee statt –, eher einem Pornoskript ähnelt denn einem Poem, obwohl auch Joni, wie viele Walser-Figuren und wie der Autor selbst, im Innersten vom wahrhaft Dichterischen erfüllt ist.

*Fickst du mich richtig durch*, fragt sie fordernd, er antwortet, wohl schon etwas angestrengt: *Ich ficke dich richtig durch*. Sie: *Besorgst du's mir wirklich*. Er: *Ich besorg es dir wirklich … Spürst du, daß ich dir's besorg*. Und so weiter. Der Romantiker Friedrich Schlegel, 1797: *Jeder vollkommene Roman muß obszön sein; er muß auch das Absolute in der Wollust und Sinnlichkeit geben*. Im Umkehrschluss gilt: Nicht jeder Roman, der auch obszön ist, ist vollkommen, nicht jeder Roman, der Wollust versucht, findet das Absolute. Martin Walser hat immer mal wieder *dirty talking* ins Erzählen integriert und *dirty chapters* ins Romanganze. Insofern ist die Ammersee-Sequenz nichts Neues. Sie hat dieses Mal aber etwas ostentativ Groteskes, weil außer dem armen Karl, der das Ganze ernst nimmt und meint, alle Übrigen, also auch der Erzähler des Romans wie dessen Leser, umgehend Bescheid wissen: Joni will Karls Zusage für die zwei Millionen, nichts sonst. Es geht schließlich, Strabanzer hat es versprochen, um die erste Hauptrolle ihrer Karriere. Dem Bett mit Joni – *sogar Geschlechtsverkehr, das Unwort aller Unwörter, wird durch dich sinnvoll,* gesteht Karl – folgt eine Wanderung von Herrsching am See zum Kloster Andechs, die zwar Zeit für tiefer gehende Gespräche bietet, Jonis Interesse an Karl aber durchaus nicht weiter vertieft. Dafür erinnert das gemeinsame Wandern an jenen Ur-Gang durch eine beseelte Natur, den Anselm Kristlein mit der geliebten Orli im »Einhorn« unternimmt. Vierzig Jahre ist das her.

Nicht minder ostentativ heißt der Roman »Angstblüte«. Auf Seite 134 thematisiert und expliziert das Buch den Titel selbst – natürlich ist es die Angst vor dem Alter, die der auch deshalb so überaus aktive Autor mit seiner ebenso aktiven Hauptfigur teilt. *Du darfst dem Erfolg nicht gestatten, daß er sich von dir verabschiedet*, ist Karls Credo, denn Abschied hieße Ende. »Angstblüte« ist übrigens eine genuine Walser-Erfindung, gleichsam die literarische Steigerung jenes »Angsttriebs«, von dem die Botaniker reden, um das letzte Ausschlagen, das finale Sich-Fortpflanzen absterbender Bäume zu benennen. Zur Liebes-Groteske des Romans gehört, dass es selbstverständlich nicht Joni, sondern Helen ist, die Karl vor dessen finalem Fremdgehen gern mit dem Innigkeitssatz ins Bett zu locken pflegt: *Ich will ein Kind von dir*. Allein, schon rein quantitativ füllt die Joni-Affäre nur den kleineren Teil des Romans. Der Triebdynamik entspringt eine ganze Palette weiterer Themen und Motive, die das Buch zu einer Art Anthologie latenter wie aktueller Walser-Interessen machen: Männerfreundschaft, Verrat inklusive, Medien-, insbesondere Talkshowwahn, Kunst- und Antiquitätenhandel als Eitelkeitsbranche, Familiengeschichte, damit aufs Neue Nazizeit und Zweiter Weltkrieg, Kaiser Wilhelm II. als Liedkomponist, Filmindustrie-Possen, Hühnerzucht in Mecklenburg-Vorpommern, eine Polemik gegen Sigmund Freuds Traumtheorie (siehe das Romantik-Kapitel), schließlich – und alles andere überwölbend – Karl von Kahns Methode der Geldvermehrung, die als hehre Kunst betrachtet wird, aber auch als ätzende Kritik an der Münchner *Kulturfraktion* erscheint, deren Hochmut Geld als bloßes Synonym für geistige Armut erachtet. Es ist einiges los. Zumal in Sachen Finanzwirtschaft ist es verblüffend, wie selbstverständlich der Roman den Fachjargon ums Geldgeschehen ins Allgemeinverständliche transferiert – ganz so, wie von Kahn in seiner monatlichen *Kundenpost* der Devise huldigt, *alles Wirtschaftliche ins Menschliche* zu übersetzen.

Walsers Geldepos macht auch die Wirtschaftspresse neugierig auf Literatur. Die »Börsen-Zeitung« (16.11.06) und das »Handelsblatt« (30.3.07) lassen sich in ihren Artikeln über Siegfried Jaschinski, den damaligen Vorstandsvorsitzenden der Landesbank Baden-Württemberg, den Hinweis nicht entgehen, er sei mittlerweile durch Walser poetisch geadelt: In »Angstblüte« werde nicht nur *die tüchtige LBBW* gelobt, sondern auch hervorgehoben, dass sie *einen Dr. phil. vornehin gewählt hat, der über Alexander den Großen promoviert worden ist.* »Börse Online« (28.9.06) will vom Autor wissen, ob er Anlageberater aus eigener Erfahrung kenne. *Ich habe*, so die Antwort, *wie viele in den neunziger Jahren Immobilien in den neuen Ländern gekauft und bin reingefallen.* Während der Vorarbeiten zum Buch habe er zudem zwei Gesellschafterversammlungen von Geschlossenen Fonds besucht und einiges nachgelesen über die Spekulation von George Soros gegen das britische Pfund im Jahr 1992, auch über die Theorien des Großinvestors Warren Buffett, der *der Hausheilige von Karl von Kahn ist.* Die wirtschaftlichen Fakten habe er überdies *von zwei Fachleuten gegenlesen lassen.* Aber wenn sein Held *Hymnen über Zins und Zinseszins* singe, stehe das so natürlich in keinem Wirtschaftsteil: *Das macht Romanschreiben so schön.* Begeistert darüber ist Kai Peter Rath, der Kolumnist der »Wirtschaftswoche« (17.7.06), gerade der volkspädagogische Wert des Romans stimmt ihn froh: *Literatur auf so hohem Niveau rund ums Geldvermehren – es stimmt schon: Nichts ist spannender als Wirtschaft. So ein Buch macht begreiflich: Gute Geldanlage ist nicht Sport und Spiel für Verschrobene und Kleingeistige, sie ist in unserer Zeit eine Notwendigkeit von nahezu sinnstiftender Bedeutung.*

Den Ambivalenz-Kampf der Feuilletons befriedet das Wohlwollen aus Wirtschaftskreisen keineswegs. Im Gegenteil, er tobt in Sachen »Angstblüte« besonders heftig. Burkhard Müller jubelt in der »Süddeutschen« (21.7.) über Frau Jetters Vornamen – *Joni: wirklich und wahrhaftig ist das ihr Name, wie der des weiblichen Schoßes im indischen Tantrismus,* um hinzuzufügen: *Walser und sein Protagonist überlassen sich, nicht zum ersten Mal, einer wunderbar schamlosen Altherrenerotik, die, da sie aufs Ganze geht, über das Peinliche souverän hinauswächst.* Gabrielle Killert resigniert in der »Zeit« (27.7.): *Die ›Angstblüte‹ blüht in der panischen Stilblütenpracht des Gefühlskitsches. … Eine verunglückte Mixtur aus Satire, Melodram, Beichte und Polemik.* Felicitas von Lovenberg begütigt in der F.A.Z. (22.7.): Der Roman sei *das hemmungslos romantische Manifest einer aussichtslosen Liebe.* Ja, es gäbe *einige der gewohnt deftigen Sexszenen, die Henry Miller weniger angeberisch geraten wären, die aber zum ›verblümten‹ Karl von Kahn, der auch erotisch völlig außer sich ist und darum meint, endlich ganz bei sich zu sein, wiederum passen.* Erstaunlich Volker Weidermann, dem »Der Augenblick der Liebe« ausschließlich Widerwille bereitet, der nun aber (F.A.S. vom 16.7.) notiert: Es gehe um die Liebe und um Sex, um einen alternden Mann, der aus seinem scheinbar gesicherten bürgerlichen Leben herausgeschleudert werde *durch die Verführungskraft einer jungen, wunderschönen Frau.* Geschrieben sei das *selbstbewußter und schutzloser, radikaler und so schamlos und frei wie kein Walser zuvor.*

Den Generalverriss liefert die »Welt« (22.7.), die dieses Mal nicht den Bisweilen-Enthusiasten Tilman Krause, sondern Uwe Wittstock, einst Redakteur in Reich-Ranickis F.A.Z.-Literaturblatt, mit der Rezension betraut. Wittstock wird sogleich grundsätzlich, beklagt also, dass der Autor seit Jahrzehnten im Grunde immer dasselbe Buch schreibe, zitiert den unlängst gestorbenen Kollegen Reinhard Baumgart mit dem Bemerk, Walser fehle die Kraft, *nach einem großen Konzept einen großen Roman durchhalten* zu können, und beklagt, auch die neue Hauptfigur unterscheide sich kaum von ihren Vorgängern, Karl von Kahn sei also *ein ewig gleicher Held.* Die Affäre mit Joni wird in knapper Abfälligkeit gestreift, von Kahns Aktivität *im turbokapitalistischen Milieu der Anlageberater* dafür ausführlicher seziert: *Doch über das spezifische Klima dieses Milieus, über seine typischen Umgangsformen und Tonlagen, seine Riten und Regeln erfährt man bei Walser nahezu nichts. Er speist die Leser mit ein paar Allerweltskenntnissen über die Groß-*

*investoren Warren Buffet und George Soros ab, ergänzt sie um ein paar klischeestrotzende Bemerkungen über Nadelstreifenanzüge, Krawatten und Büroeinrichtung, und damit hat sich für ihn der Fall.* Auch die vielen anderen Themen beeindrucken den Kritiker nicht, »Angstblüte«, heißt es, sei konstruiert *nach dem Ordnungsprinzip eines Schaschlikspießes*, was schließlich zur endgültigen Verwerfung führt: *Nein, der Roman ist nicht zu retten, er ist, rundheraus gesagt, ein künstlerisches Desaster.* Knapp eineinhalb Monate nach dem Verriss gibt Marcel Reich-Ranicki, inzwischen sechsundachtzig, der »Frankfurter Rundschau« (6.9.06) ein Interview, in dem er beiläufig bemerkt, von den Kritiken über Walsers neuen Roman *finde ich die von Uwe Wittstock in der ›Welt‹ die interessanteste.* Nachfrage: *Warum?* Antwort: *Das möchte ich nicht sagen.* Nachfrage: *Sie lesen Martin Walser nicht mehr?* Antwort: *Nein! Seit ›Tod eines Kritikers‹ nicht mehr. Ich bin ja in der angenehmen Situation, dass ich mich nicht mehr über alles äußern muss.* Seinen Schüler Wittstock hat er auch 2002 ins Feld geführt, um die irrige Annahme zu belegen, bei »Tod eines Kritikers« handle es sich um ein *antisemitisches Buch.*

Frau von Lovenberg endet ihre Rezension in der F.A.Z.: *Martin Walser hat einen brennend aktuellen Roman geschrieben.* Fünf Tage zuvor zeigt auch Wolfgang Höbel im »Spiegel« (17.7.), warum man das so sehen kann. Höbel fasziniert Walsers *Neugier auf ihm eigentlich fremde Milieus,* die den Romanen eine spezifische Art von Welthaltigkeit beschere. Dieses Mal erzähle er also *voller Entdeckerfreude von Portfolio-Management, Nettoinventarwert und Benchmarks, von den merkwürdigen Regeln und natürlich auch den moralischen Fragwürdigkeiten der professionellen Spekulation und Geldvermehrung.* Karl von Kahn ist ein Held nach Höbels Geschmack: *Ein Schlitzohr mit Herz und meist auch mit professioneller Fortune, ein schrulliger, eigensinniger Citizen von Kahn, der stetig und virtuos das eigene Vermögen mehrt und das seiner Kunden,* mehr noch und darüber hinaus: *ein Orpheus der Börsenwelt, dem alles Geld- und Fachwortgeklingel herrliche Musik ist.* Insoweit ist das Buch *immer unterhaltend, meistens komisch.* Das gilt nicht oder nur eingeschränkt *für ein paar kantige Ansichten* der Romanfiguren *zu sozialen und politischen Fragen der Zeit.* Die drohende Überalterung der deutschen Gesellschaft etwa sei für sie *Gerede* und *versicherungsmathematischer Müll.* Von der Nazi-Zeit dürften offenbar nur die sprechen, die dabei gewesen seien. *Jedenfalls nicht die Nachgeborenen, von denen der alte Kahn sagt: ›Nazikinder passen schärfer auf.‹* Es folge eine Variation der *Klischeedummheit, dass in jedem Antifaschisten ein Faschist stecke.* Kurzum, hier dröhne Walser durch seine Figuren als *der mit der Auschwitz-Keule, der ewig Unkorrekte, die gekränkte Unschuld.* Ganz bei sich sei der Roman allerdings, *wenn er vom Alleinsein erzählt.* Dessen schönster Reiz deshalb: *Der heroische (nur manchmal kitschige) Einsamkeitsstolz, mit dem Martin Walser sich selbst und seinen Karl umflort.*

2006 wird der Deutsche Buchpreis, ausgelobt für den besten Roman des Jahres, zum zweiten Mal verliehen. »Angstblüte« ist das erste und bisher einzige Walser-Buch, das es auf die Shortlist schafft, was übrigens andere Autoren seiner Jahrgänge und ähnlicher Berühmtheit nie erreicht haben. Günter Grass, Hans Magnus Enzensberger, Christa Wolf, Martin Walser: Diese vier, beginnt Burkhard Müller seine Rezension der »Angstblüte« in der »Süddeutschen«, seien *sämtlich schon rund ein halbes Jahrhundert im Geschäft und stellen je für sich das dar, was man ... Großschriftsteller nennt.* Aber nur einer von den vieren wecke, wenn er mal wieder ein Buch ankündige, echte Neugier: Walser. *Denn nur bei dem weiß man wirklich nie, was kommt.* Von Wittstocks Klage über das Immergleiche der Walser-Prosa ist diese Diagnose himmelweit entfernt. Natürlich fragt man sich, wie es zu derart entgegengesetzten Urteilen kommen kann. Eine simple Antwort gibt es nicht. Walser selbst würde wohl schlicht sagen, jeder Leser lese eben sein eigenes Buch. Aber kann, was für die persönliche Lektüre gelten mag, auch für die professionelle Betrachtung in Betracht kommen? Wir haben es beim späteren Walser mit einem Autor zu tun, dem sich Kritiker mit meist beträchtlichem Vorwissen, aber eben auch mit vorgeprägten Einstellungen nähern. Natürlich gehört es zu ihrem Ethos, sich, wenn nötig, angesichts eines neuen Buchs von allen bisherigen Ansichten zu befreien – Wittstock etwa beginnt den Verriss mit dem

Bekenntnis: *Wie gern hätte ich diesen neuen Roman von Martin Walser gelobt.* Gewisse Grundmuster, das Bild des Autors betreffend, aber sind hartnäckig. Dann kommt es meist auf wenige Details an, die das Urteil letztlich bedingen.

Meine Sympathie für »Angstblüte« gilt der Atmosphäre, in der sich die Handlung abspielt. Obwohl ich für München nicht sonderlich viel übrig habe, gefällt mir, wie Karl von Kahn die Stadt wahrnimmt, wie er den Nordfriedhof oder die abendliche Heimkehr in die Osterwaldstraße schildert, wie er, eigentlich der Typ für eine Limousine mit Chauffeur, zum ersten Rendezvous mit Joni ganz selbstverständlich in *die U6* nach Herrsching steigt und während der Fahrt die Mitreisenden empathisch taxiert. Mir gefällt, was ich über das Tennisspielen, das Konzerngeschäft mit Tennisschlägern und die Dramen der Tennisstars erfahre oder wie sorgsam Helen den Gesundheitstrank zum Frühstück bereitet. Über all dies würde ich in einer Rezension kaum schreiben, weil es mir zu privat und deshalb für mögliche Leser zu unerheblich schiene. Aber es prägt den Zugang zum Text mit, jedenfalls unterschwellig. Ich kann, was mir nicht gefällt, besser ertragen. Dass Walser bei Sexszenen immer mal wieder glaubt, absichtsvoll säuisch werden zu müssen – geschenkt. Dass er, wie im Fall von Rudi-Rudijs Drehbuch, die ohnehin groteske Joni-Affäre im Pseudo- genauer: Anti-Shakespeare-Jargon noch einmal durchkaut – ärgerlich zwar, aber noch erträglich. Die Passagen über Wilhelm II.: Sie wären besser gestrichen worden, sind aber, wenn auch seufzend, hinzunehmen. Hätte ich damals über den Roman geschrieben, wäre beim Abwägen aller Ambivalenzen – und vor allem wegen der in der Tat famos geschilderten Finanzmaklerei – am Ende ein eher positives Urteil herausgekommen, sozusagen Ambivalenz plus, sogar plusplus.

Unambivalente Bewunderung gilt allerdings der energischen, dabei unangestrengt wirkenden Produktivität des späteren Walser: fünf Romane im achten Lebensjahrzehnt, jeder davon weit entfernt von Serialität wie Sterilität, mit dem »Springenden Brunnen« überdies ein fragloses Hauptwerk darunter. Felicitas von Lovenberg zu »Angstblüte«: *Angesichts der Ausschläge des neunundsiebzigjährigen Schriftstellers müßten sich viele jüngere deutsche Autoren fragen, ob sie im Vergleich dazu nicht scheintot sind.* Ganz von selbst beantwortet sich die Frage für die damals neununddreißigjährige Katharina Hacker. Denn sie, nicht Walser, gewinnt den Deutschen Buchpreis für den Roman »Die Habenichtse«, die in London spielende Geschichte des jungen deutschen Ehepaars – und sie gewinnt völlig zu Recht. Der Roman zeichnet ein prägnantes Porträt der durch Florian Illies' Bestseller sprichwörtlich gewordenen »Generation Golf« – und wird dank des Preises seinerseits zum Bestseller. In der Jahresliste des »Spiegels« landen »Die Habenichtse« auf dem siebzehnten, Walsers »Angstblüte« auf dem für seine Verhältnisse enttäuschenden siebenunddreißigsten Rang, beide hinter »Vom Häuten der Zwiebel«, den Erinnerungen von Günter Grass, der mit dem späten Bekenntnis zu seiner kurzen SS-Mitgliedschaft gegen Ende des Zweiten Weltkriegs für den Skandal des Jahres 2006 gesorgt hat. Das mit Abstand bestverkaufte Buch ist jedoch bereits 2005 erschienen, hat Ende 2006 die Auflage von einer Million Exemplaren überschritten und stammt von einem weiland einunddreißig Jahre alten Autor, für den von Lovenbergs rhetorische Frage an die jüngere Generation obsolet ist. Die Rede ist von Daniel Kehlmann und seinem Roman »Die Vermessung der Welt«, einer Gelehrtensaga aus dem neunzehnten Jahrhundert, die den Lesernerv des gerade beginnenden einundzwanzigsten auf unvergleichliche Weise trifft, selbst Joanne K. Rowling und ihr damals jüngster »Harry Potter« landen im abgeschlagenen Feld.

## Ein liebender Mann, 2008

Aus Anlass von Walsers Goetheepos »Ein liebender Mann« – das erste Buch und der größte Erfolg des neunten Lebensjahrzehnts – unternehmen wir eine kleine Medienreise. Sie beginnt im Herbst 2007, als der Autor zum ersten Mal öffentlich vom neuen Roman spricht, und endet kurz vor Weihnachten 2008, wenn sich wieder einmal die Frage nach dem *Buch des Jahres* stellt. Den Anfang macht, Walsers stabiler Prominenz ebenso geschuldet wie der offenkundigen Attraktivität seines Wohnorts für Dienstfahrten, das Boulevardblatt »Bild am Sonntag«. Äußerer Anlass für die Bodensee-Tour der Zeitung ist die (überaus gelungene) Neuverfilmung der Meisternovelle »Ein fliehendes Pferd« (1978), die Mitte September 2007 in die Kinos kommt. Kein Wunder deshalb, dass in der Ausgabe vom 9. September ein opulentes Szenenfoto des Films über dem Walser-Interview prangt: Petra Schmidt-Schaller, die Darstellerin der *Helene*, im schwarzen Bikini dem melancholisch-begehrenden Blick Ulrich Noethens ausgesetzt, der den *Oberstudienrat Helmut Halm* spielt. Kein Wunder auch, dass Walser seinerseits von der Schauspielerin schwärmt: *Eine junge Frau mit einer wundervollen Ausstrahlung.* Am Ende des Gesprächs die nahezu obligatorische Frage nach dem Werk, an dem der Dichter gerade arbeite. Walser nennt den Titel – »Ein liebender Mann« – und rezitiert den ersten Satz: *Bis er sie sah, hatte sie ihn schon gesehen.* Eine Liebesgeschichte? Walser: *Es geht um Ulrike von Levetzow, die noch keine zwanzig ist, in die sich der 55 Jahre ältere Goethe 1821 in Marienbad wahrhaft unsterblich verliebt.* Was ihn daran gereizt habe? *Die von der Literaturwissenschaft überlieferten Nachrichten über Ulrike von Levetzow sind so dürftig, so bürgerlich grotesk, dass Goethe ein Idiot gewesen wäre, wenn er sich in sie, so wie sie verzeichnet wurde, verliebt hätte. Ich habe eine Ulrike geschaffen, die der Liebe Goethes würdig ist.* Bis zum Jahresende schreibt Walser in Nußdorf das Buch zu Ende.

Am 3. Januar 2008 findet sich eine Notiz in der »Stuttgarter Zeitung«: *Der Rowohlt Verlag kündigt an, Martin Walsers neuer Roman ›Ein liebender Mann‹ werde in der ›Frankfurter Allgemeinen Zeitung‹ vorabgedruckt.* Am 12. Januar wittert Eckhard Fuhr in der »Welt« schon Morgenluft: *Wie man munkeln hört, ist Walser noch einmal ein großartiger Roman gelungen. Selbst notorische Walser-Verächter sollen begeistert sein. Alter schützt vor Meisterschaft nicht.* Es vergeht fast ein Monat, ehe die Vorabdruck-Meldung der »Stuttgarter« von Anfang Januar auch in anderen Zeitungen ankommt und kommentiert wird. Ein Beispiel: die »Süddeutsche Zeitung« vom 2. Februar, in der der Jungredakteur Ijoma Mangold unter dem Titel »War da was?« zu Protokoll gibt: *Vor sechs Jahren lehnte die Frankfurter Allgemeine Zeitung den Vorabdruck von Martin Walsers Roman ›Tod eines Kritikers‹ ab … Sie tat dies ausdrücklich, weil sie das Buch und mit ihm seinen Verfasser für antisemitisch hielt … Die FAZ hat ihr Urteil über Walser nie revidiert.* Mangold hat bei Walser nachgefragt und zwei ironisch-taktische Sätze erhalten: *Der Kritiker muss nicht sein Urteil revidieren, das er irgendwann über mich gefällt hat. Es genügt, wenn er einem ganz anderen Buch genauso extrem gerecht wird, wie er früher extrem ungerecht geworden ist.* Mangold kommentiert: *Das Frivole dieses Vorgangs besteht darin, dass beide Seiten, der Ankläger wie der betroffene Autor, den Antisemitismusvorwurf wie ein Geschmacksurteil behandeln.* Schirrmacher äußert sich nicht. In der F.A.Z. kündigt Felicitas von Lovenberg am 23. Februar unter dem Titel »Augenkraft, die nichts verbergen kann« den Vorabdruck offiziell an: *Martin Walser hat die berauschende Wirkung unbekümmert junger Weiblichkeit auf ältere Herren schon einige Male untersucht. Dass sich erfolgreiche Männer mit jungen Frauen belohnen, ist allenthalben zu beobachten: ein ewiges Phänomen der Natur, ein großes Thema der Gegenwart.* Der Roman ist für sie *der zarteste, unerbittlichste und versöhnlichste*, den Walser je geschrieben habe. Glänzend sei das Porträt der jungen Ulrike von Levetzow, gleichwohl habe der Autor Emphatischeres im Sinn: *Goethe ist es, den er sich anverwandelt. Im Schatten junger Mädchenblüte wird der einstige Repräsentant des bürgerlichen Zeitalters zu einem heroisch Liebenden: Goethe in love.*

Auf den 7. März 2008 hat Walsers Verlag den Erstverkaufstag des Buchs gelegt, üblicherweise auch das früheste Datum für Rezensionen. Aber noch bevor überhaupt der Abdruck als Feuilletonroman beginnt, erscheint am 21. Februar bereits die Kritik des Buches in der »Zeit«: wohlwollend, aber nicht enthusiastisch. Bis zum 7. März haben alle wichtigen Blätter reagiert, während Walser von Interview zu Interview eilt. Volker Hages Rezension wird im »Spiegel« vom 25. Februar angekündigt: *Ein 73-jähriger Dichter will eine 19-Jährige heiraten.* Ulrike von Levetzow nennt Hage *eine Scarlett Johansson des frühen 19. Jahrhunderts.* Über die erzählte Zeit: *Walser schildert, immer nah an seinem Helden, die Ereignisse des zweiten Halbjahrs*

*1823, angefangen am 11. Juli, fünf Uhr nachmittags, als Goethe Ulrike in Marienbad erstmals als Frau wahrnimmt ..., bis hin zum Morgen des 29. Dezember, als Goethe daheim in Weimar ... die Unerfüllbarkeit seiner Wünsche akzeptieren muss.* Einmal Lob: *Was Walser wunderbar gelingt, ist das Porträt der jungen Frau.* Doch damit hat es sich: *Es wird in diesem Roman viel behauptet, wenig erzählt.* Da sich der vergeblichen Liebe zu Ulrike eines der größten Goethe-Gedichte verdankt, die »Marienbader Elegie« von 1823, muss auch der Roman den klassischen Versen genügen: *Walser versucht nun, den Ton dieses Gedichts – es wird vollständig zitiert – gewissermaßen auf die Länge eines Romans zu strecken. Das kann nicht gutgehen.* Bei weitem nicht alles, was zwischen dem ungleichen Paar geschieht, ist überliefert, also will nachgeholfen sein: *Im dritten Teil seines Romans erfindet Walser sogar eine ganze Reihe von Briefen Goethes an Ulrike.* Für Hage ein nicht minder *billiger Effekt* als die Erfindung eines fiktiven Nebenbuhlers, eines Kerls namens *de Ror,* im *Orienthandel* tätig. Haben sich die kurzzeitig füreinander Entflammten tatsächlich geküsst? Walser weiß es, Hage zitiert: *Dann näherten sich die Münder einander, kamen einander so nah wie noch nie und blieben so nah bei einander, bis eine Elster mit ihrem schrillen Schrei die Zeitlosigkeit zerriss.* Finaler Kommentar: *Spätestens bei solchem Kitsch fragt man sich dann, was Walser sich eigentlich gedacht hat.* Und was denkt sich Hage? An Walsers Kuss-Moment ist höchstens das Attribut »schrill« überflüssig, weil wir es besser dem Schrei der nach Norden ziehenden Wildgänse überlassen – kitschig ist nichts.

Mit der als *Urlesung* ankündigten Präsentation im Weimarer Residenzschloss am Mittwoch, dem 27. Februar, wird der Goetheroman zum Nahezu-Staatsakt. Die kurze Kunde davon muss mit einer Boulevard-Delikatesse des Reporters Joachim Bessing beginnen. Er ist von der nur zwei Jahre, zwischen 2007 und 2009, existierenden deutschen Ausgabe der amerikanischen »Vanity Fair« zur Berichterstattung entsandt und hat eine blendende Idee. Er verabredet sich mit Walser nicht erst in Weimar, sondern bereits im ICE dorthin. Bessings erklärender Text wie das Intercity-Interview erscheinen zwar erst am 6. März, sind jedoch zeitlos herrlich. *Walser ist hungrig*, heißt es über das Ambiente des Gesprächs, *auf die Luxemburger Bohnensuppe im Bordrestaurant hat er sich gefreut. Den beeindruckend großen Koffer schwingt er mit Schmackes auf die Ablage hinauf, dann kommen die Getränke. ›Da lernt man ein Bier wieder schätzen‹, sagt Martin Walser nach dem Zuprosten. Käthe Walser, seine zurückhaltende Frau, nickt*. Das Interview dreht sich zunächst um Konrad Adenauer – *für mich*, so Walser, *der letzte Politiker mit eigener Sprache* – und das politische Engagement: *Ich hatte keine DKP-Zeit*. Dann geht es zum Roman. Es sei bereits sein dritter, der *vom großen Altersunterschied zwischen Liebenden* erzähle: *Aber Sie müssen einmal lesen, wie die Kritiker, vor allem Kritikerinnen, diese Bücher beurteilen: biologisch, ästhetisch, moralisch. Unmöglich, skandalös! Sie können sich vor Peinlichkeit nicht mehr fassen.* Blicke in die Werkstatt folgen, es geht um Finden und Erfinden. Die Passage sei übersprungen, weil nach dem annähernd fünfundzwanzigsten Goethe-Interview nicht mehr überraschend. Ein Abstecher noch zum unglücklichen Dichtersohn August: *Goethe nennt ihn halt seinen missglückten Samen*. In Weimar angekommen, schließt der Reporter, *besteigen die beiden ein Taxi, das sie ins Hotel Elephant bringen wird. Zum Abschied gibt Herr Walser mir noch einen ziemlich kräftigen Klaps ins Gesicht. Als ich aufjaule, verzieht sich schlagartig das Gewölk seiner Brauen, und es strahlt das Augenblau: ›Das war doch nichts!‹*

Warum zitieren wir – und zwar mit Vergnügen – angesichts des hochbürgerlichen Goetheromans zwei Interviews mit Boulevard-Medien? Weil sie in allererster Linie die uneitle Vitalität des Autors widerspiegeln, weil sie zeigen, wie professionell er bei und mit dem Verbreiten seines Werks zu Werke geht. Er ist sich nicht nur nicht zu schade, dafür mit allen zu kommunizieren, die mit ihm kommunizieren wollen, er dreht dabei auch Intellektuellen wie dem Freundfeind Habermas eine lange Nase, die bei »Bild«, »Bunte« oder eben »Vanity Fair« vor allem an Heinrich Bölls Anti-Boulevard- und Empörungsroman »Die verlorene Ehre der Katharina Blum« (1974) denken, keineswegs jedoch an die Leser, die derartige Medien eben zu ihrer höchst legitimen Unterhaltung nutzen. Natürlich zitieren wir die Interviews auch, weil sie als *Verkaufsgespräche* (Klingenstein) auch lustig sind. Zur *Urlesung* selbst ist jedenfalls wieder das Hoch-Feuilleton präsent: Edo Reents von der F.A.Z., Eckhard Fuhr von der »Welt«, Joachim Güntner von der »Neuen Zürcher«, Dirk Knipphals von der »taz«. Reents protokolliert die Anwesenheitsliste. Bundespräsident Horst Köhler ist aus Berlin gekommen. Nike Wagner, Urenkelin von Richard Wagner und aktuell Leiterin des Kunstfestes Weimar, sorgt mit Hellmut Seemann, dem Präsidenten der Stiftung Weimarer Klassik, für kulturelle Repräsentanz, der Philosoph Peter Sloterdijk *mit dem absolut rotesten Schal des Abends* mal wieder für Aufsehen. Auch ein Münchner Großkritiker ist da, über dessen Beziehungsduett mit dem Autor die F.A.Z. berichtet: *Martin Walser liest im alemannischen Singsang seine nicht immer ganz stubenreinen Goetheana, und Joachim Kaiser macht alle paar Minuten ›Hpääh!‹*. Knipphals und Fuhr befassen sich mit dem wichtigsten Dekor der Weimarer Feierstunde. *Walser trug keinen Lorbeer-Kranz, als er in die Hauptstadt der deutschen Klassik einzog, sondern eine bunte Krawatte mit einem poppigen Tischbein-Goethe* (Fuhr); *Martin Walsers Krawatte stach aus alledem heraus. Auf ihr befanden sich giftig hellblaue, kaum zu identifizierende Muster; manche Beobachter wollen Autos auf ihr bemerkt haben* (Knipphals). Joachim Güntner stellt eine skeptische Frage: *Wandelt Walser nicht allzu sehr in den Spuren seines jungen Kollegen Daniel Kehlmann, wenn er wie dieser einen historischen Stoff wählt und einen berühmten Deutschen – bei Kehlmann ist's Alexander von Humboldt, bei Walser Goethe – zur zentralen Gestalt seines Romans macht?* Die Frage kann getrost offen blieben. Die Weimar-Welt ist in Ordnung, an diesem Tag jedenfalls, Ijoma Mangold moderiert – und kein Antisemitismus weit und bereit. Der Rowohlt Verlag hat angesichts des großen Vorab-Echos den Erstverkaufstag auf Freitag, den 29. Februar, vorgezogen.

Joachim Kaiser hat seine Kritik geschrieben, bevor er nach Weimar reist. Auch sie erscheint, wie die Urlesungs-Reportagen, am 29. Februar 2008. Titel: »Die Leiden des alten Werthers«. Initialton und durchgängiger Tenor: *Was bei Martin Walser sogleich entzückt, ist die Anmut seiner Schilderung. Man lässt sich bezaubert ein auf Liebes-*

*Passion, Dichter-Gescheitheit, lebendigstes Zeitkolorit. Da übertrifft Walser, sprachmächtig, nicht nur sich selbst, sondern auch so manche berühmte Goethe-Schilderung der deutschen Literatur.* Gemeint sind Thomas Manns Roman »Lotte in Weimar« (1939) und Stefan Zweigs Kurzerzählung »Die Marienbader Elegie« in der Sammlung »Sternstunden der Menschheit« (1927/1943). Dass »Ein liebender Mann« die literarischen Goethe-Vorläufer erreicht, gar übertrifft, ist für Tilman Krause, bei den vorhergehenden Walser-Romanen fast stets auf Seiten der Enthusiasten, allerdings ein Gerücht, das sofort widerlegt werden muss. *Thomas Mann wollte es machen*, notiert er in der »Welt« vom 1. März zu dessen Plan einer Marienbad- und Ulrike-Novelle, *und nun kriegen wir Walser. Damit ist eigentlich schon alles gesagt.* Recht ausführlich referiert Krause das einstige Geschehen und fragt, was Walser daraus gemacht habe. *Zunächst ein Lustspiel. Zauberhafte Galanteriewaren. Konversationelle Tändelei.* Etwas von oben herab ein Zwischenbefund: *Das ist alles sehr artig und hübsch.* Nun jedoch *kommt der Absturz. Klaftertief. Was um alles in der Welt mag Walser bewogen haben, nun auch noch in Goethes Haut zu schlüpfen und uns fiktive Briefe zu geben, die ganz und gar den Geist von Walser, jedoch nicht im Geringsten den von Goethe atmen?* Aus Klassiker-Ehrfurcht findet Krause Walsers Goethe-Annäherung offenbar an sich verwerflich. Fazit: Einzig Thomas Mann habe sich mit »Lotte in Weimar« Goethe *kongenial* genähert, Walser gelinge es nur partiell – *solange er komisch sein kann. Tragik, Schmerz, Verzicht und Sublimationskultur: Das geht wohl doch über seinen Horizont.* Krauses Rezension ist aus Goethe-Gips.

In der ersten und zweiten Märzwoche schließen sich die Rezensionslücken: »Tagesspiegel«, »Berliner Zeitung« und »taz«, die NZZ, der mittlerweile eingestellte »Rheinische Merkur« und die »Frankfurter Rundschau« warten mit grundständig respektvollen Würdigungen auf, während die F.A.Z. immer noch vorabdruckt. In der Sonntags-Ausgabe, der F.A.S., liefern sich Elke Heidenreich (pro) und Volker Weidermann (contra) am 9. März ein kleines Urteilsgefecht über den Roman. Am 21. April endet der Zeitungsabdruck mit der 48. Folge, Johanna Adorjan beendet den Rezensionsreigen am 26. April mit dem

Bekenntnis, sie habe zwei Bücher in einem gelesen, wobei ihr die erste Hälfte, zumal die Ulrike-Passagen *bis zur Seite 111* glänzend erscheinen, die Goethe-Dominanz danach eher nicht, die erfundenen Liebesbriefe ganz und gar nicht. Walser gibt weiter Interviews. Auf der Bestsellerliste kommt »Ein liebender Mann« weder an den skandalisierenden »Feuchtgebieten« der Charlotte Roche noch an Ken Folletts neuem Kingsbridge-Roman »Die Tore der Welt« oder dem Krimi-Duo Klüpfel & Kobr vorbei, liegt aber solide auf Platz vier. Als die Lesereise durch mehr als zwanzig Städte in München stationiert, berichtet die »Süddeutsche« (30.5.): In der überfüllten Aula der Universität *werfen* sich der Goetheforscher und Walser-Enthusiast Dieter Borchmeyer – er hat den Roman am 3. März im »Focus« gerühmt – und ein gutgelaunter Autor *die Bälle zu*. Auf die Longlist des Deutschen Buchpreises schafft es der Roman, auf die Shortlist nicht. Nicht zuletzt für »Ein liebender Mann«, naturgemäß auch für das Lebenswerk wird Walser Anfang August der »Ehrenpreis des Bayerischen Ministerpräsidenten« zuerkannt und Anfang November verliehen. Am 13. Dezember veröffentlicht die »Süddeutsche« die Liste ihrer Weihnachtempfehlungen, die in diesem Jahr die Umfrage zum *Buch des Jahres* ersetzt: Franziska Augstein votiert für Walsers Goetheroman. Ende der Medienfahrt.

Zurückzukommen ist auf die »taz«-Besprechung vom 3. März. Die Kritikerin Wiebke Porombka vergleicht »Ein liebender Mann« mit »Exit Ghost«, dem zeitgleich auf Deutsch erschienenen neuen Roman des damals fünfundsiebzigjährigen Amerikaners Philip Roth (1933 bis 2018). Die Idee ist ausgezeichnet. Rein äußerlich gibt es zwei Entsprechungen. Bei Roth wie Walser verlieben sich die älter, ja: alt gewordenen Hauptfiguren in junge Frauen – Nathan Zuckerman in die dreißigjährige New Yorkerin Jamie, Goethe in Ulrike. Beide Hauptfiguren sind überdies Schriftsteller: Zuckerman ist schon seit Jahrzehnten das Ähnlichkeits-Ego des Autors Roth, Goethe die Symbol- wie Spiegelfigur des Dichterischen schlechthin. Auch Porombkas Eingangsbeobachtung ist überzeugend: Man stelle, sagt sie, bei fortschreitender Lektüre fest, dass es in beiden Büchern *um eine ganze Menge mehr* gehe als um junge Frauen. Nämlich um: *Ängste vor dem Nichtschritthaltenkön-*

*nen, dem Hinausfallen aus sozialen Zusammenhängen, vor dem sukzessiven Versagen des eigenen Körpers.* Das Schwärmen für junge Frauen stelle gegen solche Ängste *allenfalls eine affektiv aufgeladene Ersatzhandlung* bereit. Der brillanten Eröffnung folgt in Porombkas Doppel-Kritik allerdings die ziemlich lustlose Abwehr: Beide Romane gefallen ihr nicht. Zu Zuckermans Kopf- und Seelenemphasen mit Jamie notiert sie: *In seinem Hotelzimmer schreibt er fiktive Dialoge, in denen all jene erotischen Bande geknüpft werden, die in der Realität ein für allemal passé sind. Diese Dialoge sind eine Qual. Kaum weniger entwürdigend als die Passagen über seine geruchsintensiven Urinverluste.* Zur Goethefigur bei Walser stellt sie fest: *So gerät seine emotionale Selbstverjüngungskur, deren gesellschaftliche Anstößigkeit ihm natürlich sehr wohl bewusst ist, zu einem zusehends peinlichen und für Figuren wie Leser peinigenden Unterfangen.* Mit einem typischen Kritiker-Paradox endet die Besprechung: *Die Romane von Walser und Roth sind eine Zumutung. Sie sind erbärmlich, peinlich und stellenweise sogar ekelerregend. Aber gerade darin liegt ihr Gelingen.*

Nun kann es nicht die Aufgabe einer einzelnen Buchkritik sein, das darin aufscheinende Großthema auch groß zu erörtern. Porombka gibt immerhin einen methodischen Mangel zu Protokoll: Es gäbe *schwerlich Parameter für eine Literatur, die derart ungeschönt und aus nächster Nähe über das Altwerden erzählt.* Der Parameter ist ganz einfach: die Lebenswerke beider Autoren. Es hat sich hierzulande eingebürgert, Philip Roth als souveränen Weltautor auf einer höheren Ebene zu situieren als Martin Walser, den bloßen Erzählriesen (aus) der deutschen Provinz. Zwei Jahre vor »Exit Ghost« erscheint in Deutschland »Jedermann«, das amerikanische Prosa-Pendant des Philip Roth zu Hugo von Hofmannthals gleichnamigem Theatermysterium von 1911. Parallel dazu ebenfalls ein Walserroman: »Angstblüte«. Gerrit Bartels bringt gleich zu Beginn seiner Roth-Besprechung (»taz«, 10.8.06) das deutsch-intellektuelle Vorurteil gegenüber beiden Autoren auf den Punkt: *Wo Martin Walser seine Helden mit dumpfer Wut gegen den Tod und der Weigerung, diesen zu akzeptieren, ausstattet und diese durch ewigen Sex mit ewig jüngeren Frauen ihre ewige Jugend bestätigen, da zeichnet sich dieser Roth'sche Jedermann durch Altersgleichmut, Altersstoizismus, Altersdemut aus: Das Leben ist so, wie es ist, es besteht aus lauter, nicht wieder gutzumachenden Fehlern, und dann kommt der Tod.* Walser, ein gedankenloser Verdränger, Roth, ein gedankentiefer Aufklärer. Elmar Krekeler (»Welt«, 12.8.06) schließt seine »Jedermann«-Kritik noch herablassender: *Der Vergleich zu ›Angstblüte‹, dem Altersroman von Martin Walser, liegt nahe. Aus Pietätsgründen Walser gegenüber wurde er nicht angestellt.*

Dies alles ist natürlich grober Unfug. Die Weltbilder und Weltzugänge von Walser und Roth sind von vornherein different bis konträr, zu sehen bereits beim Vergleich etwa von »Portnoys Beschwerden« (1969, deutsch 1970) und »Das Einhorn« (1966). Beide sind Identitätsbücher, beide Sexromane, beide Parabeln der Todesangst. Roth aber ist von Beginn an ein Tragiker, Walser ein Tragikomödiant. Sex bei Roth ist immer auch Selbstqual, bei Walser immerhin ein *Unglücksglück.* Roth ist Apokalyptiker, Walser als Halb-Romantiker auch ein Teil-Epiphaniker. Roth ist ein Obsessionist von Krankheit und Zerfall – sowohl in »Jedermann« wie in »Exit Ghost« wimmelt es von Klinikaufenthalten, Krebsdiagnosen, Prostata- und Demenzkatastrophen. Walser vermeidet Krankheit und Zerfall keineswegs: Im zweiten Teil von »Lebenslauf der Liebe«, wir haben reportiert, geht es detailreich um Edmunds Dahinsiechen. Aber es wird einfach weggetragen vom mal trägen, mal reißenden Vitalitätsstrom, in dem sich Susi, Edmunds Frau und Walsers Heldin, weitertreiben lässt. Philip Roth ist ein jüdischer Atheist, Walser ein bisweilen katholischer (Beichte, Heimatgefühl), bisweilen protestantischer (das Gewissen, die Rechtfertigung) Halb- oder Viertelsgläubiger. Roth hat sein Leben lang im Angesicht des Todes geschrieben, damit aus permanentem Todesbewusstsein heraus – Martin Walser, darin Elias Canetti verwandt, schreibt permanent gegen den Tod an, auch indem er das explizite Schildern des Sterbens vermeidet: In »Angstblüte« ist Karl von Kahns Bruder Erewein eben plötzlich tot – Selbstmord, erfahren wir. Eine Sterbegeschichte wie Thomas Hürlimanns grandiose »Tessinerin« (1981, Neuausgabe 2016) könnte er nie verfassen, will es auch nicht. Und die Qualitäts-, damit die Rangfrage zwischen Roth und Walser? Je länger und lustvoller man sich als Leser durch die Weltliteratur buchstabiert, desto nebensächlicher wird die Antwort darauf. Sie entscheidet sich beim je einzelnen Buch. Mir scheint »Angstblüte« weit besser als »Jedermann«, dafür »Exit Ghost« existentiell zwingender als »Ein liebender Mann«, der handwerklich wie stilistisch exzellent ist. Den Nobelpreis, die *Weltmeisterschaft im Schreiben*, hätten beide verdient. Bei Roth hat die Stockholmer Akademie zu Lebzeiten versagt, bei Walser gibt es die Chance noch. Schlusswort des Autors aus dem Interview mit dem »Stern« vom 6. März 2008 zum Goethebuch: *Ich zeige das größtmögliche Leid und die größtmögliche Illusion.*

## Muttersohn, 2011

Wir konzentrieren uns bei diesem Buch auf eine Chronik der überregionalen Printmedien ausschließlich im Juli 2011. Da erscheint der Roman. Er wird sofort umfassend rezipiert, zeitigt aber in den Wochen und Monaten danach kaum Latenz-Wirkung. Wir parallelisieren die Aufnahme von »Muttersohn« zugleich mit dem punktuellen Verzeichnen äußerer Weltgeschehnisse, wobei deren Auswahl schlicht den Tageszufälligkeiten folgt. Innere Nähe zum Roman ist weder vorhanden noch angestrebt. Es geht dieses Mal also nur am Rand um die Gleichzeitigkeit des Unvereinbaren, es geht einfach um die Parallelpräsenz des Verschiedenen.

*Freitag, 1. Juli:*
In der Zeitschrift »Literaturen« erscheint in der Rubrik »Favoriten« die Rezension des Walser-Biographen Jörg Magenau. Titel: »Ein Fürst der Freundlichkeit«. Untertitel: »Martin Walsers neuer Roman ist ein Liebes-Evangelium, das noch einmal alle Walser-Themen aufbietet«. Urteil: *›Muttersohn‹ ist keine lauwarme Konfektionsware, sondern ein abgründiges, kraftvolles, struppiges Lebens-, Liebes- und Glaubensbuch.* Nach Abschaffung der Wehrpflicht treten am 1. Juli die ersten Freiwil-

ligen ihren Dienst bei der Bundeswehr an. In Monaco heiratet Fürst Albert II. Charlene Wittstock. In New York wird Dominique Strauss-Kahn, der frühere Direktor des Internationalen Währungsfonds (IWF), unter Auflagen auf freien Fuß gesetzt worden. Die Ermittlungen wegen der mutmaßlichen Vergewaltigung eines Hotel-Zimmermädchens werden nicht eingestellt.

*Sonntag, 3. Juli:*
In der F.A.S. erscheint als Feuilleton-Aufmacher die Kritik von Volker Weidermann. Titel: »Die letzte Wende«. Untertitel: »Jesus am Bodensee: Martin Walsers neuer Roman erzählt von einem heiligen Muttersohn«. Urteil: *Walsers Jesus-Rausch bringt in diesen 500-Seiten-Roman Tempo, Farbigkeit und Licht.* In London gewinnt Novak Djokovic seinen ersten Wimbledon-Titel und wird als erster Serbe die Nummer eins der Tennis-Weltrangliste.

*Donnerstag, 7. Juli:*
Im Magazin »Stern« erscheint ein Interview mit Walser über den Roman. Erläuterung der Redaktion: *Im Mittelpunkt steht Anton Percy Schlugen, unehelicher Sohn der Josefine, Produkt einer unbefleckten Empfängnis. Josefine erklärt ihm, dass kein Mann nötig gewesen sei, um ihn zu bekommen.* Walser über den Grund des Buchs: *Ich hatte so ein Percy-Gefühl, von dem ich noch niemals Gebrauch gemacht hatte. Alles war immer so schlimm und so schwer und so traurig. In mir war aber das Bedürfnis nach hellen Tonarten gehortet, nach C-Dur.* In Berlin beschließt der Bundestag die Zulassung der Präimplantationsdiagnostik in engen Grenzen. Der Sicherheitsrat der Vereinten Nationen entscheidet über eine Hilfsmission im Südsudan, das in den kommenden Tagen seine Unabhängigkeit von den übrigen Landesteilen Sudans ausruft.

*Samstag, 9. Juli:*
In der F.A.Z. rezensiert Felicitas von Lovenberg den Roman unter dem Titel »Produziert ihr Kälte, ich produzier' Wärme«, einem Satz der Hauptfigur Percy Schlugen. Urteil: *Wie die besten Alterswerke*

*lebt auch dieses von der Kompromisslosigkeit, vom Wissen um die Endlichkeit, der unverstellten Dringlichkeit seiner Aussagen. Als Evangelium stellt dieses Werk keine Frage – es ist.* In der »Literarischen Welt« notiert Tilman Krause (Titel: »Na, wenn schon«): *›Muttersohn‹, schon wieder ein Roman von Martin Walser. Er wird an seinem Rang als Nationaldichter nichts ändern. Über das irrationale Phänomen des literarischen Ruhms.* Man weiß am Ende nicht recht, was Krause meint. Höhnt oder hymnisiert er Walser als Nationaldichter? Am Samstag demonstrieren etwa 7000 Bürger gegen »Stuttgart 21« und fordern einen *Baustopp für immer.*

*Sonntag, 10. Juli:*
In der »Bild am Sonntag« kündigt Dana Horáková unter dem Titel »Der alte König Nimmermüd« ihr Interview mit dem Autor an: *In ›Muttersohn‹, seinem 17. Roman, sucht Martin Walser, 84, nach Vätern und versucht, Religion und Literatur eins werden zu lassen.* Anmerkung: Es ist der 21. Roman und der siebte seit dem siebzigsten Geburtstag. Notiz Horáková: *Keine Bange: Einen Kirchenfimmel hat der Dichter nicht, und ›Muttersohn‹ ist kein entrückter Schnulzer, es gibt ja Mord, Motorrad-Banden, Mobbing und Love-Affairs.* Aussage Walser: *Wir glauben mehr, als wir wissen, steht im Roman. Das ist so im Internet und im Raumschiff und überall.* In der »Welt am Sonntag« wird die Rezension von Richard Kämmerlings unter dem schönen Kalauertitel »Easy Writer« in einem Vorspann zusammengefasst: *Barocker Rocker: In ›Muttersohn‹ frisiert Martin Walser seine Erzählmaschine mit überirdischer Power. Mit 84 Jahren erzählt er eine zeitgenössische Heiligenlegende.* Urteil: *Dies ist kein wunderliches Alterswerk, sondern ein großer Wurf.* Illustriert ist die Kritik mit einem Szenenfoto aus dem Film »Easy Rider« (1969). Der neue amerikanische Verteidigungsminister Leon Panetta zeigt sich beim Antrittsbesuch in Afghanistan zuversichtlich, dass zwei Monate nach der Tötung von Osama bin Laden auch im Kampf gegen das Terrornetz Al Qaida der Sieg in Reichweite sei. Anmerkung: Im Jahr zuvor, am 10. März 2010, sagt Walser in der »Frankfurter Rundschau« auf die Frage, was er den Deutschen rate:

*Raus, raus, raus! Raus aus Afghanistan. Es gibt kein Bündnis, das diesen Einsatz rechtfertigt.*

*Montag, 11. Juli:*
»Engel ohne Flügel« ist die Kritik von Volker Hage im »Spiegel« betitelt. Gelobt wird der novellistische Teil »Mein Jenseits«, der die pilgerähnliche Romfahrt des Chefarztes Augustin Feinlein erzählt, gelobt auch das Kapitel um den gescheiterten Motorradhelden und einstigen Lehrer Ewald Kainz: *Beim Thema der irdischen Liebe läuft Walser noch einmal zu Hochtouren auf.* Zur Hauptfigur selbst aber heißt es: *Dieser Percy ist einer der unlebendigsten Romanhelden, die der Romancier Walser je ersonnen hat – leider ist die Story dünn, die Inszenierung bemüht.* Im »Focus« wird Walser mit dem Satz zitiert: *Das stammt garantiert noch aus meiner religiösen Herkunft, dass man ein anmaßendes Interesse hat an der Verbesserung der Welt.* In der Europäischen Zentralbank (EZB) wird diskutiert, den bestehenden Rettungsschirm für strauchelnde Euro-Länder wie Italien und Griechenland deutlich aufzustocken. Bisher stehen 700 Milliarden Euro bereit, jetzt ist die Rede davon, den Schirm sogar auf mehr als 1,5 Billionen Euro auszuweiten.

*Dienstag, 12. Juli:*
Im »Tagesspiegel« lauten Überschrift und Unterzeile des Artikels von Gerrit Bartels: »Und Jesus ging über den Bodensee. Glaube, Liebe, Schlendereien: Martin Walsers bizarrer Roman ›Muttersohn‹«. Urteil: *Walser benutzt beim ewigen Versuch, ›etwas so schön zu sagen, wie es nicht ist‹, seine Figuren nurmehr für Sprechblasen. Sie erwachen nicht wirklich zum Leben, sondern agieren launig, marionettenhaft.* Das Treffen des Nahost-Quartetts geht in den frühen Morgenstunden ohne Ergebnis zu Ende. Alle Mitglieder unterstützen den Vorschlag von Präsident Barack Obama, den Nahost-Konflikt auf Grundlage der Grenzen vor 1967 zu lösen. Israel ist strikt dagegen.

*Mittwoch, 13. Juli:*
Die Urlesung aus dem Roman ist staatsferner als beim Goetheroman, der Rahmen aber nicht minder festlich. Elmar Krekeler berichtet für die »Welt« aus der Rokoko-Bibliothek von Bad Schussenried in Oberschwaben: *Hier ist Scherblingen, so heißt Schussenried in ›Muttersohn‹. Kloster und Nervenklinik, psychiatrische Anstalt und Glaubenszentrum … Walser liest. Fast eine Stunde steht er da, ein 84-Jähriger, der gerade den schwerelosesten 500-Seiter seines Lebens hingehauen hat. Alle Viertelstunde läutet die Klosterglocke.* Walser sagt, er sehne sich *nach einer Zeit zurück, in der Literatur und Religion, Literatur und Glaube, Literatur und Mystik noch in eines gingen.* Aber er sagt auch, mit »Muttersohn«, diesem *Glaubensding,* sei er *in Norddeutschland sowieso erledigt.* Die Polizei in Weißrussland hat an diesem Mittwoch in Minsk eine Demonstration von Gegnern des Diktators Lukaschenka gewaltsam aufgelöst und Dutzende Teilnehmer festgenommen.

*Donnerstag, 14. Juli:*
Titel in der »Süddeutschen«: »Wo bitte, geht's zum Himmel?« Unterzeile: »Ein Buch wie eine Monstranz: In seinem neuen Roman erzählt Martin Walser vom Leben Jesu als Krankenpfleger in Oberschwaben«. Über die Hauptfigur sagt der Kritiker Burkhard Müller: *Percy heilt Kranke; Percy hält spontane Ansprachen, die die Hörer im Herzen erschüttern; Percy sammelt ein rundes Dutzend Jünger um sich, und einer von ihnen (der, der ihn am meisten liebt) verrät und tötet ihn: Percy, mit einem Wort, ist Jesus.* Der Preis, den Walser dafür zahle: *ziemlich banaler Menschenkitsch.* In der »Zeit« ist Adam Soboczynski milder: *Walser darf sich alles erlauben.* Man müsse den Roman *als heiteres, altersweises Spiel begreifen, das von Normen und Begrenzungen nichts mehr wissen will.* Das von Winfried Hermann, Mitglied der Grünen, geführte baden-württembergische Verkehrsministerium will an diesem Donnerstag von der Bahn AG Klarheit darüber, ob die Baukosten von »Stuttgart 21« in Höhe von 4,5 Milliarden Euro eingehalten werden können. Anmerkung: Walser hat sich ein halbes Jahr zuvor, am 12. November 2010, im »Tagesspiegel« ausdrücklich für das Projekt ausgesprochen:

*Wenn ich höre, dass man mit dem TGV-Schnellzug über Paris bis nach London wird fahren können, dann wäre ich schon gerne einmal dabei. Ist doch toll.* Inzwischen rechnet man mit der Teileröffnung von »Stuttgart 21« im Dezember 2025 und mit Kosten von etwa zehn Milliarden.

*Freitag, 15. Juli:*
Judith von Sternburg liest den Roman in der »Frankfurter Rundschau« als »Legende vom heiligen Ja-Sager«. Die dunkle Seite des Bejahens: *Hinter der Feier des Lebens und Walserschen Eigensinns, dem Abgeklärten, Ironischen, Überlegenen, Neckischen grinsen Lächerlichkeit und Tragödie.* Für einen Absatz verweilt die Kritik bei einen ganz besonderen Heiligen: *bei einem Anstaltsinsassen, der sich Innozenz nennt.* Als Autor, Lektor und Verleger von eigener Gnade will er die *Scherblinger Anthologie* gründen und dort drucken, *was Dichter ihm einsenden. Alles. Gegen Ende modifiziert er seinen Plan: Nun lässt er die eingelaufenen Texte in einem Schredder vernichten. Sogar einen Preis für Schredder-Literatur will er ausschreiben.* In der »Welt« glossiert Marc Reichwein einen neuen Begriff: *Es gibt Feuilletonwörter, die sind eines Tages einfach da.* Die *Urlesung* gehöre in diese Kategorie: *eine aparte Vokabel, die vor allem durch und mit Martin Walser auffällig geworden ist.* Reichwein setzt sie in Kontrast zu bereits geläufigen wie *Buchpremiere* oder *Book Release Party.* Walser gehört naturgemäß in eine andere Kategorie: *Eine Urlesung tut so, als kenne sie kein Marketing, sie braucht keine Location, sondern ein repräsentatives Ambiente. In der Idee einer Urlesung schwingt das Zeremonielle einer Opernpremiere mit.* An diesem Freitag verkauft die Hessische Hausstiftung die »Darmstädter Madonna« von Hans Holbein dem Jüngeren für geschätzte fünfzig Millionen Euro an den Unternehmer Reinhold Würth, im süddeutschen Walserland auch »Schrauben-Würth« genannt.

*Dienstag, 19. Juli:*
Roman Bucheli in der NZZ: *Martin Walser zelebriert mit dem Roman ›Muttersohn‹ seine religöse Spätberufung … Seine Erlösungsphantasien sind Visionen einer Endzeit, wenn alle Trennungen aufgehoben sein werden, wenn alle nur noch singen und im Singen eins werden.* Dank einer Reihe positiver Quartalszahlen, darunter der Computerhersteller IBM und der Pharmariese Novartis, hat sich das Bild an den Börsen in Europa und Amerika am Dienstag aufgehellt.

*Donnerstag, 28. Juli:*
Noch einmal Elmar Krekeler in der »Welt«. Ihn interessiert, was es mit Muttersöhnen auf sich hat. Als Beispiele *mörderischer Müttersöhnchen* nennt er Norman Bates aus »Psycho« und den realen Osloer Amokterroristen Breivik. Er führt Peter Wawerzineks autobiographischen Roman »Rabenliebe« (2010) als Beispiel für eine Mutter ins Feld, die aus schierem Egoismus das Leben des kleinen Sohns aufs Spiel setzt, deren *Mutterferne* dem Heranwachsenden später aber auch *einiges erspart.* Jedenfalls herrscht häufig *Wahnsinn* zwischen beiden. *Eine Hoffnung immerhin wächst der Mutter-Sohn-Beziehung gegenwärtig doch zu. Wiederum aus der Literatur. Fini heißt die Mutter, Anton Percy Schlugen der Sohn. Und der geistige Vater heißt Martin Walser, selbst Halbwaise seit dem zehnten Lebensjahr, also auch ein rechter »Muttersohn«, wie folgerichtig sein Roman betitelt ist.* Hinzuzufügen ist, dass auch Lesern, denen der Typus Muttersohn fern ist, Walsers Buch außer dem Titel kaum Kummer bereitet, wird doch im Text selbst kein Aufhebens von dessen Mutterverehrung gemacht, von anderen Idolatrien, denen Percy frönt, etwa der *Schlafsack-Therapie*, indes durchaus. Aus einer an diesem Donnerstag veröffentlichten amtlichen Statistik geht hervor, dass junge Menschen in Deutschland immer häufiger in einem Ein-Personen-Haushalt leben, also eben auch mutterfern.

*Samstag, 30. Juli:*
Im Münchner Literaturhaus, erfährt man aus der »Süddeutschen«, habe Walser gestanden, es sei *seine größte Sorge* bei »Muttersohn« gewesen, *dass man denken könne, er, der 84-Jährige, spinne jetzt.* Deshalb habe er zu Beginn des Vorjahrs, also noch während des Schreibens, die bereits fertige Rom-Passage um den Psychiater Feinlein separat vorab veröffentlicht und sei überrascht gewesen, *dass man mir ein Buch über Glauben und Wissen gestattet.* Nun habe er auch riskiert, *die Texte der Mystiker Heinrich Seuse, Jakob Böhme oder Emanuel Swedenborg* in den Roman einzubauen, wo sie sich, etwas mühevoll, in der Tat über Seiten hinweg erstrecken. Warum? Für ihn haben sie *heilende Kraft.* Es folgt ein Bekenntnis, seinen so ganz und gar unchristlichen, atheistischen Hausheiligen Friedrich Nietzsche betreffend: »Muttersohn« sei eigentlich *sein Zarathustra.* Wie das? *›Zarathustra‹ hat die gleiche Jenseitstendenz: einen Menschen zu wollen, den es noch nicht gibt.* Percy Schlugen – Jesus und Zarathustra zugleich. Ein bisschen viel eben. Am Samstag teilt die Deutsche Bahn mit, sie habe Bauaufträge für das Projekt »Stuttgart 21« im Gesamtwert von mehr als 700 Millionen Euro vergeben.

## Das dreizehnte Kapitel, 2012

*So witzig und federleicht ist das, unerbittlich selbstkritisch, eigensinnig und verrückt, aber vor allem so unverwechselbar walserianisch geschrieben, knusprig, funkelnd und wach.* Eva Menasses Enthusiasmus für »Das dreizehnte Kapitel«, den zweiundzwanzigsten Roman, haben wir eingangs bereits zitiert, wiederholen die Begeisterung aber gern. Sie wird von den Kritikern des Buchs nahezu ausnahmslos geteilt. Die Ausnahme ist Tilman Krause in der »Welt« vom 8. September. Unter dem Titel »Wenn alles abgegrast ist« lässt er zunächst dem Missmut über des Autors *Meterware vom Band* freien Lauf, setzt aufs Neue das Bild vom unentwegt schreibenden *Volkswagen unter den deutschen Schriftstellern* in Umlauf und rät Walser am Ende, endlich in Rente zu gehen, nicht ohne zuvor gnädig zu konstatieren, manches am neuen Buch sei *ausgesprochen vergnüglich, weil sehr witzig und sogar hin und wieder geistreich*. Was denn nun? Krauses Walserbild, dies zu seinen Gunsten, ist immerhin uneinheitlich, damit genuin literarkritisch – hymnischen Tönen zu früheren Büchern haben wir bereits gelauscht. Spätestens seit dem Goethebuch aber mag er den Autor einfach nicht mehr. Lassen wir es dabei – und ihn damit allein.

Wir wiederholen noch ein Zitat, dieses Mal aus Walsers Tagebuch vom 24. Januar 1978. Damals beginnt, von Reich-Ranickis Harfe begleitet, der F.A.Z.-Vorabdruck des »Fliehenden Pferds«. Der Gerühmte (»Sein Glanzstück«) konstatiert trocken, nun habe dieser Kritiker endlich *eine Kurve gekriegt*, wird dann aber grundsätzlich: *Man liest einen Verriss langsamer, gründlicher als ein Lob. Ein Lob überfliegt man. Wer also als Kritiker gründlich gelesen werden will, der muss verreißen*. Wenn dem so ist, hat Walser beim »Dreizehnten Kapitel« sehr vieles sehr rasch überfliegen müssen, was er aller Wahrscheinlichkeit nach aber nicht getan hat. Als ich ihn im Dezember 2019 in Nußdorf besuche – das einzige Mal im Zusammenhang mit diesem Buch –, verzögert sich sein Training mit der Physiotherapeutin ungeplant um eine halbe Stunde. Damit ich mich, wie er sagt, inzwischen *nicht langweile*, reicht er eine Mappe mit etwa hundert Kritiken – die Lokalblätter sorgen für Umfang – zur gerade erschienenen »Legende«, betitelt »Mädchenleben oder Die Heiligsprechung«. Er sagt dazu: *fast alle positiv*. Sieben Jahre zuvor ist das überregionale Echo auf »Das dreizehnte Kapitel« fast durchweg phänomenal. Die Zeitungen überschlagen sich mit Epitheta ornantia. Überschriften-Unterzeilen-Auswahl: »ein Hohelied auf die Liebe« (»Tagesspiegel«), »abenteuerlich« (F.A.Z.), »ein heiter-ernstes Spiel« (»Spiegel«), »Theologie für Verliebte« (»Zeit«) und, alle anderen hinter sich lassend: »ein grandioser Briefroman, der ein großes Werk der Liebe ist« (»Süddeutsche«).

Der Titel des Romans wird in zwei der Rezensionen erläutert und interpretiert – völlig unterschiedlich, dabei stets aber biblisch. Volker Hage im »Spiegel« (10.9.12): *Im berühmten Römerbrief des Apostels*

*Paulus spielt das 13. Kapitel eine umstrittene Rolle.* Da im Roman selbst mehrfach und programmatisch auf die »Römerbriefkommentare« (1919/1922) des protestantischen Theologen Karl Barth verwiesen wird, klingt Hages Deutung plausibel: *Es war Karl Barth, der das im 13. Kapitel enthaltene Loblied auf die staatliche Gewalt neu deutete und die Staatsautorität in Frage stellte.* »Römer 13,1« zur Erinnerung: *Jedermann sei untertan der Obrigkeit, die Gewalt über ihn hat. Denn es ist keine Obrigkeit ohne von Gott; wo aber Obrigkeit ist, die ist von Gott verordnet.* Im »Tagesspiegel« vom 4. September verweist Gerrit Bartels auch auf ein dreizehntes Kapitel, allerdings auf jenes aus dem Brief des Paulus an die Korinther. Dort lautet der erste Vers: *Wenn ich mit Menschen- und mit Engelszungen redete und hätte der Liebe nicht, so wäre ich ein tönend Erz oder eine klingende Schelle.* Bartels, der den Roman nicht zu Unrecht als *ein hohes Lied der Liebe* liest, kommt der Auftakt des Korintherbriefs als Beleg gerade recht. Was stimmt nun? Weder Walser noch der Roman helfen weiter. Der Autor in einem Interview mit der »Berliner Zeitung« vom 3. September: *Den Titel gibt es seit etwa 1990. Noch und noch habe ich mir Geschichten notiert, die so heißen könnten. Nie war da was zu machen.* Der Autor in einen Interview mit »Spiegel-Kultur« am 31. Dezember: *Mein Großvater hatte einen Gasthof, und da gab es die Zimmer 11, 12, 14. Seitdem hat die Zahl 13 mich fasziniert.* Im Roman ist es Iris Tobler, Serienautorin fürs Fernsehen und Ehefrau der Hauptfigur Basil Schlupp, die sich Notizen macht zu einem Roman im Roman, betitelt das *13. Kapitel.* Warum der so heißen soll, erfahren wir nicht. Sicher ist nur, dass Iris sämtliche Notate am Ende verbrennt – den Titel aber ihrem Mann, Schriftsteller von Beruf, auf dessen Bitte hin schenkt.

Die zweite Hauptfigur heißt Maja Schneilin, ist Mitte fünfzig und eine evangelische Theologin – für die »Süddeutsche« (10.9.) eine *ins Idealische entrückte Margot Käßmann*, für die NZZ (6.10.) *eine Mischung aus Uta Ranke-Heinemann und Michelle Hunziker.* Mit Basil Schlupp wechselt die fiktive Professorin jedenfalls traditionelle, handgeschriebene und verlässlich zugestellte Briefe innerhalb Berlins, wo beide wohnen, später schickt sie via iPhone E-Mails aus der kanadischen Wildnis. Christoph Schröder weist in der »taz« vom 27. Oktober – übrigens höchst wohlwollend – darauf hin, dass es Walser dabei mit der *Plausibilität* nicht sonderlich ernst gewesen sein könne: *Eine fünfzehnseitige E-Mail, ›von meinem iPhone gesendet‹ – warum nicht?* Nur hätte die im Kanadischen mit Korbinian, ihrem Ehemann, radtourende Maja dafür *einen ganzen Tag* opfern müssen, *rein technisch ist das gar nicht anders möglich*. Für den Schriftsteller Schlupp ist die Theologin ein Vielfach-Faszinosum. Im siebten Brief, den er ihr schickt, gesteht er ihr eine seiner Primär-Passionen: *Ihr Vorname ist ein Magnetsturm. Er ist das Wort aller Wörter. Ich möchte untergehen in diesem Wort MAJA*. Womit wir immer noch nicht genau wissen, was Walser mit dem Romantitel im Sinn hat, immerhin aber, was ihn *seit etwa 1990* in Abständen zu diesem Stoff hinzieht: ein Besuch im Madrider Prado.

Dort steht er im Frühjahr 1987, kurz vor seinem sechzigsten Geburtstag, hingerissen vor zwei Bildern, die Francisco de Goya um 1800 gemalt hat: erst »Die nackte Maja«, dann »Die bekleidete Maja«. Naturgemäß muss der Weltverworter Walser auch sofort über dieses Erleben schreiben. Sein »Maja-Gespräch« erscheint erstmals am 14. März 1987 in der NZZ: Es ist ein übermütiges Scherzo und eines seiner schönsten Nebenwerke, falls es so etwas bei ihm, dem romantischen Unendlichkeitsschreiber, überhaupt gibt. Er zitiert: *Die angezogene Maja, sagte mein gedruckter Kunstführer, sei der bessere Goya*. Später studiert er: *Inzwischen habe ich leider gelesen, daß ein heutiger Fachmann der höheren Art die Maja als ›Sinnbild‹ der ›femme canaille‹ sieht, als eine Frau, die das ›sinnliche Verlangen des Mannes ohne eigene innere Teilnahme weckt und befriedigt‹*. Der Fachmann, versteht sich, überzeugt ihn nicht. Gerade die nackte Maja, sagt er, sei doch eindeutig eine Frau, *die nicht zu haben ist*. Aber er gibt zu: *Man kommt sich eingenommen vor. Erobert sogar*. Und er zieht, vor dem *Goya-Original* sinnierend, eine Linie zu sich selbst: *Wie stellt man Liebe dar: das ist, wenn ich es peinlich grob ausdrücke, meine ewige Verlegenheit*. Der Roman »Das dreizehnte Kapitel« ist, ein Vierteljahrhundert danach, im Grunde ein Maja-Roman, in dem er das Problem fabelhaft löst – weil er, wie es Christopher

Schmidt, der damalige Literaturchef der »Süddeutschen«, am 10. September 2012 ausdrückt, *eine der bewegendsten Liebesgeschichten auf der Richter-Skala der Literatur* schreibt und publiziert.

Gerne gäbe ich Christopher Schmidts Rezension zur Gänze wieder, schon als postume Hommage an einen der begabtesten Literaturkritiker der Post-Reich-Ranicki-Generationen: Schmidt stirbt, zweiundfünfzig Jahre alt, im März 2017 ebenso *jäh* (Walser) wie Frank Schirrmacher drei Jahre zuvor. Eine Sammlung seiner wichtigen Texte gibt es nicht. Also muss und kann die Präsenz-Ewigkeit des digitalen Zeitungsarchivs, zumal jenes der »Süddeutschen«, für sie zeugen. Schmidts Kritik über das »Dreizehnte Kapitel« ist geeignet, als Muster für jede Grund- und Fortbildung junger Literaturkritiker zu dienen, hätte dieser Beruf eine Zukunft. Aber vielleicht hat er sie ja. Fassen wir kurz zusammen. Schmidt korreliert Walsers Roman zunächst mit der Korrespondenz zwischen Franz Kafka und seiner Verlobten Felice Bauer. Sie beginnt am 20. September 1912, *fast auf den Tag genau einhundert Jahre* danach erscheint »Das dreizehnte Kapitel«. Natürlich kein Zufall, denn Kafka ist die *Portalfigur* auf Walsers Schriftstellerweg. *Waren Kafkas ›Briefe an Felice‹ der Versuch, sich eine Wirklichkeit herbeizuphantasieren, so ist Walsers Briefroman eine verwirklichte Phantasie. Beide Bücher handeln von einer unmöglichen Liebe, dem Seelen-Experiment, so nennt es Kafka, einen anderen Menschen allein ›mit der Schrift binden‹ und ›halten‹ zu können.* Der wahre Propagandist dieser Kafka-Caprice ist übrigens Reich-Ranicki: »Franz Kafkas geschriebene Küsse« ist der F.A.Z.-Essay betitelt, den er am 2. Juli 1983 zum hundertsten Geburtstag des Dichters publiziert – er ist der erste größere unter Reich-Ranickis Texten, den ich als Jungredakteur zur Gegenlektüre bekomme. Wie zu allen anderen Geliebten will Kafka, fährt Schmidt fort, auch sein Verhältnis zu Felice *in der unverbindlichen Schwebe belassen.* Walsers Schriftsteller Basil Schlupp jedoch *kann seine Liebe nicht anders als in Briefen ausleben, da er und seine Angebetete jeweils gebunden sind und keiner von beiden daran denkt, seinen Partner zu verlassen.* So werde, resümiert die Rezension, *die Schrift zum einzigen Ort ihrer Zweisamkeit.*

Auf den 270 Seiten des Romans treffen sich Maja und Basil genau zweimal. Der zweiten, flüchtigen Begegnung zwischen *Gate 9* und *Gate 8* des Flughafens Tegel gilt Schmidts ganze Sympathie: *Rufweite ist hier das Äußerste an körperlicher Nähe, gerade so, dass er ihr seine E-Mail-Adresse zurufen kann, womit der Briefkontakt dann auch das Medium wechselt, von Bütten zu Bytes sozusagen.* Mit der ersten Begegnung beginnt der Roman, für Schmidt ist sie Teil einer *auftoupierten Boulevard-Satire.* Hier ist zu widersprechen. Denn diese Eingangsszene, ein Empfang des Bundespräsidenten zu Ehren von Majas Mann Korbinian, einer Biologie- wie Businesskoryphäe, ist ein wundersam genau beobachtetes und hinreißend prägnant erzähltes Panoptikum der vermeintlich besseren Kreise, von Boulevard und Satire nicht die geringste Spur. Purer, sinnlicher Realismus zwischen *ultrapräziser Laserspektroskopie* und *Eifeler Rehbock mit Wildkräuter-Frischkäse-Grießnocken.* Nein, Maja ist leider nicht Basils Tischdame, sie sitzt weiter entfernt – und sie nimmt ihn, der sich sofort *nominiert* fühlt, praktisch nicht wahr. Zwei Wochen lang brütet Basil zu Hause über sein Begehren, dann schreibt er ihr – die Adresse der Schneilins hat er vom Persönlichen Referenten des Bundespräsidenten. Sie, oh Wunder, antwortet.

Was nun folgt, ist, so Schmidt, *Verbalerotik der sublimsten Art, ein versilberter Minnesang, ein Pas de deux der Betörung mit schon leicht rheumatischer Intonation.* Zwar ist das Bild der rheumatischen Intonation ein wenig schief, vollkommen stimmig dafür die Analyse: *Doch mit welch wunderwitziger Delikatesse schildert Walser im Wechsel der Perspektiven das schüchtern-forsche Sichumgarnen zweier nicht mehr junger Menschen, mit wie viel Zartheit und graziler Komik entspinnt er die süße Pein dieser amourösen Nachblüte.* Fürs Literaturkritik-Seminar sei festgehalten: Schmidts Rezension macht Walsers Buch gleichsam sichtbar, indem er anschauliches Nacherzählen und auf Formeln verdichtetes Urteil im ausbalancierten Wechsel verbindet. Man erfährt dabei, dass es sich um *altmodisch-manierliche Episteln aus dem Bildungshaushalt* handelt, die die beiden tauschen, dass er gern mit ihren Titeln kokettiert – *Frau Professor Doktor* –, sie ihm beim Erfinden von

*Koseworten* aber keineswegs nachsteht. *Nur ein einziges Mal jedoch: Liebster und Liebste.* Für einen Moment blenden wir zu einer weiteren Rezension, zu Jens Jessens kluger Romanexegese in der »Zeit« vom 13. September. Er macht auf zwei *Nebenthemen* aufmerksam. Nebenthema eins: *Warnung vor platonischen Beziehungen.* Denn für Majas wie Basils völlig intakte Ehen birgt der intime Dialog *beträchtliches Gift- und Zersetzungspotential.* Zweites Nebenthema: *Schreiben als Verrat, Verrat als Schreiben.* Basil kopiert für Maja klandestin Auszüge aus den Romanversuchen seiner Frau Iris, Maja lässt Basil teilhaben an den Minderwertigkeitskomplexen, die der äußerlich so strahlend-souveräne Korbinian gegenüber seinem vermeintlich besten Freund empfindet. Zurück zu Christopher Schmidt und noch kurz zu Karl Barth (1886 bis 1968). Der ist Majas geistiger Lehrer, also macht sie Basil mit dessen *existenzphilosophisch grundierter Theologie* vertraut und weiht ihn, eine Parallelaktion, in den Briefwechsel des verheirateten Barth mit der geliebten Charlotte von Kirschbaum ein. Theologisch-dialektische Quintessenz: *Man kann an den unbekannten Gott nur ohne Hoffnung auf Hoffnung hin glauben.* Was Walser im »Dreizehnten Kapitel« mit Karl Barth weitgehend gelingt, hat er, wie gesehen, acht Jahre zuvor im »Augenblick der Liebe« am Philosophen Offray de La Mettrie demonstriert – das beiläufig spielerische Integrieren intellektueller Positionen in ein Romangeschehen.

Am 30. Dezember 2010 macht Maja Schluss. Basil hat aus habitueller Schriftsteller-Eitelkeit einer Frauenzeitschrift ein Interview gegeben, dessen Überschrift mit dem Inhalt identisch ist: *Gelegenheit macht Liebe.* Maja will keine Gelegenheit sein. Walser, der Dauerinterviewte, schafft es mit einen Seiltanz an Selbstreferenzialität, Maja für Basil zurückzuerobern: eine applausfähige Zirkusnummer von fünfundzwanzig Seiten. Dann Schicksal: Korbinians Krebsoperation. Dann Kanada. Dahin aber folgen wir weder den Rezensionen noch dem Roman selbst. Keineswegs, weil »Das dreizehnte Kapitel« gegen Ende hin abfiele – ganz im Gegenteil. Durchs nacherzählende Nachvollziehen sollte das Außergewöhnliche des Buchs bereits einigermaßen deutlich sein. Der Rest des Romans bleibt dem eigenen

Lesen, der Rest vor dem Rest natürlich auch. Ganz am Ende, so ein letztes Mal Christoper Schmidt, *verbrennt Iris ihr 13. Kapitel. Es ist wie in Kafkas Türhüter-Parabel.* Ja, genau so. Die Frage nach dem »Dreizehnten Kapitel« bleibt offen, die Tür zur Antwort ist für immer zu. Wenigstens erhält Basil den Titel von Iris geschenkt. Was er damit macht?

## Die Inszenierung, 2013

Nicht dass Martin Walser in den ohnehin kurzen Abständen zwischen den Romanen nichts Weiteres veröffentlichte. Die vorzügliche Aufstellung der »Primärliteratur«, die Klaus Siblewski und Michael Töteberg im Walser-Artikel des »Kritischen Lexikons der deutschsprachigen Gegenwartsliteratur« bieten, ist ein Lesestück ganz eigener Prägung und nach der jüngsten Aktualisierung auf dem Stand vom 1. Januar 2020, damit angesichts von Walsers Schreibprogress aber schon nicht mehr ganz à jour. Im April 2021 hat er etwa den Gedankenprosa- und Lyrikband »Sprachlaub oder Wahr ist, was schön ist« publiziert, aufs Neue mit einem Umschlag sowie berückend schönen Aquarellen von Alissa Walser. In der Zeit, die wir nun betrachten, also die Jahre zwischen 2013 und dem Frühherbst 2021, kommen zu den vier neuen Romanen noch mehrere Sammelbände hinzu, etwa »Unser Auschwitz« (2015) oder »Ewig aktuell« (2017), sowie, eine Auswahl nur, die Essays »Über Rechtfertigung. Eine Versuchung« (2012) und »Shmekendike Blumen. Ein Denkmal / A dermonung für Sholem Yankev Abramovitsh« (2014), der Miniaturen-Band »Spätdienst. Bekenntnis und Stimmung« (2018) und die bereits mehrfach erwähnte »Legende« mit dem Titel »Mädchenleben oder Die Heiligsprechung« (2019). Wir weichen im Schlussteil unseres Kapitels von der bisherigen Spiegelung des Walser-Erzählens in den Rezensionen von Zeitungen und Magazinen ab. Die vier späteren und späten Romanen betreffend, werden die Haupt- und die wichtigsten Nebenfiguren in der Reihenfolge ihres Erscheinens auftreten, Zeiten und Orte der jeweiligen Handlungen benannt.

Hauptfigur des Kurzromans »Die Inszenierung« ist der Theaterregisseur *Augustus Baum.* Nach einem leichteren Schlaganfall, den er *Kreislaufschwäche* nennt, liegt er als rekonvaleszierender Privatpatient im Einzelzimmer einer Münchner Klinik. Unterbrochen hat die Unpässlichkeit Baums Inszenierung von Anton Tschechows Bühnenklassiker »Die Möwe«. In Baums Zimmer ist die Nachtschwester *Ute,* die er aber, ein Mann von Dezisionen und Metamorphosen, *Marie* nennt und mit der er seine jüngste Affäre hat: Sie ist 29, er seit 29 Jahren mit *Dr. Gerda,* der Klinik-Psychologin, verheiratet. Man plaudert und neckt sich. Themen sind die *Nacktfotos von Ute-Marie,* entstanden während verschiedener Urlaube mit verschiedenen Verehrern, sowie Baums Erstaunen darüber, dass Richard Wagner im »Siegfried« *das Lindenblatt einfach weggelassen* hat.

Der Roman »Die Inszenierung« ist pures Prosatheater, Ort, Zeit und Handlung sind identisch: ein aristotelisches Kammerspiel am Komfortbett. Das dritte Kapitel erinnert kurz an Walsers frühes – und damals sehr erfolgreiches – Theaterstück »Die Zimmerschlacht« von 1967, denn nach dem anfänglichen Baum-Solo und dem Abgang von Ute-Marie tritt nun Dr. Gerda mit dem Erstexemplar ihres neuen Buchs ins Zimmer. Titel: »Abhängigkeit. Wahn und Wirklichkeit«. Im Gespräch der Eheleute geht es um Baums frühere Affären mit *Britta, Carla und Lavinia,* von Dr. Gerda als *Immunschwäche der Seele* diagnostiziert, auch um Baums *GV mit der Nachtschwester* – Dr. Gerda liebt Abbreviaturen, wenn es eindeutig wird – und um seine Phantasien über eine *Ehe zu dritt,* die er in Friedrich Schillers Verhältnis zu den Schwestern Lengefeld vorweggenommen wähnt. Kurzum: Die Eheleute veranstalten, in vertraut-gelassen-ironischem Ton, einen, wie es Dr. Gerda nennt: *Wörterjahrmarkt.* In Kapitel vier wird Baum ein *Brief aus Amerika* ausgehändigt.

Der Brief, der das fünfte Kapitel füllt, ist von Baums *Herzensfreund* namens *Hans Georg,* den es als Philosophielehrer – er ist Experte für *die direkte Rede* bei Platon – ans *Smith College* in *Chestertown, Maryland,* verschlagen hat. Auch Hans Georg, *einundfünfzig,* wie er ausdrücklich betont, hat Kummer mit Dreiecksverhältnissen.

In Deutschland zurückgeblieben sind *Ursula*, seine Frau, und *Berti*, sein Geliebter, von dem der Philosoph innig hofft, er komme bald nach. Der Brief ist eine Lebensbeichte auf zwanzig Buchseiten – in etwa so, wie Fremde in einer Bar oder Kneipe binnen Minuten ihr Leben erzählen. Kapitel sechs: nächster Auftritt von Ute-Marie. Gespräch über die Liebe, Teilrezitationen aus der »Möwe«, Baum will unbedingt, dass die Nachtschwester Schauspielerin wird. *Es kommt zum Kuss. Beide sind gleichermaßen beteiligt.* Gestört werden sie vom *Piepton* des Bereitschaftshandys. Kapitel sieben: Dr. Gerda ist zurück, Fortsetzung des Ehedialogs plus die Mitteilung, dass Ute-Marie inzwischen bei ihr *in der Sprechstunde* gewesen sei: *auf Krankenschein.* Martin Walser ist sechsundachtzig, als er »Die Inszenierung« beendet. Er hat sich einen Jux gemacht und den Lesern ein leichtgängiges Vergnügen. Ein Buch für einen faulen Sonntagnachmittag. Warum nicht? Auf das siebte folgen noch einige weitere Kapitel, in denen sich das Geschehen mal hierhin, mal dorthin wendet. Zum Schluss dreht Walser noch einmal voll auf, lässt Baum etwa die gewaltigen Chor-Verse aus Hölderlins »Antigone«-Übersetzung deklamieren: *Ungeheuer ist viel. Doch nichts / Ungeheuerer, als der Mensch.* Er inszeniert auf absichtsvoll lächerliche Weise seinen Selbstmord, dessen Scheitern aber im Nu das gesamte Romanpersonal, den Platon-Forscher aus Maryland inklusive, am Luxus-Krankenbett versammelt. *Robert, der Pfleger*, bemüht Shakespeare: *All the world's a stage*, Augustus Baum sagt: *Badenweiler*, und alle wissen: Tschechows Todesort. Vorhang. Das letzte Kapitel des Romans ist übrigens das dreizehnte.

## Ein sterbender Mann, 2016

*Sehr geehrter Herr Schriftsteller!* So beginnt es – als Brief eines gewissen *Theo Schadt*, der über alles Mögliche schwadroniert, über sein *spitzes Kinn* etwa, die Schweizer *Porno-Poesie*-Verlegerin *Melanie Sugg*, die Walserleser seit dem »Einhorn« von 1966 kennen, vor allem aber über den Lyriker *Carlos Kroll*, dessen politisch linke, dabei variable Ansichten von fern an Hans Magnus Enzensberger erinnern, vielleicht erinnern sollen. Der Brief hat sieben Postskripta, in denen es auch um ein sogenanntes *Suizidforum* im Internet geht, an dessen *Chats* sich Schadt unter dem Pseudonym *Franz von M.* beteiligt. Seine dauerhafte Gesprächspartnerin – *Suizidale sind offenbar Wortmenschen*, heißt es einmal – nennt sich im Forum *Aster.* Ist der Brief an den Schriftsteller nun zu Ende? Nicht ganz klar, aber auch nicht wichtig. Das Schöne am »Sterbenden Mann« ist das wilde Erzählen, mal Ich-, mal Er-Perspektive, mal Allwissenheit, mal Briefroman, mal E-Mail-Verkehr. *Iris* kommt ins Spiel, Theo Schadts Gattin, vor allem aber *Tango*-Expertin, die in jungen Jahren München auf die Beine gebracht und später aus der Leidenschaft eine Geschäftsboutique gemacht hat. In ihr Schaufenster hat sie George Bernard Shaws berühmte Definition des Tangos gehängt: *vertikaler Ausdruck eines horizontalen Verlangens.* Mit Iris kommt auch *Sina Baldauf* ins Bild und in die Romanhandlung, ihr verfällt Theo umgehend: *Eine Explosion. Nur noch Licht.* Wir sind am Ende von Kapitel acht.

*Dickdarmtumor.* Die Diagnose, die Schadt von seinem Professor erhält, ist eigentlich niederschmetternd. Als er Iris davon erzählt, hat er sie zu *eher harmlosen Darmproblemen* herunterrationalisiert. Jetzt ein Einschub zu *Mafalda*, Schadts geliebter Tochter, Walserlesern in anderer Gestalt als Tochter Karl von Kahns aus »Angstblüte« schon einmal begegnet, weiland Geflügelzüchterin in Mecklenburg-Vorpommern. Die aktuelle Mafalda ist Meeresbiologin in Hamburg. Ihr *Prinzgemahl* heißt *Axel Port,* Spezialist für chinesische Philosophie, insbesondere für *Dschuang Dsi*, viertes Jahrhundert vor Christus. Zwischen den Seiten 84 und 107 nehmen wir an einer Preisverleihung für den Lyriker Carlos Kroll teil, einschließlich einer professoralen Laudatio und einem Festmahl im kleinen Kreis. Zwischen den Seiten 108 und 160 dreht sich alles um Sina Baldauf. Schadt, er ist *zweiundsiebzig*, bestürmt sie mit Briefen, E-Mails und Handybotschaften, sprich: SMS. Sie entzieht sich, zieht ihn an, lockt, macht Hoffnung – im Wechsel. Ihr Zauberwort: *Milonga*, eine Vor- oder Nebenform des Tangos. Schadt wechselt die Wohnung, er ist Iris *nicht mehr zumutbar.* In all dem Chaos bleibt freilich Zeit genug, um einige *Träume* niederzuschreiben. Der längste handelt von einer *Jodel-Prüfung* vor Schweizer Beamten. Von Seite 162 bis 180 keine Sina mehr, halt: einmal doch. Auf Seite 169 teilt sie kurz mit, sie fliege jetzt *nach Algier,* genauer: zu den *Milongas in Algiers Untergrund.* Sina weg, also wieder Botschaften an den Herrn Schriftsteller, jetzt auch an Iris. Und ein Abschieds-*Thread* von Aster aus dem Forum: Sie macht jetzt Ernst. Wirklich. Am Ende des Romans erfahren wir auch wie.

Wie Walser schreibt, hat wenig mit Altersstil zu tun. Das macht den Roman lebendig, obwohl es permanent um Alter und Sterben geht. Vermehrt Sentenzen dazu: *Mit dem Jahr vergehen. Sich nicht sträuben. Vergehend bleiben.* Auf Seite 211 riskiert er endlich wieder, wir sind Ende Dezember 2014, einen Brief an Sina, in dem er von dem *Verrat* erzählt, den der Lyriker an ihm begangen und der ihn geschäftlich ruiniert hat. Schadt ist eigentlich Erfinder, Inhaber der Firma *PATENTE & MEHR*, aber das ist jetzt vorbei. Mit Sina Baldauf gelangen wir noch in ein Berberdorf im algerischen Hochgebirge, wo sie nach Spuren ihres lange verschollenen Vaters sucht. Sie selbst, zurück in Algier, findet in die Arme von *Momo, der eigentlich Mohammed heißt*, Informatiker bei der ESA ist und ein Tangotänzer ohne Vergleich. Auf Seite 271 einer dieser plötzlichen Walsersätze, wenn es ums Sterben geht: *Die liebe Iris ist tot.* Seite 276: Schadt an Tochter Mafalda: *Das Leben eine verlorene, nicht zu gewinnende Partie.* Ganz zum Schluss (Seite 287) ein Gedicht. Wir zitieren es nicht. Es ist ziemlich geschwollen, dafür unterzeichnet: *Ihr sogenannter Herr Schriftsteller.* »Ein sterbender Mann« aber ist schräg und mehr als ein bisschen surreal.

## Statt etwas oder Der letzte Rank, 2017

Das archaisierende Wort »Rank« ist zu Beginn des Kapitels schon kurz erläutert worden: »Wendung« oder »Drehung«. Das Deutsche Wörterbuch der Brüder Grimm bietet noch eine sublimere Bedeutung, die der »Roman« genannte Text eingangs auch zitiert: rank, *namentlich auch im wettlaufe und bei der jagd, die wendung, die der verfolgte nimmt, um dem verfolger zu entgehen.* Es könnte also um Flucht gehen, man denkt an das Hakenschlagen der Hasen. Auf den ersten fünfundzwanzig Seiten, unterteilt in sieben kleine Passagen, ein Ich-Monolog. Naheliegende Assoziation: So etwas wie »Das letzte Band« (1958) von Samuel Beckett. Die ersten Sätze beider Texte verstärken die Assoziation. In Becketts Stück sagt die Figur namens Krapp, sich selber charakterisierend: *kerngesund wie eine Eiche*. In Walsers Prosa sagt das Ich: *Mir geht es ein bisschen zu gut*. Der Unterschied: Becketts Krapp ist *neununddreißig Jahre heute*, als er das sagt. Seine Stimme kommt vom Tonband. Dreißig Jahre später hört der alte Krapp seiner früheren Stimme zu. Walsers Ich hingegen notiert simultan, was es gerade denkt und fühlt. Sein Alter ist und bleibt unbestimmt. Die erste Entgegensetzung, auf die das Ich zusteuert, ist die zwischen dem *Wahrheitsgewerbe*, also den *Theorien*, und dem *Wunder*, gegen das es seit kurzem *nichts mehr* einzuwenden hat. Das Ich hat auch *den Wesenswunsch zu verstummen* und findet dafür eine Formel, die sich fortan vielfach wiederholt: *Unfassbar sein wie eine Wolke, die schwebt*. Das Ich sieht vor sich *die leere, musterlose Wand*. Es sagt: *Ich huste, also bin ich*. Am Ende der Eingangspassage die etwas kryptische Erkenntnis: *Meine Fluchtversuche: Einbildungen! Meine Rettungsbewegungen: reine Lyrik.*

Der Text macht einen ersten Rank, schlägt den ersten Haken. Er wechselt von der ersten in die dritte Person. Begründung: *Geständnishaftes gehört in die dritte Person*. Das Ich sagt zu sich selber also *Er*. Das Er hat *Angst*: erst *vor dem Gegner*, dann *vor jeder Prüfung*. Bei diesem Hakenschlagen bleibt es – vom Ich zum Er und wieder zurück. Wobei die Ich-Passagen überwiegen. Am Ende der zweiundfünfzig Textsegmente oder Passagen – sie sind mit wenigen Ausnahmen zu kurz, um sie Kapitel zu nennen, und zu lang, um von bloßen Absätzen zu reden – ist das Verhältnis sechsundvierzig (Ich) zu fünf (Er). Ein Segment, die Nummer neunzehn, ist die erzählerlose Parabel eines Paars, die mit dem Satz beginnt: *Die Frau hieß Sowieso, der Mann Erstrecht*. Es ist und bleibt alles abstrakt. Das Ich bekommt auf den 170 Seiten des Buchs keinen Namen, das Er ebenso wenig. Eine Hauptfigur namenlos zu lassen, ist singulär in Walsers Werk, es gibt kein zweites Buch, in dem dies so wäre. Auch die Hauptwörter stehen für sich, werden keiner Figur zugeordnet: Zu den *Gegnern* werden die *Feinde* in Bezug gesetzt, von einen einzelnen, aufs Neue anonymen Feind erfährt man immerhin, *er rasiere sich nass*. Diese Mitteilung kommentiert das Ich: *Ich glaube, jetzt sieht jeder, was ich sagen will*. Man sieht es aber nicht. Wenige Wochen vor dem neunzigsten Geburtstag veröffentlicht Walser den unanschaulichsten Text seines Lebens. Das ist ein Programm. Das Ich sagt: *Ich habe mich in jahrzehntelanger Anstrengung aus der Erreichbarkeit entfernt*. Das Ich sagt: *Ich bin allem und allen entkommen*. Es fügt hinzu: *Mir nicht! NOCH nicht. Das kommt noch*.

Der allererste konkrete Name fällt auf Seite 41. Es ist aber nicht der Vor- oder Nachname einer erzählten Figur, vielmehr handelt es sich um eine reale Gestalt: *Thomas Mann*. Er dient als Exempel für den *Lebenslauf einzelner Personen*, denen nichts nachzusagen ist, die also *immer richtiglagen*. Nach Thomas Mann aufs Neue Abstrakta. Zum Beispiel: *Gewissen*, zum Beispiel: *Sieger und Besiegte*, zum Beispiel: *Machtausübung*, zum Beispiel: *Schmerz*, zum Beispiel: *Gefühlsfälschung*. Nun endlich, auf Seite 52, ein paar Erzähl-Namen*: eine Magdalena aus Warschau und eine Alexandra aus Freiburg*. Aber keine Geschichte dazu. Das Ich redet jetzt mit sich per Du, spricht von einer *Umarmungsbereitschaft*, die *in dir tobte*, und einem *Nirgendsmehr-sein-Wollen als jetzt hier*. Magdalena und Alexandra kommen selbst nicht zu Wort, von ihnen aber wird gesagt: *Die zwei konnten dich brauchen, Wörterware solltest du liefern*. Das ist die Grunderfahrung von Ich wie Er. Textsegment 32 ist die längste in der Er-Perspektive geschriebene Passage: fast siebzehn Seiten. Wir erinnern uns: *Geständnishaftes gehört in die dritte Person*. Was also wird hier gestanden? *Vorlaut, wie er oft war, war ihm irgendwo der Satz entfahren: Nur die unfreiwillige Einsamkeit zählt. Und schon war er Kurator einer Ausstellung mit dem pompösen Titel ›Einsamkeit, eine europäische Erfindung‹*. Mit Gewissheit sagen lässt sich: Autobiographisch sind die Sätze nicht. Walser hat im Lauf der Zeit eine ganze Reihe von Ausstellungen mit Ansprachen eröffnet, selbst Kurator gewesen ist er nie.

Immerhin wird auf diese Weise klar: Sowohl das Ich als auch das Er des Buchs sind Kunstfiguren, fiktive Gestalten. Bestenfalls und aufs Neue: Ähnlichkeitsfiguren, ganz so, wie Tassilo Herbert Meßmer, der Held von »Meßmers Gedanken« (1985), »Meßmers Reisen« (2003) und »Meßmers Momente« (2013), eine Ähnlichkeitsfigur, aber eben nicht Walser ist. Schließlich noch ein Sprung von Seite 15 *(Ich huste, also bin ich)* zu Seite 169, der vorvorletzten: *Ich bin, also bin ich*. Und ein letztes Mal gefragt: Wer spricht hier? Die Antwort gibt der Titel des Textes, den Walser und sein Verlag »Roman« nennen. »Statt etwas«, der erste Teil, sagt klar: nichts Genaues, Konkretes, zu Identifizierendes ist hier zu erwarten. Und so ist »Der letzte Rank« eben doch auch eine Art »Letztes Band«: Die geschriebene Tonspur eines verfolgten Ichs und eines Ers, das den Verfolgern zu entgehen sucht. Etwas unheimlich das Ganze – und durchaus fremd. Ein erratischer Alterstext.

## Gar alles oder Briefe an eine unbekannte Geliebte, 2018

Alles wieder ganz konkret. Es gibt eine klar identifizierbare Hauptfigur: Justus Mall, Jurist, höherer Beamter (Oberregierungsrat) im bayerischen Justizministerium, nicht ganz freiwillig frühpensioniert. Auf seiner aktuellen Visitenkarte steht als Beruf: *Philosoph*. Privatgelehrter kommt der Sache näher, Privatier trifft es am besten. Als philosophierender Privatier hat er zwei Bücher publiziert, der Verlag wird nicht genannt: »Die Lüge als Mutter der Wahrheit« und »Der Irrtum als Erkenntnisquelle«. Seine Seelen- und Empfindungslage ist walsernotorisch: Mall zwischen zwei Frauen. Ehefrau Gerda, Fernliebe Silke. Gerda: *bejahrte Innigkeit, eine durch Bejahrheit nicht nachlassende, sondern zunehmende Innigkeit*. Silke, Biologin, Spezialgebiet: *Water Analysis*, inzwischen leider mehr in Amerika tätig als in Malls Münchner Nähe: *ein Blütenschwall, ein Hochgesang, ein Zwang zur Besinnungs- und Bedenkenlosigkeit*. Walsernotorisch auch das Problem: *Jede will mich nur lieben, wenn ich auf die andere verzichte*. Versuchter Ausweg aus dem Dilemma: In der *unbekannten Geliebten* sucht Mall eine Überinstanz, die er einerseits intim in seine Lebensumstände einweihen und anderseits bis ins Quasi-Heilige, also Engelhafte, hinaufidealisieren kann. Die Briefe an sie werden immer mal wieder als *Blog* bezeichnet, was in Sachen Plausibilität grenzwertig erscheint. Durchaus denkbar, weil Mall von der Unbekannten keine Adresse hat, sie also internetöffentlich anreden muss, durchaus unwahrscheinlich, weil alle Welt mitlesen kann, was er nur ihr sagen will. Je nun. Da der Autor Walser ganz gewiss will, dass wir erfahren, was Mall klandestin gesteht, sind die Briefe eben der Blog für uns, die Leser. Poetologisch löst sich die Sache auch genauso: Am Ende des Buchs verkündet Mall auch das Ende seines Blogs und kündigt an, er werde *alles dem Papier* übergeben und es dann *Roman* nennen.

Da wir beim Verraten von Pointen sind, sei die völlige Desillusionierung des Ganzen nicht verschwiegen. Gerda muss lebensbedrohlich erkrankt in die Klinik, scheint aber wieder zu genesen, von Silke erhält Mall den Laufpass. *Surcease* nennt sie das – ein altertümliches englisches Wort für Schlussmachen. Die unbekannte Geliebte apostrophiert Mall mit Datum vom *23. April 2017* noch als *Inbild meiner Sehnsucht* und schreibt: *Sie sind alles, was mir fehlt*. Wenige Tage danach, *Ende April*, heißt es mit wegwerfender Nonchalance: *Liebe Unbekannte, nur der Form halber richte ich dieses Schriftliche an Sie. Ich wende mich nur noch an mich. Sie waren der Anlass für etwas, was sich herausgestellt hat als Selbstgespräch*. Narziss in Aktion. Mit Datum *Hoch im Sommer* die Quintessenz des Selbstmitleids: *Ich, der Zuschauer meines Untergangs*. Freilich: Was menschlich blamabel sein mag, ist literarisch nicht ohne Effekt. Das gilt für das ganze, schlanke Buch von 107 Seiten. Es ist eine Prosaetüde in Schwarz und Weiß. Sie hat drei Passagen, die schwerlich zu befürworten sind – und eine zum Niederknien. Die drei schwarzen zuerst. Erstens: Auf Seite 60 begegnen wir *Frau Dr. Placidia Riebsamen*, von Beruf *Anwältin*. Vor allem ist sie die Nachbarin von Gerda und Justus. Mit abgefeimter Raffinesse, im Zusammenspiel mit der Stadt München und einer Gartenbaufirma, hat sie bereits alles Notwendige in die Wege geleitet, um die Malls zur Abholzung ihrer jahrzehntealten Thuja-Büsche zu zwingen. Egal ob vorgeschobener oder wirklicher Grund: *der Borkenkäfer*. Der Konflikt ist anschaulich geschildert, wird aber von der nicht endenden, zuallermindest ein halbes Dutzend Mal wiederholten Charakterisierung der Riebsamen mehr als geschmälert. Sowohl Justus als auch Gerda nennen die Nachbarin in genüsslicher Widerwärtigkeit: *die trockene Scheide*.

Das zweite Schwarze: *die zweite Pause von ›Tristan und Isolde‹* in der Münchner Oper. An der Bar wird Mall übergriffig gegenüber *Suse Kranz*, einer Redaktionspraktikantin der »Süddeutschen«. Für ihn eine *Zehntelsekunde der Berührung* ihres unwiderstehlichen *Schenkels*, für Suse und die Münchner Medienmeute ein trefflicher Skandal, der bis zum Exzess ausgeschlachtet wird. Mall, zwischenzeitlich verhaftet, wird zwangs- und frühpensioniert. Wie bei Riebsamen: Diese Szene ist an sich trefflich. Sie hätte zu einer Satire auf *Me-too* werden können. Wird es aber nicht. Denn »Gar alles« gibt Suse Kranz die wahre Schuld am Debakel, hat sie Mall doch vor dem Berühren des Schenkels *so intensiv wie noch nie ein Mensch angeschaut* – denkt er. Walser hätte die Szene schlicht besser machen können. Das dritte Schwarze: *Mr. Trump*. Wir sind, kein Scherz, am *1. April 2017*. Trump ist seit gut zwei Monaten amerikanischer Präsident. Mall schreibt an die *Liebe Unbekannte* – also, wie wir inzwischen wissen, an sich selbst – er habe Trump von Anfang an *auch als eine Belebung erlebt*. Und fügt hinzu, er, der Präsident, gleiche seiner Frau Gerda, denn die sei *nicht nur ehrlich, sondern furchtbar ehrlich. Und genau das erlebe ich bei Mr. Trump: Auch er ist furchtbar ehrlich*. Wenn man, wie dieses Buch, die Präsenz-Ewigkeit der Literatur für gegeben erachtet, bleibt auch dieser Satz, bleibt die Trump-Passage für immer stehen.

Zum Niederkien sind freilich, kurz vor Schluss, die Seiten 100 und 101. Dort schreibt Walser, im Gewand seines zwangspensionierten Oberregierungsrats, das Manifest des Romantischen: *die Gegenwärtigkeit von allem*. Es ist im dritten Kapitel ausgiebig zitiert und versuchsweise analysiert worden. Warum wiederholen? Diese Passage, eine Druckseite umfassend, ist und bleibt ein Höhepunkt seines Werks.

# Epilog

Der junge Urleus, der erste, damit älteste Walserheld, tritt 1949 mit naiver Zutraulichkeit in die Welt und landet unversehens hinter Gittern. Der alte Justus Mall, der bisher letzte, damit jüngste Walserheld, verspürt 2018 in einem beseelten Augenblick die Allgegenwart des Seienden und wähnt sich deshalb im Zustand großer Geborgenheit. Siebzig Schreibjahre lang hat dieser Autor seine Figuren in die Ferne wie ins Allernächste geschickt, hat sie auf Wege und Irrwege der Liebe, des Glücks, der Karriere und des Ruhms gelockt, sie dabei aber stets auf den Pfaden des Selbstzweifels und des Ungenügens festgehalten. Fast alle sind trotzdem wieder nach Hause gekommen: beschädigt und zerzaust, demütig wie gedemütigt, leidvoll meist, freudvoll auch, aber selten. Odysseen eben. Odysseen von Wasserburg aus, die in andere globale Dörfer und Weltgegenden führen, bevorzugt nach München oder Kalifornien, und irgendwie, genauer: wie von selbst wieder nach Nußdorf zurück. Reale Entfernung zwischen Wasserburg, dem Geburts-, und Nußdorf, dem Lebensort: keine fünfzig Kilometer. Erzählte Wegstrecke: gegen unendlich. Dazu der Bodensee: der wahrhaft selbstverständliche, dabei fluide Ort, immer nur notgedrungen, nie mit Vorsatz verlassen – und mit dem Ziel, wieder zurückzukehren an ihn. Abertausende Erzählseiten sind so entstanden. Bezogen auf den Roman als Gattung, gültig aber für die gesamte Erzählemphase ist ein Satz aus dem Essay »Warum brauchen Romanhelden Berufe?« von 1992. *Der Roman,* heißt es da, *will nichts beweisen, er will nur etwas, was einem passiert ist, so lange umerzählen, bis das Geschehene nicht mehr so wirkt wie in Wirklichkeit, sondern so, wie man es selber ertragen kann.* Das ist, psychologisch gesehen, ein Anti-Katastrophen-Programm, das ist, existentiell betrachtet, der ganze Martin Walser.

Spätestens um seinen sechzigsten Geburtstag herum hat sich die Literaturkritik auf die Formel verständigt, dieser Autor sei *ein Epiker der Alltagswelt* und *der Chronist des Alltagsbewußtseins.* Seine Figuren:

Kleinbürger, unterer bis mittlerer bis semioberer Mittelstand. Lehrer, Vertreter, Journalisten, Beamte, Angestellte, Schriftsteller, Immobilienhändler, Werbefritzen, mal ein großbürgerlich-kleinadliger Finanzmakler als regelbestätigender Exot, mal der alte Goethe als Ausnahme aller Ausnahmen. Walsers markantester Odysseus heißt Xaver Zürn und ist nicht umsonst Chauffeur von Beruf, ein kleinstmöglicher Angestellter, zu fremdbestimmtem Unterwegssein verdammt. Im ersten Kapitel von »Seelenarbeit« (1979) fährt Zürn seinen Chef, den Fabrikanten Dr. Gleitze, und dessen zeitweilige Begleiter über viele Tage hinweg von Gleitzes Villa in Tettnang-Oberhof am Bodensee nach Düsseldorf, von Düsseldorf nach Köln, von Köln nach Gießen, von Gießen nach Heidelberg, von Heidelberg nach Stuttgart, von Stuttgart nach München und von München wieder nach Tettnang-Oberhof zurück. Für ihn aber geht es weiter: Umsteigen auf den Transporter, um mit ein paar Helfern in Hottingen bei Zürich für den Mozart-Enthusiasten Gleitze einen kostbaren Flügel abzuholen. Alles unspektakulär, alles undramatisch. Als er erschöpft und ausgelaugt endlich im ererbten Zuhause, einem Bauernhof im Bodenseedorf Wigratsweiler, ankommt, muss sich Xaver auch nicht mit den frechen Freiern seiner Frau Agnes herumschlagen, denn die gibt es nicht, sondern bloß mit den neuesten Marotten und Malaisen seiner beiden Töchter. Dazu serviert Agnes, obgleich spätabends, *grünen Salat, Spiegeleier und Röstkartoffeln.* Die Messer, die er unterwegs über Monate hinweg gekauft hat, um seinen Rachegedanken gegen Gleitze wie seinen Allmachtsphantasien gegenüber der Welt Ausdruck zu verleihen – sechs Stück sind es inzwischen, sie liegen lange im Handschuhfach seines Dienstfahrzeugs, eines Mercedes *450 SEL* –: Diese Messer packt Xaver am Ende des Romans in eine *Plastiktüte* und versenkt sie im dorfnahen *Nonnenbach.* Dabei, heißt es, *kriegte er eine Gänsehaut.*

Was hat Walser mit Xaver Zürn, dem mir liebsten seiner Helden, durchs Erzählen *umerzählt*? Vordergründig, so der Autor: *Der Chauffeur ist die Antwort auf meine Erfahrung der Deformation durch Abhängigkeit.* Verstanden. Warum wirkt das in »Seelenarbeit« Geschehende wie die Wirklichkeit und dann doch nicht wie sie? Wie die Wirklichkeit: Weil man sich teilweise mit Xaver Zürn identifizieren kann und will – und weil vieles plausibel wirkt, was ihm in der Außenwelt wie in seinem Inneren zustößt. Wider die Wirklichkeit: Weil man sich mit Xaver Zürn keineswegs immer identifizieren muss, um lesend zu erfahren, dass wir – wir alle – es sind, von denen da gehandelt wird: In Form einer Nähe wie Distanz schaffenden Erzählkomödie, die mal eher melodramatisch und mal eher tragikomisch, dabei stets evident ist. Final katastrophisch allerdings nie, deshalb auch nicht ausweglos. Xaver Zürn – das sind wir und doch nicht ganz. *Epiker der Alltagswelt, Chronist des Alltagsbewußtseins*: Nein, das ist zu wenig. Martin Walser: Das ist Deutschland – wenn auch nicht ganz. Martin Walser: Das ist die Erzähl- wie Essay-Biographie unserer Epoche – fast ganz. Martin Walser: Das ist ein Weltverworten nach Maßgabe unserer Begreifungskraft, eine Dauermelodie unseres Leselebens – ganz. Am 3. September 2012 sagt er in der »Berliner Zeitung«: *Ich habe ein Grundvertrauen in die Menschheit oder die Welt oder den Gang der sogenannten Geschichte*. Und im Aufsatz »Aufgeschriebene Zeit« heißt es über den Bodensee: *Der See ist ein Versprechen. Jederzeit erlöst er uns aus unserer ungelenken Aufgerichtetheit und immer schwankenden Schwere … Nichts ist gewaltloser als das Schwimmen*. Martin Walsers Schwimmen ist wie Friedrich Schlegels Schweben.

# Vom Danken

Das Danken beginnt bei

- **Hans Ulrich Gumbrecht**, mit dem sich 2011 erst eine Polemik, dann eine große Freundschaft entwickelt. Ihm verdankt sich das Insistieren auf dem Präsenz-Charakter von Literatur.
- **Thomas Hürlimann**, dem Lebensfreund. Seine Vertrautheit mit Walser und dessen Werk sind so enorm wie seine Ratschläge für dieses Buch.
- **Jörg Magenau**, ohne dessen Walser-Biographie mein Versuch nicht hätte gewagt werden können.
- **Marcel Reich-Ranicki**, dem Ermöglicher, für die Erfahrung, Konflikte und Urteilsdifferenzen auszuhalten.
- **Rüdiger Safranski,** den ich persönlich gar nicht kenne. Seinem wunderbaren »Romantik«-Buch aber schulde ich viel.
- **Albrecht Schöne**, der, wie Walser, immer da ist, und sogar weiß, wie man Literaturkritik lehrt.

Das Danken setzt sich fort vor bei

- **Doris Engelke**, der früheren »Eichborn«-Lektorin, obwohl sie beharrlich verschweigt, wer sich hinter Jens Walther verbirgt.
- **Laura Fritz** vom Wallstein-Verlag für die Auskunft zum Nachlass von Ruth Klüger.
- **Hannah Hieber**, meiner Tochter, die in Corona-Zeiten mit der Datenbank der Wiener Unibibliothek hilft.
- **Ute Hillmann**, mit der unsere schwäbische Vergangenheit wieder präsent wird.
- **Hans W. Humbroich**, dem Niddaer Anwalt, der sich auch in der Hutmode für Herren auskennt.
- **den Kolleginnen und Kollegen der F.A.Z.** für viele Hinweise, besonders aber Hubert Spiegel, der beim »Tod eines Kritikers« Schwieriges bestanden hat.
- **Hanne Kulessa**, der Freundin, deren Ermutigung nie nachlässt.
- **Tilmann Lahme** für das »Geschichtsgefühl« bei Golo Mann.
- **Ulrike Schenk** für Walsers Abitur-Gedicht wider die Lehrer und Kritiker.
- **Jörg-Philipp Thomsa**, der jedwede Auskunft über Günter Grass gibt.

Das Danken endet nie, für dieses Mal aber bei

- **Cordelia Borchardt**, meiner Frau, für alles.
- **Arnold Stadler** für das Terrassengespräch von Nußdorf.
- **Jasmine Stern, Jonas Bogumil und Christina Kruschwitz** vom Verlag für ihre Hilfe und die unendliche Geduld.
- **Johanna, Käthe und Martin Walser** für das Gastgeben im Dezember 2019.

# Literatur und Nachweise

*In diesem Buch gibt es ein gelegentliches Hin und Her zwischen alter und neuer Rechtschreibung. Dies ist angesichts der zitierten Quellen und der voluntaristischen Schreibweise einzelner Wörter und Begriffe (etwa: Biographie / Biografie) nicht zu vermeiden. Es schadet auch nicht.*

## *Vorwort*

Jörg Magenau: Martin Walser. Eine Biographie. Reinbek bei Hamburg 2008 (im Folgenden zitiert als: Magenau). S. 57 f. (Erste Texte).

Bruttoinlandsprodukt (BIP) in Deutschland von 1950 bis 2020, https://de.statista.com/statistik/daten/studie/4878/umfrage/bruttoinlandsprodukt-von-deutschland-seit-dem-jahr-1950/, abgerufen am 23.5.2021.

Marin Walser: Gesamtausgabe letzter Hand in 25 Bänden. Heribert Tenschert Bibermühle, Ramsen 2017. *Anm.: Da die Ausgabe nur en bloc abgegeben wird und aktuell 1280 Euro (Juli 2021) kostet, werden die seit 1997 hinzugekommenen Werke allermeist nach den derzeit lieferbaren Einzelausgaben zitiert. Der Schlussband der Tenschert-Ausgabe, der »Interviews von 1978 bis 2016« enthält, ist als bisher einziger auch im Taschenbuch erhältlich (Reinbek bei Hamburg, 2018).*

Golo Mann: Deutsche Geschichte des 19. und 20. Jahrhunderts. Frankfurt am Main 1969. S. 1022 (nie erfolgreicher).

Von Vergangenheit umstellt. In: Rainer Weiss (Hrsg.): Ich habe ein Wunschpotential. Gespräche mit Martin Walser. Frankfurt am Main 1998, S. 40.

German literature – The 20th century. Britannica Online, https://www.britannica.com/art/German-literature/The-20th-century, abgerufen am 16. April 2021 (Leerstelle Walser).

Alfred Nobel und der Literatur-Nobelpreis. Eine Sonderausgabe für den Freundeskreis der Nobelpreisträger für Literatur. Zürich, o.J. S. 11–28.

Peter Hamm: Solche wie mich verachte ich – mich aber nicht. Rezension der Tagebücher 1979 bis 1981. F.A.Z., 16.10.2014 (Volkswagen-Vergleich).

Gerald A. Fetz: Martin Walser. Stuttgart und Weimar 1997.

Axel Schildt: Medien-Intellektuelle in der Bundesrepublik. Göttingen 2020.

Iris Radisch: Die wichtigen Männer waren nicht mehr wichtig. Rezension von Enzensbergers »Eine Handvoll Anekdoten, auch Opus incertum«. Die Zeit, 25.10.2018.

## *Erstes Kapitel*

Martin Walser: Gesamtausgabe letzter Hand in 25 Bänden. Ramsen 2017. Bd. 14. Prosa. S. 351–353 (Kleine Verwirrung); Bd. 23, S. 462 (Schwarze Stirnen).

Andreas Meier: Martin Walser. Werkverzeichnis (1949–2009). Unter Mitarbeit von Florian Hugk. Berlin / Boston 2015. S. XIII (groteske Erzählung). *Anm.: »Der Kleinbürger als Adliger«, von Meier auf Seite V als 21. Roman geführt, ist keiner, vielmehr ein Funkmanuskript über den Namensvetter Robert Walser.*

Martin Walser: Werke in zwölf Bänden. Hrsg. v. Helmuth Kiesel unter Mitwirkung von Frank Barsch. Frankfurt am Main 1997 (im Folgenden zitiert als MWW). Bd. 12, S. 731 ff. (Kafka-Einfluss).

Gerald A. Fetz: Martin Walser. Stuttgart 1997. S. 19 (Kafka-Bezug, Kritikerstimmen).

MWW 1: Ehen in Philippsburg. S. 38 (Vierundzwanzigjähriger), 79 (Kümmertshausen), 17 (studierter Mann), 25 (Verfeinerungen), 79 (am besten heimfahren), 57 (Kleinbürgersöhne und Proletarier).

Martin Walser: Ich würde heute ungern sterben. Interviews von 1978 bis 2016. Hrsg. von Thekla Chabbi. Reinbek bei Hamburg 2018 (im Folgenden zitiert als INT). S. 75 f. (SED und Kleinbürger), 476 (Walser und Grass als Kleinbürger), 350 (Jean Paul).

Kursbuch 45. Wir Kleinbürger. Hrsg. von Karl Markus Michel und Harald Wieser. Unter Mitarbeit von Hans Magnus Enzensberger. Berlin 1976. S. 1–8 (Unaufhaltsamkeit).

Walser in Boston 2011, https://www.youtube.com/watch?v=5NWl_mYkWms, abgerufen am 10. März 2021.

Martin Walser: Kinderspielplatz. Zwei öffentliche Reden. Berlin 2008. S. 7–32 (Kritik oder Zustimmung oder Geistesgegenwart).

Susanne Klingenstein: Wege mit Martin Walser. Zauber und Wirklichkeit eines Schriftstellers. Frankfurt am Main 2016. S. 137 (Harvard-Germanisten), 88 (nur ein Roman).

Hubert Spiegel: Ein nüchterner Blick auf den Soldaten Günter Grass. F.A.Z., 20.10.2014.

Helmut Böttiger: Die Gruppe 47. Als die deutsche Literatur Geschichte schrieb. München 2012.

Hans Werner Richter: Mittendrin. Die Tagebücher 1966–1972. Hrsg. v. Dominik Geppert in Zusammenarbeit mit Nina Schnutz. München 2012. S. 52 f. (Gruppe 47 ist das Größte).

Ingeborg Bachmann: Werke. Erster Band: Gedichte, Hörspiele, Libretti, Übersetzungen. München / Zürich 1978. S. 37 (Gestundete Zeit).

MWW 8, S. 9 ff. (Flugzeuge).

Günter Grass: Werkausgabe in zehn Bänden. Darmstadt und Neuwied 1987. Bd. 1: Gedichte und Kurzprosa. Hrsg. v. Anita Overwien-Neuhaus und Volker Neuhaus. S. 11 (linke Braue).

Günter Grass: Werke. Neue Göttinger Ausgabe in 24 Bänden. Göttingen 2020. (jüngste Gesamtausgabe).

Hans Magnus Enzensberger: Gedichte 1950–2020. Berlin 2019. S. 12 (Verteidigung der Wölfe). *Anm: Der Dichter und sein Verlag haben es tatsächlich geschafft, »Ins Lesebuch für die Oberstufe«, die berühmtesten Verse, nicht in die neueste Gedicht-Sammlung aufzunehmen. Weshalb wir sie auch nicht eigens bibliographieren.*

Martin Walser: Sprachlaub oder Wahr ist, was schön ist. Mit Aquarellen von Alissa Walser. Hamburg 2021. S. 5 (Der Himmel glüht), 142 (Stich mich nicht), 122 (kein Deutscher).

Martin Walser, Jakob Augstein: Das Leben wortwörtlich. Ein Gespräch. Reinbek bei Hamburg 2017. S. 301 (nichts als schön).

Thomas Bernhard, Siegfried Unseld: Der Briefwechsel. Hrsg. von Raimund Fellinger, Martin Huber und Jutta Ketterer. Frankfurt am Main 2009. S. 738 ff. (Alte Meister und Rolls-Royce).

Axel Schildt: Medien-Intellektuelle in der Bundesrepublik. Göttingen 2020. S. 788 (NS-Belastung).

Martin Walser: Spätdienst. Bekenntnis und Stimmung Mit Arabesken von Alissa Walser. Hamburg 2018. S. 25 (Jeder produziert).

Martin Walser: Leben und Schreiben. Tagebücher 1963–1973. Reinbek bei Hamburg 2007. S. 209, 211, 213, 214, 216, 218, 221, 223, 226, 231 (Bestsellerliste »Einhorn«).

Magenau: S. 241 (Grass-Anekdote), 227 (Orli, Atem anhalten), 502 (Dylan-Affäre), 465–468 (Siebzigster Geburtstag), 200 (Hauptwerk).

Thomas Mann: Sämtliche Erzählungen in zwei Bänden. Frankfurt am Main 1995. Band 1, S. 275 (Schreiben schwerer), 245 (Kaffeesiebpapier).

Thomas Mann am 10.12.1946 an Gottfried Kölwel (Leichtigkeit).

Martin Walser: Leben und Schreiben. Tagebücher 1951–1962. Reinbek bei Hamburg 2005. S. 34 (so leicht).

Georg Eggenschwiler: Vom Schreiben schreiben. Selbstthematisierung in den frühen Romanen Martin Walsers. Berlin 2000.

Ian Fleming: James Bond – Dr. No. Deutsch von Stephanie Pannen und Anika Klüver. Ludwigsburg 2015. S. 123 (Honey Ryder).

MWW 3, S. 325 f. (Orli entsteigt dem Bodensee)

Lothar Müller: Ein springender Brunnen. Martin Walsers neues Buch als Fortsetzungsroman in der F.A.Z. F.A.Z., 12.6.1998.

Thomas Steinfeld: Der Wanderfotograf. Martin Walsers »Ein springender Brunnen«. F.A.Z., 26.9.1998.

Friedrich Schlegel: »Athenaeum«-Fragmente und andere frühromantische Schriften. Edition, Kommentar und Nachwort von Johannes Endres. Ditzingen 2018. S. 66 (ein Roman), 61 (Unendliches).

### *Zweites Kapitel*

Ingeborg Bachmann: Werke. Hrsg. von Christine Koschel, Inge von Weidenbaum, Clemens Münster. München 1978. Bd. 1, S. 56 (Im Gewitter der Rosen).

Friedrich Dürrenmatt: Der Tunnel und andere Meistererzählungen. Zürich 2011, S. 22 (Was sollen wir tun?). *Anm.: In der früheren Fassung des Arche Verlags, die ich 1964 lese, folgt auf das finale »Nichts« noch der Satz: »Gott ließ uns fallen, und so stürzen wir denn auf ihn zu.« Den Satz hat Dürrenmatt in den folgenden Ausgaben gestrichen.*

MWW 12, S. 177 (Proust).

Robert Musil: Der Mann ohne Eigenschaften. Erstes und zweites Buch. Hrsg. von Adolf Frisé. Reinbek bei Hamburg 1978. S. 574 (keltern).

Kleine Geschichte der edition suhrkamp. Redaktion Raimund Fellinger, Mitarbeit Wolfgang Schopf. Frankfurt am Main 2003. S. 17 ff. (Quartiermeister, Gründertruppe).

MWW 12. S 167–177 (Hölderlin auf dem Dachboden), 177 (jetzt, beim Wiederlesen), 379–390 (Mein Schiller).

James Baldwin: Giovannis Zimmer. Aus dem Amerikanischen übertragen von Axel Kaun und Hans-Heinrich Wellmann. Reinbek bei Hamburg 1963. S. 9 (Haus in Südfrankreich), 41 (Place de la Nation), 56 (mein wahres Ich), 139 (Gnade Gottes).

Hermann Lübbe: Vom Parteigenossen zum Bundesbürger. Über beschwiegene und historisierte Vergangenheiten. München 2007.

Kursbuch. Hrsg. von Hans Magnus Enzensberger. Band I. Kursbuch 1–10, 1965–1967. Band II. Kursbuch 11–20, 1968–1970. Nachdruck. Frankfurt am Main 1976. Kursbuch 1, Juni 1965. S. 154 (Lili Tofler), S. 189–200 (Unser Auschwitz).

Magenau, S. 211 f. und als Abb. gegenüber von S. 161 (Abendpost).

Zivilisationsbruch. Denken nach Auschwitz. Hrsg. von Dan Diner. Frankfurt am Main 1988.

Martin Walser: Leben und Schreiben. Tagebücher 1963–1973. Reinbek bei Hamburg 2007. S. 99–105 Gedächtnisprotokolle vom Prozess), 241–264 (Sterben und Tod der Mutter).

MWW 11, S. 158–172 (Unser Auschwitz), 608–610 (Unsere historische Schuldigkeit), 173–190 (Wie hältst du's mit Vietnam? / Praktiker, Weltfremde und Vietnam / Auskunft über den Protest).

Wolfgang Hegele: Literaturunterricht und literarisches Leben in Deutschland (1850–1990). Würzburg 1996.

Reinhard Mohr: Zaungäste. Die Generation, die nach der Revolte kam. Frankfurt am Main 1992.

### *Drittes Kapitel*

Martin Walser: Nichts ist ohne sein Gegenteil wahr. Originaltonaufnahmen. München 2012. Sämtliche Zitate aus dem Radiogespräch von 1986 auf Track 24 (Dauer: 58:45 Minuten).

Klaus Stüwe: Die Rede des Kanzlers. Regierungserklärungen von Adenauer bis Schröder. Wiesbaden 2005. S. 320 (geistig-moralische Wende).

Günter Grass: Essays und Reden II. 1980–2007. eBook-Erstausgabe. Göttingen 2015. Position 1859 ff. (Der Traum der Vernunft), 2433 ff. (Ist das noch Aufklärung?), 3624 (Auschwitz und deutsche Einheit).

Max Frisch: Am Ende der Aufklärung steht das Goldene Kalb. In: Du. Die Zeitschrift der Kultur. Band 51 (1991), Heft 12: Max Frisch. 1911–1991. S. 119–127.

Botho Strauß: Diese Erinnerung an einen, der nur einen Tag zu Gast war. München 1985.

Peter Handke: Über die Dörfer. Dramatisches Gedicht. Neuausgabe. Frankfurt am Main 2002.

Hilde Spiel: Handkes festliche Heilsbotschaft. Sein dramatisches Gedicht »Über die Dörfer« in Salzburg uraufgeführt. F.A.Z., 10.8.1982.

MWW 11. S. 296 (Über die Neueste Stimmung im Westen), 414 (W. Bächler), 617 (Händedruck mit Gespenstern), 896–915 (Über Deutschland reden), 928–936 (Deutsche Sorgen I), 927 (11.11.89).

Dialektik der Aufklärung, Wikipedia-Artikel, https://de.wikipedia.org/wiki/Dialektik_der_Aufkl%C3%A4rung, abgerufen am 23.6.2021.

MWW 12. S. 445–503 (zu Fichte und Schlegel), 504–533 (zu Th. Mann), 534–564 (zu Robert Walser), 397 (deutsches Archiv).

Magenau, 84 (Alice Schmidt), 419 (Talkshow »Freitagnacht«).

Gotthilf Heinrich Schubert: Die Symbolik des Traums. Bamberg 1814.

Martin Walser: Gar alles oder Briefe an eine unbekannte Geliebte. Roman. Reinbek bei Hamburg 2018, S. 100 f.

Friedrich Schlegel: »Athenaeum«-Fragmente und andere frühromantische Schriften. Edition, Kommentar und Nachwort von Johannes Endres. Ditzingen 2018. S. 91 (progressive Universalpoesie), 56 (Selbstschöpfung).

Novalis: Werke, Bd. II. Herausgegeben von Hans-Joachim Mähl. München 1978. S. 334 (romantisieren).

Günter Grass: Das Treffen in Telgte. In: Werkausgabe in zehn Bänden. Bd. VI. Herausgegeben von Christoph Sieger. Darmstadt 1987. S. 6.

INT, S. 37, 70, 185, 371, 420, 433, 438, 442, 494 (Belegauswahl für *Nichts ist ohne sein Gegenteil wahr*), 407 ff. (Träume), 302 (Vierzig Jahre Teilungsschäden), 341 (sich nichts gefallen lassen)

Thomas Mann: Der Zauberberg. Roman. Gesammelte Werke in dreizehn Bänden. Frankfurt am Main 1990. Bd. III, S. 415 (Frau Stöhr).

Martin Walser: Leben und Schreiben. Tagebücher 1974–1978. Reinbek bei Hamburg 2010. S. 366 (Th. Mann), 314 (M. R.-R.-Traum), 423 (Habermas / Amerika).

Martin Walser: Meßmers Reisen. Frankfurt am Main 2003. S. 188 (Andrang), 75 (Traum).

Hermann Hesse: Siddhartha. Eine indische Dichtung. Frankfurt am Main 1974, S. 113 f.

Novalis: Gesammelte Werke. Herausgegeben von Hans Jürgen Balmes. 2. Auflage. Frankfurt am Main 2015. S. 201–206. (Ofterdingen).

Franz Kafka: Das Werk. Frankfurt am Main 2004. S. 1102.

Martin Walser: Schreiben und Leben. Tagebücher 1979–1981. Reinbek bei Hamburg 2014. S. 70 (Papst-Traum), 594 (Freud-Traum), 51 (Habermas-Traum), 229 (Habermas-Geburtstag)

Martin Walser: Angstblüte. Roman. Taschenbuchausgabe. Reinbek bei Hamburg 2008. S. 316 f. (Helens Augen, deutliche Träume), 142 (Unfall), 168 (Erewein), 335 (Gepäcknetz), 295 ff. (Klartext der Ehe)

Marcel Reich-Ranicki: Martin Walser. Aufsätze. Zürich 1994. Zitiert nach der Taschenbuchausgabe: Frankfurt am Main 1996. S. 69 (belangloser Roman), S. 144 (nie vergessen).

Stichworte zur ›Geistigen Situation der Zeit‹. Herausgegeben von Jürgen Habermas. Frankfurt am Main 1979. Bd. 1, S. 9.

Hans Magnus Enzensberger: Eine Handvoll Anekdoten, auch Opus incertum. Berlin 2018. S. 29 ff.

Hans Magnus Enzensberger: Gedichte 1950–2020. eBook. Berlin 2019. S. 125 ff.

Carl Schmitt-Dorotic: Politische Romantik. Reprint. Wrocław 2018.

Rüdiger Safranski: Romantik. Eine deutsche Affäre. München 207. S. 133 (Schmitt).

Thomas Thiel: Politische Romantik: Vom Nutzen und Nachteil der Leidenschaften für die Politik, F.A.Z., 12.4.2014; online unter: https://www.faz.net/aktuell/feuilleton/politische-romantik-vom-nutzen-und-nachteil-der-leidenschaften-fuer-die-politik-12892243.html, abgerufen am 18.5.2021.

Karl August Varnhagen von Ense: Goethe in den Zeugnissen der Mitlebenden. Berlin 1823. Reprint 2016. S. 75.

Grundbegriffe der Geschichtswissenschaft. Herausgegeben von Stefan Jordan. Ditzingen 2019.

Patrick Bahners: Die Beharrlichkeit des Erinnerns. F.A.Z., 29.8.1992.

Christian Esch: Ein Menschengericht. Berliner Zeitung, 12.2.2005.

Golo Mann: Erinnerungen und Gedanken. Eine Jugend in Deutschland. Taschenbuchausgabe. Frankfurt am Main 1991. S. 247.

Botho Strauß: Die Expedition zu den Wächtern und Sprengmeistern. Kritische Prosa. eBook. Hamburg 2020. S. 34 (Geschichtsgefühl).

Jurek Becker: Gedächtnis verloren – Verstand verloren. Jurek Becker antwortet auf Martin Walser. Die Zeit, 18.11.1988.

Peter Glotz: Ein Deutscher kann man überall sein. Peter Glotz antwortet auf Martin Walser. Die Zeit, 2.12.1988.

Uwe Wittstock: Marcel Reich-Ranicki. Die Biografie. München 2015. S. 10 f. (Taxifahrer).

Johan Schloemann: Prototypisch. Antifaschisten demonstrieren gegen Walser. F.A.Z., 10.5.2002.

Martin Walser: Die Verwaltung des Nichts. Aufsätze. Reinbek bei Hamburg 2004. S. 253–262 (Über ein Geschichtsgefühl), S. 263–269 (Unter Unterstellern).

Marco Wanderwitz: Stärkere Neigung zu AfD im Osten. F.A.Z., 29.5.2021.

Heinrich August Winkler: Die Fallstricke der nationalen Apologie. Der Tagesspiegel, 12.5.2002. Auch in: Zerreißproben. Deutschland, Europa und der Westen. Interventionen 1990 bis 2015. München 2015.

Tilmann Lahme: Golo Mann. Biographie. Frankfurt am Main 2009. S. 509 (Mutterkatastrophe).

Golo Mann: Schuld und Recht. In: Offener Horizont. Festschrift für Karl Jaspers. München 1953. S. 299 (Mutterkatastrophe).

Hans Mommsen: Geschichtsgefühl. Die Zeit, 16.5.2002.

Martin Walser: Wir haben zu danken. Nachruf auf Helmut Kohl. In: Der Spiegel, 22.6.2017.

Das Literarische Quartett. Gesamtausgabe aller 77 Sendungen von 1988 bis 2001. Erster Band. Berlin 2006. S. 403–409 (Die Verteidigung der Kindheit).

MWW, Bd. VI. Die Verteidigung der Kindheit. S. 14 (Dorn und Vergangenheit)

Martin Walser: Ein springender Brunnen. Roman. Frankfurt am Main 1998. S. 283 (interesseloses Interesse), 9 (was war, was ist), 121–123 (Dachau), 282 (ethisch durchkorrigiert), 10 (Traumhausbau).

Kants Werke. Akademie-Textausgabe. Bd. V., S. 204 (interesseloses Wohlgefallen).

Eckhard Fuhr: Der Romantiker vom Bodensee. Welt am Sonntag, 18.3.2007.

Frank Schirrmacher: Sein Anteil. F.A.Z., 17.10.1998. Auch in: Die Walser-Bubis-Debatte. Eine Dokumentation. Herausgegeben von Frank Schirrmacher. Frankfurt am Main 1999, S. 17–29.

Martin Walser: Erfahrungen beim Verfassen einer Sonntagsrede. F.A.Z., 12.10.1998. Auch in: Ewig aktuell. Herausgegeben und mit einem Nachwort versehen von Thekla Chabbi. Reinbek bei Hamburg 2018. S. 380–395.

Marcel Reich-Ranicki: Deutsche Leiden. F.A.Z., 17.12. 1986.

### *Viertes Kapitel*

Ruth Klüger: weiter leben. Eine Jugend. Göttingen 1992, S.132 f. (fünfzehn), 144 (fahneschwingender Junge, Gleichzeitigkeit), 110 (keine Brücke), 169–189 (Flucht), 210 ff. (Christoph). 218 (das letzte Wort)

Ernst Bloch: Werkausgabe in 16 Bänden. Mit einem Ergänzungsband. Bd. 4: Erbschaft dieser Zeit. Frankfurt am Main 1985.

Das Literarische Quartett. Gesamtausgabe aller 77 Sendungen von 1988 bis 2001. Berlin 2006. Erster Band. S. 603–607 (weiter leben).

Ruth Klüger: Still Alive. A Holocaust Girlhood Remembered. New York 2001. Zitiert nach dem E-Book der Fourth Edition von 2009. S. 166 (Our Auschwitz, He was surprised).

Magenau, S. 49 ff. (Klüger, Regensburg), 462 (Verharmlosung von Auschwitz).

Martin Walser, Jakob Augstein: Das Leben wortwörtlich. Ein Gespräch. Reinbek bei Hamburg 2017. S. 107 (Bamberg-Ablehnung), 70 f. (NSDAP).

Hubert Spiegel: All diese Karteikarten. Die vagen NSDAP-Mitglieder Walser, Lenz und Hildebrandt. F.A.Z., 2.7.2007.

Franziska Augstein: Ein Rückspiel. Hildebrandt, Walser, Lenz: Was hinter den NS-Vorwürfen steckt. Süddeutsche Zeitung, 4.7.2007

Martin Walser: Ein springender Brunnen. Roman. Frankfurt am Main 1998. S.347 ff. (Lena).

Marcel Reich-Ranicki: In einer deutschen Angelegenheit. In: Die Zeit, 22.5.1964.

Ruth Klüger: unterwegs verloren. Erinnerungen. Wien 2008. S.158 f. (liebeliebe Ruth).

Martin Walser: Ruth Klüger zur Begrüßung. In: Der Deutschunterricht«, Heft 6, 1995. S. 84 f.

MWW 12, S. 780–804 (Klemperer-Laudatio).

Gershom Scholem: Judaica 2. Frankfurt am Main 1977. S. 7–11 (Wider den Mythos vom deutsch-jüdischen ›Gespräch‹).

Ruth Klüger: »Siehe doch Deutschland«. Martin Walsers »Tod eines Kritikers«. Frankfurter Rundschau, 27.6.2002.

Hubert Spiegel: Die Absage. Warum Ruth Klüger sich nicht nach Dresden wagt. F.A.Z. 11.2.2005.

### *Fünftes Kapitel*

INT, S. 323 (kein Alkohol), 319 (Hingeschriebenes), 404 (Böll, Stimmung), 116 (Lyrik), 112 (nicht recherchieren, zuwachsen), 54 (Maschine, unplanbar), 62 (mehr Schicksal), 59 (tonlos), 114 (organisierte Spontaneität), 109 (Romanschlüsse, kein Untergang), 35 (universale Resignation), 116 (antifaschistischer Standpunkt), 216 (Blechtrommel).

Martin Walser: Leben und Schreiben. Tagebücher 1951–1962. Reinbek bei Hamburg 2005. S. 105 (abends kein Roman), 105–134 (Entstehung Philippsburg), 109 (Thomas-Mann-Film), 112 ff. (Abtreibung), 326 f. (Hochzeitmenü), 411 (hübscher Name), 364–471 (Januar bis März 1959), 370 (Alissas Tagebuch: Halbzeit), 524 (Mädchenleben), 87 (zuerst gegangen), 111 (riesiges Gebäude).

Martin Walser: Meßmers Gedanken. Frankfurt am Main 1985. Zitiert wird nach der Ausgabe der Bibliothek Suhrkamp von 1987. S. 9 (Das Ideal).

Martin Walser: Ein sterbender Mann. Roman. Reinbek bei Hamburg 2016. S. 98 (heruntergeredet), 17 (Lyrik-Imperium).

MWW 11, S. 1011–1027 (López gehört ins Feuilleton), 108–115 (Hamlet als Autor), 109 (Proustsches Törtchen).

Susanne Klingenstein: Wege mit Martin Walser. Zauber und Wirklichkeit eines Schriftstellers. Frankfurt am Main 2016. S. 337 (Gastfreundschaft), 280 (Käthe, die Kraft), 291 (Software), 70 (Verkaufsgespräch).

Magenau, S. 98 (Autor schreibt, Frau schreibt ab), 75 ff. (Süddeutscher Rundfunk).

Florian Illies: Walsers Nr. 1. Martin Walser wird gerade für seinen Roman über Goethe gefeiert. Dabei sind seine »Ehen in Philippsburg« von 1957 der wahre Klassiker. Eine Ermittlung am Bodensee. Zeit-Magazin, 10.4.2008.

MWW 1, S. 114–121 (Abtreibung), 311 (Gerry Mulligan).

Max Frisch, Friedrich Dürrenmatt: Briefwechsel. Hrsg. Peter Rüedi. Zürich 1998. S. 166 (Fall zur Welt, Welt zum Fall machen).

MWW 2, S. 329 (Halbzeit. Aber er bemerkt es nicht).

Martin Walser: Leben und Schreiben. Tagebücher 1963–1973. Reinbek bei Hamburg 2007. S. 509 ff. (Orwell-Fortführung).

Martin Walser: Mädchenleben oder Die Heiligsprechung. Legende. Hamburg 2019.

Ruth Klüger: Still Alive. A Holocaust Girlhood Remembered. New York 2001. Zitiert nach dem E-Book der Fourth Edition von 2009. S. 167 (autobiographical novel).

MWW 12, S. 149–166 (Leseerfahrungen mit Marcel Proust).

Martin Walser: Ein springender Brunnen. Roman. Frankfurt am Main 1998. S. 283 (interesseloses Interesse).

Martin Walser: Leben und Schreiben. Tagebücher 1974–1978. Reinbek bei Hamburg 2010. S. 370 (hingezogen zum Vergangenen).

*Sechstes Kapitel*

Martin Walser: Ein springender Brunnen. Roman. Frankfurt am Main 1998. S. 9–117 (Sämtliche Zitate von »Wasserburg am Bodensee, 1932/33«), 121–277 (Sämtliche Zitate von »Wasserburg am Bodensee, 1938«), 281–405 (Sämtliche Zitate von »Wasserburg am Bodensee, 1944/45«).

Magenau, S. 326 (Matrosenleben).

INT, S. 119 (Bayreuth-Novelle), 232 (erst nach 1945 erfahren, kompositionell passte).

August Sander: Menschen des 20. Jahrhunderts. Die Gesamtausgabe in einem Band. Neuauflage. München 2021.

Ruth Klüger: weiter leben. Eine Jugend. Göttingen 1992. S. 7–67 (Sämtliche Zitate von »Wien, 1936 bis 1942«), 55 (Läuterung durch Leid, Erdbeben), 63 (Der Mann auf der Flucht), 93–98 (Schorschis Deportation und Ermordung), 28 (Unwahrheit der Erinnerung), 69–267 (Sämtliche Zitate von »Theresienstadt bis Regensburg, 1942 bis 1947«).

Dorothea Kliche-Behnke: Nationalsozialismus und Shoah im autobiographischen Roman. Poetologie des Erinnerns bei Ruth Klüger, Martin Walser, Georg Heller und Günter Grass. S. 97 ff. (Gattungsproblem Klüger), 5 (Walser reagiert auf Klüger).

Ruth Klüger: Gelesene Wirklichkeit. Fakten und Fiktionen in der Literatur. Göttingen 2006. E-Book-Ausgabe. Position 1025 (Ich-Form, Grenzdorf), 1041 (Vertrag schließen), 659 (Bastler).

Louis Begley: Lügen in den Zeiten des Krieges. Roman. Frankfurt am Main 1994. S. 223 (Kindheit erfinden).

Barbara Mahlmann-Bauer: Kindheit zwischen Opfern und Tätern. Über Autobiographien der Jahrgänge 1927/28 und Martin Walsers Roman »Ein springender Brunnen« als Antwort auf jüdische Überlebensberichte, in: literaturkritik.de 1, 1999, Nr. 6, https://literaturkritik.de/id/215.

Ruth Klüger: unterwegs verloren. Erinnerungen. Wien 2008. S. 30–37 (Das Ende einer Mutter).

Susanne Klingenstein: Wege mit Martin Walser. Zauber und Wirklichkeit eines Schriftstellers. Frankfurt am Main 2016. S. 27 f. (Jean Améry).

MWW 8, S. 461 (Von Wasserburg an).

Joachim Kaiser: Es war einmal am Bodensee. »Süddeutsche Zeitung«, 28.7.1998.

Jost Nolte: Wörterbäume eines frühreifen Bengels. »Die Welt«, 29.7.1998.

Reinhard Baumgart: Epen in Wasserburg. »Die Zeit«, 6.8.1998.

Wolfram Schütte: Vom Wörterbaum zum Prosameer. »Frankfurter Rundschau«, 25.7.1998.

Die Walser-Bubis-Debatte. Eine Dokumentation. Herausgegeben von Frank Schirrmacher. Frankfurt am Main 1999. S 7–17 (Sonntagsrede), 34 (Brandstifter), 106–113 (Bubis-Rede), 650 (Finkielkraut), 17–29 (Laudatio), 119 f. (Bogdal / Brocke), (Reich-Ranicki), 438–465 (Walser-Bubis-Gespräch), 188 f. (Jüttner / Köpf), 146–150 (von Dohnanyi: Eine Friedensrede).

Frank Schirrmacher: Tod eines Kritikers. Der neue Roman von Martin Walser: Kein Vorabdruck in der F.A.Z. F.A.Z., 29.5.2002.

»Es muß doch in diesem Lande wieder möglich sein«. Der neue Antisemitismus-Streit. Herausgegeben von Michael Naumann. München 2002. S. 200 ff. (Reemtsmas F.A.Z.-Kritik vom 27.6.02 mit inzwischen gestrichener Nase), 194 (Klügers FR-Kritik vom 27.6.02), 163 ff. (Joachim Kaiser).

Matthias N. Lorenz: ›Auschwitz drängt uns auf einen Fleck‹. Judendarstellung und Auschwitzdiskurs bei Martin Walser. Stuttgart und Weimar 2005. S. 14 (Ausgangsfrage), 483 (Konstruktion). 493 (Schamlosigkeit), 539–553 (Pressebibliographie zu TeK).

Dieter Borchmeyer: Pranger-Philologie. Eine Doktorarbeit zu Martin Walser. Süddeutsche Zeitung, 23.8.2005.

Jan-Holger Kirsch: Identität durch Normalität. Der Konflikt um Martin Walsers Friedenpreisrede. In: Leviathan. Berliner Zeitschrift für Sozialwissenschaft. Vol. 27, No. 3, 1999, S. 309–354.

Der Ernstfall. Martin Walsers »Tod eines Kritikers«. Herausgegeben von Dieter Borchmeyer und Helmuth Kiesel. Hamburg 2003. S. 50 (Literatursatire), 21 (intellektueller Kredit).

INT, S. 533 (Biographie rezensieren), 183 (politisch nicht bewegt), 251–262 (Winkler-Interview), 206–219 (Arnold-Gespräch), 337–366 (zu »Tod eines Kritikers«), 492 (sehr froh), 444 (es bleibt hängen), 536 (Vorwurf, antisemitisch geschrieben zu haben), 337 ff. (nichts gefallen lassen), 355 (Drecksjahr).

Uwe Wittstock: Marcel Reich-Ranicki. Die Biografie. München 2015. S. 218 (was Dolles).

Marcel Reich-Ranicki: Mein Leben. Stuttgart 1999. S. 252–294 (Vernichtung des Ghettos), 549 (»Befreiungsschlag«).

Magenau, S. 465 (Höhepunkt), 469–473 (Rechteverhandlungen und »Zauberberg«), 477 (sensationeller Erfolg), 221 + 418 (Schande), 462 (Habermas-Ende), 491 (Friedman), 585 (größtes Versagen), 45 f. (Abiturgedicht), 350 (Sommerarbeit), 524 (Berliner Frühstück).

Friedenspreis des Deutschen Buchhandels. (Begründung Preisträger Walser) https://www.friedenspreis-des-deutschen-buchhandels.de/alle-preistraeger-seit-1950/1990-1999/martin-walser; (Statut) https://www.friedenspreis-des-deutschen-buchhandels.de/das-statut, abgerufen am 28. Juni 2021.

Gustav Seibt, Der plebejische Patriot. Berliner Zeitung, 5.6.1998.

Das Literarische Quartett. Gesamtausgabe aller 77 Sendungen von 1988 bis 2001. Berlin 2006. Dritter Band. S. 127–133 (Ein springender Brunnen), 131 (antiidyllisch). Zweiter Band. S. 450–456 (Finks Krieg), 454 (kein Erzähler).

Martin Walsers »Tod eines Kritikers« – Diskussion mit D. Cohn-Bendit, A. Isenschmid u. a. im »Literaturclub« des Schweizer Fernsehens (2002), https://www.youtube.com/watch?v=l1JfajOjirk, abgerufen am 14.7.2021.

Marcel Reich-Ranicki: Martin Walser. Aufsätze. Zürich 1994. Zitiert nach der Taschenbuchausgabe: Frankfurt am Main 1996. S. 25 (Aneinanderreihen), 45 (Essay vs. Erzählen), 67–74 (Sein Tiefpunkt), 81–91 (Seine Rückkehr zu sich selbst).

Marcel Reich-Ranicki: Günter Grass. Aufsätze. Zürich 1992. S. 80 f. (Blöße poetisieren), 56 (im Grunde Lyriker), 93 (Aneinanderreihen).

Martin Walser: Leben und Schreiben. Tagebücher 1963–1973. Reinbek bei Hamburg 2007. S. 114 (Rachekalender).

Martin Walser – Dankesrede (Audio) zum Friedenspreis des Deutschen Buchhandels 1998, https://www.friedenspreis-des-deutschen-buchhandels.de/alle-preistraeger-seit-1950/1990–1999/martin-walser.

Martin Walser: Ewig aktuell. Aus gegebenem Anlass. Herausgegeben und mit einem Nachwort versehen von Thekla Chabbi. Reinbek bei Hamburg 2018. S. 380–395 (Sonntagsrede), 567–576 (Nachrufe auf Reich-Ranicki und Schirrmacher).

Martin Walser: Leben und Schreiben. Tagebücher 1974–1978. Reinbek bei Hamburg 2010. S. 533 (schöner sagen), 208–296 (Reaktionen auf M. R.-R.).

Ruth Klüger: Still Alive. A Holocaust Girlhood Remembered. New York 2001. Zitiert nach dem E-Book der Fourth Edition von 2009. S. 167 f. (call from California).

MWW 11, S. 631 (kein Tag vergangen), 636 (lieber wegschauen)

Martin Walser: Die Verwaltung des Nichts. Aufsätze. Reinbek bei Hamburg 2004. S. 235 (Schande).

Harald Martenstein: Die Bürger sollen's richten. Der Schriftsteller Martin Walser ruft die Berliner zu Protesten gegen das Holocaust-Mahnmal auf. Der Tagesspiegel, 12.6.1999.

Andreas Nachama: Walser den Friedenspreis aberkennen. Berliner Zeitung, 15.6.1999.

Martin Walser: Das Gerücht. Eine Nachricht und ihre Erfinder. F.A.Z, 15.6. 1999.

In Sachen Walser. Der Tagesspiegel, 16.6.1999.

Frank Schirrmacher: Von Ruhm ohne Ehre. »So wollen wir ihm glauben« – Walser als Anwendungsfall. F.A.Z., 17.6.1999.

Jochen Hieber: Unversöhnte Lebensläufe. Zur Rhetorik der Verletzung in der Walser-Bubis-Debatte. In: Hinauf und Zurück / in die herzhelle Zukunft. Deutsch-jüdische Literatur im 20. Jahrhundert. Festschrift für Birgit Lermen. Bonn 2000. S. 543–559. (S. 543 f. Späte Bubis-Zitate).

Der Spiegel. Biografie: Martin Walser, 90. Chronist der deutschen Seele. Hamburg 2017. S. 89 (Nachtrag).

Cathleen Shine: Enthralling & Enraging. The New York Times Review of Books, 9.6.2016.

Susanne Klingenstein: Wege mit Martin Walser. Zauber und Wirklichkeit eines Schriftstellers. Frankfurt am Main 2016. S. 137 (German Department).

Amir Eshel: Zukünftigkeit. Die zeitgenössische Literatur und die Vergangenheit. Berlin 2012. S. 81 (tiefer Fall).

Lothar Bluhm: Justierungsversuche. Literaturstreitszenarien und kein Ende. In: Freipass. Forum für Literatur, Bildende Kunst und Politik. Band 5. Berlin 2020. S. 160–180.

W. Michael Blumenthal: 300 Jahre jüdisches Leben in Berlin oder: das Jüdische Museum als nationale Herausforderung. F.A.Z., 25.9.1999, BS 4.

Michael Angele: Schirrmacher. Ein Porträt. Berlin 2018. S. 96 ff. (Motiv-Spekulation).

Martin Walser: Nichts ist ohne sein Gegenteil wahr. Originaltonaufnahmen. München 2012. Track 8: Martin Walser über seine Entwicklung vom Leser zum Schriftsteller. Dauer: 05:00.

Martin Walser: Leben und Schreiben. Tagebücher 1951–1962. Reinbek bei Hamburg 2005. S. 20, 23, 548 f., 620 f. (Kritiker und Kritik).

Gotthold Ephraim Lessing: Der Rezensent braucht nicht besser machen zu können, was er tadelt. In: Werke in drei Bänden. München 1982. Band II, S.703 ff.

Volker Hage: Was für ein Begleiter. Ein Redakteursleben mit Martin Walser. In: Der Spiegel. Biografie: Martin Walser, 90. Hamburg 2017, S. 6–14.

MWW 7, S. 5–158 (Ohne einander), 12 (langweiligste Literatur), 20 (Plauderer), 47 & 50 (Polemik gegen »Hitlerjunge Salomon«).

Frank Schirrmacher (Hrsg.): Marcel Reich-Ranicki. Sein Leben in Bildern. Eine Bildbiographie. Stuttgart 2000.

Frank Schirrmacher: Ungeheuerliche Neuigkeiten. Texte aus den Jahren 1990 bis 2014. Hrsg. und mit einem Nachwort von Jakob Augstein. München 2014. S. 143 ff. (Zwei Kulturen), 205–209 (Tod eines Kritikers).

Marcel Reich-Ranicki: Der Dichtung eine Gasse. F.A.Z., 15.6.1974.

Der Nobelpreis in Literatur 1999 – Pressemitteilung, online unter: https://www.nobelprize.org/prizes/literature/1999/7856-gunter-grass-1999-3/, abgerufen am 5.10.2021.

Volker Weidermann: Das Duell. Die Geschichte von Günter Grass und Marcel Reich-Ranicki. Köln 2019. S. 274 f. (persönlicher Sieg, schwerer Schlag).

Günter Grass: Halt's Maul Oskar!. Die Woche, 7. 10. 1999.

Martin Walser: Ich vertraue. Querfeldein. Aufsätze und Reden. Frankfurt am Main 2000.

Hubert Spiegel: Legendenbildung. F.A.Z., 27.6.2002.

Marcel Reich-Ranicki: Walsers Buch hat mich tief getroffen. F.A.Z., 6.6.2002.

Martin Walser: Tod eines Kritikers. Roman. Frankfurt am Main 2002. 202 f. (Kulturphantasie), 51 (nur Zustimmung), 37 ff. (SPRECHSTUNDE), 41 (ums Verrecken nicht), 10 (Null Uhr), 144 (einen Juden getötet).

Günter Grass: Essays und Reden II. 1980–2007. eBook-Erstausgabe. Göttingen 2015. Position 6215 ff. (Das Sekundäre).

Goethes Werke. Großherzog-Wilhelm-Ernst-Ausgabe. Leipzig 1920. Band 13, S. 19 f. (vorgesetzt).

Marcel Reich-Ranicki: Goethe noch einmal. Reden und Anmerkungen. Stuttgart 2002. S. 127 ff. (Rezensent).

## *Achtes Kapitel*

*Die Zeitungs- und Magazin-Rezensionen zu den Erzählwerken seit 1997 werden nicht im Einzelnen bibliographiert. Zeit und Ort ihres Erscheinens gehen aus dem laufenden Text des Kapitels hervor. Die Verlage ermöglichen den Zugang zu ihren Archiven mehr und mehr, manche, wie jene von »Zeit« und »Spiegel«, sind bereits komplett online. Die zitierten Kritiken und Kommentare sind mit einem Zugangs- oder Abonnementkonto beim jeweiligen Verlagshaus einzusehen.*

Marcel Reich-Ranicki: Ungeheuer oben. Über Bertolt Brecht. Berlin 1996. S. 12 f. (zur Welt hinzufügen).

INT, S. 51 (Muse heißt Mangel), 459–488 (»Zeit«-Gespräch Grass / Walser), 569 f. (Dora Diamant), 334 (Unglücksglück)

MWW 12, S. 9 (je vollkommener die Dichtung)

Martin Walser: Der Lebenslauf der Liebe. Roman. Frankfurt am Main 2001. S. 47 (Tschernobyl), 7–197 (Teil 1: Sonntagskind), 199–357 (Teil 2: Glücksrad), 359–525 (Teil 3: Strangers in the night).

Magenau, S. 511 (Bovary), 521 (Tag vergessen lassen), 242, 362, 372, 584 (Walser eröffnet Ausstellungen).

Martin Walser: Der Augenblick der Liebe. Roman. Reinbek bei Hamburg 2004.

Ursula Pia Jauch: Jenseits der Maschine. Philosophie, Ironie und Ästhetik bei Julien Offray de La Mettrie (1709–1751). München 1998.

Johannes Franzen: Indiskrete Fiktionen. Theorie und Praxis des Schlüsselromans 1960–2015. Göttingen 2018. S. 217–243 (Walser gegen Reich-Ranicki), 383–413 (Martina Zöllner, Martin Walser).

Martin Walser – Der Ich-Erzähler (SDR / WDR 1997), online unter: https://www.youtube.com/watch?v=tf1pFVUisaE&t=75s (Schluss von Zöllners Doku), abgerufen am 10.8.2021.

Martin Walser: Angstblüte. Roman. Reinbek bei Hamburg 2006. S. 76 (bergauf beschleunigen).

Martin Walser: Ein liebender Mann. Roman. Reinbek bei Hamburg 2008. S. 9 (bis er sie sah), 58 (Herr de Ror), 166 (Kuss und Elster).

Philip Roth: Exit Ghost. Roman. Aus dem Amerikanischen von Dirk van Gunsteren. München 2008

Philip Roth: Jedermann. Roman. Aus dem Amerikanischen von Werner Schmitz. München 2006.

Martin Walser: Muttersohn. Roman. Reinbek bei Hamburg 2011

Die Nachrichten vom Juli 2011 stammen aus der F.A.Z. und von Wikipedia: 2011, https: / / de.wikipedia.org / wiki / Juli_2011, abgerufen am 15. September 2021.

Martin Walser: Das dreizehnte Kapitel. Roman. Reinbek bei Hamburg 2012. S. 266 (13. Kapitel verbrannt), 112 (Magnetsturm), 147 f. (Gate 8 & 9), 77 (nominiert), 176 (Maja macht Schluss).

Martin Walser: Leben und Schreiben. Tagebücher 1974–1978. Reinbek bei Hamburg 2010. S. 464 (Verriss vs. Lob).

Franz Kafka: Briefe an Felice. Frankfurt am Main 1976.

Karl Barth, Charlotte von Kirschbaum: Briefwechsel. Band I: 1925–1935. Hrsg. von Rolf-Joachim Erler-McLean. Zürich 2008.

Franz Kafka: Das Werk. Romane und Erzählungen. Frankfurt am Main 2004. S. 357 f. (Türhüter-Parabel).

Die Bibel oder die ganze Heilige Schrift des Alten und Neuen Testaments. Nach der deutschen Übersetzung Martin Luthers. Stuttgart 1965. NT, S. 206 (Obrigkeit), 222 (tönend Erz.)

MWW 11, S. 867–873 (Maja-Gespräch).

Kritisches Lexikon der deutschsprachigen Gegenwartsliteratur. Martin Walser: Text und Bibliographie von Klaus Siblewski und Michael Töteberg. München 2020.

Martin Walser: Sprachlaub oder Wahr ist, was schön ist. Mit Aquarellen von Alissa Walser. Hamburg 2021.

Martin Walser: Die Inszenierung. Roman. Reinbek bei Hamburg 2013

Friedrich Hölderlin: Sämtliche Werke. Frankfurter Ausgabe. Band 16: Sophokles. Hrsg. von Michael Franz, Michael Knaupp und D.E. Sattler. Frankfurt am Main und Basel 1988. S. 299 (Ungeheuer ist viel).

Martin Walser: Ein sterbender Mann. Roman. Reinbek bei Hamburg 2016

Martin Walser: Statt etwas oder Der letzte Rank. Roman. Reinbek bei Hamburg 2017.

Samuel Beckett: Das letzte Band. Krapp's Last Tape. La dernière bande. Frankfurt am Main 1996. S.10 (wie eine Eiche).

Martin Walser: Gar alles oder Briefe an eine unbekannte Geliebte. Reinbek bei Hamburg 2018. 8 (Jurist, Philosoph), 10 (Malls Bücher), 18 (Innigkeit, Blütenschwall), S. 103 (nenne es Roman), 56 (surcease).

### *Epilog*

MWW 12, S.672–687 (Warum brauchen Romanhelden Berufe?), 676 (umerzählen).

Gert Ueding: Der Chronist der totgeborenen Wünsche. Martin Walser zum sechzigsten Geburtstag. F.A.Z., 24.3.1987. S. 27 (Epiker der Alltagswelt).

MWW 5, S. 9–267 (Seelenarbeit), 84 (Xavers Nachtmahl), 257 (Nonnenbach), 31 (450 SEL).

Martin Walser: Die Verwaltung des Nichts. Aufsätze. Reinbek bei Hamburg 2005. S. 126 (Schwimmen, gewaltlos).

# Personenregister